彭海河　谭春林 著

当代
行政公文读写
理论与实训 第二版

文本导读　知识认知　文本写作　思考与实训

法治行政公文读写 / 法制行政公文读写 / 事务行政公文读写

暨南大学出版社
JINAN UNIVERSITY PRESS

中国·广州

图书在版编目（CIP）数据

当代行政公文读写理论与实训/彭海河，谭春林著．—2版．—广州：暨南大学出版社，2013.8（2018.8重印）

ISBN 978-7-5668-0607-9

Ⅰ.①当… Ⅱ.①彭…②…谭 Ⅲ.①行政—公文—写作 Ⅳ.①H152.3

中国版本图书馆CIP数据核字（2013）第119453号

当代行政公文读写理论与实训

DANGDAI XINGZHENG GONGWEN DUXIE LILUN YU SHIXUN

著 者：彭海河 谭春林

出 版 人：徐义雄
策划编辑：杜小陆
责任编辑：郝 文
责任校对：蔡复萌 刘碧坚
责任印制：汤慧君 周一丹

出版发行：暨南大学出版社（510630）
电 话：总编室（8620）85221601
营销部（8620）85225284 85228291 85228292（邮购）
传 真：（8620）85221583（办公室） 85223774（营销部）
网 址：http://www.jnupress.com
排 版：广州良弓广告有限公司
印 刷：佛山市浩文彩色印刷有限公司
开 本：787mm×1092mm 1/16
印 张：23.75
字 数：550
版 次：2010年9第1版 2013年8第2版
印 次：2018年8月第5次
印 数：9001—11000册
定 价：49.80元

（暨大版图书如有印装质量问题，请与出版社总编室联系调换）

序

　　教材是教学理念、教学目标与教学实践之间的桥梁，是教学实践中师生教与学活动的基本依据，是提高教学质量的重要依托。因此，教材中教学内容和教学方法设计的优劣直接关系到人才培养质量的高低。然而，时下仍有不少教材未能将岗位职业技能教学融入教材体系之中，忽视了国际视野、创新意识和应用能力的培养，没能体现出现代高等教育中职业技能学习和应用的特点。所以，一些大型教育企业家说："不少大学毕业生缺乏实际动手能力，让企业很失望。"近日，广东培正学院彭海河同人寄来《当代行政公文读写理论与实训》一书，仅阅读其目录，就让我眼前一亮。

　　该教材最大的特点是在体例上以"读"为"写"作先导，在每一文种前安排"文本导读"，将具有代表性的范文呈现在读者面前。这不同于传统应用文写作教材先讲概念、特征、作用，再讲写法，最后附上例文的模式。在公文写作课的教学中，长期以来有种偏向，即就文种讲文种，少有将"阅读"引进教材中的先例。早在1990年，我就曾在我的《读写研究》一书中引用过夏衍的一段话："不读书，感性知识不上升到理性……错误就会重复，碰到新事物，又会犯错误的。"那么，为什么会在公文写作教学中出现这样的"规律"：一听就懂，一看就会，一写就错？为什么会错？还是因为读少了，综合知识储备不足。《读写研究》还列举了一个在学界中广为流传的例子来说明阅读获取综合知识与写作能力的关系——综合知识和公文写作能力如同一条战舰的吨位和火力，吨位大，才能负载强大的火力。但如果吨位大，火力不强，在战斗中也难以取得胜利。所以，这两者之间是互为依存的，火力要强，吨位必须要大。这就是说，火力的强弱是建立在吨位大小基础上的，但吨位大并不等于火力强。为了增强"火力"，提高"战斗力"，在抓综合知识传授的同时，还应注重培养实际写作的能力。一条战舰要迅速地出击并按预定计划完成战斗任务，那它必须要有准确的罗盘、足够的动力、大的吨位和强的火力。对于一名大学生而言，这罗盘就是马克思主义，这动力就是为民富国强而勤奋学习的毅力，这吨位就是通过阅读而储备的知识，这火力就是实际写作的能力。彭海河同人的可贵之处，就是将阅读正式编排在教材中，作为讲授公文写作中的一项内容、一项要求，阐明了读是写的基础和前提，这是难能可贵的。从教材体例上讲，是一种创新。

　　该教材的另一特色是精心设计了"写作思考与实训"，不仅提出了应思考的问题，而且针对问题列举例文，并要求学习者或从例文中找出问题并进行修改，或分析例文归纳要点，或提供案例要求学习者自选文种撰写公文等。写作训练在公文写作中是极为重要的一个环节。写不仅是一种练习，更是一种参与，只有参与了，才能理解，才能体会，才会感悟。华盛顿博物馆门前的石碑上有一段话，对公文写作教学很有启示："Tell me, I will forget. Show me, I may remember. Involve me, I will understand.（告诉我，我将忘记；给我看，我可能记住；让我参与，我能理解）"目前，"案例教学""比较教学""情景教学""项目教学"等

1

方式在公文写作教学中逐步推广，现在彭海河老师也参与进"实训"行列，这将有助于学生在学中练习，在练习中学，能较好地实现从知识向能力的转化，加上"阅读"积累后的潜在知识，有利于学生产生"内生力"，运用所学知识，提高动手能力。尽管该教材中某些提法我并不认同，但撰写者将以往教材中的"教学"在一定程度上转变为"导学"，还是很值得肯定和提倡的。

行政公文是应用文兵种中的"特种部队"，在当代社会中显得越来越重要，成为党政机关及企事业单位的"必需品"。尤其是中国加入 WTO 之后，其运用频率之高，使用范围之广，是有史以来从未有过的。所以，在走上工作岗位的大学毕业生中，流传着这样两句顺口溜："大学课程三件宝：应用文写作、英语和电脑""就业谋生三把刀还是应用文写作、英语和电脑"。应用文写作研习的重要性可见一斑。

受彭海河同人之托，是为序。

中国应用文写作研究会会长

国际应用文写作学会常务副会长

洪威雷

2010 年 4 月 20 日

再版前言

　　《当代行政公文读写理论与实训》一书，自 2010 年 9 月出版发行以来，得到了读者的充分肯定，譬如，京东商城的三位会员都给予了五星评价。其中，2011 年 1 月 29 日，金牌会员"大火哥"（江苏）说："为了能看懂行政公文买的，很不错。"2012 年 9 月 21 日，钻石会员"zhyt2033"（北京）说："值得拥有！非常喜欢！"截至今日，该商品在当当网上共有 576 人评价，好评 73%，中评 9%，差评 18%，且不少中评、差评并非因为书不好，而是因为快递服务太慢。2011 年 10 月，该书参加中国大学出版社协会组织的评比活动，荣获"2009—2010 年度中南区大学出版社优秀教材二等奖"。这些都给著者莫大安慰与鞭策。

　　今年 4 月和 6 月，中共中央办公厅、国务院办公厅与中华人民共和国国家质量监督检验检疫总局、中国国家标准化管理委员会相继发布新的《党政机关公文处理工作条例》（中办发〔2012〕14 号；简称新《条例》）和《党政机关公文格式》（GB/T 9704 - 2012；简称新《格式》），同时停止《国家行政机关公文处理办法》（简称原《办法》）和《国家行政机关公文格式》（简称原《格式》）的执行。新《条例》与新《格式》不仅实现了党政机关公文统一，而且对原党政机关公文规范要求进行了调整、补充、完善和统一。致使《当代行政公文读写理论与实训》原有的某些相关内容失效，这是此次作出修订的根本原因。

　　本次修订完全秉依新《条例》和新《格式》理论要求，主要作了如下方面的修改：一、更新理论。凡原《办法》和原《格式》与新《条例》和新《格式》不相符的内容都以新《条例》和新《格式》的相关内容取而代之。二、增补"决议"与"公报"两个文种的读写。因原行政机关公文中没有"决议"与"公报"两个文种，这次新《条例》将其纳入党政机关公文共用文种，故增补之。三、更换了一些新例文。使例文与新《条例》、新《格式》要求更吻合，与现实生活更接近。四、变通某些内容。因新《条例》、新《格式》发布时间不久，一些新例文又一时难以找到，但为了便于教学，对原例文中某些要素进行了相应的变通，如原《办法》没有强调标题一定要有"发文机关名称"，这次新《条例》强调了，为了符合新《条例》要求，也为了便于教学，因而凡原例文标题中没有"发文机关名称"的都加入了"发文机关名称"；又如原《办法》规定单独发文文尾发文机关一般不署名，新《条例》规定要署名，因而凡原例文没署名的都加入了署名；再如原《办法》规定成文日期要用汉字小写数字标识，这次新《条例》则规定要用阿拉伯数字标识，因而也变通为全用阿拉伯数字标识。这些变通虽有违原文实貌，但既无损其内容与大局，又更符合新规定，并更有利于教学。

　　此次修订时间仓促，且全赖对新《条例》和新《格式》的个人理解，不妥之处在所难免，本人深感惶惶。诚望读者厚爱与同人不吝赐教！

彭海河

2012 年 11 月 20 日

前　言

一直以来，我们都认定"写"需以"读"为基础、为先导。古人云，"读书破万卷，下笔如有神""《文选》烂，秀才半"。每当这些声音萦绕耳际时，我们的这种信念亦越发坚定。尽管当下写作学界亦有不少赞同之音，但综观以往写作教材，人们似乎仍只驻足于"写"，而未涉及"读"，更不用说"读写结合"了。这实为一种遗憾，也是本书意欲公开高擎"读写"之幡，并将此种精神贯彻始终的力量源泉。

当代公文概念的外延其实非常广阔，一切以语言文字为表达形式的公务文书理当悉在其中。但要一一穷尽定是一项浩瀚工程，当然亦无此必要。因为一切公文都有其共性，而各种公文又都几乎大同小异，所以，只要掌握、熟悉其具有代表性公文的读写技巧，那么其他公文便可触类旁通、信手拈来。而当代行政公文正是当代公文的典型代表，掌握了其读写技巧，其他系统、行业公文的读写似乎亦不会太难。这便是本书内容编选的理据。

当代行政公文与其他当代公文一样，都有法定与俗成之分。而法定行政公文又有两种，一种是专为处理现实矛盾、解决实际问题、发挥日常管理职能的，另一种则是反映统治阶级意志，专为维护长治久安，实现制度化管理，发挥规范化、强制性职能的。公文的基本职能是实施管理。中国自古便将国家管理称作"治"，依法管理当然可谓之"法治"了，因而，我们称前一种为"法治公文"；将管理上升到相对稳定的制度层面，以"法""法规""规章"等形式建立一套完整的治理制度，当然可谓之"法制"了，所以，我们称后一种为"法制公文"。从广义上讲，一切国家管理都可谓之"行政"，但是本书所指的"行政"是狭义的特定领域。在中国，实质的行政主体是政府系统。所以，本书所谓的"当代行政公文"，即指现行政府系统制发的公文。它的内容包括当代法定行政公文和非法定行政公文，其中法定行政公文又分为法治行政公文与法制行政公文。这就是本书的基本体系与"读写"内容。

读和写同样是有规律的。姚承嵘教授说："规律是对实践的理性概括。基本规律是对若干特殊规律的提炼。没有科学理性光辉的照耀，写作训练必然如同盲人骑瞎马，只能在黑暗中摸索。"（《应用写作》2000年版，第41页）这确为至理名言。尤其公文读写，有规律还有规范，是非常需要用"理性的光辉"去为学习者"照耀"道路，并引领前行的。所以，本书将读写理性规律的揭示与文本读写训练实践看得同等重要。这可能与时下高喊"理论无用，只需学生依样画瓢"，并把写作学科理论体系"精简"成三言两语、支离破碎的"急功应世"主义者不大合拍。我们认为"依样画瓢"的写作无异于"无壤之花"，至多只能昙花一现，只有揭示规律之理论才是开启学习者读写的根本和产生长远效用的钥匙，"受之鱼"终归是有限的，"授之渔"才是有效和长远的保障。

本书在体例上，坚持以"读"为"写"作先导。这与传统写作教材将范文作知识印证之体例相比较，至少体现着两个不同的理念：①写作是不能凭空进行的，必须具有充足的准

1

备，而这种准备的重要途径之一就是阅读现成的文本，所谓"熟读唐诗三百首，不会作诗也会吟"正说明此理，公文写作亦然。②写作从"读"开始，即从感知开始。本书讲文种文本写作时，遵循文种含义、用途——文本导读——基础知识认知（特点、种类等）——文本写作——写作注意事项——思考与训练这一线索。这种先读文，后介绍文种常识、写作规律，最后进行实训之法，体现着从感性到理性的认知规律。这两点，对公文读写学习者来说，都是极为重要的。其实，近年来按照这种体例编排的写作教材已有不少，说明此亦为时下写作教学的一种主流理念，而我们，则愿成为这种理念的真实拥护者和虔诚践行者。

坚持以"读"为先导，首先要解决读什么，然后解决怎样读、读了作何用等一系列问题。本书主张多读范例，既要开口朗读，以加强语感，又要默读、精读、细读，以感知、领悟写作各方面的规律和表达技巧，为写作做铺垫、打基础。最后用"读"所获知识指导"写"、服务"写"。

在上述思想的指导下，本教材因此表现为以下三方面的特点：①重视对理论和读写规律的揭示；②文种文本读写遵循由感性到理性、再用理性知识指导实践的规律；③文种、例文尽量全面，除特别长的例文在尽量不伤原貌的情形下作了某些删节外，绝大部分例文保持原文以利于学习者阅读原文和感知语感。

我相信，本书定会给广大本科学生尤其是文秘专业学生以及社会文秘人员、行政管理人员等带来意想不到的帮助和收获。

本书吸收了一些专家与同人研究者的前卫成果；例文导读中的大部分文本，亦借引相关网站、书刊，其中绝大部分已在书中加注，但也有少数未及明示，在此，著者对借力其劳动一并深表谢忱！本书的出版得到暨南大学出版社的鼎力支持，亦在此深表谢意！

本书为著者在繁重的教学工作之余完成，虽亦通过自身的教学实践不断检验并不断修正，但因时间紧，资料短缺，加之水平有限，纰漏之处在所难免，谨愿聆听专家同人谆谆教诲。

彭海河

2010 年 5 月

目　录

绪　论

行政公文处理是国家各级行政机关开展行政管理活动的重要组成部分。从事行政公文读写是现今社会每个国家公务员，尤其是办公室文秘人员必须具备的职业素质和工作能力。随着国家公务员考核、考试制度的建立与健全，对国家公务人员来说，系统学习、努力掌握行政公文或其他公文的读写，具备这方面的素质，提高读写能力，很有必要。

第一节　行政公文的含义、性质与作用

一、行政公文的含义

要了解行政公文的含义，我们需先了解行政、行政主体、行政系统、公文等与之相关的一系列重要概念。

（一）行政、行政主体、行政系统

"行政"一词，据考证早在春秋末期成书的《左传》中就有"行其政事""行其政令"的说法，《史记·周本纪》中也有"召公、周公二相行政，号曰'共和'"的记载。不过，这里的"行政"均指个人参与"国家政务管理"。作为现代行政管理学概念的"行政"，则是指"国家行政主体依法对国家事务和社会公共事务所进行的组织和管理活动"[①]。其本质已不再是个人行为，而是国家行为，是"国家的组织活动"[②]，但又不是国家活动的全部行为。国家活动包括政治统治和社会管理两个层面。一般地说，国家立法活动表达统治阶级的意志，比较多地体现政治统治功能；而"行政"则主要是通过对国家事务的具体组织与管理来实现统治阶级的意志。当然，二者也并非泾渭分明、互不联系。因为国家是有阶级性的，"行政"作为实现国家意志的组织活动，其性质必然由国家的阶级性所决定。国家行政自产生以来就肩负着政治统治与社会管理的双重使命。恩格斯说："政治统治都是以执行某种社会职能为基础，而且政治统治只有在执行了它的这种社会职能时才能继续下去。"[③] 所以，国家行政虽主要是国家事务管理，但又难与国家政治统治截然分开，它永远也摆脱不了政治性。

"行政主体"即指代表国家行使行政事务管理职权的各级国家行政机构。它是一个组织

---

① 李世英. 行政管理学新编. 北京：中国公安大学出版社，2003. 3.
② 马克思，恩格斯. 马克思恩格斯全集（第 1 卷）. 中共中央马克思恩格斯列宁斯大林著作编译局译. 北京：人民出版社，1972. 479.
③ 马克思，恩格斯. 马克思恩格斯选集（第 1 卷）. 中共中央马克思恩格斯列宁斯大林著作编译局译. 北京：人民出版社，1972. 219.

系统，即"行政系统"。当代行政系统，是以当代行政组织结构系统为依据和标志的。它由国家政治制度所决定，并从国家机构中派生出来，是相对独立的行政执行系统。"现代世界各国的政治体制多种多样，但都是从国家机构中分化出相对独立的行政执行系统，如美国联邦政府中以总统为代表的执政系统，英国和日本中央政府中以首相为首的内阁及其庞大的办事机构。"① 我国是中国共产党领导下的人民民主专政的社会主义国家，人民享有管理国家的一切权力。人民代表大会制度是国家的根本政治制度。全国人民代表大会是最高国家权力机关，各级人民代表大会构成国家的权力系统。政府、军队、法院、检察院分别为国家的行政、国家的安全、国家的审判和法律监督机关，并对国家权力机关负责。

国家行政组织系统必须依据国家法律规定而建置。我国宪法第八十五条规定"中华人民共和国国务院，即中央人民政府，是最高国家权力机关的执行机关，是最高国家行政机关"；"地方各级人民政府是地方各级国家权力机关的执行机关，是地方各级国家行政机关"。各级政府除统一领导下一级政府的工作外，还根据本级政府工作分工需要依法下设若干职能部门和机构，开展工作和指导下一级对口职能部门的工作。所以，我国的行政机构组织系统，是由国务院、省（直辖市、自治区）、地（市、州）、县（县级市）、乡（镇）等各级政府及其职能部门、办事机构和派出机构等及其下辖单位（或组织）构成的。概言之，行政系统由各级政府及其职能部门与其所辖的企事业单位、社会组织构成。图示如下：

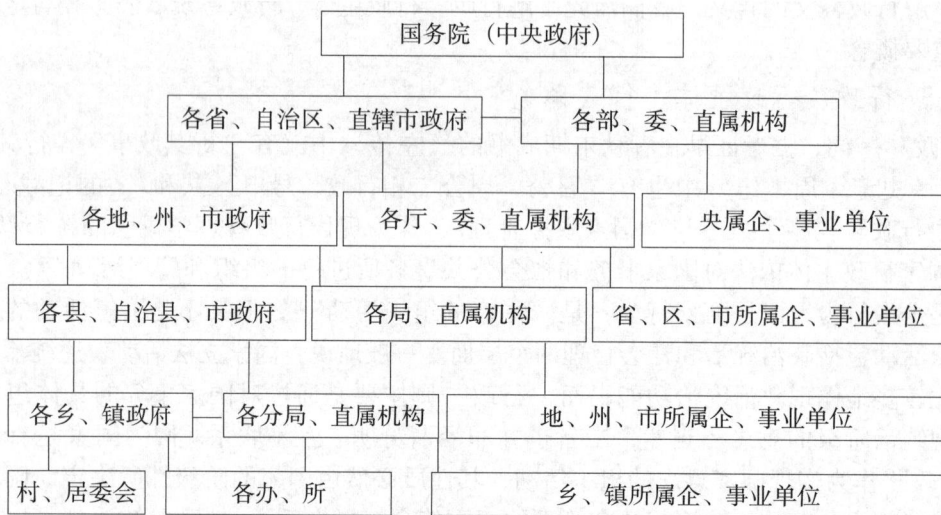

我国行政系统构成

这个系统在组织结构上体现如下特征：

1. 整体呈金字塔结构状态

塔底层是行政机关下辖的基层单位或组织，如居委会、村委会、企事业单位或其他行政组织；塔顶端是国务院即中央人民政府；中间是地方各级政府及其职能部门。整体层级关系明晰：下一级托举、服从上一级，成为上一级的下层基础；上一级统领、制辖下一级，成为

---

① 李烈发，张承奎. 新编行政管理学. 广州：暨南大学出版社，2000.65.

下一级的上层建筑。以此体现"地方各级人民政府对上一级国家行政负责并报告工作，全国地方各级人民政府都是国务院统一领导下的国家行政机关，都服从国务院"的国家行政管理体系和管理理念。

2. 内部构造纵横交错成网络状并显现各种相互关系

各级人民政府以"政府"和"职能部门"两条纲线统辖各自的下级政府和职能部门，各级职能部门也以两条纲线统辖各自的下级职能部门和所属企事业单位，构成上对下的上下级关系；下级政府接受上级政府的领导与管理，形成下对上的上下级关系，同时地方各级政府与其他同级政府又相互构成平级关系；下级职能部门既要接受本级政府的行政管理，又要接受上级政府相应职能部门的业务管理与指导，形成下对上的双重上下级关系，同时同一政府隶属下的各职能部门又彼此构成平级关系。系统内部脉络、关系既复杂又清晰。

3. 外部关系复杂清晰

政府要接受中国共产党的政治领导和履行人民代表大会或人民代表大会常务委员会授予管理国家的行政职责，接受其监督，向其负责，报告工作，并接受政协的参政议政，同时还要和军队、法院、检察院以及工会等社会团体与组织相协调，共同管理和建设好国家。

（二）公文、行政公文

"公文"是公务文书的简称，它是相对"私务文书"而言的。据南朝范晔《后汉书·刘陶传》记载，东汉末年，刘陶曾与人联名上疏，状告州郡官员因害怕惹祸及身，对黄巾起义只是私下议论，不肯将情况形成公文上报朝廷。疏云："州郡忌讳，不欲闻之，但更相告语，莫肯公文。"这是目前得知最早使用"公文"一词的时间。不过《后汉书》所引刘陶上疏的原始材料早已失传，不可稽考，现存可考最早出现"公文"一词的书应属晋陈寿编撰的《三国志》。《三国志·魏志·赵俨传》说，赵俨为了帮曹操争取民心，向曹操的一位谋士建议归还百姓绵绢，谋士答复："辄白曹公，公文下郡，绵绢悉以还民。"由此可知，"公文"一词的出现至少也有一千七八百年历史。可公文本身的出现却要比"公文"一词出现早得多，最早可追溯至《尚书》，只是当时它们的名称不叫公文罢了。公文最早的名称为"书契"，后来又有"册""典籍""文书""文簿""文案""案牍""文牍""公牍"等名称。新中国成立后，"公文"成了处理公共事务、具有特定要求的文书的通称[1]。

现代"文书"概念与上述古代"文书"概念有所不同，现代文书既含公文，也含私文，是指以文字和符号记录信息的所有书面材料。大至联合国宪章、国际公约、国家宪法法律，小至个人书信（含手机短信）、日记、便条等，都可谓之文书。故现代文书有公务文书与私务文书之分：凡各级各类机关、部门、单位、组织处理公务的书面材料均可称为"公务文书"，凡个人处理私务的书面材料均可称为"私务文书"。

公文又包括法定公文和非法定公文两大类型。法定公文是指国家及有关部门用法律法规确立的公文，这类公文根据其主要发挥的社会功能，又可分为法治公文和法制公文两类。

法治公文是指主要用于国家或社会组织的日常管理，具有很强的现实性、治理性、政策性的公文。它们通常用法规确定，如中共中央办公厅和国务院办公厅用《党政机关公文处理工作条例》确定的公文、全国人大常委会办公厅用《人大机关公文处理办法》确定的公

---

① 周森甲. 中国现代公文写作原理与方法. 西安. 西安出版社，2006. 41～42.

文、全国政协办公厅用《中国人民政治协商会议全国委员会办公厅公文处理规定》确定的公文、中央军委办公厅用《中国人民解放军机关公文处理条例》确定的公文等。这些公文常被制作成套红文件，故也称"红头文件"或简称"文件"。法制公文是指主要用于国家或社会组织，并对社会成员或组织的行为进行规范的文书，它具有很强的典制性、准则性和相对稳定性，如宪法、法规、规章、制度等。它们的法定效力由法制公文确立，但其效能又须由法治公文公开发布方可产生。例如，《宪法》赋予宪法与法律最高或较高的法律效力，规定只有全国人民代表大会才有权制定、修订、审议、通过，而且，它们被制定出来或者被修订审议通过后，又必须依据《宪法》规定，由国家主席用"命令"予以发布后方可产生法定效力。非法定公文是指除法定公文以外的其他用于各级各类机关、部门及单位或组织公务活动的文书，如计划、总结、调查报告、工作研究、简报、会议文书等，通常被称作"事务公文"。这类公文通用性强，国家各个管理系统均可使用。

行政公文是公文的一个分支，是行政机关实施领导、履行职能、处理公务的具有特定效力和规范体式的文书，是传达贯彻党和国家方针政策，公布法规和规章，指导、布置和商洽工作，请示和答复问题，报告、通报和交流情况等的重要工具。行政公文虽主要由行政机关来制作和处理，却应用于整个行政系统，因此也是一个域指性概念。

行政公文同样有法定行政公文和非法定行政公文之分。法定行政公文也同样有法治行政公文与法制行政公文两类。法治行政公文是指主要用于各级行政机关、部门、单位实施行政决策、管理的公文，即新《条例》中规定的 15 种公文。它们的文种及其职能、行文规则、写作体式、制发格式及处理程序都依自法定，新《条例》、新《格式》等相关法规、文件就是其规范化的理论依据。法制行政公文是指各级行政机关或行政组织依照有关法律、法规制定的行政法规、规章、制度等。它们也需按法定要求制定与发布，《行政法规制定程序条例》《规章制定程序条例》等是其制发的理论依据。非法定行政公文是指主要用于处理或服务于日常行政事务工作的公文，即行政"事务公文"，其写作体式主要是约定俗成的。写作上，虽没有法定行政公文要求那么严格，但它们也必须遵守约定俗成的惯用体式。

二、行政公文的性质

行政公文是行政系统用于现实行政管理与处理日常行政事务，讲究规范体式的公务文书，其性质具体体现如下：

第一是工具性。行政公文，尤其法定行政公文，是党和国家意志的重要载体，是国家各级行政机关传达党的路线、方针、政策，政府的法令、法规和有效实施行政管理的重要工具。

第二是域指性。行政公文，顾名思义是用于国家行政系统的公文，是国家各级行政机关、部门和行政单位、组织用以管理和处理行政事务的公文。它的域指性非常明确，既区别党务公文，也区别军务公文，还区别其他系统的公文。

第三是现实性。行政公文是为了解决现实行政管理中出现的问题和矛盾而制发的，或传达意图、联系事项、商洽事务、交流情况、传播经验、推动工作，或颁布制定的法规规章制度。并且在现实执行过程中往往具有很强的时间性。即使是对历史问题、现象作出结论，也往往是为了澄清人们当前对其在认识上的混乱。显然，行政公文始终面对现实，为现实服务。

第四是行政性。行政性，即管理性。从本质而言，行政是一种国家管理活动。因而行政公文，尤其法定行政公文所承载的内容反映的是行政管理者的意志、精神、愿望和要求，并通过其对现实行政活动实施有效管理和产生权威效力。

第五是规范性。规范性主要就文书的表现形式而言。行政公文的体式很讲究规范。这种规范主要来自两个方面：一是法定，如 15 种法治公文，其体式非常严格，行文时必须严格遵守新《条例》等法规、文件的规范要求，而法规、规章必须遵循《中华人民共和国立法法》《行政法规制定程序条例》和《规章制定程序条例》等法律法规；二是约定俗成，如计划、总结、领导讲话等事务公文，它们没有法定体式，但有约定俗成的惯用体式，行文时应该遵守它们各自的体式。

三、行政公文的社会作用

行政管理是国家管理活动的重要组成部分。行政公文，尤其是法定行政公文，作为国家行政机关管理国家行政事务的重要工具，在体现国家意志的执行职能与依法对国家事务和社会公共事务的管理上发挥着应尽的作用。这种社会作用具体表现为：

1. 法规和准绳作用

行政管理需要有各种行政法令法规与规章制度来规范人们的行为和行政管理的职责及其所从事的管理活动，这些政令法规等虽然不一定全是法律条文，但都要求社会成员或下级机关及有关人员遵守或执行，并产生强制性和准则性作用。

2. 领导和指导作用

行政公文是传达政令政策的工具，各级行政机关通过制发各种公文来传达党和国家的方针政策，贯彻上级领导意图，有针对性地解决实际工作中的具体问题，有效地实施行政领导和指导。

3. 宣传和教育作用

行政公文，尤其是上级机关制发的指挥性行政公文，其重点是阐明党和国家的政治路线、方针、政策和措施，以作为下级机关或者个人的规范；有的还直接表彰奖励先进，批评惩处错误，具有鲜明的宣传教育作用。

4. 组织和协调作用

行政管理的实质就是使社会各方面有序化运行，而这种有序化运行则是通过有效的组织和协调来完成的。行政公文作为行政管理的重要工具，其中多数文书都有组织、协调作用。如计划、规划、方案、意见、通知、决定等都具有组织作用，而报告、通报、通告、通知、函，以及一些礼仪公文又都具有协调作用。法规性公文表面上是起规范行为的作用，但实质上则是起协调社会，使社会变得和谐有序的作用。

5. 联系和知照作用

上级与下级之间，部门与部门之间，非隶属机关之间，因工作关系经常需要交流信息、互通情况、商洽工作、协调步伐等，它们之间的联系沟通常常是依靠制发行政公文来实现的，因而具有联系和知照作用。

6. 依据与凭证作用

行政公文反映制发机关的意图，具有法定的行政效力，受文机关都要以此作为处理事务、开展工作、解决问题的凭证与依据，因而具有依据与凭证作用。

第二节　怎样学习读、写行政公文

当今社会已进入知识经济时代，高等教育也基本实现大众化，信息网络传输与计算机自动化办公的实现，使读、写行政公文已成为人们不可回避的职场内容。

一、读与写的关系

现代信息理论认为："读"是将外部书面语言内化，了解其中的思想信息，是信息的输入、吸收、储存与集积；"写"是将内部思想用书面语言形式外化，是信息的输出、释放与应用。没有信息的输入、积累与储存，信息的输出、释放与应用便无法进行。所以，"读"是"写"的基础与前提，"读"得越多，吸收、积累越丰厚，对"写"便越有益。杜甫的"读书破万卷，下笔如有神"，正说明了这个道理。"读"可为"写"积累知识，夯实基础，储备物质和思想，激发和促进"写"；反过来，"写"能充分利用"读"、发挥"读"的作用，使"读"得以深化、巩固、升华与转化。二者相辅相成，互相促进。

二、提高读写行政公文能力的途径

欧阳修说："作文无它术，唯勤读书多为之自工。"欧阳修是著名的"唐宋散文八大家"之一，他以切身的体会、成功的经验告诉我们：学习写作只有"勤读书"与"多为之"两条途径，即"多读"和"多写"。学习行政公文写作，也同样离不开"多读""多写"这两条重要途径。

（一）多读

多读，读什么？这要从三方面考虑：

1. 多读书

首先是读行政公文写作方面的书，掌握行政公文写作的相关理论；其次是读有关行政管理、法律、经济方面的书，打好相关知识的基础；最后是读哲学、政治、文学等方面的书，以增强思想修养。

一般来说，阅读越多对于写作的益处越大，但也不能见书就读，而要以"写"为目标。要根据学习的需要，有目的、有重点、求方法地读书。例如，与行政公文写作关系直接的书或章节，要重点精读；与行政公文写作关系不大的书或不重要的章节，只作简略浏览，这样才能提高读书的效率。

2. 多读范文

行政公文范文通常是集体智慧的结晶，是学习写作最好的借鉴蓝本。对于初学行政公文写作的学生来说，首先要解决行政公文写作的语言表达问题。这可通过开口朗读范文以培育正确的语感来解决。语感是在长期反复的语言感知中积累形成的对语言的语义、色彩、情感、语法的直觉敏感能力。它包括对特定写作对象的敏感性、对特定写作语境的敏感性以及对特定文体或文种的敏感性等。当语言经验积累到一定程度，人对语言的感知就会形成一种

"自然反应"，人不仅能够熟练地、本能地辨析、判断语言的正误、常殊、优劣，而且会形成一种控制、指挥语言的能力。特定的文体具有与之相对应的语体。对特定语体的长期反复的感知，便可培养出特定的语感。这种语感一旦形成，运用于对应的文体文本写作，便能运笔自如，随心所欲而不逾矩。常言道："熟读唐诗三百首，不会作诗也会吟。"这正说明"读诗"对于"写诗"的重要性。长期阅读尤其是朗读行政公文范文，可以培育对行政公文语言、语体的敏感力，能较好地解决行政公文写作的语言表达问题。写作必须先过语言关，这是因为写作是一种思维与表达密切合作的活动，不管是思维还是表达，都离不开语言。

其次，细心默读范文有助于理解文意、领悟写作技法。默读是一种注重思考与理解的深层理性阅读。人们在日常工作、生活中阅读文章一般只用默读来理解文意。但是，学习写作的学生必须充分意识到，默读范文不能单为理解文意，更应着意去领悟和学习范文的写作技法，更应领悟、认识、借鉴范文在体式、思路、结构、组材、语言以及表达技巧等方面的优势，以启迪和指导自己的写作。

以朗读感知语言，以默读理解文意、领悟技法。这两种阅读方式各具优势，但其功用并非泾渭分明。经验告诉我们：朗读也能加深对文意的理解和技法的认知，默读同样会伴随着对语言的感知。这就需要我们根据自己学习写作的不同阶段与掌握知识的程度、需求作出正确有效的阅读选择。

3. 读"活书"

读"活书"，即鲁迅先生所说的"用自己的眼睛去读世间这一部活书"。行政公文写作天生就是面对社会现实的，为社会现实服务，解决社会现实问题是其行文的根本动因，社会现实是它的主题和材料的活水源头。因此，学习行政公文写作，必须时刻关注社会、观察与体验生活，善于从自身所在的现实生活环境中发现问题，使行政公文写作扎根于社会现实。这是学习行政公文写作的根本途径。

（二）多写

多写是写好的关键。我们在多读的基础上一定要注重多写。只读不写往往会造成"眼高手低"。古人云："读十篇不如作一篇。"可见古人对写是多么看重。多读虽然能为我们培育语感和积累写作知识，但是知识要转化成写作能力又是另一回事。行政公文写作也和其他写作一样，不仅是一种复杂的思维活动，更是一种独特的综合能力的施展。知识转化成能力要靠长期反复的训练才能形成，因此，在成为社会组织公认的"笔杆子"之前，需经历较长的练笔过程。

怎样写？对于学习者来说，我们可以从简到繁、从易到难、从模仿到自主，循序渐进地进行写作。最初可以模仿范文写作，写一些比较简易的短文，尤其要对有关教材"思考与练习"中的"写作"与"给材料写作"题目予以重视。因为它们是教师经过周密思考设计的习作训练，体现着训练的难易度、针对性、系统性和科学性，最适合初学者训练。但在写作有了一定的理论知识和驾驭能力后，就不能再满足于这种训练，而要向前推进，在理论的指导下自主写作。所谓自主写作，就是学习者在写作理论和规范的指导下，根据实际情况，充分调动自己的主观能动性进行写作。要做到自主写作，除通过阅读不断提高理论水平和感受能力外，还必须养成自觉写作的良好习惯。在生活、学习和工作中，我们总会不断碰到各种各样的写作契机，一有机会就要自觉抓住机会写，勤写，多写。多写就会"熟"，"熟"就能生"巧"，就会得心应手。长此以往，我们就能逐渐从写作"生手"变成"熟手"再到"能手"，最终成为写作"高手"。

第三节　行政公文读写者应该具备的素养

一、行政公文读写者的角色意识

行政公文读写是一种特定领域的文书读写，学习者如要速见成效，应首先明确自己的角色，形成鲜明的角色意识。

（一）行政公文读者的角色意识

行政公文读者可分为执行读者和学习写作读者两类，两者阅读目的不同，阅读意识的侧重点也不同。

1. 执行读者意识

所谓执行读者，就是指为领会公文传递的信息、完成公文布置的任务、贯彻执行传达公文的精神而阅读的人。在通常的行政公文运作过程中，受文者收到公文后的阅读，就是充当执行读者的角色。阅读者必须清楚地意识到具有贯彻执行公文的任务，因此，阅读时必须准确领会公文文本传达的每一条信息，把握精神实质，以便准确无误地贯彻执行。而发文者的发文意图及各种信息的传递是通过语意来表达的，所以，执行读者阅读的关键是深入细致、全面准确地理解文本内容，而文本写作形式则并不重要。总之，执行读者在很大程度上只是一个接受者。

2. 学习读者意识

所谓学习读者，就是为学习公文写作而阅读公文的人。大学生及其他学习公文写作的阅读者在阅读公文时，必须清楚地意识到自己阅读公文没有肩负贯彻实施的任务，而只是学习写作公文。在前面讲述公文读写关系时，我们已经提到，要学习写公文不读范文是不行的。读范文是一种最直接的学习写作的方法，而且读得越多对写越有益。执行读者为贯彻执行，认知文本内容是关键；学习读者为学习写作，认知文本形式最重要。对学习读者而言，一要重点阅读文本的结构、思路、行文方式、表现技巧及其规范；二要重点阅读文本的语言，培养正确语感，提高语言表现力。所以，学习读者不仅要是一个接受者（不过接受的内容与执行读者的各有侧重，学习读者重在写作方面的知识，执行读者重在发文者需要传达给受文者的信息），还应努力尽快成为一个鉴赏者和批评者。这样，学习才能产生高成效。

（二）行政公文作者的角色意识

1. 行政公文作者是发文机关的代言人

一般文章的作者，都是代表自己，以个人的身份或叙事、或明理、或抒情、或状物，表达的见解和情感是个人化的，述事状物的角度和风格也是个人化的。但是，行政公文写作就不同了。从整体上说，行政公文不存在作者自己的风格，因为它不是个体化写作，而是代表一个机关、部门、单位、团体在说话。从功能上说，行政公文是办理行政事务的，不是用来审美的，作者的个性和风格在文本中没有意义与价值，甚至可能起负作用。因此，作者必须认识到，自己只是一个代言人，是代表一个机关、部门、单位、组织在说话，写作中的立场、观点、语言，都是非个人化的。不过，作为代言人，行政公文作者的作用也并不是完全消极的，并不是一个没有思想的传声筒。一方面他必须领会领导和部门的意图，熟悉与工作相关的各方面的情况，以便准确地把领导和部门的意见传达出来；另一方面，他还有责任对公文主旨的正确性、深刻性进行检验，对有关材料的真实性进行核查，一旦发现问题，则应及时向领导或部门反映、请示，把好公文的质量关。

2. 行政公文写作是群体化写作

行政公文写作通常不是一个人完成的，它的写作过程可以说是一个群体化的写作过程。被认定为公文作者的那个人，从某种意义上说只是这篇公文的主要执笔人而已。因此，行政公文在发布的时候，只署签发人的姓名，从不署执笔人的姓名。行政公文的群体化写作特点，主要通过三个方面体现出来：首先，行政公文的写作动机来源于行政机关的领导和管理行为；其次，行政公文的内容是行政机关领导集体的共识，是经过会议讨论或者磋商之后形成的一致意见；最后，行政公文的起草、修改和定稿需多人参与才能保证质量。

为此，行政公文的作者必须广泛听取各方面意见，不能固执己见，以个人意志代替集体意志。草稿写出后，要根据集体的意见和建议进行反复修改。一些特别重要的公文，写作和修改过程是慎之又慎的，可能是由一个写作班子共同参与，条分缕析、字斟句酌，甚至经会议反复讨论修改才最后确定。这将其群体化写作的特征体现到了极致。

3. 执笔人与法定作者的关系

写作行政公文，还应将执笔人与法定作者的关系搞清、理顺。行政公文是行政机关办理公务的文书，负责撰写公文文稿的作者，只是代言人，并不是法定作者。严格地说，其实公文签发人也不是法定作者，他只是法定作者的代表人，类似于人们通常所说的"法人代表"。行政公文的法定作者应是文末印章上所标定的机关。

撰稿者写出的文本，在没有定稿、签发、用印之前，还没有得到法定作者的认可，还不具有权威性和合法性。只有在领导集体认可，主要负责人签发，办公部门用印后，才被法定作者认可，才具有法定的效力。

二、行政公文读写者应该具备的素养

素养是人们获取成功的保证。要想在读写行政公文方面获取成功，具备相应的素养是完全必要的。行政公文读写是一项非常严肃的政治任务，它关系到党的路线、方针、政策和国家法令法律法规的贯彻执行，及各项工作、任务的完成，也关系到上级领导管理理念、发文意图的准确传达。因此，对行政公文读写者尤其写作者的素质要求很高。具体而言，行政公文读写者必须具备：①较高的政治理论水平；②较完备的法制知识；③一定的历史、经济、文学知识；④丰富的行政管理、读写经验；⑤较高的语文水平。

因此，作为行政公文读写者，首先，必须不断学习马克思主义理论，提高政治思想觉悟；加强思想道德修养，树立正确的世界观、人生观、道德观和审美观。只有高屋建瓴，才能站得高看得远、看得全面、看得准确、看得深刻，从而保证对行政公文的理解正确、与表达准确、深刻。

其次，必须不断学习相关法律法规、制度和现行政策，提高对法律法规、制度和政策的熟悉程度与认识水平，增强法制意识与政策观念，以保证行政公文的写作与贯彻执行不违法、不违规，成为现行路线、方针、政策的拥护者、推动者和实施者。

最后，必须勤奋读书，不断学习有关知识；学习和熟悉业务，熟练掌握行政公文写作规范和表达技巧，多读多写，积累经验，以保证对行政公文内容阅读理解的准确性与写作表达的规范性和高质量。

【问题思考】

1. 行政公文具有哪些性质？
2. 我国现行行政系统是怎样构成的？
3. 简述行政公文的社会作用。
4. 读与写有怎样的关系？
5. 提高读写行政公文的途径主要有哪些？
6. 行政公文执行读者与学习写作读者的阅读意识有何不同？
7. 行政公文作者在写作公文时应该充当怎样的角色？
8. 行政公文写作，就作者而言，具有怎样的特点？
9. 行政公文写作中，执笔人与法定作者是怎样的关系？
10. 行政公文读写者应具备哪些方面的素质？怎样提高这些素质？

第一章
法治行政公文基本理论认知

第一节　法治行政公文概说

行政公文有法定行政公文和非法定行政公文之分。法定行政公文又有法治行政公文与法制行政公文两类。

一、法治行政公文的含义

法治行政公文是指用于各级行政机关依法实施行政决策、常态管理的公文，即新《条例》所规定的 15 种公文。在通常情况下，它们需与相应的行文格式匹配行文，故又称作"文件"；因其格式文头套红，因此，也被称作"红头文件"。

新《条例》指出："党政机关公文是党政机关实施领导、履行职能、处理公务的具有特定效力和规范体式的文书，是传达贯彻党和国家方针政策，公布法规和规章，指导、布置和商洽工作，请示和答复问题，报告、通报和交流情况等的重要工具。"这是对狭义党政公文——法定党政"文件"的定义，它们是党政公文的重要组成部分。借用上述定义，我们单从行政视角考虑，则行政机关公文可定义为：是行政机关实施领导、履行职能、处理公务的具有特定效力和规范体式的文书，是传达贯彻党和国家方针政策，公布法规和规章，指导、布置和商洽工作，请示和答复问题，报告、通报和交流情况等的重要工具。这一定义从以下五方面对行政公文作了明确：

（1）性质。它是一种工具，是传达贯彻党和国家方针政策，公布法规和规章，指导、布置和商洽工作，请示和答复问题，报告、通报和交流情况等的重要工具。

（2）范畴。它为行政机关所使用，包括各级人民政府机关及其职能部门，以及行政组织即国家行政系统使用。

（3）作者。它的制发者是国家各级行政机关。它代行政机关立言，体现行政机关的意志、意图、主张，以实现其有效的行政管理。

（4）效力。它具有特定的行政效力。这种效力来自法律与法规，如上述新《条例》等。

（5）体式。它是一种具有特定体式的文书。它的体式通常由"行文格式"与"文种文本"两部分按规范、相匹配构成。这种体式是在行政管理过程中形成并经法定而来，写作、制发时都必须严格遵守法定规范。

二、法治行政公文的种类

新《条例》第八条规定现行党政机关公文种类主要有以下 15 种：

决议、决定、命令（令）、公报、公告、通告、意见、通知、通报、报告、请示、批复、议案、函、纪要。

根据行文关系和行文方向，这 15 种现行行政机关公文可分为上行文、下行文、平行文三类。

（1）上行文。上行文是指下级机关向上级机关的行文，如报告、请示、议案等。报告、请示是典型的行政系统的上行文。议案是"各级人民政府按照法律程序向同级人民代表大会或者人民代表大会常务委员会提请审议事项"的公文，是国家行政执行机关向国家权力机关的上行文。

（2）下行文。下行文是指上级机关向下级机关的行文，如决议、决定、命令（令）、批复、公报、公告、通告等。这类行文又有两种情况：一是行文者之间存在上下级关系，这是典型的下行文，如批复；二是行文者之间并非是严格意义上的行政隶属关系，而是行政机关面向社会全体成员或有关方面人员的行文，因而这类行文也被人称作"泛行文"，如公报、公告、通告。命令、决定既可作典型的下行文，也可作泛行文，需看其具体用于哪种情况来确定。

（3）平行文。平行文是指不相隶属机关之间的相互行文。"函"是典型的平行文。

值得注意的是，有些文种可以兼行，它们在不同情况下可充当不同的行文。如"意见"，可以用于上行文、下行文和平行文；"纪要"则要视随行公文的实际情况而定；"通知"通常作下行文，但用于"传达要求有关单位周知或者执行的事项"时，就很可能作平行文了；"通报"用于奖惩时，都是作下行文，但用于"传达重要精神和告知重要情况"时，既可作下行文，也可作平行文。这些兼行文种，只要与具体的内容、行文对象相联系，它们的行文关系就被确定下来了。

三、法治行政公文的特点

法治行政公文是一种传递政令政策、处理公务的特殊文书，与其他行政公文比较，具有自身鲜明的特点。

（1）鲜明的政治性。法治行政公文是现代社会政治生活的产物，是发文者意志的表现。它具有传达、贯彻党和国家路线、方针、政策和法律法规，处理行政公务的功能。它的内容与国家政治密切相关，在政治上代表着党、国家和人民的根本利益，为巩固和发展社会主义事业服务。

（2）法定的权威性。法治行政公文的作者是法定的，即须以行政机关名义或其法人代表的名义制发。它代表着发文者的意志，在法定时空内对受文者的行为产生强制性影响和行政约束力，具备法定的权威性。

（3）突出的现实性。法治行政公文是为了解决现实行政管理中出现的问题和矛盾制发的，或传达意图、公布法规和规章，或联系事项、商洽事务，或交流情况、传播经验、推动工作，并且在现实执行过程中往往具有很强的时间性。有些公文即使是对历史现象作出结论，也往往是为了澄清人们当前对其在认识上的混乱。因此，法治行政公文始终是面对现实、服务现实的。

（4）严格的规范性。法治行政公文是法定的公务文书，有法定的种类、格式、行文规则和处理程序等，任何机关、单位都必须严格遵守，不得擅自标新立异、自搞一套。每种公文，只适用一定的范围，表达一定的内容，行使一定的职能，要使用规范的格式，不能随意为之。

四、法治行政公文的作用

法治行政公文的性质取决于其所起作用，具体表现为以下几点：

（1）法规和准则作用。行政管理需要各种行政法规和规章，这些法规和规章都以文件形式制发，它们虽然还不是严格的法律条文，但都要求下级机关和有关人员遵守与执行，因此具有法规和准则作用。

（2）领导和指导作用。法治行政公文是传达政令、政策的工具，各级行政机关通过制发各种公文来传达国家的方针政策，贯彻领导意图，有针对性地解决实际工作中的问题和矛盾，因而具有领导和指导作用。

（3）宣传教育作用。法治行政公文，尤其是上级机关制发的指挥性行政公文，其重点是阐明国家的政治方针、政策和措施，以作为下级机关和个人规范；有的还直接表彰奖励先进，批评惩处错误，因而具有明显的宣传教育作用。

（4）信息沟通作用。上级与下级之间，部门与部门之间，非隶属机关之间，因工作关系经常需要交流信息、互通情况、商洽问题、协调步伐等，它们之间的联系沟通常常是依靠制发行政公文来实现的，因而具有信息沟通作用。

（5）依据与凭证作用。法治行政公文反映制发机关的意图，具有法定的行政效力，受文机关都要以此作为处理事务、开展工作、解决问题的依据与凭证，因而具有依据与凭证作用。

第二节　法治行政公文的行文规则和处理

一、行文规则

法治行政公文制发必须严格遵守行文规则。新《条例》规定的行文规则有：

（1）行文应当确有必要，讲求实效，注重针对性和可操作性。

（2）行文关系根据隶属关系和职权范围确定。一般不得越级行文，特殊情况需要越级行文的，应当同时抄送被越过的机关。

（3）向上级机关行文，应当遵循以下规则：

①原则上主送一个上级机关，根据需要同时抄送相关上级机关和同级机关，不抄送下级机关。

②党委、政府的部门向上级主管部门请示、报告重大事项，应当经本级党委、政府同意或者授权；属于部门职权范围内的事项应当直接报送上级主管部门。

③下级机关的请示事项，如需以本机关名义向上级机关请示，应当提出倾向性意见后上报，不得原文转报上级机关。

④请示应当一文一事，不得在报告等非请示性公文中夹带请示事项。

⑤除上级机关负责人直接交办事项外，不得以本机关名义向上级机关负责人报送公文，不得以本机关负责人名义向上级机关报送公文。

⑥受双重领导的机关向一个上级机关行文，必要时抄送另一个上级机关。

（4）向下级机关行文，应当遵循以下规则：

①主送受理机关，根据需要抄送相关机关。重要行文应当同时抄送发文机关的直接上级机关。

②党委、政府的办公厅（室）根据本级党委、政府授权，可以向下级党委、政府行文，其他部门和单位不得向下级党委、政府发布指令性公文或者在公文中向下级党委、政府提出指令性要求。需经政府审批的具体事项，经政府同意后可以由政府职能部门行文，文中须注明已经政府同意。

③党委、政府的部门在各自职权范围内可以向下级党委、政府的相关部门行文。

④涉及多个部门职权范围内的事务，部门之间未协商一致的，不得向下行文；擅自行文的，上级机关应当责令其纠正或者撤销。

⑤上级机关向受双重领导的下级机关行文，必要时抄送该下级机关的另一个上级机关。

（5）同级党政机关、党政机关与其他同级机关必要时可以联合行文。属于党委、政府各自职权范围内的工作，不得联合行文。党委、政府的部门依据职权可以相互行文。部门内设机构除办公厅（室）外不得对外正式行文。

二、公文拟制

公文拟制包括公文的起草、审核、签发等程序。

（1）公文起草要求。公文起草应当做到：

①符合国家法律法规和党的路线方针政策，完整准确体现发文机关意图，并同现行有关公文相衔接。

②一切从实际出发，分析问题实事求是，所提政策措施和办法切实可行。

③内容简洁，主题突出，观点鲜明，结构严谨，表述准确，文字精练。

④文种正确，格式规范。

⑤深入调查研究，充分进行论证，广泛听取意见。

⑥公文涉及其他地区或者部门职权范围内的事项，起草单位必须征求相关地区或者部门意见，力求达成一致。

⑦机关负责人应当主持、指导重要公文起草工作。

（2）公文审核要求。公文文稿签发前，应当由发文机关办公厅（室）进行审核。审核的重点是：

①行文理由是否充分，行文依据是否准确。

②内容是否符合国家法律法规和党的路线方针政策；是否完整准确体现发文机关意图；是否同现行有关公文相衔接；所提政策措施和办法是否切实可行。

③涉及有关地区或者部门职权范围内的事项是否经过充分协商并达成一致意见。

④文种是否正确，格式是否规范；人名、地名、时间、数字、段落顺序、引文等是否准确；文字、数字、计量单位和标点符号等用法是否规范。

⑤其他内容是否符合公文起草的有关要求。

需要发文机关审议的重要公文文稿，审议前由发文机关办公厅（室）进行初核。

经审核不宜发文的公文文稿，应当退回起草单位并说明理由；符合发文条件但内容需作进一步研究和修改的，由起草单位修改后重新报送。

（3）签发要求。公文应当经本机关负责人审批签发，重要公文和上行文由机关主要负责人签发。党委、政府的办公厅（室）根据党委、政府授权制发的公文，由受权机关主要负责人签发或者按照有关规定签发。签发人签发公文，应当签署意见、姓名和完整日期；圈阅或者签名的，视为同意。联合发文由所有联署机关的负责人会签。

三、公文办理

公文办理包括收文办理、发文办理和整理归档。

（1）收文办理。收文办理是指收到公文的办理过程，主要包括签收、登记、初审、承办、传阅、催办、答复等程序。

（2）发文办理。发文办理是指制发公文的办理过程，主要包括复核、登记、印制、核发等程序。

（3）整理归档。公文办理完毕后，要及时整理（立卷）、归档。新《条例》对整理归档也作了具体明确的规定。

【问题思考】

1. 法治行政公文有哪些文种？
2. 法治行政公文按行文关系可分哪几类？
3. 下行文中的"泛行文"有何特性？
4. 简述法治行政公文的作用。
5. 行文规则中明确了哪些情况需要抄送？
6. 谈谈你对"行文应当确有必要，讲求实效，注重针对性和可操作性"规则的理解。
7. 行文关系要以什么来确定？
8. "同级党政机关、党政机关与其他同级机关必要时可以联合行文。"这句话讲了哪几种联合行文的情况？
9. 请示、意见和报告可直接呈送给上级机关负责人吗？为什么？
10. 需经政府审批的事项，由部门行文时，必须注意什么？

第二章
法治行政公文的格式及规范认知

法治行政公文格式是指法治行政公文的版面样式，包含构成版面样式各部分区域的划分及其各构成要素的位置与排序等。它是法治行政公文合法性、规范性、有效性的重要手段和保证。

第一节　法治行政公文格式及其样式认知

法治行政公文的格式包括发文稿纸格式和发文行文格式。

一、发文稿纸格式的含义及其样式

1. 发文稿纸格式的含义

发文稿纸格式，也称拟文格式，是法治行政公文草拟过程中传递使用、最后作为原始凭证存档于发文单位的文稿样式。拟稿完成后，要填写发文稿纸。

1989 年，国家技术监督局发布了《发文稿纸格式》（GB 826 – 1989）。该国标格式除对稿纸幅面尺寸、页边、图文区的尺寸和划分作了技术性说明外，还重点确定了图文区的构成及栏目的填写规范。

2. 发文稿纸（ISOA4）格式样式（见图 2 – 1）

二、发文行文格式的含义及其种类样式

1. 发文行文格式的含义

发文行文格式，即发出文件的格式。

×××× 发文稿纸		
发〔 〕第 号　密级：　缓急：		
签发：　会签：		
主送：		
抄送：		
拟稿单位：	拟稿：	核稿：
印制：	校对：	份数：
附件：		
主题词：（此项现已取消）		
标题：		
（正文）		

图 2 – 1　发文稿纸格式样式

16

文件其实是格式与文种文本的匹配使用，所以，行文格式是承载文种文本的体式。

1988 年，国家技术监督局第一次发布了《国家机关公文格式》（GB/T9704 – 1988）。1999 年国家技术监督局与国务院办公厅秘书局共同对其作了修订并改称《国家行政机关公文格式》（GB/T9704 – 1999）。2012 年 6 月 29 日，国家质量监督检验检疫总局、中国国家标准化管理委员会又对《国家行政机关公文格式》进行修订后，重新发布为《党政机关公文格式》（GB/T9704 – 2012），正式将党务公文与行政公文的格式统一成一个标准。这既适应了新形势发展的需要，也使法治公文格式更加标准化、科学化、规范化，为其有效、快速、准确地生成、执行、处理提供了坚实的保障。行文格式与拟文格式的内容只少了记录参与拟稿、核稿、审批、印制人员内部工作情况的内容，其他基本相同，但排序有些不同。

2. 发文行文格式的种类及样式

新《格式》规定，党政机关公文的行文格式包括文件格式、信函格式、命令格式和纪要格式四种，其中文件格式为一般格式，信函格式、命令格式和纪要格式为特定格式。这四种格式根据发文者的构成情况，又都存在单独行文格式和联合行文格式。下面列举几种常用行文格式样式。

（1）单独行文文件格式样式。

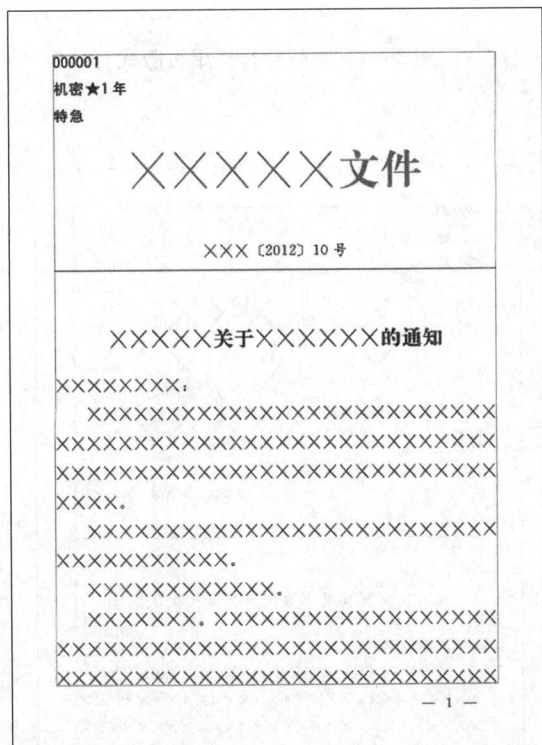

图 2 - 2　单独下行文首页版式　　　　图 2 - 3　单独行文用印尾页版式

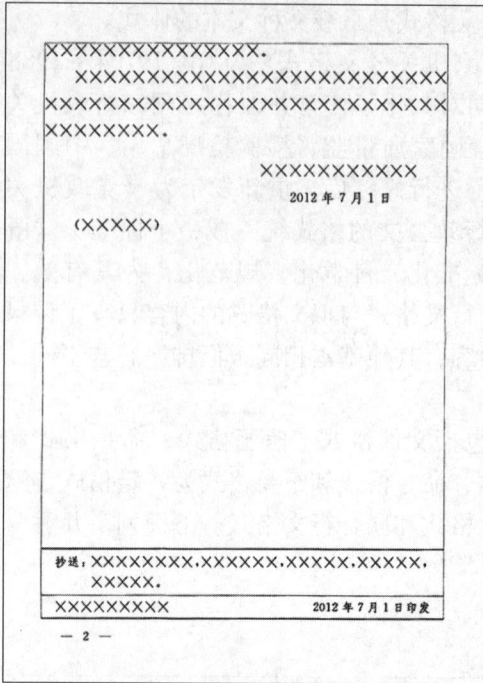

图 2-4　单独行文不用印尾页版式

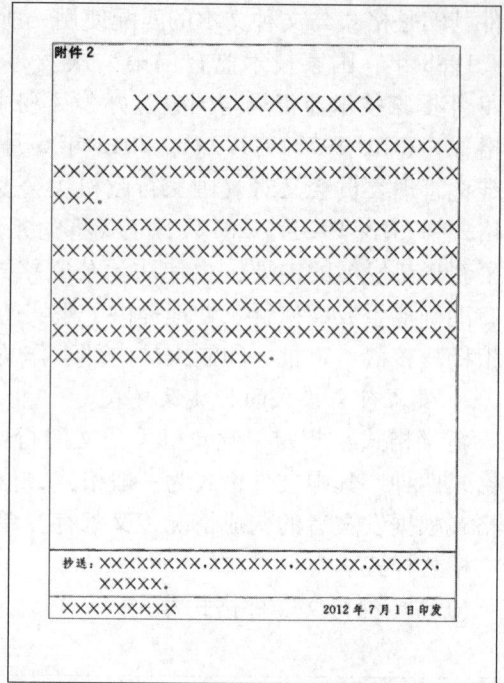

图 2-5　带附件行文尾页版式

（2）联合行文文件格式样式。

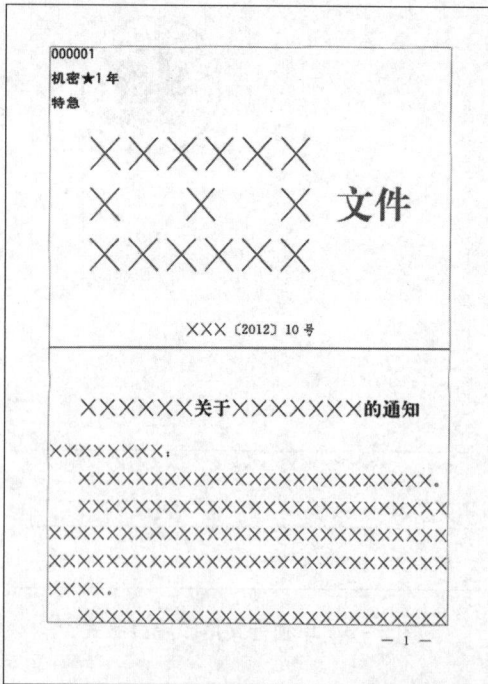

图 2-6　三机关联合下行文首页版式

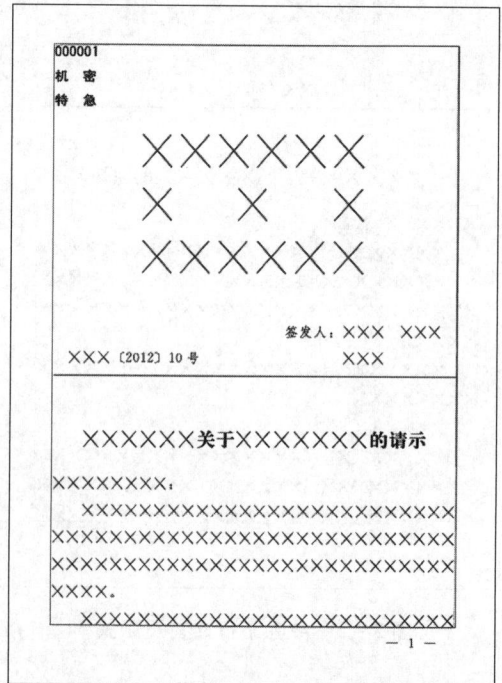

图 2-7　三机关联合上行文首页版式

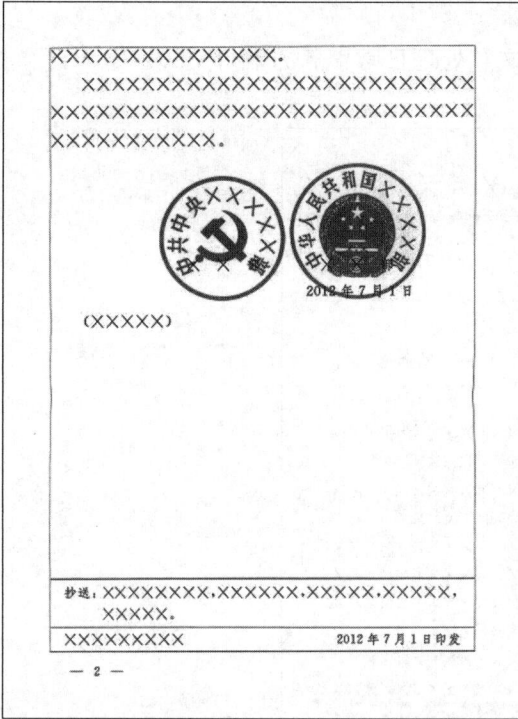

图2-8　党政两机关联合行文用印尾页版式

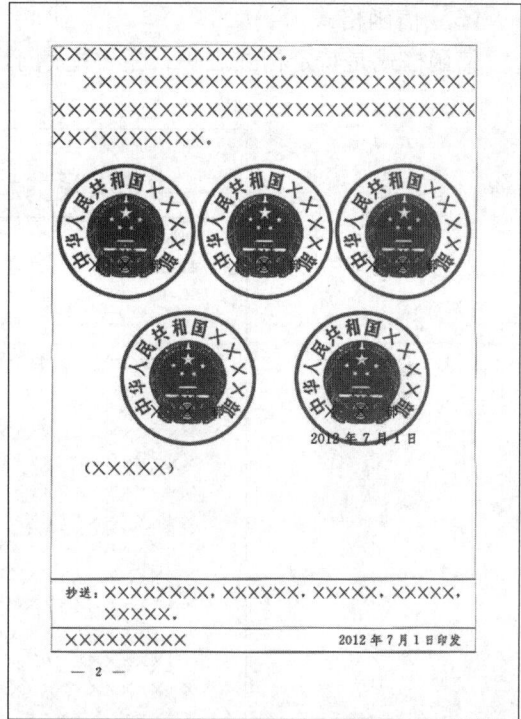

图2-9　五行政机关联合行文用印尾页版式

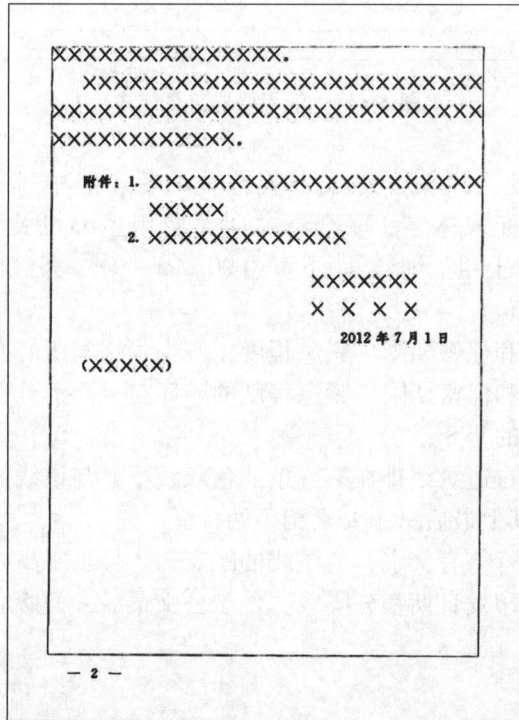

图2-10　联合行文不用印尾页版式

（3）信函格式。

信函格式是特定格式之一，主要适用于平行文和处理日常事务的下行文。

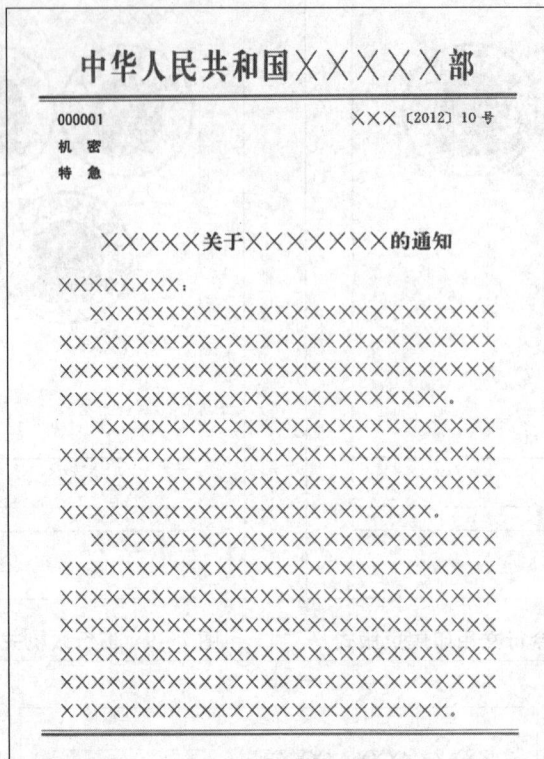

图 2-11　信函格式首页样式

发文机关标志使用发文机关全称或者规范化简称，居中排布，上边缘至上页边为
30 mm，推荐使用红色小标宋体字。联合行文时，使用主办机关标志。发文机关标志下
4 mm 处印一条红色双线（上粗下细），距下页边 20 mm 处印一条红色双线（上细下粗），线
长均为 170 mm，居中排布。

如需标注份号、密级和保密期限、紧急程度，应当顶格居版心左边缘编排在第一条红色
双线下，按照份号、密级和保密期限、紧急程度的顺序自上而下分行排列，第一个要素与该
线的距离为 3 号汉字高度的 7/8。

发文字号顶格居版心右边缘编排在第一条红色双线下，与该线的距离为 3 号汉字高度的
7/8。标题居中编排，与其上最后一个要素相距两行。

第二条红色双线上一行如有文字，与该线的距离为 3 号汉字高度的 7/8。

版记不加印发机关、印发日期和分隔线，位于公文最后一面版心内最下方。首页不显示
页码。

（4）命令（令）格式。

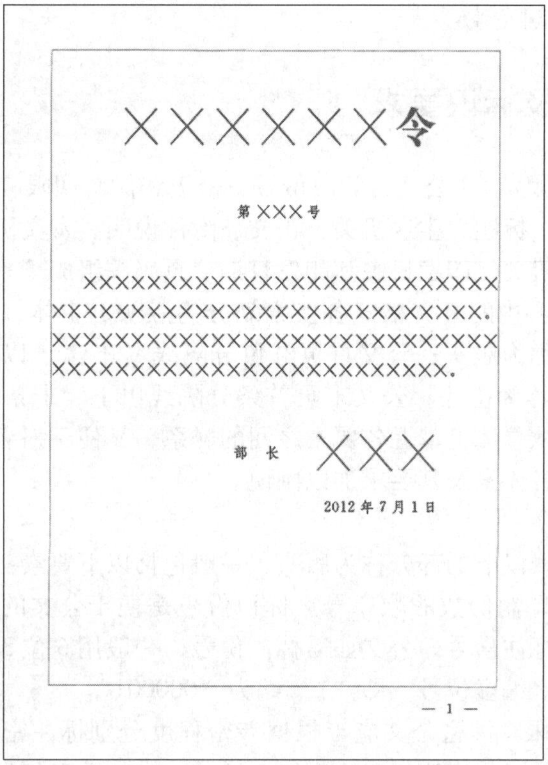
××××××令

第×××号

××××××××××××××××××××××××××
×××××××××××××××××××××××××××.
××××××××××××××××××××××××××××
×××××××××××××××××××××××××.

部　长　×××

2012年7月1日

— 1 —

图2-12　命令（令）格式样式

发文机关标志由发文机关全称加“命令”或“令”字组成，居中排布，上边缘至版心上边缘为20 mm，推荐使用红色小标宋体字。发文机关标志下空两行居中编排令号，令号下空两行编排正文。

签发人职务、签名章和成文日期的编排是：

单一机关制发的公文加盖签发人签名章时，在正文（或附件说明）下空二行右空4字加盖签发人签名章，签名章左空2字标注签发人职务，以签名章为准上下居中排布。在签发人签名章下空一行右空4字编排成文日期。联合行文时，应当先编排主办机关签发人职务、签名章，其余机关签发人职务、签名章依次向下编排，与主办机关签发人职务、签名章上下对齐；每行只编排一个机关的签发人职务、签名章；签发人职务应当标注全称。

签名章一般用红色。

（5）纪要格式。

纪要标志由“×××××纪要”组成，居中排布，上边缘至版心上边缘为35 mm，推荐使用红色小标宋体字。

标注出席人员名单，一般用3号黑体字，在正文或附件说明下空一行左空2字编排“出席”二字，后标全角冒号，冒号后用3号仿宋体字标注出席人单位、姓名，回行时与冒号后的首字对齐。

标注请假和列席人员名单，除依次另起一行并将"出席"二字改为"请假"或"列席"外，编排方法同出席人员名单。

纪要格式可以根据实际制定。

三、格式要素及标识要求

新《条例》第九条规定："公文一般由份号、密级和保密期限、紧急程度、发文机关标志、发文字号、签发人、标题、主送机关、正文、附件说明、发文机关署名、成文日期、印章、附注、附件、抄送机关、印发机关和印发日期、页码等组成。"

新《格式》则将版心内的公文格式各要素划分为版头、主体、版记三部分。公文首页红色分隔线以上的部分称为版头；公文首页红色分隔线（不含）以下、公文末页首条分隔线（不含）以上的部分称为主体；公文末页首条分隔线以下、末条分隔线以上的部分称为版记。这种划分既便于从总体上掌握各要素之间的联系，又便于对各要素进行"解剖"、掌握其区别。下面据此对各要素及其要求加以阐说。

1. 版头

公文首页红色分隔线以上的部分称为版头，一般包括以下要素：

（1）份号。是公文印制份数的顺序号。标识份号是便于公文的登记、管理、回收及丢失追查。涉密公文应当标注份号。公文如需标注份号，一般用6位3号阿拉伯数字，顶格编排在版心左上角第一行。编虚位号，即"1"编为"000001"。

（2）密级和保密期限。涉密公文应当根据涉密程度分别标注密级和保密期限。密级是秘密等级的简称。根据国家保密法规定，密级分"绝密""机密""秘密"三级。保密期限是指保密的具体时间。公文若有具体保密期限而不注明，则按《国家秘密保密期限的规定》（国家保密局1990年第2号令发布）第九条执行，即"绝密"级事项保密30年、"机密"级事项保密20年、"秘密"级事项保密10年。

公文如需同时标注密级和保密期限，用3号黑体字，顶格标注在版心左上角第二行，密级与保密期限之间用"★"隔开，保密期限中的数字用阿拉伯数字标注，如"机密★5年"。

（3）紧急程度。紧急程度是公文送达和办理的时限要求。根据紧急程度，紧急公文应当分别标注"特急""加急"，电报应当分别标注"特提""特急""加急""平急"。

公文如需标注紧急程度，一般用3号黑体字，顶格编排在版心左上角；如需同时标注份号、密级和保密期限、紧急程度，按照份号、密级和保密期限、紧急程度的顺序自上而下分行排列。

（4）发文机关标志。发文机关标志是公文发出机关（作者）名称标识。下行文由发文机关全称或者规范化简称加"文件"二字组成，也可只使用发文机关全称或者规范化简称。联合行文时，发文机关标志可以并用联合发文机关名称，上行文和平行文以单独用主办机关名称。如需同时标注联署发文机关名称，一般应当将主办机关名称排列在前；同级或相应的党、政、军、群机关联合发文时，应按党、政、军、群的先后排序。如有"文件"二字，应当置于发文机关名称右侧，以联署发文机关名称为准上下居中排布。如联合行文机关过多，必须保证公文首页至少显示一行正文。

新《格式》对发文机关标志的位置提出了三种规定：一是文件格式与纪要格式发文机

关标志上边缘至版心上边缘的距离均为 35 mm；二是信函格式发文机关标志上边缘距上页边的距离为 30 mm；三是命令格式发文机关标志上边缘至版心上边缘为 20 mm。

发文机关标志居中排布，推荐使用小标宋体字，颜色为红色，以醒目、美观、庄重为原则。

（5）发文字号。发文字号是发文机关为便于登记、管理、引用所编制的公文序号，由发文机关代字、年份、发文顺序号组成。"机关代字"有习惯而规范的用法，不能随意编改。如"国发""国办发""粤府"等，它居三者之首；"年份"是公文发出当年的年份，用阿拉伯数字标识全称，不简写，也不加"年"字，且外用六角括号"〔 〕"括起来，位居三者之中；"序号"是按年度以发文先后为序从"1"开始编的流水号，不编虚位（即 1 不编为 01），不加"第"字，位居三者之末，三者的位置不能随意交换。联合行文时，使用主办机关的发文字号。

行政发布令、任命令、晋级令、授衔令，还有行政公告的文号则只使用序号，即"第×号"。

发文字号的位置，编排在发文机关标志下空两行位置，居中排布。上行文的发文字号居左空 1 字编排，与最后一个签发人姓名处在同一行。发文字号之下 4 mm 处印一条与版心等宽的红色分隔线；平行文用"信函格式"行文，发文字号顶格居版心右边缘编排在第一条红色双线下，与该线的距离为 3 号汉字高度的 7/8。若是报刊上刊发或在公众场所张贴的行政公文，发文字号一般位于标题下方偏右的位置。行政发布令、任命令、晋级令、授衔令、行政公告的文号则在标题下空两行，居中编排。

（6）签发人。签发人是批准公文发出的机关负责人，即行政机关的正职或主持工作的负责人以及经授权的办公厅（室）秘书长（主任）。由"签发人"三字加全角冒号和签发人姓名组成，居右空 1 字，编排在发文机关标志下空两行位置。"签发人"三字用 3 号仿宋体字，签发人姓名用 3 号楷体字。如有多个签发人，签发人姓名按照发文机关的排列顺序从左到右、自上而下依次均匀编排，一般每行排两个姓名，回行时与上一行第一个签发人姓名对齐。

法治行政公文都需经领导签发或会签才能发出。但不是所有法治行政公文都需把签发人或会签人的姓名印在外发文件上，只有上行文才在"发文机关标志"右下方、红色分隔线右上方印出签发人或会签人姓名，以便上级查询。其余法治行政公文的签发人、会签人及签署意见只写在发文稿纸的相应栏目里，而不标识在外发文件上。联合行文的会签，一般由主办机关首先签署意见，协办机关依次会签。一般不使用复印件会签。

（7）版头分隔线。发文字号之下 4 mm 处居中印一条与版心等宽的红色分隔线。

2. 主体

公文首页红色分隔线（不含）以下、公文末页首条分隔线（不含）以上的部分称为主体。其主要作用是承载文种文本，内容包括从"标题"以下至"附注"的 8 个要素。

（1）标题。标题是指公文文本的题目。由发文机关名称、事由和文种组成。它是公文内容的高度概括，要求准确而简明。

公文标题一般用 2 号小标宋体字，编排于红色分隔线下空两行位置，分一行或多行居中排布；回行时，要做到词意完整，排列对称，长短适宜，间距恰当，排列应当使用梯形或菱形。公文标题中除法规、规章名称加书名号外，一般不使用标点符号。

（2）主送机关。主送机关是公文的主要受理机关，用全称或规范化简称或者同类型机关统称。明确主送机关是为了明确办事的责任，因此很重要。

主送机关在标题下空一行居左顶格，用3号仿宋体字标识，回行时仍顶格；最后一个主送机关名称后标全角冒号。如主送机关名称过多而使公文首页不能显示正文时，需将主送机关移至版记，除将"抄送"二字改为"主送"外，编排方法同抄送机关。既有主送机关又有抄送机关时，应当将主送机关置于抄送机关的上一行，之间不加分隔线。

（3）正文。正文是公文的主体和核心，用来表述公文的内容。不同文种虽有不同写法，但一般应体现开头、主体和结尾三个层次。

公文首页必须显示正文。一般用3号仿宋体字，编排于主送机关名称下一行，每个自然段左空2字，回行顶格。文中结构层次序数依次可以用"一、""（一）""1.""（1）"标注；一般第一层用黑体字，第二层用楷体字，第三层和第四层用仿宋体字标注。

正文表达的总体要求是段落或层次所表达的内容要清楚，语言表意明确，文字精练简洁。

（4）附件说明。附件说明是对公文正文的说明、补充或者参考资料（即"附件"）的序号和名称的标识。附件是附于正文随文发送的文件、报表和有关资料等，是公文的组成部分，对正件具有说明、印证和参考等作用。

值得注意的是，转发、印发某一公文时，不能将被转发、印发公文视作附件。因为转发、印发公文的主体内容就是被转发、印发文件，转发、印发公文只起按语或说明、批准、发布的作用。

公文如有附件，在正文下空一行左空2字编排"附件"二字，后标全角冒号和附件名称。如有多个附件，使用阿拉伯数字标注附件顺序号（如"附件：1.××××××"），附件名称后不加标点符号。附件名称较长需回行时，应当与上一行附件名称的首字对齐。

（5）发文机关署名。发文机关署名是署发文机关全称或者规范化简称。署名的位置与要求主要分三种情况。一是加盖印章的公文：单一机关行文时，一般在成文日期之上、以成文日期为准居中编排发文机关署名，印章端正、居中下压发文机关署名和成文日期，使发文机关署名和成文日期居印章中心偏下位置，印章顶端应当上距正文或附件说明的一行之内；联合行文时，一般将各发文机关署名按照发文机关顺序整齐排列在相应位置，并将印章一一对应、端正、居中下压发文机关署名，最后一个印章端正、居中下压发文机关署名和成文日期，印章之间排列整齐、互不相交或相切，每排印章两端不得超出版心，首排印章顶端应当上距正文或附件说明的一行之内。二是不加盖印章的公文：单一机关行文时，在正文或附件说明下空一行右空2字编排发文机关署名；联合行文时，应当先编排主办机关署名，其余发文机关署名依次向下编排。三是加盖签发人签名章的公文：单一机关制发的公文加盖签发人签名章时，在正文或附件说明下空两行右空4字加盖签发人签名章，签名章左空2字标注签发人职务，以签名章为准上下居中排布，在签发人签名章下空一行右空4字编排成文日期；联合行文时，应当先编排主办机关签发人职务、签名章，其余机关签发人职务、签名章依次向下编排，与主办机关签发人职务、签名章上下对齐，每行只编排一个机关的签发人职务、签名章，签发人职务应当标注全称。

（6）成文日期。成文日期是公文生效的时间，以会议通过或者发文机关负责人签发的日期为准，联合行文则以最后签发机关负责人签发日期为准。电报以发出日期为准。成文日期用阿拉伯数字将年、月、日标全，年份应标全称，月、日不编虚位（即1不编为01）。

加盖印章和签名章时，成文日期从发文机关署名下一行右空4字的位置编排；不加盖印章时，成文日期在发文机关署名下一行编排，首字比发文机关署名首字右移2字，如成文日期长于发文机关署名，应当使成文日期右空2字编排，并相应增加发文机关署名右空字数。

（7）印章。印章是公文合法、有效、负责的标志，也是机关权威的象征。行政公文除"纪要"、以电报形式发出的和在报刊上刊登的外，均应加盖印章方能生效。

公文的用印情况有三：①单一机关发出的公文，盖发文机关的印章；②联合上报的公文，盖主办机关的印章；③联合下发的公文，盖联合发文各机关的印章。

单一机关行文时，印章端正、居中下压发文机关署名和成文日期，使发文机关署名和成文日期居印章中心偏下位置，且顶端应上距正文或附件说明一行之内；联合行文时，印章一一对应、端正、居中下压发文机关署名，最后一个印章端正、居中下压发文机关署名和成文日期，印章之间排列整齐、互不相交或相切，每排印章两端不得超出版心，首排印章顶端应当上距正文或附件说明一行之内。

印章用红色，不得出现空白印章。

公文排版后所剩空白处如不能容下印章位置，应采取调整行距、字距的措施加以解决，务使印章与正文同处一面，不得采取标识"此页无正文"的方法解决。

（8）附注。附注是公文印发传达范围等需要说明的事项。如有附注，居左空2字加圆括号编排在成文日期下一行。

3. 版记

公文末页首条分隔线以下、末条分隔线以上的部分称为版记。版记属公文的文尾，其内容已不属"文本"范畴，而属"格式"范畴，主要用以标识与发文有关的事项。包括以下要素：

（1）版记分隔线。版记中的分隔线与版心等宽，首条分隔线和末条分隔线用粗线（推荐高度为0.35 mm），中间的分隔线用细线（推荐高度为0.25 mm）。首条分隔线位于版记中第一个要素之上，末条分隔线与公文最后一面的版心下边缘重合。

（2）抄送机关。抄送机关是指除主送机关以外需要执行或知晓公文内容的其他机关，应使用全称或规范化简称或者同类型机关统称。

需要抄送的具体情况是：①职能部门向下级机关的行文，应抄送本级政府；②向受双重领导的下级机关行文，必要时应抄送其另一上级机关；③越级行文，需同时抄送被越机关；④重要的下发文，应抄送上级机关。

公文如有抄送机关，一般用4号仿宋体字，在印发机关和印发日期之上一行、左右各空1字编排。"抄送"二字后加全角冒号和抄送机关名称，回行时与冒号后的首字对齐，最后一个抄送机关名称后标句号。如需把主送机关移至版记，除将"抄送"二字改为"主送"外，编排方法同抄送机关；既有主送机关又有抄送机关时，应当将主送机关置于抄送机关的上一行，之间不加分隔线。

（3）印发机关和印发日期。印发机关指负责印制、发送公文的机关，通常是发文机关的办公厅或办公室。我国省、部级以上机关、部门设置办公厅，省辖市、厅、局、区、县、乡镇和企事业单位设置办公室。印发日期指文件印制完成的时间。

印发机关和印发日期一般用4号仿宋体字，编排在末条分隔线之上，印发机关左空一字，印发日期右空一字，用阿拉伯数字将年、月、日标全，年份应标全称，月、日不编虚位（即1不编为01），后加"印发"二字。

版记位置应设置在偶数页上（文件最末面）。新《格式》规定：公文采用双面印刷。假如公文的内容很短，首页可以设置版记，也应将版记设置在第二页，哪怕第二页除版记外没有其他内容。批转、转发或印发类公文，如果被批转、转发、印发的公文有版头和版记，则应将其版头和版记去掉，标注批转、转发或印发公文的版头和版记。

版记中如有其他要素，应当将其与印发机关和印发日期用一条细分隔线隔开。

此外，还有页码。页码虽已不是版记要素，但仍是格式要素。页码一般用四号半角宋体阿拉伯数字，编排在公文版心下边缘之下，数字左右各放一条一字线；一字线上距版心下边缘7 mm。单页码居右空一字，双页码居左空一字。公文的版记页前有空白页的，空白页和版记页均不编排页码。公文的附件与正文一起装订时，页码应当连续编排。

四、格式以外的其他规定

1. 公文用纸

新《格式》规定，公文用纸采用国际标准A4型纸。它是国际标准化组织（ISO）在1975年制定的。国际标准A4型纸幅面尺寸为210 mm×297 mm。

张贴公文的用纸大小，根据实际需要确定。

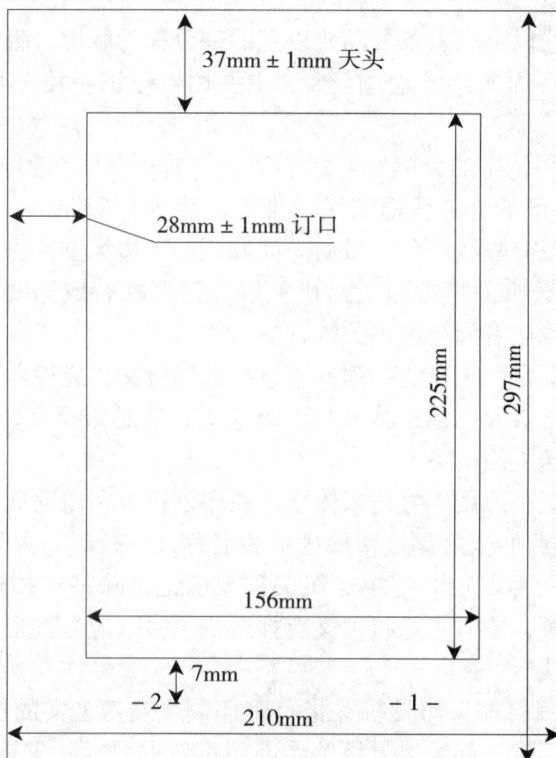

图2-13　A4型公文用纸页边及版心尺寸

2．排印

公文用纸天头（上白边）为 37 mm ± 1 mm，公文用纸订口（左白边）为 28 mm ± 1 mm，版心尺寸为 156 mm × 225 mm（不含页码，见图 2 – 13）。公文排印一律从左至右横排、横写。正文使用 3 号仿宋体字，一般每面排 22 行，每行排 28 字。特定情况可以作适当调整。使用少数民族文字印制的公文，其用纸、幅面尺寸及版面、印制等要求按照本标准执行，其余可以参照本标准并按照有关规定执行。横排的公文在左侧装订。

3．印刷字号

如无特殊说明，公文格式各要素一般用 3 号仿宋体字。发文机关标志推荐使用小标宋体字，红色；标题用 2 号小标宋体字；密级、紧急程度与正文中的第一级小标题用 3 号黑体字；发文字号、签发人、主送机关、正文、附件说明、附注均用 3 号仿宋体字；签发人姓名用 3 号楷体字；抄送机关、印发机关与印发日期用 4 号仿宋体字；页码用 4 号阿拉伯数字。

4．横排表格

公文 A4 型纸的表格横排时，页码位置与公文其他页码保持一致，单页码表头在订口一边，双页码表头在切口一边。

第二节　行文格式与文种文本的匹配使用

一、行文格式与文种文本的关系

公文文本是公文作者发文意图及其思想内涵的载体，是一份公文的内容之所在。公文写作实际上就是公文文本写作，而文本写作又离不开具体文种，因此，公文写作的实质就是文种文本写作。

行文格式是文种文本的载体，它与文种文本相结合，就构成了"文件"，因此它是"文件"的外在体式。行文格式依赖于文种文本才显示其实用价值。这种价值既有外显的外在体式方面的，也有隐含的行政管理理念方面的，如行文关系、职权范围、文种、事由以及对内容的要求等。例如用"文件格式"和"信函格式"来制发"通知"，除显示两种格式的外在样子不同外，还会体现出隶属关系、职权范围的区别，或是通知内容性质和处理、执行要求的不同。

文种文本与行文格式结合就构成了"文件"。这时，文种文本充当"文件"的具体内容，行文格式则充当"文件"的外在样式，它们分别以"文件"的内容与形式来体现其价值。行政机关公文传播的重要途径之一，是通过制发"文件"（即"红头文件"）来实现的。因此，一份"文件"就是由"行文格式"和"文种文本"两大要素相匹配构成的，是两者的显形体式与隐性理念、规定性与相适性的统一。

当然，文种文本也具有相对的独立性，在某些特定情况下，如用于报刊发表、印刷张贴及网上发布等，它可以不与格式配合，就以文本形式独立成文。

二、行文格式与文种文本匹配的基本要求

行文格式与文种文本匹配的基本要求就是显形体式与隐性理念、规定性与相适性协调一致。要做到这些，制发文件时一定要充分考虑和满足下列条件：

（1）符合行文关系和职权范围。具体地说，即在通常情况下，上行文种用上行文格式，下行文种用下行文格式，平行文种用平行文格式，即"信函格式"。

（2）符合文本内容的性质和重要程度。一般来说，处理日常事务或一般性内容的文本，用"信函格式"行文；具有法规性、政策性、指导性、部署性，内容重要或者事情重大的下行文或汇报性、请示性、建议性上行文，用"文件格式"行文。

（3）符合发文者的构成。具体地说，就是单独发文要用单独行文格式，联合发文要用联合行文格式。

（4）符合特定性。如行政办公会议纪要用特定的"纪要格式"，"发布令""任命令"等用特定的"命令格式"，处理日常事务的平行文或下行文用特定的"信函格式"。

总之，只有做到客观现实性和主观认知性、外在显性和内在隐性的统一，才能使文种文本与行文格式相得益彰、和谐匹配。

三、行文格式与文种文本匹配的现实考察

根据对国务院、国务院办公厅等权威行政机关制发的文件的考察，现行 15 类法治行政公文文种与行文格式的匹配情形如下：

1. 决议、决定

决议、决定都是权威性很强的下行文种。20 世纪五六十年代，决议曾作为行政公文的文种，如《国务院关于服兵役取得军龄的人员转业后计算工作年限和工龄问题的决议》（《中华人民共和国国务院公报》1956 年第 11 期），但后来退出了行政公文系列，只为党和人大公文使用，这次党政机关公文统一，又被保留下来成为党政机关共用的公文文种。决议、决定都既可在重要媒体刊登，也可制作文件下发。制作成文件下发时，它们都应与下行文文件格式匹配。

但是，决定还用于处置（修订或废除）本机关已不相适用的法规、规章。因是对法规、规章进行处置，其本身也具有了法规、规章的性质，成了法制公文，故这种决定被发布时需用发布令，而不需与行文格式结合。如 2012 年 5 月 3 日，交通运输部用 2012 年第 5 号令公布《交通运输部关于修改〈长江干线船舶港务费征收办法〉的决定》。

2. 命令（令）

命令是最具法理性、权威性和严肃性的下行文种。其格式与文种的匹配大体有三种情形：

（1）发布行政法规与规章的发布令、任命或晋升高级行政干部的任命令和授予高级军衔、警衔的授衔令，均用特定的"命令格式"。如 2012 年 5 月 8 日中华人民共和国农业部发布《商务领域标准化管理办法（试行）》的 2012 年第 5 号令、2012 年 3 月 28 日国务院发布"任命梁振英为中华人民共和国香港特别行政区第四任行政长官"的第 616 号令等。

（2）各种行政令用下行文件格式。如《内蒙古自治区人民政府关于森林草原重点区域实行戒严防火的命令》（内政发电〔2012〕8号）。

（3）嘉奖令用信函格式。如2006年12月5日《国务院 中央军委关于授予丁晓兵同志"保持英雄本色的忠诚卫士"荣誉称号的命令》（国函〔2006〕126号）。嘉奖令与信函格式相匹配，也因其内容性质具激励性而定。

3. 公报、公告、通告

公报适用于公布重要决定或者重大事项；公告适用于向国内外宣布重要事项或者法定事项；通告适用于在一定范围内公布应当遵守或者周知的事项。其中公报也是从原党的机关公文中保留下来的。这三个文种都是向社会告知事项，具有广泛的公开性，其发布形式通常是登报、印刷张贴或在电台播发、电视频道播放。由于不需制作成"文件"，因而只以文种文本形式存在，而不与行文格式配合。

4. 通知

通知是法定行政公文中涉及事由广泛，使用频率很高的文种。用何种行文格式与之匹配，需视具体情况确定。从行文方向看，通知主要用于下行文种，也可用作平行文种。作平行文种时，通常用于知照有关事务或传递有关信息，当然要用信函格式匹配。作下行文种时，可作批转通知、转发通知、印发通知、部署通知、任免通知和知照通知，但只有作知照通知时，才可与信函格式匹配，如《国务院关于发布第七批国家级风景名胜区名单的通知》（国函〔2009〕152号），这个通知名曰"发布"，实为"知照"，故用信函格式配合。此外，通知用于知照"请示事项"时，也用信函格式。这是因为有时需要答复的请示事项不仅涉及请示单位，而且带普遍性，这时上级可能会用"通知"来向其下级单位明示请示事项，而不用"批复"答复。

5. 通报

通报分情况通报、表彰通报和批评通报三种。表彰通报和批评通报都是下行文种，用下行文件格式匹配。情况通报，既可作下行通报，也可作平行通报。作下行文种时，通常与下行文件格式匹配，但也有与信函格式匹配的，如《民政部关于实施惠民殡葬政策先行地区的通报》（民函〔2010〕45号），这大概是跟通报内容的性质有关；作平行文种时，则应与信函格式相匹配。

6. 议案

议案是政府向同级人民代表大会或人民代表大会常委会提请审议事项的专用文种。因《中华人民共和国宪法》规定，我国是中国共产党领导下的人民民主专政国家，各级人大是国家权力机关，各级政府是各级国家权力机关的行政执行机关，它们是一种特殊的隶属关系，因此，议案仍属上行文种。但目前所看到的政府议案，却是与信函格式相匹配，这可能是从"同级"这个视角考虑的。

7. 报告、请示

报告、请示是两种典型的上行文种，它们都须与上行文件格式相匹配，这是确定无疑的。

8. 批复

批复是上级机关专门用以答复下级机关请示的下行文种，但因其性质属于"处理日常事务"，所以凡批复均与信函格式配合，国务院、国务院办公厅都是这样处理的。

9. 意见

意见具有多向性行文特点。国务院办公厅《意见》（国办函〔2001〕1 号）指出："'意见'可以用于上行文、下行文和平行文。"因此，下行意见要与下行文件格式配合，上行意见要与上行文件格式配合，平行意见要与信函格式配合。

10. 函

函是典型的平行文种，也是典型的处理日常事务的文种，因此，凡函都要与信函格式配合。

11. 纪要

根据会议性质，纪要可分为行政办公会议纪要和专题会议纪要两类。新《格式》特别规定了"纪要格式"，但这主要用作国家行政机关行政办公会议纪要的规范格式，即行政办公会议纪要格式。而各种外发的交流会、座谈会、研讨会等专题会议纪要，通常情况下则以文本形式独立存在。当其需运行时，只作为其他相应运行公文的内容而行。例如，当需上呈时，是作为递送报告的内容与递送报告一同上行；当下发时，是作为印发通知的内容伴随下行；当批转或转发时，是作为批转通知或转发通知的内容伴随而被批转或被转发。正因如此，纪要既不需写主送机关，也不需用印。

【问题思考】

1. 公文格式由哪些部分构成？它们各具备哪些要素？

2. 公文格式中，你认为哪些要素是必备要素？哪些要素是或备要素？

3. 怎样确定主送机关？

4. 主送机关与抄送机关有何不同？

5. 判断下列说法的正误：

（1）凡命令都应用命令格式行文。

（2）凡平行文都应用信函格式行文。

（3）凡纪要都应用纪要格式行文。

（4）文件是由行文格式与文种文本相匹配构成。

（5）凡公文都离不开行文格式。

6. 哪些文种可以与信函格式配合行文？它们与其结合时，是否有何要求？

7. 批复是下行文种，为什么却用信函格式行文？

8. 议案是上行文种，为什么却用信函格式行文？

9. 在 15 种法定行政公文中，唯一既可独立上行，又可独立下行，还可独立平行的文种是哪种？

10. 研讨题：嘉奖令用信函格式行文，为何表彰决定和表彰通报又用下行文件格式行文？

第三章

法治行政公文文本要素认知

法治行政公文文本是指公文格式"主体"部分中的那篇文章，它反映公文作者的意图，是一份文件思想内容之所在，故称"文本"。它的写作离不开具体文种，须依照具体文种行文，所以又称"文种文本"。构成文本写作的要素有思维、主旨、材料、结构和语言等。

第一节　法治行政公文文本写作思维

思维是人脑有目的的意识活动，是人脑对客观事物的能动反映。我们写作文章无论是对主旨的确立、提炼、表现和对材料的收集、甄别、取舍、组织，还是对结构的布局与语言的运用，都离不开思维的积极参与。思维虽然活跃于作者大脑，却像一只"无形的手"处在文章各要素之巅，发挥着处理、指挥、调控作用，全盘、全程操控"有形文章"的成形，成为文本写作最根本的决定要素。因此，学习法治行政公文写作，认识和培训思维比认识和培训其他要素更为重要。

一、法治行政公文写作思维的方式

对于思维基本方式的认识，学界一般认为，分为抽象思维与形象思维两种，但《逻辑学大辞典》则认为："思维科学涵括抽象思维、形象思维和灵感思维等分支。"[1] "灵感则是创造性思维的另一种表现形式。"[2] 可见辞典是承认思维包含抽象思维、形象思维与创造思维三种基本方式的。这可能是受了 20 世纪 80 年代，钱学森先生力倡建立"思维科学"，主张加强灵感思维和形象思维研究的影响。但我们认为将"灵感思维"与"抽象思维、形象思维"并列成思维三种基本方式还是有些不妥。抽象思维与形象思维是以思维对象划分的结果，而灵感思维（或创造思维）则是对思维品质而言的。思维若以品质划分，则应分为常规思维和创造（新）思维两种。不可否定，无论抽象思维还是形象思维都既存在常规思维也存在创新思维。常规思维的东西往往通过学习得来，其源自继承，方式是接受；而创造思维的东西主要来自独立思考、自主创新，其方式是生产出优秀品质的新产品。常规思维是创造思维的基础与前提，创造思维则是常规思维的新生与发展，没有常规思维的产品就没有

---

① 彭漪涟，马钦荣. 逻辑学大辞典. 上海：上海辞书出版社，2004. 275.
② 彭漪涟，马钦荣. 逻辑学大辞典. 上海：上海辞书出版社，2004. 597.

继承性，没有创造思维产品就不可能具有发展性。二者不可分割，缺一不可。但是由于创造思维总是以推动事物、社会向前发展的"功臣"形象出现，而常规思维则以一种先已掌握、承袭、定式的思维印象展示于人，因而人们也就常常将创造思维尊为"上宾"，而忽视常规思维的存在与作用。久而久之，人们也就不大注意它了。

写作是人脑复杂的创造性精神产品的生产活动。从思维对象看，它们都离不开抽象思维与形象思维；从思维品质看，也都离不开常规思维与创造思维。

（一）形象思维与抽象思维

形象思维也称具象思维，是以表象或形象作为对象的思维。形象思维有初级和高级两种形态。初级形态是指具体形象思维，即主要凭借对事物的具象或表象的联想来进行的思维。例如，我们看到自然界的某种事物或生活现象、场景就会联想到其他类似事物或者相关的现象、场景。高级形态是指言语形象思维，是借助鲜明生动的语言表征以形成具象或表象来进行的思维，它往往带有强烈的情感色彩，具有抽象性和概括性特点。例如，我们听到有人说起某人、某事或某种现象、某个问题，就会在脑海里浮现具体的人、事、现象、问题，但这些浮现在脑海里的人、事、现象、问题，又毕竟不是我们眼前的人、事、现象、问题，不会完全等同于我们眼前见到的人、事、现象、问题，而是具有一定的抽象性与概括性。最典型的是我们阅读文学作品，借助语言表征，在我们的脑海中会出现生动的人物形象、生活画面与场景，它们可以在读者脑海里再现，让读者可感、激动，但也不像是我们眼前所见到的那么清晰，而是具有一定抽象性和概括性。

抽象思维又称逻辑思维，是运用抽象概念，进行判断、推理的思维。它是人类思维的高级形式。抽象思维也有高低形态之分，形式逻辑思维是抽象思维的低级形态，而辩证逻辑思维则是其高级形态。形式逻辑思维是凭借概念、判断和推理等知识，按照形式逻辑规律进行的思维。例如，我们写作时，要求题文相符，前后概念一致；作判断要求合情合理，符合逻辑；组织材料要体现材料之间的内在联系或人们认识事物的一般规律性等。辩证逻辑思维是凭借概念、判断、推理和相关理论按照辩证逻辑规律进行的思维。例如，我们看问题要看其正面也要看其反面，要看其必然性也要看其偶然性，要看其普遍性还要看其特殊性，要看其现状还要看其历史与发展；研究问题要有分析也要有综合，要看现象更要看本质；找原因要找客观原因也要找主观原因，要找主要原因也不放过次要原因；提出措施办法要审视其现实性也要审视其必要性和可能性，要看到它的积极意义也不可完全忽视其可能的消极影响等。形式逻辑思维是对相对稳定、发展变化小的客观事物的反映，辩证逻辑思维则是对不断发展变化的事物的反映；形式逻辑思维具有确定性并反对思维过程本身自相矛盾、违反情理事理，辩证逻辑思维具有灵活性并强调反映事物的内在矛盾。

现代研究表明，无论哪种写作，抽象思维与形象思维都不可截然分开，但面对不同表现体式也应主次分明。通常文艺创作主要运用形象思维，科研写作、实用写作则主要运用逻辑思维。法治行政机关公文写作属于实用写作，也主要运用抽象思维。

（二）常规思维与创造思维

常规思维或叫常规性思维，是指根据已有知识经验，按现成的方案和程序直接解决问题的思维。① 它的主要特征是承袭、模仿、照搬、定式。法定行政机关公文写作是一种特定写作，它在很大程度上是"遵令写作"、照章写作，尤其在文本形式、文种使用、行文规则诸方面，常规思维的运用更为凸显。

创造思维又叫创造性思维或创新思维，是"不囿于原有的认识，善于独立思考、怀疑、提出问题，开拓认识新领域的思维"②。它打破常规思维的窠臼，创造具有崭新社会价值和优秀品质的新成果，是一种更高层次和品质的思维方式。我国著名科学家钱学森先生称其为"智慧之花"。创造思维具有流畅性、变通性、独特性、跨越性、深刻性、广博性和预见性的品质特征。法治行政机关公文写作的创造思维，主要体现在一些涉及办法、措施、政策、制度的内容方面。当今社会力倡创新发展，因此，在法治行政机关公文写作中创造思维将会发挥更大效用。

二、法治行政公文写作思维的特征

法治行政公文写作思维的特征，可以从宏观与微观两个层面认知。

（一）法治行政公文写作的宏观思维

宏观层面是指法治行政公文写作的角色意识、写作主体构成、思维内容指向和整体认知方式等。

1. 从写作角色意识看，是替代思维

法治行政公文写作不是"我写我自己"，而是代表一个行政组织（发文机关），为这个行政组织"立言"的"奉命写作"。这种写作的写作主体（执笔者）与其思维成品（文本）所反映的主体（发文机关）相分离。文本中并不具有执笔者的个人身份，也不得体现执笔者的个人意识，执笔者只是发文机关的代言人。因此，执笔者在文本中只能以发文者的身份出现，站在发文者的立场思考，以发文者的口吻说话。

2. 从写作主体构成看，是群体思维

法治行政公文的形成是群体思维的结晶，体现着集思广益的效能。这是因为一份法治行政公文文本的完成，授意人、撰稿人、审稿人、校对人、签发人虽在其形成过程中所发挥的作用不尽相同，但都在积极参与，都是实际写作的参与者。尤其一些重要的法治行政公文通常是集体研究决定主题与内容，组织专门写作班子撰稿，广泛征求社会各界意见补充修改，大会小会斟酌研究定稿而成，这更是将群体思维发挥到了极致。

3. 从思维内容指向看，是对象思维

所谓"对象思维"就是写作时已确定了明确的"受体"，即特定的读者或隐含读者。应该说所有公文写作，都是对象思维，但因国家机关的各个系统的管辖领域与职权大小不同，所以其思维对象有各自的领域与具体群体。法治行政公文是国家行政系统使用的公文，大而言之，它与国家其他系统比较，有它自身的辖域、管理或工作性质、特点、内容和受文对象；小而言之，每一份法治行政公文又是由具体行政机关制发的，而每一具体的行政机关也

---

① 百度百科．常规思维．http：//baike. baidu. com/view/2734543. htm//．互动百科，http：//www. hudong. com/wiki/% E5% B8% B8% E8% A7% 84% E6% 80% 9D% E7% BB% B4.

② 彭漪涟，马钦荣．逻辑学大辞典．上海：上海辞书出版社，2004. 597.

同样具有不同的辖域、管理或工作性质、特点、内容和受文对象。因而其思维内容指向必须符合实际，具有针对性（即对象性）。此外，法治行政公文还存在上行、下行、平行的问题，不同的行文面对的对象也不同，行文时既要得体，又要体现针对性。因此，法治行政公文写作的对象化思维是非常明显的。

4. 从整体认知方式看，主要是模式思维

法治行政公文写作既有写作内容的模式化，又有写作形式的模式化。法治行政公文写作的目的都是为现实服务，解决现实问题。从内容看，基本遵循"发现问题—分析问题—解决问题"，亦即"现象—原因—对策"的思维模式。公文文本结构的深层其实就是思路，它们互为表里。内容思路模式化反映到文本形式上也必然模式化。从形式看，法治行政公文文本的常规模式是开头概述目的、依据、缘由、意义等，主体写具体问题、事件、事项，结尾提出要求、希望、请求或发出号召。尤其主体常常是以"现象—原因—对策"思路组织材料、安排结构，这正是内容模式思维外化为形式模式的体现。所以，法治行政公文文本写作的模式思维十分明显。

（二）法治行政公文写作的微观思维

微观思维是指文本写作过程中的具体思维。人们在写作文本时通常会用到如下思维方式：

1. 概括思维

法治行政公文写作的概括思维首先表现在主旨的确立、提炼、形成往往需要对诸多相同或相似现象、情况作概括的认识，例如《国务院关于加强食品安全工作的决定》（国发〔2012〕20号）中"加强食品安全工作"这一主题的确立就是从社会现实中很多食品不安全个案里概括出来的。其次是对事件、情况、问题、现象的表述需用概述，而不能详述。因为公文写作要求简明，简明来自对事件、情况、问题、现象的高度概括。概述则是概括思维的外显形式。

2. 逻辑思维

逻辑思维即按客观的规律性思考问题，其根本要求是合理，即符合事理物理，也即人们通常所说的"符合逻辑"。事理是指人们认识、处理事务或问题的规律性；物理是指客观事物本身运动固有的规律性。写作公文文本时，逻辑思维在材料安排与行文顺序上发挥着决定性作用。法治行政公文写作不仅在表现形式上要层次分明、条理清晰，还要体现材料组织、行文先后的合情合理，体现客观事物内在的规律性或人们认识事物、处理问题的规律性，反映材料之间、行文之间的内在逻辑。

3. 条理思维

法治行政公文写作要求层次分明、条理清晰。"层次分明"是宏观模式思维的结果。例如，公文文本模块基本体现"标题—主送机关—正文—文尾"四大块或者"标题—正文—文尾"三大块，正文体现"开头—主体—结尾"三部分或三层次等，都是宏观模式思维在文本结构形式上的显化；"条理清晰"则是对某些局部内容如事项、办法、措施、意见、要求等，根据其不同性质进行条分缕析，使其更加细化、明晰化，这是微观条理思维的成果，其表现在行文方式上就是惯用小标题、设项（或段旨句）或分点表述，并常冠以序号，使其条理化，令人读来一目了然。

条理思维的真假是由上述逻辑思维决定的，其实质是逻辑思维的外显。如果一份公文文本从表现形式上看，虽也有标识小标题、分段、设项、分点行文，但各小标题之间、各段之间、各项之间、各点之间，甚至各材料之间不能体现某种内在逻辑联系，其实这只是一种假象，是一种伪"序"，伪条理。请看一份《××市人民政府办公厅关于我市党政公文拟制问题的情况通报》正文主体行文：

一、版记位置按规定必须印制在封底，但相当多的文件把版记放在了封3，还有的文件把版记印在首页。

二、在发文字号中印有"字"字，如"×××字〔2012〕×号"，这不符合规定，应为"×××〔2012〕×号"。发文字号不当的占抽查统计总数的61%。

三、按新规定，附件是公文的组成部分，其位置应在成文日期之后（下一页）、版记之前，但相当多的公文仍把附件放在版记之后，造成脱离正文，不利于防伪。

四、文件标题中仍出现标点符号。根据规定，文题中除法规、规章名称可加书名号外，一般不用标点符号。如"转发《关于立即开展全区安全生产大检查的紧急通知》的通知"，此文题中一是可不必用书名号，二是"通知的通知"赘述不简练，应为"转发关于立即开展全区安全生产大检查的紧急通知"较妥。文题中最好不要出现"关于贯彻关于……"或"通知的通知"这类赘语。

五、文种使用有误。如将"××计划"直接当作文题，导致文种错误，因为"计划"不是一个法定公文文种。规范的行文应为"关于印发××计划的通知"，把"××计划"当作被发公文。

六、"请示"与"报告"两种不同的文种混淆不分。如公文题目中"请示"与"报告"一起并用，或者"报告"正文中含有请示的内容。而"请示"这种公文中，作为其行文对象的上级机关应该是单一而明确的，其请示的内容也应该是单一而明确的，但在抽查的公文中却常见到一个请示件中请示对象有两个以上、请示内容多项等。

七、在排版格式上，主要是空行、空格未按规定处置，如红色分隔线下空二行应为标题，有的只空了一行；发文字号应在距红色分隔线上4mm处，有的上空一行；版记中抄送和印发部门两端应各空一字，有的两端顶格。

这份通报的主体行文，且勿论其行文工整统一性（即指"四、五、六"三点采用"段首设项"形式，而"一、二、三、七"四点则不是采用这种形式）存在问题，就其所涉七点看，虽每点内容单一，并各冠了序数，表现形式上似乎已有条理，但整体审视其内容却看不出它们之间存在的内在关联，不能反映显"序"的规律性，而是想到什么写什么，先写的排在前面后写的排在后面，这种行文只能说是有"条"无"理"，也就是缺失逻辑性。其实只要对原文做些调改便会大为改观。试调改如下：

一、发文字号标识不当。……

二、文本标题不规范。……

三、文种使用有误。这有两种情况：一是将非法定行政公文文种作法定行政公文文种使用；二是"请示"与"报告"两种文种混淆不清。……

四、附件位置不当。……

　　五、版记位置错误。……

　　六、排版格式不规范。……

　　以上的工作，一是"调"，首先将"五"与"六"点都是讲文种问题的合并成一点；再将各点内容以"公文格式"各要素所在位置为据自上而下构序，使之以"理"构"序"，序理统一，这才是公文写作的真"条理"。二是"改"，首先将各点行文改为一律采用段旨句领头方式，使行文规范、工整、统一；再是以此对其具体内容作相应的修改。

　　一些公文有"条"无"理"，往往是只顾局部不顾整体造成的。这些公文从局部看似乎没问题，但从整体看就杂乱无章了。这就是整体逻辑思维缺失造成的结果。因此，写作公文将某些内容条理化或者为其安排行文顺序时，一定要注意以某种"理（内在规律）"为依据进行构"条（序）"，这样才会合乎逻辑。

　　4. 求本思维

　　这是指从现象到本质的线性纵向思维。公文写作不仅要求主旨正确、鲜明、集中，而且要求深刻。主旨要深刻，就必须从现象到本质地深入发掘。因此，写人的公文，如嘉奖令、奖惩决定、表彰与批评通报等，不仅要写出人的表现情况，还要透过其表现情况揭示其人格品质以及产生的社会作用与影响；写事、写社会问题的公文，不仅要反映其情况、现象、矛盾，还要深入寻求产生这些情况、现象、矛盾的深层原因，并在此基础上有的放矢地提出解决问题的办法、措施、对策，这样才能使公文的主旨得以深化。这种过程实际上就是求本思维在发挥作用。

　　宏观思维是总体性的、原则性的、指导性的思维把握，微观思维则是具体性的、实施性的思维运用与操作。在宏观思维的指引下，写作某一公文文本时，熟练、准确地运用微观思维，就不仅会写得符合角色、符合规范，而且会写得符合情理、符合逻辑。这就是我们将思维视为法治行政公文写作决定因素的缘由。

三、法治行政公文写作过程中思维的作用

　　赵仲牧先生认为："思维是秩序化的意识活动。"这一认识揭示了思维的本质：秩序化。马正平教授将其用来解释具体的写作现象，他认为："写作，是为了寻求、表达、创建一种从'无序'到'有序'的新秩序。"并且，他进一步认为"写作秩序包含三层含义：第一层含义是指写作中主题的确立和展开；第二层含义是语言材料的组织化、结构化，从而形成文章的有机结构；第三层含义则指超越思想、语言、材料、结构之上的文化"①。这里前两层讲的是具体写作，而第三层则不是讲的具体写作，是讲写作者的修养问题，它是决定写作产生不同效果的基础。在写作实践中，同一内容让不同文化修养的人写作，其效果是不一样的，这就是个人的文化底蕴、知识水平不同的结果。

　　我们认为，在法治行政公文写作过程中，思维不仅是秩序化的意识活动，而且这种秩序化的意识活动贯穿整个写作过程的各个环节。因写作各环节的任务有别，所以，思维在各个写作环节中所发挥的"有序化"的主要功能也不同。

---

① 马正平. 高等写作学引论. 北京：中国人民大学出版社，2002. 69～71.

1. 写作准备阶段

这阶段主要是收集材料，形成主旨。在收集材料时，主要是发挥思维的分析功能，对纳入作者视野中的每一个材料进行识别，找出它们的本质、个性（即特征）；主旨的形成是在对材料有了本质、个性的认识后，再运用综合思维，对相同本质特征的材料进行归类，概括出它们的共性特征。当然，在作者所有掌握的材料中，可能概括出的主旨会有多个，这就有了取舍问题，这时思维就要依照作者的写作意图，发挥取舍功能，以保证主旨符合主观与客观的一致性。因此，在这一阶段，思维的作用主要是发挥分析甄别、综合归类和取舍控制三种功能。

2. 构思行文阶段

法治行政公文写作是一种规范写作。所谓规范写作，是指首先它是一种文种文本写作；其次它必须按一定的模式行文。因此，有了材料和确定了主旨后，紧接着的第一步就是要根据行文关系与职权范围，选择相应的文种。这一过程是思维根据所掌握的文种知识进行分析选择，它既发挥了分析甄别功能，也发挥了取舍控制功能。第二步就是要根据实际选择适当的模式，进行全面的布局架构，其表现为拟提纲或打腹稿。这是从宏观来设计文本架构，思维的主要功能是根据规范性、统一性、合理性和完整性等原则，发挥全面指挥、调控等作用。第三步是行文，即用语言通过叙述、说明、议论等表达方式将观点与材料有机地组织成文。在这里，思维主要是根据准确、简明、朴实、深刻等要求，对词语、句式、表达方式、修辞格等进行分析、比较、选择，发挥甄别、取舍、调控作用，使文章最终达到思想内容与语言表达形式的高度统一。

3. 修改完善阶段

修改有宏观修改和微观修改之分。宏观修改是指主要涉及主旨、材料、措施办法、结构、行文关系等的修改，这主要是发挥构思行文阶段的第一、二步的思维功能；微观修改主要是指对字、词、句、段、层的修改，它虽然也涉及逻辑上的问题，但更多的是语言的表达问题，因此，它主要发挥的是构思行文阶段第三步的思维功能。

当然，我们必须承认，思维是非常复杂的，它绝不是像上述各阶段描述的那样泾渭分明、有此无彼，各种思维功能常常相互纠缠不清，只有当写作进入到某个阶段时，它的主要功能才会凸显，而其他功能才会暂时被搁浅。有实际写作经验的人应该都不会否认这一事实。

第二节　法治行政公文的主旨

法治行政公文的主旨是文种文本的内容要素，是行政公文作者通过文本内容所表达的行文目的和意图。它反映一份公文要"干什么"的问题，是文本构成要素的首要因素与灵魂。在行政公文读写中，对主旨的认知、提炼、概括、表现及其要求的把握是读懂或写好一份公文的关键。

一、法治行政公文主旨的类型

一般认为法治行政公文的行文意图概括起来只有两个：一是"告知"；二是"祈使"。因此，其主旨便可分为告知性主旨与祈使性主旨两类。

1. 告知性主旨

告知性主旨是指公文作者行文的意图只是告知受文者某些信息，让其有所知晓与了解，而不需受文者对所发公文有所行动或有所遵从。例如，一些知照性的公告、通告、通知、函以及报告等，其主旨都属此类。

2. 祈使性主旨

祈使性主旨是指公文作者行文的意图，不仅要求受文者知晓公文中的信息，而且要求对所发公文有所行动或遵从。这种主旨又可分为两个小类：一是"祈求"，即请求；二是"使令"，即"要求怎样"。前者如上行文"请示"和"议案"，平行文"请批函"，其行文意图就是对受文者有所"祈求"，或祈求帮助，或祈求指示，或祈求批准；后者如下行文"命令""决定""批转/转发/印发/部署通知""通报""批复"，以及平行文"审批函"等，其行文意图都要求受文者对来文有所"使令"，或要求办理，或要求执行，或要求遵守、遵从。

二、法治行政公文主旨的形成

法治行政公文主旨不是凭空而来的，而是客观存在与主观认识相统一的产物，是作者对客观存在的人、事、物、矛盾、问题、现象进行反复研究、深入探讨、认真提炼的结果。客观存在是主旨形成的前提与物质基础，主观认识是对客观事物的加工与提炼，二者相结合、相统一，便形成了主旨。

例如，中国残联、教育部、共青团中央、全国妇联《关于开展向李智华同学学习活动的通知》（残联发〔2004〕44 号），这份公文就其客观而言，是先有李智华其人（一位残疾女大学生）及其感人的先进事迹的存在；然后发文单位（公文作者）在全国所有在读大学生中发现了这个典型，认识到她的身世处境、事迹的感人之处及其从中表现出的人格魅力、精神风貌、时代特征、社会价值，从而提炼出"在全国开展向李智华学习活动"的主旨。

在主旨的形成过程中，客观存在是主观认识的基础和前提，没有客观存在，主观就无从认识；但是在认识客观的过程中，主观又不是完全消极被动的，而是能动地认识，是在一定的世界观、人生观、价值观、道德观、审美观的指导下，凭借对法律法规和政策、客观事物内在规律、道德伦理理念等的认识水平，对展现在自己面前的客观物质进行审视，从而发现、发掘公文作者自认为有价值（社会价值）的东西。这个过程是作者发现、发掘、深化公文主旨的过程，主要是意识在积极参与活动，是意识活动的结果。

可以如此描述行政公文主旨的形成模式：客观首先向主观提供认识的物质对象，然后主观对客观提供的物化的东西凭借自己的认识水平和一定的检测规范对其进行加工提炼，并将自己的认识用语言直接表达出来，形成思维产品——主旨。

这好比工厂向工人提供生产产品的材料（原材料或半成品），工人凭借自己的技术水平和产品图纸进行加工，生产出符合规范要求的产品一样，只不过公文作者加工的材料是社会（或单位，单位实际上就是一个小社会）提供的。现实社会向作者提供加工材料，正是公文"现实性"特点的根由所在。法治行政公文主旨的形成模式如图3-1所示：

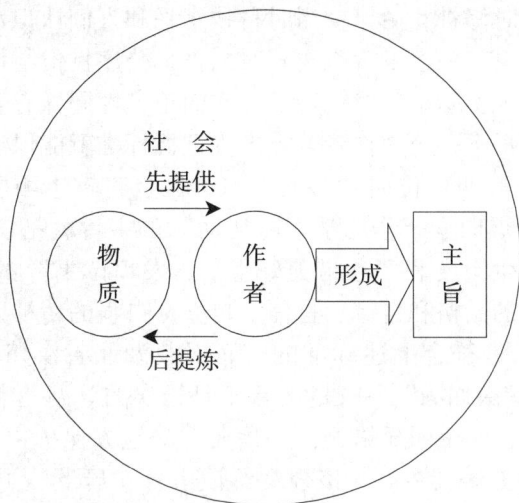

图3-1 法治行政公文主旨形成模式

三、法治行政公文主旨的诉求要求

"诉求要求"就是要达到的表达效果。因法治行政公文的主旨不是纯客观的，在很大程度上主观起着决定性的作用，因此主旨的形成与公文写作者的世界观、人生观、价值观、道德观、审美观的正确与否，思想觉悟的高低，对法律法规和政策的熟悉与理解程度的高低、文化程度、知识水平、语言表达能力、公文写作业务熟练程度的高低以及作者所处的地位如何等多种因素相关联。而写作者在上述诸因素的具备上千差万别，所以在公文主旨表现上就会产生不一致的现象，出现正确与错误、鲜明与含混、集中与分散、深刻与肤浅之别。而行政公文主旨的诉求规范则是：明确、正确、鲜明、集中和深刻。

1. 明确

行政公文主旨必须明确。这是对公文主旨诉求内容的要求。它是解决"为何事"发文或者该文"说什么"的问题，就是人们通常所说的发文"事由"。主旨要求明确，就是要求行文者在文本中直接告诉受文者发文的"事由"。

2. 正确

行政公文主旨必须正确。这是对公文主旨诉求性质的要求。怎样的主旨才算正确呢？我们认为应符合四个检验标准：一是符合广大人民群众的根本利益；二是符合党和国家的法律法规和现行路线、方针、政策，以及单位、部门的规章制度；三是符合客观事物本身内在的发展规律；四是符合公序良俗与传统美德。

当然，上述标准本身的正确性也有着接受实践与时代检验的需要。但这是另一个问题，是标准的不断完善和与时俱进的问题。公文作者不能因此怀疑它们而不以其作为检验主旨正确性标准的理由；相反，若在实践中发现了上述标准存在缺陷、问题，则应以积极的态度加以指出和反映、完善，这样形成的公文主旨才是正确的。

所以，党和国家的路线、方针、政策在不同的时期应作相应调整与完善；法律法规在实施过程中发现了纰漏应及时修补；由于受当时科技水平和人们认识水平的局限，对客观事物的认识曾经作出的错误结论，一经发现就要及时纠正；公序良俗与传统美德，其内涵也不是一成不变的，更有丰富的现实基础与时代特征，它的正确性同样有着与时俱进的内涵。

在标准本身正确的前提下，公文作者若能准确把握标准就能保证公文主旨的正确性。

例如，上述中国残联等四单位向"各省、自治区、直辖市团委、教育厅（教委）、妇联、残联"下发通知"开展向李智华同学学习活动"的主旨就是正确的。因为在李智华身上表现出了身残志坚的人生态度和"珍惜美好生活，发愤读书"的精神；展示了她吃苦耐劳、助人为乐、顽强拼搏的品格和自尊、自信、自立、自强的精神风貌。这些都是我们党和国家充分肯定和提倡的，是符合上述标准的。而报载湖北省汉川市政府办公室下发通知"倡导公务员接待使用小糊涂仙酒"一文的主旨则是错误的。湖北大学洪威雷教授在分析该份公文时，指出它至少存在四个明显错误：一是典型的地方保护主义；二是政府职责错位；三是违反国家公安部的"五条禁令"（该公文给该市公安局下达了2.5万元的喝酒指标）；四是助长吃喝风。这些都违反了上述标准，这份公文的主旨也就是错误的。

3. 鲜明

鲜明是对公文主旨诉求表现的要求。它要求公文直白地表现作者的发文意图，不能含蓄隐晦、含糊不清。它与主旨的"正确"是两回事。如上述两份公文的主旨存在正确与错误之分，但它们的主旨表达都是鲜明的。

为了使公文主旨表达鲜明，通常在公文结构的一些重要部位明示主旨。如标题、开头、正文、结尾；分旨则常用小标题、段旨句明示。

从表象看，鲜明似乎是一个表达问题，但其实仍涉及公文作者的立场、思维和业务能力等深层问题。

4. 集中

集中是对公文主旨诉求量的要求。公文要求一文一事，就是体现公文主旨诉求应该集中单一。如发布、废止、修订一个法规、规章，提请审议某项议案，汇报一次调查、一件突发事件、一项工作任务的完成等的情况，请求解决某个问题，布置一项工作任务，商洽一项业务等都应遵循"一文一事"的原则。但有的公文似乎具有两个主旨。例如：

①《国务院关于在若干城市实行国有企业兼并破产和职工再就业有关问题的通知》

②《中共××厂委员会 ××厂关于追认李××同志为中共党员和开展向李××同志学习活动的决定》

从标题显示的主旨看，这两个例子似乎都有两个主旨（因"和"表并列关系），但细心领会，例①中的"职工再就业"主旨是"企业兼并破产"这个主旨派生的。因企业兼并破产，才引发职工再就业，二者具有因果关系。若将其分别行文倒不如一起行文更合事理。例②中，虽"追认李××同志为中共党员"的主旨指向是当事人，而"开展向李××同志学习活动"的主旨指向是受教育者，主旨指向即受事对象不同，但这是由同一人、同一事引发的两个并列分旨，其实它们统一在一个总主旨下，即借彰扬死者以激励生者。因此，两者不可分两份公文行文。可见一份公文只有在上述情形下才可诉求两个主旨，万万不可将毫不相关的两件或多件事写入一份公文。这是公文主旨诉求要求的集中性所决定的。

5. 深刻

深刻是对公文主旨诉求质的要求。公文作者从社会现实中发现了典型的人或事、现象、问题、矛盾等，产生写作公文的动机，但那只是发现了主旨，属于确立主旨思维阶段的范畴，这还停留在"是什么"的肤浅的表层认识上；主旨的深刻则是要透过现象看到事物的本质，由表层进入深层，它要解决的是"为什么"的问题，是对人物品格（精神世界）、事件的社会意义和问题、现象产生原因的深层理性认识与揭示。我们仍以中国残联等四单位《关于开展向李智华同学学习活动的通知》为例来阐明主旨深刻的问题。为说明问题，现引两段文字作一比较：

> 李智华同学是西安欧亚学院艺术设计系 2003 级的一名大学生。父亲是位农民，母亲身患严重的精神病，家境异常贫寒。幼年时一场大火夺去了她的双臂。凭着超人的毅力，她学会了用脚吃饭、写字、缝缝补补、弹琴、书法绘画、电脑操作；为照顾患病的妈妈，她用一双脚给妈妈煎药、喂药；为帮助比自己更困难的同学，她宁可忍饥挨饿，省吃俭用把自己的生活费捐给同学，并为农民工的孩子购买学习用品，教他们读书作画；在学校作为班上的团支部书记，她无私忘我，热爱集体，关心同学，处处热心为他人服务；"非典"时期，她用自己微薄的生活费为班集体购买防护用品，并资助其他同学上学。李智华同学年年被评为"三好学生"。1997 年以来，她先后被评为"自强模范""全国十佳少先队员"候选人。2003 年，她在陕西省大学生书法竞赛中一举夺冠。同年 11 月，她向系党组织递交了入党申请书。

> 李智华同学的先进事迹，充分体现了"珍惜美好生活，为中华民族伟大复兴而发愤读书"的精神实质；展示了当代青年吃苦耐劳、助人为乐、顽强拼搏的精神和当代中国女性自尊、自信、自立、自强的风貌；提供了新时期青少年成长成才的有益经验。在广大青少年中深入开展向李智华同学学习的活动，对于全面加强青少年思想道德教育，激励和引导广大青少年树立正确的世界观、人生观、价值观，努力成长为符合时代发展要求的有用之才，为全面建设小康社会建功立业，具有十分重要的现实意义。

上引两段文字，第一段概述李智华其人及其优秀事迹，只是停留在表象认识层面；第二段是透过表象深入发掘李智华的精神风貌及其事迹所展示的时代特征与社会价值，使主旨得到了深化和提升。如果没有第二段文字，这份公文就只向人们展示了一些现象，也就只停留在就事论事上，未能揭示其本质意义，那么也就谈不上什么深刻了。

从表现手法看，法治行政公文主旨的深化是通过议论或夹叙夹议来实现的。主旨的深刻虽与材料的典型性有关，但材料的甄选仍是由公文作者来进行和完成的，所以，主旨深刻与否归根到底还是取决于写作者综合素质的高低。

行政公文主旨诉求要求涉及行政公文写作者的思想觉悟、道德修养、法律和政策水平、业务能力等诸方面的素质，它们综合起来又构成公文写作者的整体素质。因此，要使公文主旨诉求符合规范要求，关键是要提升公文写作者的整体素质。具体而言，公文写作者必须从以下三个方面努力：

首先，必须不断学习马克思主义理论，提高政治思想觉悟；加强思想道德修养，树立正确的世界观、人生观、道德观和审美观。这样才能高屋建瓴，看得远、看得全面、看得准确、看得深透，从而保证法治行政公文主旨提炼的正确与深刻。

其次，必须不断学习相关法律法规、制度和现行政策，提高对法律法规、制度和政策的熟悉程度与认知水平，增强法制意识与政策观念，以保证行政公文主旨不违法、不违规，成为现行路线、方针、政策的拥护者、推动者和实施者。

最后，必须不断学习业务，熟悉业务，熟练掌握公文写作规范和主旨提炼要求、表达技巧，勤奋写作，积累经验，以保证公文主旨提炼的准确性与表达的规范性。

四、法治行政公文主旨表达的形式

法治行政公文是实用型文体，其主旨表达要求鲜明。如何做到"鲜明"？首先是要直陈主旨，其次是要在文本的一些关键部位凸显主旨，即在文本的一些关键位置将主旨直接讲述出来。具体情形大体有如下四种：

1. 标题显旨

标题显旨即通过公文标题中的"事由"显旨。例如《广东省人民政府关于提请审议〈广东省野生动物保护管理条例（草案）〉的议案》，其主旨就是"提请审议《广东省野生动物保护管理条例（草案）》"。还有用小标题明示每一部分主旨（分旨）的，这是最常用也是最科学的主旨表达方法。主旨居于标题或小标题之中，突出而显要，对公文拟稿者来说，首先树立目标、明示主旨，能提升写作质量；对阅读者来说，看到标题，主旨就一目了然，非常便捷，能提高认识、处理公文的效率。

2. 开头显旨

开头显旨即在正文开头或每段开头位置用一句话明示文旨（总旨）或段旨（分旨）。如"为确保重阳节白云山登高活动安全，现将有关事项通告如下"，正文开宗明义，点明行文主旨。

3. 正文显旨

正文显旨是指用整个正文来阐明主旨。这种情形多为批转、转发、印发和发布性文种文本的主旨，例如，"《党政机关公文处理工作条例》已经党中央、国务院同意，现印发给你们，请遵照执行"。这段通知正文同时表达了"告知"与"祈使"的行文意图。

4. 结语显旨

公文常在结尾使用惯用语结束，而这些惯用语往往能承担表达主旨的作用。如"请示"中的"妥否，请批示"，"意见"中的"以上意见，如无不妥，请批转各地执行"，"通知"中的"特此通知"，"公告"中的"现予公告"等结尾句，都具有明旨的作用。

明确了主旨的作用、形成以及表达要求等，我们就能在读、写行政公文时，很好地把握其主旨，提高阅读效率和写作质量。

第三节 法治行政公文的材料

法治行政公文的材料是存在于现实生活或写进文种文本中的各种情况，如人、事、物，社会现象、问题、矛盾，以及它们所涉及的时间、地点、实事、数据、依据、原理、观念、措施、办法和对策等。材料属于公文的内容要素，它是公文写作的前提与基础。没有材料就无法形成主旨，也无法写成文章，即所谓的"巧妇难为无米之炊"。材料在公文写作要素中的地位不言而喻。

一、法治行政公文材料的类型

从材料存在状态看，法治行政公文的材料也有原始材料和文本材料之分。原始材料是存在于现实生活中的各种情况，如人、事、物、观念和数据等。它来自公文作者对现实生活的关注、收集与积累，成为形成公文主旨的基础和萌发写作动机的源泉，这种材料通常也被称作"素材"。文本材料是为表现某一主旨而写进文本中的人、事、物，社会现象、问题、矛盾，以及时间、地点、实事、数据、依据、原理、观念、措施、办法和对策等，这种材料常被称作"题材"。文本材料是公文作者对原始材料的甄别、筛选、提炼、加工的结果，它们受主旨统率并用以支撑主旨和说明问题。

从材料性质看，法治行政公文中的材料可分为理论材料、事实材料和事项材料三类。理论材料是法治行政公文中引述的权威言论、科学原理和社会议论等；事实材料是法治行政公文中举证的现实公务中的人、事和统计数据等；事项材料则是写进法治行政公文文本主体部分的具体事项。它作为行政公文材料，与理论材料和事实材料一样都要求清晰、具体和全面。

从材料的来源看，法治行政公文中的材料又有第一手材料与第二手材料之别。第一手材料是法治行政公文写作者通过自身的公务实践或亲身观察与调查研究直接获取的材料，也叫直接材料；第二手材料是法治行政公文写作者通过各种渠道，如阅读、听闻等获取的各种信息材料，也叫间接材料。在通常情况下，第一手材料比第二手材料更真实可靠，因此，在使用第二手材料时，最好再进行一番查实考证，以免出错。

二、法治行政公文材料的特点

1. 准确真实

准确是指材料符合客观实际，真实是指材料没有被人为地夸大或缩小。二者的区别在于前者针对客观，后者针对主观。法治行政公文的材料无论从客观还是从主观来讲都不能有误。因为如果材料不准确、不真实，就有可能产生错误的判断，得出错误的结论，形成错误的主旨，从而给国家和人民带来重大损失与损害。因此，准确真实是法定行政公文材料的生命，它决定着公文主旨的正确性。我们讲其他实用文的材料时也强调其准确真实，但法治行政公文材料的准确真实有着更高的要求，因为它是代表着国家或组织在管理、指挥，影响力非同一般。怎样做到准确真实？客观上的准确需要公文作者做深入细致的调查、审查、研究，绝不放过任何一个材料细节与疑难问题；主观上的真实则要求公文作者加强思想修养，树立实事求是、求真务实的世界观，保证不弄虚作假，以确保材料真实。

2. 典型具体

典型是指材料要有代表性，有普遍意义，反映主要矛盾，而不只是个体的或者次要的、鸡毛蒜皮的东西。具体是指材料存在的形式必须是人们可以感知的，而不是抽象的。公文中讲到人物时，应该有名有姓；谈到事件应该有时间地点、发生原因、发展经过和处理结果；阐述观点必须用事实说话，不能只说不证、空洞无物。法治行政公文对材料的表述常采用高度概括、简明扼要的概述，而不用生动的记述和描写。

3. 现实时效

法治行政公文是国家行政机关为解决现实矛盾、问题而制发的，它的材料直接来源于现实社会，而且问题、矛盾解决了，材料也随之失效，故其材料具有鲜明的现实时效性。因此，行政公文作者（行政机关）要保证行文的高质量，发挥其最大效能，就要高度关注社会，及时掌握社会矛盾与社会问题的新动向。

三、法治行政公文材料的收集

法治行政公文写作必须建立在丰富、全面的材料基础上。写作法治行政公文首先要解决材料问题。具体而言，主要包括以下三个方面的材料：① 党和国家现行的法律法规和方针政策以及当前的中心工作任务；② 本机关、本单位或所辖地区、系统下级机关公务活动中存在的情况和需要解决的问题；③ 主管领导机关和平行单位传递的信息。这些都是直接引发写作法治行政公文缘由的材料。事项材料则是从这些材料中概括出来的。此外，还有与前三类材料有关的历史、背景材料，它们也是写作法治行政公文不可缺少的。

法治行政公文写作材料的收集，一是从行政公务实践中获取大量的第一手事实和观念材料，二是尽可能多地从各种渠道获得第二手信息材料。

第一手材料的收集是公文写作者自身的调查研究。毛泽东曾说："没有调查就没有发言权。"调查研究是深入实际、了解现实、解决现实矛盾与问题的根本方法，也是写出高质量公文的可靠保障。调查研究的基本方法主要有实地观察、访谈、会议座谈和问卷调查等。调查者可以根据不同的目的、要求，结合实际情况择用上述方法。

第二手材料的收集就是信息收集。信息收集是当代管理工作中非常重要的组成部分。信息收集往往从文献如图书、期刊、杂志、报纸以及音像制品、内部资料等中获得；还可利用信息资料检索工具，从现成的信息资料文档中检索获得。当下，已可通过计算机网络检索到全国各地甚至世界范围内主要信息库中存贮的各种数据和信息。信息材料包括三种具体形态：一是文字形态的信息，即以文字为载体的信息资料；二是声像形态的信息，即以直接记录声音和图像为载体的信息资料；三是记忆形态的信息，即在人际交往过程中产生、传播和被接收，且只在人脑中存贮的、不具有确定记录载体的信息。信息收集要遵循一定的原则。一是广泛性原则。不同层次、不同角度、不同人员、不同行业甚至不同国家、不同环境的信息都要广泛收集。这样，有利于全面思考问题，防止片面。二是真实性原则。即收集的信息真实可靠，准确无误。三是客观性原则。信息收集忌"依长官意志办事"，受权威的束缚；

忌"先有结论，后有调查"，受主观的限制。

四、法治行政公文材料的选用

首先，对调查研究得到的材料要进行筛选。筛选可按以下步骤进行：一是搞好材料的鉴别、判断；二是认真选择材料；三是对不完全的材料进行修正、增补。材料筛选对提高利用率有着至关重要的作用，因此必须掌握筛选要求，做到准确、及时、完整和新颖。

其次，对材料的真实性、准确性和价值进行鉴别。最常用的方法是经验判断，但还要进行严格的科学鉴别，经常使用的有以下几种方法。一是逻辑分类法，即对原始材料中所叙述的事实和分析问题的方式进行逻辑分析，看哪些事实和分析是确实可信的，哪些是违背事实和逻辑规律的，哪些存在疑问需要进一步查证。二是数理统计法，即对原始材料中的数据和定性分析，运用数理模式进行计算鉴定，看其数据计算是否准确，分类是否合理，结论是否一致等。三是调查核实法，即对原始材料的某些事实，通过现场调查或向报送信息的单位、被反映情况的单位以及相关单位调查核实，或与权威性材料进行对照，看其是否真实可靠。四是比较鉴定法，即将要鉴定的材料所反映的内容与相关事物的有关情况相比较，或与有关的纵向情况比较，从而鉴定该信息内容是否符合客观事物的发展规律。

最后，要对材料进行选择使用。选择使用应遵循的原则是：①为说明主旨服务。凡是与反映主旨无关的材料，都要毫不犹豫地剔除。②注重典型性。要从大量原始材料中发掘出那些能够揭示事物本质的典型材料。③富有新意。要尽可能抓住那些能反映客观事物新变化的材料。④具有特点。必须从各种事物的实际出发，注重开发材料中具有特点的东西。

第四节 法治行政公文的结构

法治行政公文的结构是指构成文种文本各要素（或称"要件"）的合理、规范组配。将其置于文章结构学概念之中，其内容包含两个方面：一是构成文本结构的要素，包括标题、主送机关、正文和文尾。其中正文又包括开头、主体和结尾；文尾包括署名和成文日期。正文各部分还可包括层次、段落等结构要素的基本构件。二是各要素的组合"序"。它不仅表现为各要素组配的先后次序，还表现为各要素各自所处的层级位置。它是构成公文文本各要素与它们各自所处的"序"的高度和谐统一。

一、法治行政公文文本结构的特点

法治行政公文文本结构相对稳定，且特色鲜明。具体表现在：

1. 块状组合明显

公文文本结构基本上由标题、主送机关、正文和文尾四大块或由标题、正文、文尾三大块构成。其中正文又往往由开头、主体和结尾三小块构成；文尾由署名和成文日期两项内容构成。

当然，上述为通常情况，有时在特定条件下，某些板块可以被省略。这反映着公文结构稳中有变的辩证法。例如，正文板块中的开头与结尾有时可能被省略。板块也有大有小，有简单有复杂。简单板块整合成简单文本，复杂板块整合成复杂文本，而复杂其实是简单的放大。说到底，复杂文本与简单文本的根本差异，就是将简单文本的正文板块，或者更确切地说就是将开头、主体和结尾，尤其是主体板块放大。明白了这一点，就明白了公文结构的基本原理，这对我们认识公文结构和学习公文写作大有裨益。

块状整合分明的原因，来自公文写作的"求实"要求，也是以下两个特点的真实体现。

2. 段落规范、层次分明、条理清晰

公文的段落一般要求采用单纯段（即规范段），少用或不用复合段；层次序号使用规范，阐述问题多标示序数或冠以小标题、段旨句。这样就使得段落和层次规范、分明，也使得板块整合分明，便于学习者阅读和对内容的直观把握。

3. 过渡多用惯用语，简洁便捷

例如，从开头过渡到主体，常用"现将……如下""特……如下"的惯用语；结尾连接主体，常用"综上所述""由上可知""总之"等惯用语，或直接用惯用语结尾。这些惯用语，简洁而直接地将文章的各部分联结成一个有机整体。既使文章无冗繁之嫌，又起到了"胶合"作用；不仅使内容实实在在，而且使结构干练精致。过渡简洁便捷，弱化了"虚"，也就凸显了"实"，这正是公文写作所追求的目标之一。

二、法治行政公文文本结构的基本模式

结构模式是指结构组合带规律性的表现形式。认识公文结构的基本模式，能从根本上把握公文文本的基本结构。

从传播学的角度审视，文章写作是用以交流的。公文写作也是如此。但交流有的有特定对象，即有特定受体，这样的文本在结构上就应有主送机关；有的是用来与社会大众交流的（这种公文因此也被称作泛行文），无法明确具体的交流对象，即无特定受体，在结构上也就不需写主送机关。据此，结合上述结构内容与板块理论，可得出两种最基本的公文结构模式。

（一）无特定主送机关三板块结构模式

表3－1　无特定主送机关的三板块结构模式表

序号	板块名称		说明
1	标题：发文机关名称＋事由＋文种		
2	正文	开头（有时省写）	下行文的泛行文，如命令、决议、决定、公报、公告、通告等。此外，纪要也不需写主送机关。
		主体	
		结尾（有时省写）	
3	文尾	署名	
		成文日期	

（二）有特定主送机关四板块结构模式

表 3 - 2　有特定主送机关的四板块结构模式表

序号	板块名称		说明
1	标题：发文机关名称＋事由＋文种		包括上行文、平行文和下行文中的特定主送公文，如：报告、请示、议案、函、批复、通知等。
2	主送机关		
3	正文	开头（有时省写）	
		主体	
		结尾（有时省写）	
4	文尾	署名	
		成文日期	

三、法治行政公文文本结构要素规范

1. 标题

新《条例》规定，法治行政公文标题"由发文机关名称、事由和文种组成"。也就是说，公文标题应由发文机关名称、事由、文种三个要素组成。如《中共中央办公厅　国务院办公厅关于印发〈党政机关公文处理工作条例〉的通知》，"中共中央办公厅　国务院办公厅"是发文机关名称，"关于印发〈党政机关公文处理工作条例〉的"是事由，"通知"是文种。事由通常由介宾短语"关于……的"构成。它是公文主旨的集中体现，要求准确而简明。三要素既相对独立，又互相统一，给阅读提供了极大便利。

此外，公文标题中除法规、规章名称加书名号外，一般不用标点符号。

2. 主送机关

主送机关是指公文的主要受理机关。这里的"受理"具有两层意义：一是收到公文；二是负责办理、处理公文事项或贯彻执行公文精神。明确主送机关就是为了明确办事的责任。

不同的行文其主送机关不同。一般来说，具有特定主送对象的行文，须写明主送机关，而且主送机关用特称，特称要用全称或规范化简称；普发性下行文用同类型机关的统称；泛行文没有特定的具体受体，一般不写主送机关。

3. 正文

正文是公文的核心部分。不同情况的文本，正文行文有所不同，但就结构来讲，一般应该由开头、主体和结尾三个层次或部分组成。

开头阐述发文的原因、依据、目的、意义等；若主体内容较复杂，末句常用"现（特）将……如下"等惯用语过渡到主体，使其衔接自然。

主体是公文核心内容的叙写和展开，内容复杂时，一般采用分点、列项或分小标题行文。采用点项行文时，结构层次序数使用必须规范：第一层用"一、"，第二层用"（一）"，第三层用"1."，第四层用"（1）"。主体行文的层次不宜过多，一般不提倡超过四个层次。

结尾是正文的收结，通常是提出希望、要求和请求，或者是发号召。如果有希望、要求、号召、请求，则具体写出；如果没有具体希望、要求、请求、号召，则可用惯用语结束，或省写结语，但应该注意的是，请求性公文如请示、议案、请批函等，在任何情况下都不能省略结语，因为这类公文的结语通常是请求意愿的明确表达，缺失它也就缺失了请求意愿，公文主旨也就不明确了。

公文正文表达的总体要求是段落或层次所表达的内容单纯，语言表意明确，文字精练简洁。

4. 文尾

文尾包括署名与成文日期。署名要署发文机关全称或者规范化简称。命令、议案等则由行政首长签署。

对于成文日期，新《条例》规定"署会议通过或者发文机关负责人签发的日期。联合行文时，署最后签发机关负责人签发的日期；电报以发出日期为准"。新《格式》规定："用阿拉伯数字将年、月、日标全，年份应标全称，月、日不编虚位（即1不编为01）。"成文日期是公文生效的时间，是公文的一项重要内容。公文如果没有生效日期，在某种意义上说就是一纸空文，所以，成文日期不能错写，也绝对不能缺失。

第五节　法治行政公文的语言

法治行政公文的语言是一种规范化实用（事务）性语言。新《条例》对其要求是："表述准确，文字精练。"要符合这些要求，运用好法治行政公文的语言很重要。

一、法治行政公文语言的特点

1. 实用性

法治行政公文语言重在准确地传达发文机关的意图，有效地处理现实公务，是一种实用性语言。它不像文学语言那样以描绘性的语言表现审美意象和艺术情感，因而它给人的感受是准确、简洁、实在、庄重。

2. 实义性

法治行政公文语言必须准确传达公文的实际内容和对象，其语词概念要被社会共同认可和统一理解，其含义就应是实际事物的本义，而不能像文学语言那样具有"能指性"特点（即一个词往往不止一个词义，而是一个信息束，包括引申义、想象义、比喻义等，能够传达丰富多样的审美信息，具有"言外之意"、"弦外之音"的功能）。

3. 陈述性

法治行政公文语言是一种朴实、语意明确的陈述性语言，具有"显性"作用。它的词、句运用呈线性逻辑组合关系，用概括说明和直述不曲来交代事项，而不像文学语言那样是一种具有"显像"功能的描绘性、情感性语言。

4. 规范性

法治行政公义语言是规范化的书面语言，严格遵循语法规则和组合规则。为使行文庄重，不使用口语、方言、俗语；为使语言简洁，往往使用各种惯用语。它不像文学语言那样强调独创的个性化语言。

二、法治行政公文语言的要求

1. 真实准确

这是法治行政公文语言的基本要求。真实是指公文内容的材料客观、可靠，不虚饰编造，人、地、时和统计的数字等都是真实的，并用相应的语言加以表述。准确是指遣词造句既有明确的含义，又符合语法规范，甚至标点符号都十分妥帖。法治行政公文语言要准确地表达思想内容，就必须辨别词义的轻重、范围的大小、色彩的褒贬。法治行政公文语言只有做到既真实又准确，才能有权威性和说服力，才能有利于公文的运作和执行。

2. 简明朴实

法治行政公文语言是一种陈述性、说明性语言，而非描绘性语言，讲究简明朴实。简明是智慧的灵魂。为了提高办公效率和克服"文山"现象，法治行政公文应以最经济、最概括的语言文字表述丰富的内容，做到言简意赅。法治行政公文语言要做到简明，就必须符合以下三点：一是要突出主旨和重点内容，力戒空话套话，防止穿靴戴帽；二是要要言不烦，干净利落，精练而无废话，避免冗繁重复的字、词、句、段；三是要做到明白晓畅，质朴无华，力避晦涩和令人费解的生僻词语，词义的明了要限于所说，不能模棱两可或产生歧义，做到叙事以自然的、社会的关系为常规，说理以因果的、逻辑的关系为常理。

3. 严谨庄重

法治行政公文语言的严谨是指叙事说理严密周全，前后连贯，合乎逻辑，力求达到天衣无缝、无懈可击，谨防自相矛盾和疏漏；法治行政公文语言的庄重，是遣词造句端庄持重，无虚饰浮夸之弊。由于法治行政公文是处理公务所用，代某一行政机关立言，有法定权威性和行政约束力，因此，用语须严肃、严谨、庄重。

此外，法治行政公文语言在运用中还要注意文字、数字、标点符号等书写的规范。

三、法治行政公文语言的运用

（一）词语选用因文而异

法治行政公文词语的选用受到语法逻辑的严格约束，一般要采用常规的方法，但又要因文而异。首先，不同性质的公文对词语和句式有不同的要求。指挥性公文如决议、决定、命令、通告、通知等，由于政策性、指导性强，因此，要多用概述性和指令性词语。概述性词语具体、朴实而概括；指令性词语带有明显的规定性，严肃、肯定、明确，不含糊婉转，如"严禁""禁止""不得""不准""不许""杜绝"等。公布性公文如公报、公告、通告等，由于周知性强，要选用说明性词语，文字简明扼要，力求通俗易懂。报请性公文如报告、请示等，由于是向上级报告、请示，因此，要选用陈述性和说明性词语，力求恳切明白。通联性公文如函等，用于机关之间联系工作、沟通信息，因此，要选用商洽性、征询性词语，不卑不亢，以诚相待，措辞得体。其次，在下行文中多用能愿动词和带动词性宾语的动词。法治行政公文原则性强，选用词语必须明确表示应该怎样、不应该怎样，因此，要多用"要""可以""必须""应当"等能愿动词，也常用"加以""予以""给予""严加""严禁"等带动词性宾语的动词。例如，"对于违反居民身份证管理的行为，情节较轻的，应当给予批评、教育；情节较重，构成违反治安管理行为的，依据《治安管理处罚条例》予以处罚"。

（二）大量使用"的"字结构

"的"字结构是由词或词组加"的"构成，相当于一个名词。法治行政公文语言中的"的"字结构，大都是由动词性词组加"的"构成，并常作介词"对""关于"的宾语，构成介宾结构。例如，"地方各级人民政府所作的减税规定，都要逐项审查。凡违反税法规定和超越权限的，要立即纠正；在管理权限以内减免税不当的，也应停止执行"，"对掺杂使假单位的主管人员和直接责任人员，以及支持、包庇、纵容掺杂使假行业的领导人与责任者，要给予行政处分；对情节严重构成犯罪的，要及时移送公安、司法机关依法查办"。使用"的"字结构，能使法治行政公文语言产生简明的效果。

（三）科学地选择句式和运用修辞手段

根据公文内容表达需要和语体特点，公文语言基本上采用主谓句。主谓句中有较多的长句，而长句的构成有以下几种方式：

1. 用介词结构作修饰语

通常有两种情况：一是标题中用介词结构，如《××××关于××××的通知》；二是正文中用介词结构，常用的介词有"为了""对于""根据""依照""自从""在""由"等，如"为了充分调动饭店职工的积极性，在不断提高服务质量、努力增加经济效益的前提下，要不断改善职工的福利待遇"。多用介词结构能够使语言表意更为严密、准确。

2. 使用并列成分

在公文句子的各个位置使用并列成分，可以使语言更为简约，如"但最近几年来，在农村出现了重化肥轻有机肥、重用地轻养地、重产出轻投入的倾向"。

3. 使用并列复句和递进复句

公文语言里的联合复句多是两个或两个以上的分句之间不分主次，并以并列关系、递进关系组成的。并列关系的复句，分句之间分别说明几件事或几种情况，用关联词"既……，又……"来表示；递进关系的复句，后一分句比前一分句意思更进一层，用关联词"不但……，而且……"来表示。

4. 运用适当的修辞手法

公文语言也需运用一定的修辞手法，但为了保证公文的准确性，避免虚浮失实，一般只用比喻、对比、排比、对偶等几种修辞格，而不用夸张、比拟、反语、双关、象征等修辞格。

（四）以叙述、说明、议论为基本表达方式，排斥描写与抒情

法治行政公文中的叙述具有"直略性"的特征，即叙述平铺直叙、简略概括。从叙述的时间顺序来看，它只求清晰有序，不求生动曲折，排斥倒叙、插叙和补叙；从叙述线索的处理来看，对于发生在不同地方、不同时间而性质相同的事件，只抓住共性"合叙"，而不一一分叙；从叙述详略来看，只用概述，不用详述。叙述的基本形态（或叫方式）有交代型、陈述型和例证型，没有普通记叙文中的描述型。交代型，即对有关情况作出简要介绍的叙述形态，如某些决定、通告、通知、意见等公文的开头对"背景"的交代。陈述型是一种有条理地陈述事件过程的叙述形态，如情况报告中对某种情况或事件的陈述，工作报告中

对工作过程的陈述，通报中对通报事件的陈述等，都表现为这种叙述形态。例证型，就是举出事例为某种论断提供事实依据的叙述形态，某些决定、意见、指示性通知常用这种叙述方式。

法治行政公文中的"说明"是对"具体事务"的事由及其相关事宜的交代与解说。因此，法治行政公文说明的表达方式具有"事务性"特征。其基本形态有表白型、告晓型和指令型三种：①表白型，即把需要诉诸对方的情况或意图直接表白出来，以获得对方理解、认可或允准的说明方式，如请示的请示原由与事项、批复的依据或理由、商洽函的商洽或函请事项、复函的依据或理由、答复报告的答复意见等，均呈现这种说明形态。②告晓型，即把需要对方了解或公众周知的事项或情况知晓出来的说明形态，如批复与复函的表态，通知、公告、通告的知照事项，报告的汇报事项，纪要的决议事项等，往往呈此种说明形态。③指令型，即把需要对方（下级机关或有关单位与人员）执行、遵守或注意的事项指示出来的说明形态，所有下行文中的有关处理方案、实施意见、工作要求、规定条款、遵守事项、注意事项、生效时间以及审批函中的实施要求等，都呈现这种说明形态。

法治行政公文中的"议论"与普通议论文中的议论有较大区别。普通议论文或取"立论式"，或取"驳论式"，都是论点、论据、论证三要素俱全的完整议论；法治行政公文中的议论具有"简洁性"特点，常取比较简单的论证形式，直截了当地亮出作者的观点，无需展开多角度、多侧面、多方法的复杂推理论证。公文议论的"简洁性"特征，决定了它的表达目的重结论而轻过程，重"断"而轻"论"，且议论常与叙述、说明交织在一起。因此，其议论形态主要表现为述断型、说断型和论断型三种，没有普通议论文的"多重推理型"。①述断型，"述"即叙述，"断"即判断、下结论，即在叙述某一事实的基础上，就事论事，顺理成章地提出作者的看法，这是一种叙议结合、据事说理的议论形态。这种议论常用于嘉奖令、表彰决定、表彰或批评性通报、工作报告、情况报告等文种的背景交代或举例论证中。②说断型，"说"即说明，即在说明某种情状的基础上提出作者的看法。这是一种说议结合、据情（情状）说理的议论形态。如"老铁山是候鸟迁徙的重要停歇站，每年有大量的各种各样的候鸟经过这里并停歇（说明），认真管理好这个地区，对于保护候鸟资源有着重要意义（断语，即作者看法）"。这种议论常与"表白型""告晓型"说明结合在一起使用。③论断型，"论断"即推论判断。这是一种简单论证、据理说理的议论形态。它类同普通议论文中的推理论证，但简洁明了，常取单层"因果论证"结构，有时由因推果，有时由果溯因。"因"即原因，是推断"果"的条件；"果"就是结论，即断语。这种议论常用于大型公文中，小型公文如颁发、转发或批转性通知以及报告、通报等也有用到。

（五）广泛使用公文惯用语

公文惯用语，是公文形成、发展过程中沿袭下来的定型化、规范化的格式语言。惯用语的准确运用能使公文语言表达变得准确、简约、雅致，提高公文语言表现力，如表3-3所示。

表3-3 公文常用惯用语简表

序号	用语类别	作用	常用习惯用语
1	开头用语	主要用于公文开头，表示发语，引据	为、为了、为着、查、接、顷接、根据、据、遵照、依照、按照、按、鉴于、关于、兹、兹因、兹有、兹定于、现将、今、随着、由于
2	称谓用语	用于表示人称或对单位的称谓	第一人称：我、我单位、本人、本公司、我们、敝单位 第二人称：你、你局、贵公司、贵方 第三人称：他、该公司、该项目
3	递送用语	用于表示文、物递送方向	上行：报、呈 平行：送 下行：发、颁发、颁布、发布、印发、下发、下达
4	引叙用语	用于复文引据	悉、收悉、近悉、欣悉、接、顷接、现接、据
5	拟办用语	用于审批、拟办	拟办：责成、交办、试办、办理、执行 审批：同意、照办、批准、可行、原则同意、原则批准、可办、不可
6	经办用语	用于表明进度	经、业经、已经、兹经、拟将、拟定、责成
7	过渡用语	用于承上启下	鉴于、为此、对此、据此、有鉴于此、为使、对于、关于、现将……如下、答复如下
8	期请用语	用于表示期望请求	上行：请、恳请、拟请、特请、报请 平行：请、拟请、特请、务请、如蒙、即请、切盼 下行：希、望、尚望、切望、请、希予、勿误
9	结尾用语	用于结尾表示收束	上行：当否，请批示；可否，请指示；如无不当，请批转；如无不妥，请批准；特此报告；以上报告，请审核；以上意见如无不当，请批转……执行 平行：为盼、为荷、特此函达、尚望函复 下行：为要、为宜、为妥、希遵照执行、此复、为……而努力、……现予公布、特此通知、特此公告、特此通告、此令
10	谦敬用语	用于表示谦敬	承蒙惠允、不胜感激、鼎力相助、蒙、承蒙
11	批转用语	用于上级对下级来文的批转处理	转发下级来文：批转 转发上级或不相隶属机关来文：转发
12	征询用语	用于征请、询问对有关事项的意见、态度	当否、妥否、可否、是否妥当、是否同意、如无不当、如无不妥、如果可行

【问题思考】

1. 法治行政公文写作思维有哪些特征？

2. 法治行政公文的主旨是怎样形成的？

3. 法治行政公文主旨诉求有哪些要求？

4. 法治行政公文写作要从哪些方面去收集材料？

5. 法治行政公文结构主要有哪两种模式？它们的结构区别和使用区别在哪里？

6. 法治行政公文语言广泛使用惯用语，这会产生怎样的表达效果？

7. 指出下面请示正文中所用题材的性质形态，并思考其材料的详略处理。

丹霞山风景名胜区位于我省韶关市仁华、曲江两县境内，面积180平方公里，分丹霞山、韶石山、大石山三个景区，距韶关市最近处10公里，最远处50公里，柏油公路直达主峰景区，观光旅游的交通十分方便。

据地质考证，6 500年前丹霞山所在地是一个大湖泊，由于地质运动，形成红岩峭壁和嶙峋洞穴，构成奇异的自然风景。在全世界同类地形中，以丹霞山为最典型，"丹霞地貌"已成为国际地质学名词。现丹霞山景区已开发接待游人的范围为12平方公里，主要景点有87处，山、港、江、湖兼备，绿化良好，兼之摩崖石刻、寺庵、亭台楼阁点缀其间，自然及人文景观丰富。丹霞山南侧的韶石山景区，傍于浈水，是上古时期舜帝南巡时奏乐之处，内有"三十六石"的奇景；丹霞山西侧的大石山景区，类似丹霞山的奇山异峰，有丹寨幽洞、岩柱等自然景观。

在丹霞山风景名胜区附近，有"金鸡岭""九龙十八滩""古佛岩""南华寺""马坝人遗址"等风景区及名胜古迹，总面积约400平方公里。目前，粤北地区以丹霞山风景名胜区为中心形成了我省一条重要的旅游线。

根据国务院《风景名胜区管理暂行条例》，我们对丹霞山风景名胜区进行了资源调查、评价，编制了总体规划。现申请把丹霞山风景名胜区列为国家重点风景名胜区，请审批。

8. 试析下面公文文本（国办发〔2008〕106号）的结构构成。

国务院办公厅关于深入开展全民节能行动的通知

各省、自治区、直辖市人民政府，国务院各部委、各直属机构：

节约资源和保护环境是我国的基本国策。为缓解能源供应紧张状况，保护生态环境，进一步增强全民能源忧患意识和节能意识，建设资源节约型和环境友好型社会，经国务院同意，现就开展全民节能行动有关事项通知如下：

一、增强全民节能意识

……

二、全民节能行动的主要内容

（一）开展能源紧缺体验。……

（二）每周少开一天车。……

（三）严格控制室内空调温度。……

（四）减少电梯使用。……

（五）控制路灯和景观照明。……

（六）普及使用节能产品。……

（七）使用节能环保购物袋。……

（八）减少使用一次性用品。……

（九）夏季公务活动着便装。……

（十）培养自觉节能习惯。……

三、加大宣传力度

......

四、加强组织协调和监督检查

......

国务院办公厅

2008 年 8 月 1 日

9. 怎样理解行政公文语言运用的"词语选择因文而异"这一特点？试以下面两段语言的用词差异加以比较说明。

（1）这些情况充分说明当前一些单位和个人利用发票偷税十分严重，而且手法多样。这些行为严重违反了发票管理规定，给国家财政带来了重大损失，是国家法律所不允许的。各单位在进行发票清理检查过程中应严格审查，发现问题必须严肃查处。

（2）这些情况表明，我市在统一发票管理问题上仍然存在许多漏洞，建议上级有关部门加强监督检查力度，并与执法部门密切配合，坚决打击利用发票犯罪和偷税漏税行为，以保证《上海市统一发票管理办法》的贯彻执行和国家财政税收免受损失。

10. 试分析下函的语言特色。

××交警队关于商洽共用浴室的函

××厂：

我队因条件有限，暂无浴室，致使警员生活多有不便。欣闻贵厂浴室条件优越，可供我们共用。为了解决警员沐浴的暂时困难，我们希望能与贵厂共用浴室，并愿在共用期间支付一定的费用。不知贵厂同意与否，请研究后及时函复。

××交警队

2012 年 10 月 15 日

第四章
法治行政公文文本读写

本章将从文本读写视角，引导读者去阅读和写作 15 种法治行政公文的文种文本。文种文本是一份文件的核心内容，最为关键，这也是我们学习阅读与写作法治行政公文最需要掌握的重点内容。

第一节　决议、决定、命令（令）读写

一、决议

决议是适用于会议讨论通过的重大决策事项的公文。它主要为各级党代表大会和人民代表大会（包括社会群众团体代表大会）通过的重大决议事项所使用。

新中国成立前后决议就开始在党政机关使用，如 1945 年 4 月 20 日中国共产党六届七中全会通过的《关于若干历史问题的决议》、1952 年 11 月 16 日中央人民政府发布的《关于调整省、区建制的决议》等。但后来主要为人大和党的机关使用，在行政机关的实际行文中却很少见，因此，1993 年 11 月重新修订发布的《国家行政机关公文处理办法》便取消了"决议"文种，而以"会议纪要"来替代。这次新《条例》将党政机关公文整合，"决议"从党的机关公文中被保留下来，重新成为党政机关公文共用文种。

（一）文本导读

【例文 4.1.1】
中国共产党第十八次全国代表大会
关于《中国共产党章程（修正案）》的决议①
（2012 年 11 月 14 日中国共产党第十八次全国代表大会通过）

中国共产党第十八次全国代表大会审议并一致通过十七届中央委员会提出的《中国共产党章程（修正案）》，决定这一修正案自通过之日起生效。

大会认为，十六大以来，以胡锦涛同志为主要代表的中国共产党人，坚持以邓小平理论和"三个代表"重要思想为指导，根据新的发展要求，深刻认识和回答了新形势下实现什么样的发展、怎样发展等重

---

① 引自 http://wenku.baidu.com/view/52acad7402768e9951e738ac.htm.

大问题，形成了以人为本、全面协调可持续发展的科学发展观。科学发展观，是同马克思列宁主义、毛泽东思想、邓小平理论、"三个代表"重要思想既一脉相承又与时俱进的科学理论，是马克思主义关于发展的世界观和方法论的集中体现，是马克思主义中国化最新成果，是中国共产党集体智慧的结晶，是党必须长期坚持的指导思想。大会一致同意在党章中把科学发展观同马克思列宁主义、毛泽东思想、邓小平理论、"三个代表"重要思想一道确立为党的行动指南。大会要求全党同志更加深入地学习科学发展观，进一步增强贯彻落实科学发展观的自觉性和坚定性，不断完善贯彻落实科学发展观的体制机制，把科学发展观贯彻到我国现代化建设全过程、体现到党的建设各方面。

大会认为，中国特色社会主义道路，中国特色社会主义理论体系，中国特色社会主义制度，是党和人民长期奋斗、创造、积累的根本成就。全面建成小康社会，加快推进社会主义现代化，实现中华民族伟大复兴，必须坚定不移走中国特色社会主义道路。把中国特色社会主义制度同中国特色社会主义道路、中国特色社会主义理论体系一道写入党章，有利于全党深化对中国特色社会主义的认识、全面把握中国特色社会主义的内涵。大会强调，全党同志要倍加珍惜、长期坚持和不断发展党历经艰辛开创的这条道路、这个理论体系、这个制度，坚定道路自信、理论自信、制度自信，奋力夺取中国特色社会主义新胜利。

大会认为，建设生态文明，是关系人民福祉、关乎民族未来的长远大计。必须把生态文明建设放在突出地位，融入经济建设、政治建设、文化建设、社会建设各方面和全过程，坚持生产发展、生活富裕、生态良好的文明发展道路，努力建设美丽中国，实现中华民族永续发展。大会同意将生态文明建设写入党章并作出阐述，使中国特色社会主义事业总体布局更加完善，使生态文明建设的战略地位更加明确，有利于全面推进中国特色社会主义事业。促进工业化、信息化、城镇化、农业现代化同步发展，是我国经济社会发展面临的重大课题，是全面建成小康社会的一项重大战略举措；发展更加广泛、更加充分、更加健全的人民民主，完善中国特色社会主义法律体系，是坚持走中国特色社会主义政治发展道路、积极稳妥推进政治体制改革、加强社会主义法治国家建设的客观需要；建设社会主义文化强国，加强社会主义核心价值体系建设，是推动社会主义文化大发展大繁荣、提高国家文化软实力的必然要求；构建社会主义和谐社会，必须保障和改善民生，使发展成果更多更公平惠及全体人民，加强和创新社会管理。将这些内容写入党章，丰富了社会主义经济建设、政治建设、文化建设、社会建设的内容，对全党同志更加自觉、更加坚定地贯彻党的基本理论、基本路线、基本纲领、基本经验、基本要求，全面推进社会主义市场经济、社会主义民主政治、社会主义先进文化、社会主义和谐社会、社会主义生态文明建设，团结带领全国各族人民不断夺取中国特色社会主义新胜利具有十分重要的作用。

大会认为，改革开放是强国之路，是新时期最鲜明的特点。我国过去30多年的快速发展靠的是改革开放，未来发展也必须坚定不移依靠改革开放。只有改革开放，才能发展中国、发展社会主义、发展马克思主义。把这方面内容写入党章，有利于全党更加深刻地认识坚持改革开放的重大意义，更加自觉、更加坚定地推进改革开放。

大会认为，十七大以来，随着党的建设实践发展，我们党对马克思主义执政党建设规律的认识不断深化，正视党面临的考验和风险，重视加强党的执政能力建设、先进性和纯洁性建设，整体推进党的思想建设、组织建设、作风建设、反腐倡廉建设、制度建设，全面提高党的建设科学化水平。根据实践发展，党的十八大提出建设学习型、服务型、创新型的马克思主义执政党的新要求。适应新的形势，全党要用邓小平理论、"三个代表"重要思想、科学发展观和党的基本路线统一思想、统一行动，切实做到求真务实，尊重党员主体地位，加强对主要领导干部的监督。大会同意把这些新成果、新认识、新要求充实到党章关于党的建设总体要求中，使党的建设的主线、总体布局、总体目标更加完善，有利于全面推进党的建设新的伟大工程。

大会认为，总结吸收近年来党的建设的成功经验，并与总纲部分的修改相衔接，对党章部分条文作适当修改十分必要。认真学习马克思列宁主义、毛泽东思想、邓小平理论、"三个代表"重要思想和科学发展观，是广大党员应尽的义务；积极创先争优，组织党员认真学习马克思列宁主义、毛泽东思想、邓小平理论、"三个代表"重要思想和科学发展观，是党的基层组织的基本任务；选拔干部要按照德才兼备、以德为先的原则，坚持五湖四海、任人唯贤；党要更加重视监督干部；党的各级领导干部要坚持原则，讲党性、重品行、作表率。把这些内容写入党章，有利于全党同志坚持党的指导思想、增强学习贯彻科学发展观的自觉性和坚定性；有利于更好坚持公道正派的用人作风、树立正确用人导向、提高选人用人公信度，促进干部健康成长；有利于推动干部队伍特别是主要领导干部进一步提高各方面素质，更好发挥表率作用。

大会要求，党的各级组织和全党同志高举中国特色社会主义伟大旗帜，以马克思列宁主义、毛泽东思想、邓小平理论、"三个代表"重要思想和科学发展观为指导，更好学习党章、遵守党章、贯彻党章、维护党章，坚持党要管党、从严治党，进一步加强党的执政能力建设、先进性和纯洁性建设，以改革创新精神全面推进党的建设新的伟大工程，全面提高党的建设科学化水平，坚定不移沿着中国特色社会主义道路前进，为全面建成小康社会而奋斗。

【导读】

这是一份审议批准性决议。文本由标题、题注、正文构成。标题采用"会议名称＋事由＋文种"三要素规范式标题。题注用圆括号注明审议通过的会议和时间。正文分八个自然段。首段为开头，说明十七届中央委员会提出的《中国共产党章程（修正案）》已经由第十八次全国代表大会审议通过并生效；中间六个自然段为主体，是修正案的具体内容及其修正理由说明，每个自然段以"大会认为"领首，既体现出各段表述内容集中鲜明，又使得行文线索清晰、层次分明；末段为结尾，向党的各级组织和全党同志提出要求。

【阅读思考】

1. 题注的内容实际上相当于其他法治公文的什么内容？

2. 请指出主体的六个自然段各阐明修正案哪方面的内容？

【例文 4.1.2】

中国共产党湖南省第十届委员会第三次全体会议
关于召开中国共产党湖南省代表会议的决议①

（2012 年 5 月 5 日中国共产党湖南省第十届委员会第三次全体会议审议通过）

一、根据中国共产党第十七届中央委员会第六次全体会议关于召开中国共产党第十八次全国代表大会的决议和中央有关通知精神，中国共产党湖南省第十届委员会第三次全体会议讨论决定，2012 年 6 月在长沙召开中国共产党湖南省代表会议，选举产生湖南省出席中国共产党第十八次全国代表大会代表。

二、省党代表会议代表由省第十次党代表大会代表和不是省第十次党代表大会代表的省委委员、候补委员组成，共 740 名。

三、全会号召全省各级党组织和广大共产党员，紧密团结在以胡锦涛同志为总书记的党中央周围，高举中国特色社会主义伟大旗帜，以邓小平理论和"三个代表"重要思想为指导，深入贯彻落实科学发展观，继续解放思想，坚持改革开放，开拓进取，扎实工作，全面推进"四化两型"建设，加快建设全面小康，加快建设两型社会，以优异成绩迎接党的十八大胜利召开。

【导读】

这是一份专门事项决议，是专门为"召开中国共产党湖南省代表会议"而作出的决议。因事项单一，故写作也相对简单，篇幅简短。全文由标题、题注和正文构成。标题采用"会议名称＋事由＋文种"三要素规范式标题。题注说明该决议审议通过的时间和会议。正文采用条项式行文，写成三点：第一点概述会议召开的依据和会议的时间、地点、名称、议项；第二点阐明参会人员的构成及人数；第三点阐明会议号召。

---

① 引自 http://www.zhuzhouwang.com/portal/xw/snxw/webinfo/2012/05/06.

【阅读思考】

1. 本决议与例文 4.1.1 的行文有何区别?

2. 本决议正文的三点内容,是否仍体现了正文的三个层次?

(二) 基础知识认知

1. 特点

(1) 权威性。决议是经过党政重要会议讨论通过才能生效并由党政领导机关发布的公文,是党政领导机关意志的反映。决议的内容事关重大决策事项,一经公布,全党、全国上下都必须坚决贯彻执行。

(2) 指导性。决议通过的观点和对事物的评价,具有指导意义,作出的结论与决议在相应的范围内成为相应工作的指导思想。全党、全国性决议必须在全党、全国贯彻与遵从,作为决策、立法甚至编撰教科书的依据。

2. 分类

(1) 审议批准决议。这种决议主要用于较高一级代表大会讨论通过的会议文件,如重要的工作报告、国民经济与社会发展计划、国家预决算等。

(2) 方针政策决议。这类决议是指经会议讨论通过的全面总结历史或现实的重要经验教训,阐明重要理论的文件,其特点是方针政策性强,有重大的理论指导意义和重要的历史文献价值。如党的十一届三中全会通过的《中国共产党中央委员会关于建国以来党的若干历史问题的决议》、党的第十四届中央委员会第六次全体会议通过的《关于加强社会主义精神文明建设若干重要问题的决议》等。

(3) 专门事项决议。这类决议是就某一专门问题讨论决定后而形成的决议。如《中国共产党湖南省第十届委员会第三次全体会议关于召开中国共产党湖南省代表会议的决议》。

(三) 文本写作

决议文本通常由标题、题注和正文三部分构成。

1. 标题

决议规范的标题由"会议名称 + 事由 + 文种"构成。如《中国共产党第十八次全国代表大会关于〈中国共产党章程(修正案)〉的决议》。决议标题与其他文种标题不同之处在于发文者是通过决议的会议,而不是发文机关。

2. 题注

题注也叫生效标识,是对通过决议的会议和日期说明。在标题下一行用括号注明该决议是在什么会议、什么时间通过的。一定要写上"通过"二字,以表明其生效时间。其实题注的功效相当于文尾的署名和日期。

3. 正文

正文写法常因内容而异,从结构上看,一般写成开头、主体、结尾三部分。

开头通常简要写明由什么会议审议,批准了什么文件。有时还简要说明被批准文件提出的过程,或写出作出决议的依据或起因。这部分内容虽然较简短,但却能表明权力机关的意图、态度,常用"批准""一致同意""一致通过"等词语。有的决议开头直接表明经什么会议批准了什么。

主体写决议事项，一般包括三个方面的内容：一是对审议批准文件的评价；二是对前一时期工作的回顾总结；三是对今后工作的决策性意见。这部分是决议的核心，内容复杂时，常分段表达，并用"会议认为""会议同意""会议指出""会议强调"等词语换行另起，也有的将决议事项分条列项表述。

结尾多以会议名义发出号召，提出希望、要求。

决议因标题下已作题注，发文者和生效日期已清楚，因此不再有文尾。

（四）写作注意事项

（1）紧扣会议精神和主题，准确阐明会议决策事项，中心明确，重点突出，评价恰当，文风严谨庄重。

（2）思路清晰，层次分明，善用"会议认为""会议指出""会议强调""会议讨论""会议号召"等惯用语区分不同段落层次。

（3）格式规范，注意会议名称和通过日期居标题之下用圆括号注明，一般无主送机关和署名。

（4）注意不是所有会议通过的事项都用决议，工作会议、专题会议决定的事项要用纪要行文；如果是表述领导机关召开重要会议，对重要事项、问题或重大行动作出安排与决策时，则应用决定行文。

二、决定

决定是适用于决策和部署重要事项、奖惩有关单位和人员、变更或者撤销下级机关不适当的决定事项的公文。

所谓"重要事项"是指带全局性或具有重要意义和影响的事项。由于各级党政机关都可制发决定，因此，"重要"是相对发文机关本身而言的。有些事情在本机关管辖范围内是重要的，而在更大的范围就不见得怎么重要了。

（一）文本导读

【例文 4.1.3】

广西壮族自治区人民政府
关于从 2005 年起免征农业税的决定①

为进一步深化农村税费改革，减轻农民负担，促进全面建设小康社会和构建和谐社会，现决定：

一、从 2005 年起在全区范围内免征农业税，农业税附加随正税同步免征。

二、在本决定公布前已征收了 2005 年度农业税的，要全额退还纳税人。

三、因免征农业税减少的地方财政收入，自治区财政将安排专项转移支付给予适当补助。

四、要认真做好农业税征管基础资料的清理归档等善后工作。已无农业税尾欠的，按规定程序销毁没有用完的农业税完税证。

五、要加大对免征农业税政策的宣传力度，把政策原原本本地交给农民，确保政策真正落实到农户。

---

① 引自 http://www.zfwlxt.com/seacholemo/html/20090429105032311978751583.html.

同时加强对其他农业税收的征管，稳定征管队伍，保证征管工作的正常进行。

广西壮族自治区人民政府

2005 年 7 月 18 日①

【导读】

这是一份既具决策性又有部署性的决定。这种决定政策性、指导性强，它既对"免征农业税"作出决策，又部署工作任务，作出具体的执行安排。该决定的文本由标题、正文和文尾（署名、成文日期）组成。正文由两部分构成，开头交代作出这个决定的目的并引出下文，主体阐明决定的具体内容，分点行文，第一点是明确所部署的工作，第二、三点是对落实这一决策所涉及的有关事项的说明，第四、五点是明确做好免征工作的具体要求和做法，最后署名和标识成文日期。该文写得层次分明，条理清晰，逻辑严谨。

【阅读思考】

1. 本决定正文六段可分为几部分？各部分主要写了什么？

2. 主体中，各点的排序可以互换吗？为什么？

【例文 4.1.4】（国发〔2012〕46 号）

国务院关于表彰全国"两基"工作先进单位和先进个人的决定②

各省、自治区、直辖市人民政府，国务院各部委、各直属机构：

1986 年义务教育法和 1988 年《扫除文盲工作条例》施行以来，在党中央、国务院正确领导下，各地区、各部门高度重视、真抓实干，社会各界积极参与、齐心协力，我国"两基"（基本普及九年义务教育、基本扫除青壮年文盲）工作取得重大成就，2011 年全面实现九年义务教育，青壮年文盲率下降到 1.08%，改变了中国教育的基本面貌，实现了教育发展的历史性跨越。在实施"两基"巩固提高和"两基"攻坚过程中，涌现出一大批先进单位和个人。

为表彰先进，激励和动员全社会进一步重视、关心、支持教育事业，推动教育改革发展，国务院决定，授予北京市朝阳区教育委员会等 300 个单位"全国'两基'工作先进单位"称号，授予徐万厚等 500 人"全国'两基'工作先进个人"称号。

希望受到表彰的先进单位和先进个人珍惜荣誉，再接再厉，为义务教育工作再上新台阶作出新的更大贡献。各地区、各部门以及关心支持教育事业的社会各界要向受到表彰的先进单位和先进个人学习，深入贯彻落实《国家中长期教育改革和发展规划纲要（2010—2020 年）》，坚持把教育摆在优先发展位置，巩固义务教育普及成果，促进义务教育均衡发展，推动教育事业在新的历史起点上科学发展，为建设教育强国和人力资源强国、实现中华民族伟大复兴而努力奋斗。

附件：1. 全国"两基"工作先进单位名单

      2. 全国"两基"工作先进个人名单

国 务 院

2012 年 9 月 5 日

---

① 此发文日期按原《办法》规范为"二〇〇五年七月十八日"，为教学之便，现凡涉及此种情况均按新《条例》规定改用阿拉伯数字表示。

② 引自 http://www.law-lib.com/law/law_view.asp? id=395612.

【导读】

这是一份表彰决定。文本由标题、主送机关、正文、附件说明和文尾（署名和成文日期）构成。正文分三段行文，第一段首先概述"两基"工作的背景和成就，然后引出表彰对象；第三段由表彰目的引出具体决定；第三段对受表彰者提出希望，以及对各地区、各部门和社会各界提出新的要求。本文行文思路严密，逻辑性强。

【阅读思考】

1. 从整体行文看，本决定重点写了什么？为何要将其作为重点写作？

2. 为何要将全国"两基"工作先进单位名单和先进个人名单作为公文附件处理？这样处理好处何在？

【例文4.1.5】（国发〔2012〕52号）

国务院关于第六批取消和调整行政审批项目的决定①

各省、自治区、直辖市人民政府，国务院各部委、各直属机构：

2011年以来，按照深入推进行政审批制度改革工作电视电话会议的部署和行政审批制度改革的要求，行政审批制度改革工作部际联席会议依据行政许可法等法律法规的规定，对国务院部门的行政审批项目进行了第六轮集中清理。经严格审核论证，国务院决定第六批取消和调整314项行政审批项目。各地区、各部门要加强组织领导，明确工作分工，抓好监督检查，完善规章制度，确保行政审批项目的取消和调整及时落实到位。同时，要强化后续监管，明确监管责任，制定监管措施，做好工作衔接，避免出现监管真空。

深化行政审批制度改革是一项长期任务。各地区、各部门要按照党中央、国务院的部署和要求，在现有工作基础上，积极适应经济社会发展需要，坚定不移地深入推进行政审批制度改革。

一、进一步取消和调整行政审批项目。凡公民、法人或者其他组织能够自主决定，市场竞争机制能够有效调节，行业组织或者中介机构能够自律管理的事项，政府都要退出。凡可以采用事后监管和间接管理方式的事项，一律不设前置审批。以部门规章、文件等形式违反行政许可法规定设定的行政许可，要限期改正。探索建立审批项目动态清理工作机制。

二、积极推进行政审批规范化建设。新设审批项目必须于法有据，并严格按照法定程序进行合法性、必要性、合理性审查论证。没有法律法规依据，任何地方和部门不得以规章、文件等形式设定或变相设定行政审批项目。研究制定非行政许可审批项目设定和管理办法。

三、加快推进事业单位改革和社会组织管理改革。把适合事业单位和社会组织承担的事务性工作和管理服务事项，通过委托、招标、合同外包等方式交给事业单位或社会组织承担。抓紧培育相关行业组织，推动行业组织规范、公开、高效、廉洁办事。

四、进一步健全行政审批服务体系。继续推进政务中心建设，健全省市县乡四级联动的政务服务体系，并逐步向村和社区延伸。加强行政审批绩效管理，推行网上审批、并联审批和服务质量公开承诺等做法，不断提高行政审批服务水平。审批项目较多的部门要建立政务大厅或服务窗口。

五、深入推进行政审批领域防治腐败工作。深化审批公开，推行"阳光审批"。加快推广行政审批电子监察系统。严肃查处利用审批权违纪违法案件。

六、把行政审批制度改革与投资体制、财税金融体制、社会体制和行政管理体制改革紧密结合起来。进一步理顺和规范政府与企业、政府与社会的关系，规范上下级政府的关系。进一步优化政府机构设置和职能配置，提高行政效能和公共管理服务质量。

---

① 引自http://www.gov.cn/zwgk/2012-10/10/content_2240096.

附件：1. 国务院决定取消的行政审批项目目录（171 项）

2. 国务院决定调整的行政审批项目目录（143 项）

国　务　院

2012 年 9 月 23 日

【导读】

这是一份处置决定，是国务院决定取消和调整第六轮集中清理出来的不适用的国务院部门的行政审批项目，以深化行政审批制度改革。文本由标题、主送机关、正文、附件说明和文尾构成。

【阅读思考】

1. 正文主体采用了何种行文方式？以这种方式行文有何好处？

2. 细心领会主体六项要求之间的内在联系。

（二）基础知识认知

1. 特点

（1）内容性质重要或重大。决定一般都是由领导集团通过会议研究、讨论甚至表决后作出的。只有性质重要的事项或重大的行动才需经会议讨论作出决定。

（2）政策、法律性强。决定往往涉及对重要事项的表态、处理等，对下级机关和群众具有指导和导向作用，而且在表态或处理问题时必须符合国家的法律法规和党的政策，因此，凡作出的决定，首先应该符合党的现行政策和国家的法律法规及部门单位的规章制度，不能随心所欲、任意为之。

（3）具有强制性、约束力。决定的执行具有强制性和约束力。一经决定的事情，就必须遵守或遵照执行，不能违反或以借口拒不执行，改变决定必须经过一定的法定程序。

2. 种类

（1）决策性决定，即对重要事项或重大行动作出安排的决定，如《中共中央关于经济体制改革的决定》（1984 年 10 月 20 日）、《中共中央关于构建社会主义和谐社会若干重大问题的决定》（2006 年 10 月 11 日中国共产党第十六届中央委员会第六次全体会议通过）。

（2）部署性决定，即对一些重要的或涉及面较广的工作进行具体布置的决定，如《国务院关于落实科学发展观加强环境保护的决定》（国发〔2005〕39 号）。

（3）奖惩性决定，即对典型先进作出表彰或对错误问题作出惩处的决定，如《国务院关于表彰全国"两基"工作先进单位和先进个人的决定》（国发〔2012〕46 号）。

（4）处置性决定，即变更或者撤销下级机关不适当决定的决定，如《国务院关于第六批取消和调整行政审批项目的决定》（国发〔2012〕52 号）。

（三）决定与决议的区别

决定与决议虽同属决策性公文，都是对重大事项、重要问题的处理或重要工作的安排，都要求下级贯彻执行，但也存在诸多区别。

（1）在形成过程上，决定大多由机关领导者直接签发成文，决议则是经过正式会议或法定会议按照一定程序表决通过后成文。

（2）在发布名义上，决定主要以机关名义发布，决议必须以会议名义发布。

（3）在实施效用上，决定多数涉及重大事件、法定事件或具体的工作事项，侧重于贯彻执行；决议多为宏观性、原则性和关系全局的重大问题，大多旨在肯定会议成果，统一思想认识，侧重于指导方向。

（4）在行文格式上，决定与决议除见报、网上发布外，还可张贴、单独行文。决定张贴、单独行文时，要有发文字号，文尾要署名和标识成文时间并用印；决议张贴、单独行文时，则无需发文字号，文尾也不需署名、用印，但在标题下使用题注。

（5）在适用范围上，决定各级党政机关均可使用，内容上也较决议具体，甚至可为基层就某件事情作出安排等；决议一般是较高层的正式会议或法定会议就重大问题、事项作出的决策。

（四）文本写作

决定一般由标题、主送机关、正文、文尾组成。

1. 标题

决定的规范标题由"发文机关＋事由＋文种"三要素构成，如《国务院关于表彰全国"两基"工作先进单位和先进个人的决定》。

2. 主送机关

泛行文决定通常不写主送机关；普发性下行文决定一般用统称写明主送机关，特发性下行文决定用特称写明主送机关。

3. 正文

决定的正文因内容性质不同写法也不尽相同，但一般应写明三层意思：开头写明作出决定的缘由、依据、目的等；主体写具体的决定事项，内容复杂时采用分项或分点行文，同时要注意过渡；结尾提出执行要求或希望，或发出号召。

4. 文尾

（1）署名。署发文机关全称或规范化简称，会议讨论通过的可不署名。

（2）成文日期。用阿拉伯数字写明成文年、月、日全称。会议讨论通过的决定通常将日期标注在标题下的括号内，且不仅标明通过的日期，还应标明通过的会议。若在标题下注明了日期，此处则不再写日期。

（四）写作注意事项

（1）决定是权威性、严肃性仅次于命令的公文。只有涉及"重要"事项才用决定行文。

（2）所作决定要有法律法规、政策依据，同时要结合本地区、本系统、本行业、本部门或本单位的实际情况。

（3）决定事项要明确，语言表达要准确、严谨、庄重，以便下级领会决定的精神实质并遵照执行。

三、命令（令）

命令，简称"令"，是"适用于公布行政法规和规章、宣布施行重大强制性措施、批准授予和晋升衔级、嘉奖有关单位和人员"的公文。

命令是最具法理性、权威性和强制性的下行文，在贯彻执行中，不得讨价还价，必须不折不扣地遵照执行。

（一）文本导读

【例文 4.1.6】

中华人民共和国国务院令①
第 656 号

现公布《不动产登记条例》，自 2015 年 3 月 1 日起施行。

总　理　李克强

2014 年 11 月 24 日

【导读】

这是一份发布令，其主旨是公布《不动产登记条例》。文本由命令标志、令号、正文和文尾（签署和成文日期）按命令特定格式要求构成。

【阅读思考】

1. 该命令为何不写主送机关？

2. 该命令的正文表明了哪几层意思？

【例文 4.1.7】

中华人民共和国主席令②
第一号

根据中华人民共和国第十二届全国人民代表大会第一次会议的决定，任命李克强为中华人民共和国国务院总理。

中华人民共和国主席　习近平

2013 年 3 月 15 日

【导读】

这是一份任命令，其主旨是任命李克强为中华人民共和国国务院总理。文本由命令标志、令号、正文和文尾（签署和成文日期）按命令特定格式规范构成，与例文 4.1.6 写法一致。

【阅读思考】

1. 发布令与任命令的令号与发文字号有何区别？

2. 上述两份命令运用何种表现手法行文？

【例文 4.1.8】（粤府明电〔2005〕19 号）

广东省人民政府关于西江和北江抗洪救灾的紧急动员令③

各地级以上市人民政府，各县（市、区）人民政府，省政府各部门、各直属机构，省各人民团体，中直驻粤各单位，驻粤人民解放军和武警部队，全省广大干部群众：

今年 6 月份以来，受高空槽和强西南季风影响，我省大部分地区出现持续高强降水，龙门、新丰、紫

---

① 引自 http://www. gov. cn/zhengce/content/2014 − 12/21/content_9325. htm.

② 引自 http://news. qq. com/a/20130315/001588. htm.

③ 引自 http://www. gd. gov. cn/govpub/zwdt/0200608020930. htm.

金、佛冈、海丰、源城等地出现持续特大暴雨，部分地区出现当地有记录以来的最大降水。全省各大江河水位急剧上涨，据水文部门监测，23 日，西江高要站已出现 12.42 米的洪峰水位，超出警戒水位 2.42 米，为百年一遇的特大洪水。洪水引发局部地区出现山洪灾害，直接威胁当地人民群众生命财产安全，并已给我省造成人员伤亡和重大经济损失。

据初步统计，目前，暴雨洪水已造成我省广州、河源、韶关、佛山、肇庆、惠州、梅州、清远、云浮、揭阳、汕尾、东莞、江门、珠海等 14 个市受灾，受灾人口超过 300 万人，死亡 48 人，倒塌房屋超过 2 万间，农作物受灾面积超过 10 万公顷，直接经济损失 20 多亿元。

面对严峻的防洪安全形势，在党中央、国务院的关怀和支持下，我省各级党委、政府和全省人民紧密团结，上下一心，共同抵御洪魔，抢险救灾工作正在紧张进行。据气象部门预计，未来 2 至 3 天，我省大部分地区将继续受高空槽和强西南季风共同影响，强降雨天气仍将持续。我省中部、东南部偏东和珠江三角洲地区有暴雨，部分地区有大暴雨。目前，西江、北江水位以及珠江三角洲地区潮水位已全面超出警戒水位，并仍在持续上涨，西江上游洪峰即将到来，我省抗洪救灾工作面临极为严峻的考验。

为切实做好抗洪救灾工作，确保广大人民群众生命财产安全，省人民政府宣布，我省西江和北江进入防汛 I 级应急响应状态。为夺取今年抗洪救灾的胜利，省人民政府要求：

一、各级人民政府，驻粤部队，各有关单位，西江、北江沿岸和珠江三角洲地区全体干部群众、部队官兵要紧急动员起来，坚决贯彻落实党中央、国务院关于抗洪抢险的一系列重要指示精神，按照省委、省政府的统一部署，充分认清目前的严峻形势，统一思想，明确任务，全力以赴，严防死守，千方百计确保西江、北江和珠江三角洲地区安全度汛，千方百计确保人民群众生命财产安全，千方百计把灾害损失降到最低程度。

二、各级人民政府要把抗洪救灾作为当前的中心任务来抓。领导干部要亲临抗洪救灾第一线，靠前指挥，精心组织抗洪救灾工作；要突出重点，落实措施，抓好组织、人员、物资、经费和具体方案的全面落实；切实落实防汛行政首长负责制，对因工作失职而造成损失的，要严肃查处，追究有关责任人的责任。

三、各单位要各负其责，加强协调，密切配合，协同作战。要加强对雨情、水情、工情的监测、预报和预警工作，为防汛决策提供科学依据；要加强堤围、水库、电站、水闸和山体的巡查，及时发现和处理险情；要加强骨干水库的科学调度和防控；要切实做好受灾地区群众的转移工作，提前制订和落实转移工作方案。各有关部门和单位要按防汛应急预案的要求，各司其职，共同做好西江、北江的抗洪救灾工作。

四、西江、北江沿岸和珠江三角洲地区的广大人民群众要自觉履行《中华人民共和国防洪法》赋予的责任和义务，服从安排，积极参加西江、北江抗洪救灾。要提高安全意识和避险自我保护意识。当需要安全转移时，要服从当地政府的决定和安排，尽快转移，以自己的实际行动支持西江、北江和珠江三角洲地区的抗洪救灾工作。

当前，我省抗洪救灾已经到了关键时刻，省人民政府号召全省人民紧急行动起来，在党中央、国务院和省委、省政府的坚强领导下，发扬"万众一心、众志成城，不怕牺牲、顽强拼搏，坚韧不拔、敢于胜利"的伟大抗洪精神，克服困难，奋勇拼搏，夺取抗洪救灾的全面胜利。

广东省人民政府
2005 年 6 月 23 日

【导读】

这是一份行政动员令，其发文主旨是"紧急动员抗洪救灾"。文本由标题 、主送机关、正文和文尾（署名和成文日期）构成。正文第一至四段是开头，可分两小层：第一至三段叙述灾害产生的原因、受灾具体情况和当下所面临的严峻形势，这是交代发布动员令的缘由；第四段过渡，由发布命令目的引出主体内容。第五至八段是主体，具体述明动员令的四点要求，内容具体明确，语气坚定，凸显命令文种的权威性和强制性特点。最后一段是结尾，发出号召，鼓励人们坚定斗志，夺取抗洪救灾的全面胜利。该动员令运用叙说结合的表达手法，语言充满激情，富有很强的鼓动性，充分显示出动员令的特征。

【阅读思考】

1. 理清该动员令的行文思路，并简述之。

2. 试从内容和语言表达两方面，具体说说该文本是怎样体现动员令的鼓动性的。

【例文 4.1.9】（国函〔2007〕47 号）

国务院　中央军委关于授予福建省公安边防总队宁德市支队
三都边防派出所"爱民固边模范边防派出所"荣誉称号的命令①

公安部：

福建省公安边防总队宁德市支队三都边防派出所全体官兵牢记全心全意为人民服务的宗旨，坚持立警为公、执法为民、爱民固边、强边富民，忠实履行职责使命，出色地完成了各项公安边防保卫任务，为辖区经济发展和社会稳定作出了突出贡献。

三都边防派出所始终把维护边境地区安宁和促进辖区经济社会发展放在首位，努力做到"经济发展到哪里，保障工作就跟进到哪里；治安热点在哪里，管理工作就跟进到哪里；人民需要在哪里，服务工作就跟进到哪里"，创造性地开展公安边防工作，创建了全国第一个海上"110"、第一个海上"120"、第一个海上法律服务中心、第一个海上希望工程基金。1998 年以来，该派出所共破获刑事案件 152 起、治安案件624 起，抓获各类重大案犯 236 名；为群众办实事、做好事 3 740 余件，抢救遇险船只 1 520 余艘、遇险群众 6 400 余人次，挽回经济损失 1.2 亿多元。该派出所的突出事迹赢得了社会广泛赞誉，1998 年以来，该派出所先后受到表彰 87 次，荣立集体一等功 1 次、三等功 2 次；2001 年被公安部评为"人民满意公安基层单位"，党支部 2003 年被福建省委评为"全省先进基层党组织"，2003 年至 2005 年连续 3 年被公安部评为"一级公安派出所"，2003 年至 2006 年连续 4 年被共青团中央、公安部授予"全国青年文明号"荣誉称号，2005 年被中央宣传部、中央文明办、民政部、解放军总政治部评为"全国军民共建社会主义精神文明先进集体"，2006 年被公安部评为"全国公安机关基层基础建设示范单位"。

为表彰先进，弘扬正气，国务院、中央军委决定，授予福建省公安边防总队宁德市支队三都边防派出所"爱民固边模范边防派出所"荣誉称号。

国务院、中央军委号召全体公安民警、武警官兵和全军指战员向三都边防派出所学习。学习他们忠于党、忠于祖国、忠于人民的政治本色，学习他们牢记宗旨、一心为民、爱民固边、强边富民的高尚情操，学习他们乐于奉献、不计得失、视国家和人民利益高于一切的优秀品质，学习他们恪尽职守、奋发有为、开拓创新、勇攀高峰的进取精神。全体公安民警、武警官兵和全军指战员要以他们为榜样，在以胡锦涛同志为总书记的党中央的坚强领导下，认真学习邓小平理论和"三个代表"重要思想，牢固树立和落实科学发展观，继承和发扬我党我军优良传统，不断提高队伍的整体素质和战斗力，圆满完成党和人民赋予的各项任务，为全面建设小康社会、构建社会主义和谐社会作出新的更大的贡献。

国务院总理　温家宝

中央军委主席　胡锦涛

2007 年 5 月 15 日

【导读】

这是一份由国务院和中央军委联合签署的嘉奖令，其主旨是授予福建省公安边防总队宁德市支队三都边防派出所"爱民固边模范边防派出所"荣誉称号，以示嘉奖。文本由标题、主送机关、正文、文尾构成。

---

① 引自 http://www.govcn/gongbao/content/2007/content_663692.htm.

【阅读思考】

1. 这份嘉奖令是用什么行文格式发出的？从何处可以看出来？

2. 给正文划分层次，并概括层意。

（二）基础知识认知

1. 特点

（1）制发的法理性。法理性是指命令必须依法制发。依法既指其制发主体（作者），也指其制发内容。命令不是任何机关、单位或个人均可制发，而是有相当严格的限制；也不是有职权制发命令的机关或个人，无论何事都可用命令发文，而是要严格遵从有关法律规定。

我国《宪法》① 第八十条规定："中华人民共和国主席根据全国人民代表大会的决定和全国人民代表大会常务委员会的决定，公布法律，任免国务院总理、副总理、国务委员、各部部长、各委员会主任、审计长、秘书长，授予国家的勋章和荣誉称号，发布特赦令，宣布进入紧急状态，宣布战争状态，发布动员令。"

第八十九条第一款规定：国务院"根据宪法和法律，规定行政措施，制定行政法规，发布决定和命令"。

第九十条第二款规定：国务院"各部、各委员会根据法律和国务院的行政法规、决定、命令，在本部门的权限内，发布命令、指示和规章"。

第一百零七条第一款规定："县级以上各级人民政府依照法律规定的权限，管理本行政区域内的经济、教育、科学、文化、卫生、体育事业、城乡建设和财政、民政、公安、民族事务、司法行政、监察、计划生育等行政工作，发布决定和命令，任免、培训、考核和嘉奖行政工作人员。"

可见，命令的作者必须是：①国家主席；②国务院；③国务院各部委；④地方县级以上人民政府。

此外，《中华人民共和国地方各级人民政府组织法》第六十一条第一款规定：乡、民族乡、镇人民政府"执行本级人民代表大会的决议和上级国家行政机关的决定和命令，发布决定和命令"。这个法律规定乡、民族乡、镇人民政府也能发布命令，但这种命令只是一种执行令，是为执行"本级人民代表大会的决议和上级国家行政机关的决定和命令"而发布的，其内容是本级人大的"决议"和上级的"决定和命令"，并非由本级政府所制定。

（2）性质的权威性。权威性是由法理性决定和派生的。正因命令须依法制发，在制发主体和内容上都受到严格限制，必须以有关法律规定为依据，所以，它在15种法治行政公文中最具权威性。

（3）执行的强制性。强制性则是由权威性决定和派生的。权威性赋予命令在执行过程中没有任何讨价还价的余地，只有不折不扣地执行的义务。俗话说"命令如山倒"，这正是命令强制性的形象言说。故命令在内容上必须十分具体明确，这样才能保证被不折不扣地贯彻执行，否则就不好执行甚至无法执行。

2. 种类

按照命令的适用范围来划分，行政命令可分为四类：

---

① 2004 年 3 月 14 日第十届全国人民代表大会第二次会议通过第四次修正。

（1）发布令。发布令适用于发布依法制定的行政法规和规章。

（2）任命令。任命令适用于依法任命高级行政职务。此类命令在新《条例》的"命令"文种职能中，没有明确的表述，在地方行政机关也未见使用，但高层（如国家主席、国务院）却在使用，如【例文4.1.7】，故有人认为可包含在"批准授予和晋升衔级"职能中。

（3）行政令。行政令适用于宣布实施重大强制性行政措施。这类命令包括戒严令、封锁令、特赦令、动员令和发行令等。

（4）嘉奖令。嘉奖令适用于嘉奖有关单位及人员。

（三）命令与决定用于"奖惩"的区别

命令、决定用于"奖惩"功能的区别，实际上就是"嘉奖令"与"表彰决定""处分（理）决定"的使用区别，主要表现在以下三方面：

（1）适用范畴不同。命令只用于"奖"而不用于"惩"；决定既可用于"奖"也可用于"惩"。

（2）奖赏程度不同。命令只用于嘉奖为国家、为地方作出杰出贡献，为某一事业、重大工程或在某一岗位作出重大成就的单位或人员，强调的是"杰出"与"卓越"；决定则可用于奖惩符合某种奖惩规定条件的单位或人员，强调的是符合某种奖惩规定。

（3）使用的级别不同。命令最具法理性，制发作者受到有关法律的严格限定，依照《宪法》（第四次修正）规定只有国家主席、国务院及其各部委与地方县级（含县级）以上人民政府才有权依法制发命令；决定没有这种限制，各级行政机关、部门以及企事业单位都可制发使用。因此嘉奖令一般由县级以上机关发出，表彰或处分决定各级行政机关、部门、企事业单位均可制发。

此外，两者在制发文件配套格式使用上也存在区别。嘉奖令、奖惩决定虽然都能以文本形式登报公开发出，但制作成文件发送时，嘉奖令用信函格式，如《国务院 中央军委关于给郑静晨同志记一等功的命令》（国函〔2006〕35号）；而奖惩决定则用下行文格式，如《国务院关于表彰全国"两基"工作先进单位和先进个人的决定》（国发〔2012〕46号）。从发文字号中的机关代字可知"国函"中的"函"是国务院用"信函格式"发文的标注，"国发"中的"发"是用"文件格式"发文的标注。

（四）文本写作

命令（令）是国家行政机关公文的最高级形式，写作上特别讲究规范。从国务院下发的命令来看，因性质、对象不同，格式运用和文本写法上也存在区别。发布令、任命令用特定格式行文，依照特定格式的规定，其文本写作包括命令标志、令号、正文、文尾四要素。行政令用下行文件格式，嘉奖令则用信函式格式，它们的文本一般包括标题、主送机关、正文、文尾等要素。

1. 命令标志或标题

用特定格式制发的发布令、任命令等，命令标志即标题，由发文机关全称加"命令"或"令"组成。发文机关全称以上级批准该机关成立文件核定的全称为准，不能用简称，如国务院发出的命令应用"中华人民共和国国务院令"。

命令标志用红色小标宋体字，字号由发文机关酌定，可以等同上级机关的字号大小，但不能超过。位置按规定"居中排布，上边缘至版心上边缘为20 mm"。如果是联合发布的命令，首位发文机关也在此处标识，其余机关下移，"令"字右侧上下居中。

用文件格式和信函格式制发的命令有独立的标题，写法为"发文机关名称＋事由＋文种"，如"内蒙古自治区人民政府关于森林草原重点区域实行戒严防火的命令"（内政发电〔2012〕8号）。

2. 令号或发文字号

令号在发文机关标志之下空二行用黑体字居中标识，前加"第"字，即"第×号"。令号的编制自发第1号令开始，不受年度限制，这与发文字号不同，发文字号序号以年度为限。令号是针对特定格式而用的。

用文件格式或信函格式发出的命令，仍是使用发文字号，如《国务院　中央军委关于授予福建省公安边防总队宁德市支队三都边防派出所"爱民固边模范边防派出所"荣誉称号的命令》用的是"国函〔2007〕47号"，这时的发文字号可归入格式要素，而非文本要素。

3. 主送机关

命令有特定对象的才有主送机关。如例文4.1.9，主送机关是"公安部"。

4. 正文

命令种类不同，正文的写法也有所不同。

（1）发布令。正文简短，常用"篇段合一式"或"篇段句合一式"，但应写明：①发布依据（有时省略）；②发布内容（即规章等）；③施行日期（要求）。

（2）任命令。正文简短，常用"篇段合一式"或"篇段句合一式"，也有用"多段式"的。一般要写明任命的依据、被任命人的姓名和担任的职务等内容。

（3）行政令。正文一般由发令缘由、事项和执行要求三层构成。缘由是发布该命令的原因、目的和依据等。若命令的事项有两点或两点以上，则一般在此部分末用过渡句或过渡段引出主体部分的事项。如"为此，发布命令如下""为此，现发布如下命令""为……特命令"等。命令事项是正文的主体，若事项复杂，有两点或两点以上，则应分点或分项写，且要求陈述得当，条理清晰，语言简洁，用词准确，语气坚决。结尾部分写明执行要求，说明执行办法、措施等。

（4）嘉奖令。正文一般写成三层：首先概述嘉奖对象的基本情况和主要事迹，这实际上是简洁交代发文的依据；再写事项，这是嘉奖令的主体，应写明对有功单位或人员嘉奖的办法，要求叙述条理清晰，用语准确，文字简洁，语气肯定；最后写结尾，一般是提希望、发号召等。

5. 文尾

（1）签署或署名。

发布令、授衔令、晋级令、任命令、嘉奖令均用签署；而行政令则多用政府机关署名。签署位于正文之下空一行，盖签发人的签名章。签名章左空二字，标识签发人的职务，以签名为准上下居中排布。命令的签发人应是发文机关的行政首长。国家主席令由国家主席签署；国务院令由国务院总理签署；国务院各部、委的命令以部门名义发布，由各部门主要负责人签署；县以上的各级人民政府的命令以地方政府名义发布，由地方政府行政首长签署。署名与其他公文相同，在正文下一行署上发文机关名称即可。

（2）成文日期。

签名章之下空一行标识成文日期，右空4字。成立日期是指签发或发布命令的时间。一般来说，签发或发布命令的日期即为生效日期。用阿拉伯数字写全年、月、日。

（四）写作注意事项

（1）要正确使用命令。命令是一种非常严肃的文种，不是什么事都可以制发，也不是任何机关都可以制发，一定要把握好它的适用范围和使用职权。

（2）要正确写作命令。不同的命令有不同的写法，如发布令、任命令等是用特定格式制发，应遵照特定格式来写；行政令大多用文件形式制发，要按文件文本要求写作。

（3）要正确使用发文格式。发布令、任命令使用命令的特定格式制发，行政令使用文件格式制发，嘉奖令使用信函格式制发。

【写作思考与实训】

1. 谈谈决议的用法与写法。

2. 决议与决定有哪些方面的区别？

3. 决定与命令用于"奖惩"时有何不同？

4. 发布令与行政令、嘉奖令在写法上有哪些不同？

5. 下面这份表彰决定的正文有一个重要的内容应该写却没有写，你认为是什么内容？

广西壮族自治区人民政府

关于表彰全区再就业和社会保障工作

先进单位和先进个人的决定①

各市、县人民政府，区直各委、办、厅、局：

为表彰近几年来为我区再就业和社会保障工作作出突出贡献的单位和个人，进一步推进再就业和社会保障工作，自治区人民政府决定，授予南宁市劳动和社会保障局等42个单位"全区再就业工作先进单位"称号，授予董秀银等31位同志"全区再就业工作先进个人"称号，授予广西万利来工贸责任有限公司等28家企业"全区再就业先进企业"称号，授予夏掌根等43位同志"全区再就业优秀个人"称号；授予南宁市人民政府等90个单位"全区社会保障工作先进单位"称号，授予马筱敏等94位同志"全区社会保障工作先进个人"称号。

这次受表彰的先进单位和先进个人是全区再就业和社会保障工作战线上的优秀代表，各级政府、各有关部门、各群众团体、各类企业和全体劳动者要以受到表彰的先进集体和个人为榜样，认真学习他们的先进经验和先进事迹，牢记再就业和社会保障工作所肩负的重要使命，团结协作，奋发图强，扎实工作，把我区的再就业和社会保障工作不断推向前进，为全面建设小康社会作出更大的贡献。

希望受表彰的先进单位和先进个人珍惜荣誉，发扬成绩，再立新功。

　　附件：1. 全区再就业工作先进单位和个人名单

　　　　　2. 全区社会保障工作先进单位和个人名单

广西壮族自治区人民政府

2005 年 2 月 24 日

---

① 引自 http：//www. gx - info. gov. cn/report/viewreport. asp？id = 182.

第二节　公报、公告、通告读写

公报、公告与通告是三种告知性文种，都是借助报纸、互联网、电台、电视等媒体或在公众场所张贴来向社会广而告知事项的公文。它们通常不需与行文格式配合制作成红头文件发出。

一、公报

公报是适用于公布重要决定或者重大事项的报道性公文。公报作为机关法定公文文种，之前也只作为党的机关公文使用，这次党政机关公文整合，它跟决议一样被保留下来，成为党政机关公文的共用文种。

（一）文本导读

【例文 4.2.1】

中国共产党十七届中央委员会第七次全体会议公报①
（2012 年 11 月 4 日中国共产党第十七届中央委员会第七次全体会议通过）

中国共产党第十七届中央委员会第七次全体会议，于 2012 年 11 月 1 日至 4 日在北京举行。

出席会议的有中央委员 200 人，候补中央委员 165 人。中央纪律检查委员会委员和有关负责同志列席会议。

会议由中央政治局主持。中央委员会总书记胡锦涛作了重要讲话。

会议决定，中国共产党第十八次全国代表大会于 2012 年 11 月 8 日在北京召开。

会议听取和讨论了胡锦涛受中央政治局委托作的工作报告。全会讨论并通过了党的十七届中央委员会向党的第十八次全国代表大会的报告，讨论并通过了《中国共产党章程（修正案）》，决定将这两份文件提请党的第十八次全国代表大会审议。习近平就党的十七届中央委员会向党的第十八次全国代表大会的报告讨论稿和《中国共产党章程（修正案）》讨论稿向全会作了说明。

全会充分肯定了党的十七届六中全会以来中央政治局的工作。一致认为，中央政治局高举中国特色社会主义伟大旗帜，全面贯彻党的十七大和十七届三中、四中、五中、六中全会精神，以邓小平理论和"三个代表"重要思想为指导，深入贯彻落实科学发展观，团结带领全党全军全国各族人民，坚持以科学发展为主题、以加快转变经济发展方式为主线，着力稳增长、控物价、调结构、惠民生、抓改革、促和谐，继续实施积极的财政政策和稳健的货币政策，保持宏观经济政策的连续性和稳定性，着力扩大国内需求，着力加强自主创新和节能减排，着力深化改革开放，着力保障和改善民生，全面推进社会主义经济建设、政治建设、文化建设、社会建设以及生态文明建设，全面推进党的建设新的伟大工程，各项事业取得了新的显著成绩，保持了经济平稳较快发展、社会和谐稳定，为召开党的第十八次全国代表大会创造了良好条件。

全会总结了党的十七大以来 5 年的工作。一致认为，这 5 年是不平凡的 5 年。面对复杂多变的国际环境和艰巨繁重的改革发展稳定任务，以胡锦涛同志为总书记的党中央带领全党，紧紧依靠全国各族人民，经受住各种困难和风险考验，全面推进了党和国家各项工作。经济平稳较快发展，改革开放取得重大进

---

① http://www.gov.cn/jrzg/2012－11/04/content_2257344.htm.

展，人民生活水平显著提高，民主法制建设迈出新步伐，文化建设迈上新台阶，社会建设取得新进步，国防和军队建设开创新局面，港澳台工作进一步加强，外交工作取得新成就，党的建设全面加强，坚持和发展了中国特色社会主义。

全会决定，增补范长龙、许其亮为中共中央军事委员会副主席。

全会按照党章规定，决定递补中央委员会候补委员王学军、王建平为中央委员会委员。

全会审议并通过了《中共中央纪律检查委员会关于薄熙来严重违纪问题的审查报告》、《中共中央纪律检查委员会关于刘志军严重违纪问题的审查报告》，确认中央政治局2012年9月28日作出的给予薄熙来开除党籍、2012年5月28日作出的给予刘志军开除党籍的处分。

全会全面分析了当前形势和任务，深入讨论了新形势下发展中国特色社会主义伟大事业、推进党的建设新的伟大工程的若干重大问题，为召开党的第十八次全国代表大会作了充分准备。

【导读】

这是一份发布重要会议决定事项的会议公报，即中国共产党十七届中央委员会第七次全体会议讨论和决定事项发布的会议新闻公报。其文本由标题、题注和正文构成。标题由"会议名称＋文种"构成。题注用圆括号说明通过的会议和时间。正文前三个自然段为会议基本情况介绍；中间四至十自然段是会议的讨论议题和决定事项，各段内容集中单一，行文思路十分清晰；末段对会议作总括性归纳与评价。

【阅读思考】

1. 会议公报应采用何种人称行文？

2. 试分析本公报是怎样使行文思路清晰的。

【例文4.2.2】

中国共产党第十八届中央委员会第一次全体会议公报①

(2012年11月15日中国共产党第十八届中央委员会第一次全体会议通过)

中国共产党第十八届中央委员会第一次全体会议，于2012年11月15日在北京举行。

出席会议的有中央委员205人，候补中央委员171人。中央纪律检查委员会委员列席会议。

习近平同志主持会议并作了重要讲话。

全会选举了中央政治局委员、中央政治局常务委员会委员、中央委员会总书记；根据中央政治局常务委员会的提名，通过了中央书记处成员，决定了中央军事委员会组成人员；批准了十八届中央纪律检查委员会第一次全体会议选举产生的书记、副书记和常务委员会委员人选。名单如下：

一、中央政治局委员

(按姓氏笔画为序)

习近平　马凯　王岐山　王沪宁　刘云山　刘延东（女）　刘奇葆　许其亮　孙春兰（女）　孙政才　李克强　李建国　李源潮　汪洋　张春贤　张高丽　张德江　范长龙　孟建柱　赵乐际　胡春华　俞正声　栗战书　郭金龙　韩正

二、中央政治局常务委员会委员

习近平　李克强　张德江　俞正声　刘云山　王岐山　张高丽

三、中央委员会总书记

习近平

---

① 引自http://news.dahe.cn/2012/11-15/101752159.html.

四、中央书记处书记

刘云山　刘奇葆　赵乐际　栗战书　杜青林　赵洪祝　杨晶（蒙古族）

五、中央军事委员会主席、副主席、委员

主　席　习近平

副主席　范长龙　许其亮

委　员　常万全　房峰辉　张阳　赵克石　张又侠　吴胜利　马晓天　魏凤和

六、中央纪律检查委员会书记、副书记、常务委员会委员

书　记　王岐山

副书记　赵洪祝　黄树贤　李玉赋　杜金才　吴玉良　张军　陈文清　王伟

常务委员会委员（按姓氏笔画为序）

王伟　王岐山　刘滨　江必新　杜金才　李玉赋　吴玉良　邱学强　张军　张纪南　陈文清　周福启　赵洪祝　侯凯　俞贵麟　姚增科　黄树贤　黄晓薇（女）崔少鹏

（完）

【导读】

这也是一份公布性会议公报，主要向国内外公布新一届党中央各机关领导选举结果。写法基本与例文 4.2.1 相同，所不同的是正文主体部分采用总分行文方式，且无结尾部分。

【阅读思考】

1. 本文主体采取何种方式来使总分之间联系更紧密？

2. 为何本文可以不写结尾？

（二）基础知识认知

1. 特点

（1）重要性。公报发布机关的级别很高，或以中央的名义，或以国家的名义，或以中央政府的名义，或以新华社授权名义发布；其内容也往往是党内外、国内外普遍关心或瞩目的重大事件或重要决定，所以其重要性不言而喻。

（2）公开性。公报借助报纸、互联网、电台、电视等新闻媒体向社会广而告之，无需保密，无需主送、抄送机关，也无需与行文格式配合。

（3）新闻性。公报内容须是新近发生的事件或新近作出的决定，而且是人民群众普遍关心、应知而未知的重大或重要事项，要求迅速、准确、简洁地写作与发布，故又具备了新闻性特点。

2. 类别

（1）会议公报。公议公报是对党、国家或社会团体重要会议的重要内容、重要决定、重大决策作公布的公报，如《中国共产党第十八届中央纪律检查委员会第一次全体会议公报》（2012 年 11 月 15 日中国共产党第十八届中央纪律检查委员会第一次全体会议通过）、《中国共产党第十八届中央委员会第一次全体会议公报 》（2012 年 11 月 15 日中国共产党第十八届中央委员会第一次全体会议通过）。

（2）事项（件）公报。事项（件）公报是党、国家高级领导机关或职能部门向社会公布政治、经济、军事、文化以及其他社会发展的情况或事项（件）的公报，如《2010 年第六次全国人口普查主要数据公报（第 1 号）》（中华人民共和国国家统计局 2011 年 4 月 28 日）。

（3）会谈公报。公谈公报也称联合公报，是两个或多个国家的政府、政党、团体的代

表就会谈、访问等事宜所发表的联合公报，如《中华人民共和国和美利坚合众国关于建立外交关系的联合公报》（1979年1月1日）。这类公报主要用于国外事务，基本属于外交公文，但也有通用性，作为东道主一方来说尤其如此。

（三）文本写作

公报文本包括标题、题注、正文和文尾四部分。

1. 标题

公报的标题，随类别不同而有差别。会议公报常用"会议名称＋文种"的形式，如《中国共产党第十八届中央委员会第一次全体会议公报》；事项公报有用"发文机关名称＋事由＋文种"三要素形式的，如《中华人民共和国国家统计局关于第五次全国人口调查登记结果的公报》（2001年5月15日），也有用"事由＋文种"两要素形式的，如《2010年第六次全国人口普查主要数据公报（第1号）》（2011年4月28日）；联合公报是由"双方（多方）国家（政党）名称＋事由＋文种"三要素构成的，如《中华人民共和国和美利坚合众国关于建立外交关系的联合公报》（1979年1月1日），也有用"双方（多方）国家（政党）名称＋文种"两要素构成的，如《中华人民共和国和印度共和国联合公报》（2010年12月16日）。此处所举例证，除会议公报标题为新《条例》生效后党政权威机关最新示范外，其他公报标题都为新《条例》生效之前的例子，它们是否将规范为统一的"发文机关名称＋事由＋文种"三要素形式，尚待进一步观察。

2. 题注

会议公报要在标题正下方用圆括号同时标明通过的会议时间和名称，其形式是"×年×月×日××会议通过"；事项公报则在标题正下方圆括号内注明发布生效的年、月、日；会谈公报也是在标题正下方圆括号内注明发布生效的年、月、日，有的还注明成文地点（城市），也有的将其置于文尾。

3. 正文

正文一般写成开头、主体和结尾三部分，有的也写成开头与主体两部分。

开头。会议公报要求概述会议的名称、时间、地点、参加人员等；事项（件）公报要求概述事项（件）基本内容，即何时、何地、发生了什么重大事件或做了什么重要事情；会谈公报要求概述会谈基本情况，即在何时、何地、谁与谁举行了什么会谈或谁对谁进行了什么性质的访问等。

主体。主体是公报核心部分，要求将公报的具体内容系统、完整、有序地表达清楚。常见的写法有三种：一种是分段式，即每段说明一层意思或一项决定；第二种是序号式，多用于内容较多的公报；第三种是条款式，多用于联合公报。

结尾。会议公报一般以会议名义发号召，或作总结归纳，如果是公布性的公报，则一般不写结尾；事项（件）公报的结尾有时揭示事项（件）意义，有的也省写；会谈公报或简要写明会谈双方（多方）对会谈的评价，或相互对发展前景提出希望、表达愿望，或访问者对东道主表示感谢并发出回访邀请，东道主表示感谢与接收邀请等。

4. 文尾

公报一般没有文尾部分，但联合公报要在正文之后写明双方签署人的身份、姓名，并写明签署日期、地点。

（四）写作注意事项

（1）公报是党和国家的高级领导机关用来报道重要情况、重要会议、重大事件及重要决策事项的公文，其内容必须重大，地方机关不宜使用公报来报道地方性的一般会议及决策事项。

（2）公报的写作必须及时、准确、概括。在通常情况下，会议、会谈一结束，事件一完结，公报就要发表，所以写作与发布要迅速；另外内容必须真实可靠，用语要庄重严肃，概括准确。

二、公告

公告是适用于向国内外宣布重要事项或者法定事项的公文。它属于法规性、知照性公文。

公告宣布的事项必须满足：①"重要事项"，即国家或地方涉及"国内外"的重要事件，如国家主要领导人任职、出访，具有国际影响力的重要人物病重或逝世，举行重要会议或作出重要决定，获得重大科研成果，在国际公海及其领空举行大型军事演习或重大科学试验，和外国建交或签约，公布或答谢国际有关方面及人士对我国领导人任职、重要会议召开、重大政治活动的祝贺等。②"法定事项"，即有关法律法规明确规定用"公告"宣布的事项，如《中华人民共和国立法法》规定：全国人民代表大会常务委员会公布法律解释，省、市、区和较大的市人民代表大会及其常委会公布地方性法规，以及自治区、自治州、自治县的人民代表大会常务委员会公布自治条例和单行条例，都用公告发布；《中华人民共和国商标法》《中华人民共和国专利法》《中华人民共和国食品安全法》规定：相关行政管理部门用公告公布商标注册申请、专利申请、食品质量安全检查结果等情况；企业依照《中华人民共和国公司法》规定，用"公告"公布"招股说明书""召开创立大会""公司成立""召开股东大会""财务会计报告""公司分立""减少注册资本"等事项。所谓"法定"，就是能找到具体的法律、法规依据，它只关注"依法"，而不一定关注"重要"或"重大"。③上述事项没有地域、国别的限制，可以"向国内外宣布"，或者事项本身就涉及国内外且必须"向国内外宣布"。

因此，公告的发文机关一般是级别较高的行政机关或权力机关，如全国人民代表大会、国务院及各部委，各省、市、自治区人民政府及人民代表大会，各市、县人民政府及人民代表大会等。新华通讯社经授权对一些重大事项也可以公告形式发布。企事业单位多是用"公告"向社会宣布"法定事项"。

应该特别注意的是，当下社会滥用"公告"的现象十分严重，如迁坟、迁址、商品报道等事项用公告行文的屡见不鲜，这是极为不妥的。

（一）文本导读

【例文4.2.3】

湘乡水泥有限公司公告①

长沙市开福区人民法院于2007年7月17日（星期二）上午责令本公司发布被长沙天使投资咨询有限

---

① 湘乡水泥有限公司公告. 潇湘晨报，2007－07－18（有改动）.

公司依法收购的公告。本公司特发布如下公告：

一、本公司全部资产（含所有负债）已经被长沙天使投资咨询有限公司依法收购。

二、被收购资产过户前，长沙天使投资咨询有限公司仍以本公司名义清偿对所有债权人的债务，追偿本公司所有债权，追索任何人持有的本公司公款公物公文。

三、第二项清理完毕，办理资产过户手续后，本公司企业法人资格注销。

湘乡水泥有限公司

2007 年 7 月 18 日

【导读】

这是一份企业依法登报发布"法定事项"的告知性公告。文本由标题、正文、文尾构成。该公告主旨明确，结构、条理清晰。

【阅读思考】

1. 本公告的主旨是什么？

2. 本公告的正文体现了哪几个部分？

【例文 4.2.4】

国家质量监督检验检疫总局关于防止新型冠状病毒传入我国的公告①

2012 年第 147 号

世界卫生组织 9 月 23 日报告，英国确诊 1 例人感染新型冠状病毒病例，该病例发病前具有去往沙特阿拉伯王国旅行史，发病期间曾在卡塔尔多哈一家医院救治。此前沙特阿拉伯曾报告 1 例感染新型冠状病毒的死亡病例。为防止该型病毒传入我国，保护我国前往上述地区人员的健康安全，根据《中华人民共和国国境卫生检疫法》及其实施细则的有关规定，现公告如下：

一、来自上述地区的人员，如有发热、咳嗽、气促、呼吸困难等急性呼吸道症状，入境时应当主动向出入境检验检疫机构口头申报。入境后出现上述症状者，应当立即就医，并向医生说明近期的旅行史，以便及时得到诊断和治疗。

二、检验检疫机构应当加强对来自上述地区人员的体温监测、医学巡查等工作，对申报或现场查验发现有上述症状的人员应当仔细排查，对发现具有急性呼吸道症状的嫌疑者，应当及时按规定程序采取医学措施。

三、检验检疫机构应当在口岸利用显示屏、广播和发放宣传册等多种形式告知出入境旅客有关感染冠状病毒疫情信息和防病知识，增强出入境人员防病意识。前往上述地区的人员，可以向出入境检验检疫机构及其国际旅行卫生保健中心咨询或登陆国家质检总局网站（http：//www.aqsiq.gov.cn）卫生检疫与旅行健康专栏，了解该地区的疫情和有关预防方法。旅行中或旅行后发现上述相关症状者，应当立即就医，并在出入境时向检验检疫机构申报。

四、前往上述地区的人员应当保持良好的个人卫生习惯。如果出现较重的感冒、发热症状应当立即就医。

本公告自发布之日起生效，有效期 3 个月。

质检总局

2012 年 9 月 27 日

【导读】

这是一份祈使性公告。它既告知了发现感染新型冠状病毒病例的情况，又对各有关方面

---

① 引自 http：//www.gov.cn/zwgk/2012-09/29/content_2236106.htm.

提出了具体要求。公告由标题、文号、正文和文尾构成。正文由前言、主体和结尾构成。前言交代公告的缘由、根据；主体分点行文，具体明确要告知及遵照的有关事项；结尾明确公告有效期限。文尾署明发文机关（简称）和公告日期。本公告层次分明，表述准确清晰。

【阅读思考】

1. 告知性公告与祈使性公告的区别是什么？本公告哪些内容体现出它的祈使性？

2. 文本正文的主体分四点行文，它们之间存在怎样的逻辑关系？可以调换其顺序吗？为什么？

（二）基础知识认知

1. 特点

（1）内容的重要性。公告宣布的是"重要事项"或"法定事项"。所谓"重要事项"，是指事关全局或能在国内外产生重大影响的事项。例如，公布宪法、公布全国人民代表大会人数、与外国建交、进行重大科学试验、在公海及其领空进行军事演习等。所谓"法定事项"，是指按照法律确定的事项。例如，全国人民代表大会公布会议审议通过的法律和法律解释，省、市、区和较大的市人民代表大会及其常委会公布地方性法规，以及自治区、州、县的人民代表大会常务委员会公布自治条例和单行条例等。

（2）范围的广泛性与发布形式的公开性。一般公文只向国内一定的范围发布，公告则向国内外发布。国家的重大事件常授权新华通讯社发布，让全世界都知道。公告一般不以文件形式下发，而是通过各种媒体或印刷张贴公开发布来实现其知照目的。

（3）受文对象的非特定性。公告是泛行文，发布范围、对象没有限制，故也就没有特定的受文对象。没有特定的主送机关，也就不写主送机关。

（4）作用的知照性。公告的作用是告知人们了解或遵守、执行其事项。

2. 种类

公告根据其内容要求，可分为以下两类：

（1）告知性公告。告知性公告即指向国内外宣布重要事项的公告。这种公告的目的只是将公告事项知照公众，对公众并无规定性要求和行政约束力。如一些公布性公告。

（2）祈使性公告。祈使性公告指向国内外宣布关于某一事项的规定和要求的公告。这种公告不仅向公众知照公告事项，而且还要求公众遵守或执行，如《中国人民银行关于国家货币出入境限额的公告》（中行〔2004〕18号）中规定了中外公民出入境携带人民币的限额，且在出入境时必须严格遵守，不得违反。

（三）文本写作

公告文本通常由标题、发文字号、正文和文尾组成。

1. 标题

常见的公告标题写法有两种形式：①发文机关名称＋事由＋文种，如《中国人民银行关于国家货币出入境限额调整的公告》；②发文机关＋文种，如《中国证券监督管理委员会公告》（〔2012〕14号）。公告属于事务性告知，内容比较复杂、正文较长时，用①的标题形式；公告属于发布性告知，内容简单、正文较短时，一般采用②的标题形式。公告作为发布性告知时，一般被用来发布规章，故与发布令的标题（也即标志）类似。

2. 文号

公告文号位于标题下方。过去人大公告编顺序号，即"第×号"。政府机关及其职能部门公告通常用机关发文字号，即"××〔200×〕×号"。近来发现正在趋向于采用"年份＋序号"的形式，如"〔2012〕14 号"、"2012 年第 147 号"。但这两种形式又不统一，应该规范。

3. 正文

正文一般要写明公告的依据、事项和结语三个内容。若公告事项较复杂，则应分点或分项行文。公告的结语常用"现予公告"或"特此公告"等惯用语。

4. 文尾

（1）署名。在正文下行右空四字位置署明发文机关全称或简称。

（2）成文日期。写在署名下方，用阿拉伯数字写全年、月、日。

（四）写作注意事项

（1）正确使用公告文种。公告是一种很严肃的文种，有它特定的适用范围和使用对象。切忌公告、通告、通知、广告、启事、告示不分，滥用公告。

（2）写作要简明扼要。公告主要是借助媒体和张贴广而告知重要或法定事项，具有广泛的告知性，其接受主体是广大的民众，因此，公告写作既要庄重，又要通俗简明。

三、通告

通告是适用于在一定范围内公布应当遵守或者周知的事项的公文。它仍属法规性、知照性下行文。通告在机关单位使用广泛。

通告面向一定范围内公布应当遵守或者周知的事项，与公告相比，在告知的对象、范围与内容性质上都有明显区别。

（一）文本导读

【例文 4.2.5】

中国建设银行关于设立中国建设银行股份有限公司的通告①

根据国务院的决定，并经中国银行业监督管理委员会批准，中国建设银行将以分立重组的方式进行股份制改革，设立中国建设银行股份有限公司（暂定名）。现将有关事项通告如下：

一、改制后的中国建设银行股份有限公司继续经营中国建设银行包括本外币存款、贷款、银行卡、结算、证券代理等在内的商业银行主营业务，并承继相应的权利和义务。

二、中国建设银行总行及各级分支机构的商号、商标、互联网域名和咨询服务电话等保持不变，将由中国建设银行股份有限公司继续使用。

三、对外所订立的各项合同，现客户持有的存单、存折和银行卡等均效力不变。

四、分立前后，各项业务照常进行，广大客户无需因分立而额外办理手续。

中国建设银行股份有限公司将严格遵循有关法律法规，参照国际惯例健全公司治理结构、转换经营机

---

① 引自银行张贴通告，行文有改动。

制、强化内部管理，逐步发展成为资本充足、内控严密、运营安全、服务和效益良好、具有国际竞争力的现代商业银行，坚持以客户为中心的服务宗旨、勤勉尽责、真诚回报广大客户和社会各界。

中国建设银行

2004 年 6 月 10 日

【导读】

这份知照性通告是中国建设银行因体制改革而向广大客户和社会各界知照改制后的相关信息。通告标题采用"标题＋事由＋文种"形式。正文分为六个自然段：第一自然段是知照改制的依据；第二、三、四、五自然段知照改制后相关业务的处理；第六自然段表明改制后的经营理念。文尾是署名和成文日期。该通告文字简练，语言准确。

【阅读思考】

1. 公告与通告在用法上不同，在写法上有怎样的异同点？

2. 本通告结尾阐明改制后的经营理念，实质上具有怎样的性质？

【例文 4.2.6】

湘潭市公安局关于开展城区道路交通秩序综合整治的通告①

为切实加强我市道路交通管理，保障道路交通安全、有序、文明，优化经济发展环境，根据《中华人民共和国道路交通安全法》和市政府关于"三整四化"工作方案相关规定的要求，我局决定，从 2012 年 6 月 20 日—9 月 30 日，在城区全面开展道路交通秩序综合整治工作。现将有关事项通告如下：

一、重点整治的交通违法、违规行为：

1. 公交车、出租车违法行驶，不按规定停靠上下客。

2. 农用运输车、拖拉机不按规定时段行驶。

3. 摩托车无牌无证、不戴安全头盔上路行驶。

4. 机动车乱停乱靠、闯红灯、闯禁区、逆向行驶、违反禁鸣规定、故意遮挡或污损号牌。

5. 货运车辆超载、客运车辆超员、机动车超速、酒后驾驶、无证驾驶。

6. 渣土车无牌无证上路行驶。

7. 行人乱穿马路、电动自行车等非机动车不按规定通行。

二、整治期间，凡发现上述交通违法、违规行为，由公安交警部门依照法律、法规的规定，分别予以警告、罚款、暂扣驾驶证、吊销驾驶证、拘留等行政处罚，或者扣留车辆。对阻碍交警依法执行公务，不听劝阻的，将依照《中华人民共和国治安管理处罚法》予以行政拘留，构成犯罪的依法追究刑事责任。

三、各级公安机关要充分认识整治工作的重要性和紧迫性，加强领导，认真组织，相互配合，形成合力，确保整治工作取得实效。公安机关各部门必须按照全市的统一部署，认真履行职责，做到严格执法、文明执法，对失职、渎职、徇私枉法等行为要依法追究责任。

四、全市各级党政机关和群众团体工作人员要带头维护交通秩序，积极支持配合道路交通秩序综合整治工作，广大交通参与人应自觉遵守道路交通安全法规，服从公安交警部门的管理，全体市民要积极参与，共同与交通违法行为和不文明的交通劣习作斗争，共同维护良好的交通秩序，争当文明市民。

本通告自发布之日起施行。

湘潭市公安局

2012 年 6 月 21 日

---

① 引自当地张贴通告，稍有改动。

【导读】

这是一份法规性祈使通告。通告"开展城区道路交通秩序综合整治"是其主旨。文本由标题、正文和文尾构成。主旨明确，行文清晰。

【阅读思考】

1. 分析开头段，指出其表达了哪些内容？主句是哪个句子？其具有怎样的作用？其他句子各起什么作用？

2. 本通告正文的主体部分使用层次序号是否规范？

（二）基础知识认知

1. 特点

（1）公开性。通告以向社会公开发布的形式来实现让社会有关人员知晓其内容的目的。

（2）知照性。通告的目的就是要求在一定范围的有关人员知晓通告内容或遵守其有关事项。

（3）规定性。通告的规定性即祈使性，表现在通告不仅仅要让公众了解情况，还要求相关人员遵守有关规定，如《民航总局、公安部关于民航安全问题的通告》，不仅让公众知道为保障民航安全采取了什么措施，还要求一切与民航有关系的人遵守有关的规定。

（4）紧迫性。通告有时限定生效和失效的日期，因而具有时限性，故常需借助大众媒体使其迅速传播。

2. 种类

根据内容性质和要求，通告可分以下两类。

（1）知照性通告。知照性通告即公布应当周知事项的通告，如《中国建设银行关于设立中国建设银行股份有限公司的通告》。

（2）祈使性通告。祈使性通告即公布应当周知且当遵守有关事项的通告，如《湘潭市公安局关于开展城区道路交通秩序综合整治的通告》。

（三）通告与公告的使用区别

通告与公告的使用区别，主要表现在以下三点：

（1）宣告的范围、对象不同。通告是向国内局部地区、某一系统内与某项事情有关的人员告晓，范围小，对象有限，可登地方报纸，在地方广播电台、电视台公布或在公共场所张贴；公告宣告范围是国内外，对象是社会公众，范围大、对象广，可通过《人民日报》、中央人民广播电台、中央电视台、互联网等媒体公布。

（2）公布的内容性质不同。通告告知的多为行政规章或业务性事项；公告公布的是"重要事项"或者"法定事项"。

（3）发文机关级别不同。通告不受级别的限制，政府、职能部门、企事业单位都可使用；公告则多为各级人民代表大会和国家或地方政府机关使用，企事业单位通常只用公告宣告"法定事项"。

（四）文本写作

通告由标题、发文字号、正文和文尾组成。

1. 标题

通告标题有两种表达形式：

（1）发文机关＋事由＋文种，如《深圳市建设局关于对建筑企业进行资格年审的通告》。

（2）发文机关＋文种，如《中华人民共和国公安部通告》。

上述两种标题形式，可根据实际情况选择。一般内容比较复杂、正文较长的应选用（1）的形式，这主要是便于阅读，提高效率；内容简单、正文较短时可选用（2）的形式。

2. 发文字号

印刷张贴的通告其发文字号标注在标题之下，一般靠右。登报的不一定在报上登出发文字号，但存档中一定要编发文字号。

3. 正文

通告正文一般分缘由、事项和结尾三部分。缘由简明扼要地写明原因、依据和目的等，同时注意过渡。事项写明通告的具体内容，内容较多或较复杂时最好分点写。结尾若有具体要求，则写出具体要求；若没有具体要求，通常用"特此通告"来作结，也可省写结语。

4. 文尾

（1）署名。通告只署名，不用签署。

（2）成文日期。用阿拉伯数字写全年、月、日。

（五）写作注意事项

（1）公告、通告不能误用。例如，某报纸经常刊登《××市房地产管理局城市房屋拆迁公告》，这是误用了文种，因为"城市房屋拆迁"这种事情，所要知照的对象有限，用不着广告天下，且是"房屋拆迁"，并非重要与严肃之事。

（2）注意行文格式。通告跟公告一样，属泛行文，因而没有具体的主送对象，也就无法确定和写明主送机关。

（3）发文目的要明确。发布通告的目的或原因一般要在缘由部分交代清楚，让人一看就知道因何发布通告。不写缘由部分的通告是不规范的。

（4）要符合政策法律规定。通告的事项应符合法律、法令和有关政策规定，不能违反法律政策。例如，有一家房地产公司发出通告，告知回迁户在规定期限内办理手续，逾期不予办理，视为自动弃权，按原面积安置。这是不符合有关政策规定的。要符合法律、政策，关键是起草者一要有较强的法律、政策观念，二要熟悉相关法律、政策。

（5）语言要通俗简明。通告是周知性公文，一般用张贴或登报的方式发布，使社会有关人员知道其内容，因此，语言必须通俗、简明，篇幅不宜过长。

【写作思考与实训】

1. 比较下则公告两种写法的优劣，并说明理由。

公　告

××省地方税务局决定于2012年1月在××市地方税务局启用"××省全省集中式地方税收征收管理信息系统"，为此，××市地方税务局将于2012年1月2日0时—24时停止对外办理税务登记、涉税文书受理业务；2012年1月8日0时—9日24时停止受理纳税人的上门申报及发票领购业务；2012年1月8日

0 时——12 日 0 时停止受理纳税人电话申报、网上申报业务；2012 年 1 月 5 日——9 日新开户的纳税人，从 1 月 12 日起才能办理新开户纳税人发票业务。

不便之处，敬请原谅。

特此公告

××市地方税务局

2012 年 1 月 1 日

××市地方税务局公告

我局定于 2012 年 1 月启用"××省全省集中式地方税收征收管理信息系统"。为便于系统调试，近期需如期停办部分业务。现将具体时间与相关业务公告如下：

一、1 月 2 日 0 时——24 时停止对外办理税务登记、涉税文书受理业务。

二、1 月 8 日 0 时——9 日 24 时停止受理纳税人的上门申报及发票领购业务。

三、1 月 8 日 0 时——12 日 0 时停止受理纳税人电话申报、网上申报业务。

四、1 月 5 日——9 日新开户的纳税人，从 1 月 12 日起才能办理新开户纳税人发票业务。

特此公告

××市地方税务局

2012 年 1 月 1 日

2. 阅读如下两则公告，指出其不规范之处。

关于举办人才交流大会的公告①

为贯彻落实全国人才工作会议精神，促进人才资源合理配置，帮助大中专毕业生和待业人员实现就业与下岗人员再就业，湘潭市人事局定于 2007 年 7 月 20 日在湘潭人才市场（芙蓉路口人事局大院内）举办人才交流大会。热忱欢迎用人单位和应往届大中专毕业生及各求职者入会交流。为便于安排，请招聘单位于 2007 年 7 月 19 日前带有关证件到人才市场办理相关手续。

湘潭人才市场每月 5 日、20 日定期举办人才交流大会。

联系人：邓××0732 - 8520××8

传真：0732 - 8568××8

湘潭市人事局

2007 年 7 月 17 日

迁坟公告②

因花都汽车城建设需要，现对新华街岐山村迳口岭、凤随岭、葫芦岭、新全岭一带及马村姚村岭一带的土地，具体位置见用地红线图，凡在上述地段的山坟坟主，请于 2006 年 4 月 20 日前携带身份证、户口簿前来办理迁坟登记手续并将山坟迁移，逾期未办理登记手续及不迁者，一律按无主坟处理。迁坟联系地点：花都区新华街岐山村委会、马溪村委会。

岐山村联系人：黄××马溪村联系人：林××

---

① 关于举办人才交流大会的公告. 湘潭晚报, 2007 - 07 - 18（A2）.

② 迁坟公告. 广州日报, 2006 - 03 - 04（B7）.

联系电话：××××××联系电话：××××××

花都区新华街道办事处

花都汽车城管理委员会

2006 年 3 月 4 日

3. 请根据下面提供的材料代拟一份通告。

××市规划局为加强城市规划管理、改善城市环境，创建文明城市，根据市委市政府要求，200×年继续开展违法建筑集中整治行动。200×年集中整治违法建筑的重点是城市主次干道临街等的违法建筑和逾期临时建筑。要求凡城市主次干道临街单位和个人自 1 月 1 日至 1 月 30 日进行自查，并将自查结果报告市规划局；凡城市主次干道临街有违法建筑和逾期临时建筑的单位和个人，务必在 200×年×月告知租赁经营户，并解除权属范围内的合同关系，不得续签租赁合同；各租赁经营户解除租赁合同后，必须自行清空门面，否则，由此造成的损失自行承担；违法建设权属单位和个人及租赁经营户擅自出让、转让、出租违法建筑所造成的损失，按照国家有关法律法规各自承担相应的法律责任。为确保拆违工作的公开、公平、公正，欢迎广大市民监督举报；监督举报电话：×××××××。公告日期为 200×年 1 月 1 日。

<h2 align="center">第三节 通知、通报读写</h2>

通知是一种具有特定主送对象、用途广泛的法治行政公文，因而使用频率很高。通报则主要用作内部宣传教育、传达或告知重要情况与精神。

一、通知

通知是适用于发布、传达要求下级机关执行和有关单位周知或者执行的事项，批转、转发公文的公文。通知主要是一种指挥性、部署性、知照性下行文，用于传达"需要有关单位周知或执行的事项"时，也可作平行文。

（一）文本导读

【例文 4.3.1】（国发〔2012〕37 号）

<h3 align="center">国务院关于批转交通运输部等部门重大节假日
免收小型客车通行费实施方案的通知①</h3>

各省、自治区、直辖市人民政府，国务院各部委、各直属机构：

国务院同意交通运输部、发展改革委、财政部、监察部、国务院纠风办制定的《重大节假日免收小型客车通行费实施方案》，现转发给你们，请认真贯彻执行。

国 务 院

2012 年 7 月 24 日

---

① 引自 http://www.gov.cn/gongbao/content/2012/content_2201876.htm.

【导读】

这是一份批转通知。批转通知是上级机关转发下级机关公文的一种通知。标题上的"批转"二字就明示了它的性质。这种通知的文本写作比较简单，但"麻雀虽小，五脏俱全"，标题、主送机关、正文、文尾齐全。正文句、段、文虽合一，但缘由、事项和要求三个层次的内容完全具备。这是典型的"句段文合一式"写法。法治行政公文写作不在于文本长短，而在于行文的规范，这就是一个很好的例子。

【阅读思考】

1. 本通知的主旨是什么？

2. 本通知正文三层意思应该怎样划分？

【例文 4.3.2】（国办发〔2007〕32 号）

国务院办公厅转发

国务院纠正行业不正之风办公室

关于 2007 年纠风工作实施意见的通知①

各省、自治区、直辖市人民政府，国务院各部委、各直属机构：

国务院纠正行业不正之风办公室《关于 2007 年纠风工作的实施意见》已经国务院同意，现转发给你们，请结合实际，认真贯彻执行。

国务院办公厅

2007 年 5 月 2 日

【导读】

这是一份转发通知。转发通知是转发上级机关或不相隶属机关公文给下属机关的通知。文本由标题、主送机关、正文和文尾构成；正文行文采用"句段文合一式"，但发文依据、事项与要求齐备。文本结构完整，行文规范。

【阅读思考】

1. 本通知与例文 4.3.1 的用法有何不同？

2. 本通知与例文 4.3.1 的写法有何不同？

【例文 4.3.3】（教财〔2007〕7 号）

教育部　财政部关于印发《高等学校学生勤工助学管理办法》的通知②

各省、自治区、直辖市教育厅（教委）、财政厅（局），有关部门（单位）教育司（局），教育部部属各高等学校：

为规范管理高等学校学生勤工助学工作，促进勤工助学活动健康、有序开展，保障学生的合法权益，帮助家庭经济困难学生顺利完成学业，教育部、财政部联合制定了《高等学校学生勤工助学管理办法》，现印发给你们，请遵照执行。

教育部　财政部

2007 年 6 月 26 日

---

① 引自 http：//www.hxit.net/law/fagui/wenjian/53167.html.

② 引自 http：//www.jyb.com.cn/jyzl/jyzc/gdjy/zh/t20070702_95505.htm.

【导读】

这是一份联合行文的印发通知。印发通知是印发本机关公文或材料等给下属机关的一种下行通知。教育部、财政部这个联合通知印发的是由教育部和财政部联合制定的《高等学校学生勤工助学管理办法》。标题上用"印发"二字表明了其通知性质。因为这是一份普发性的下行文，所以，主送机关用同类型统称。正文虽只有一句话却包含三层意思。本文在写法上与前例具有相一致的特点。

【阅读思考】

1. 与批转、转发通知比较，印发通知的写法怎样？

2. 上述三个通知都是对别的公文进行处置，为什么在标题上对被处置的公文有的用书名号，有的却不用书名号呢？

【例文4.3.4】（教高厅〔2007〕4号）

教育部办公厅关于进一步加强示范性软件学院建设工作的通知①

有关省、直辖市教育厅（教委），有关部门（单位）教育司（局），有关高等学校：

建设示范性软件学院是我国软件产业人才培养实现跨越式发展的一次重大改革尝试。五年多来，示范性软件学院积极进行改革，为国家培养了一批软件产业急需的高素质人才，促进了区域软件产业的发展，增强了我国软件产业的国际竞争力。同时，示范性软件学院在如何培养适应经济社会发展需要的创新型工程人才方面进行了有益的探索，不仅为办好全国高校的软件学院起到示范作用，也为我国高等工科教育改革提供了可以借鉴的经验。为了推动示范性软件学院持续健康发展，巩固成果、深化改革、提高质量，根据《教育部关于试办示范性软件学院的通知》（教高〔2001〕3号）和《教育部国家计委关于批准有关高等学校试办示范性软件学院的通知》（教高〔2001〕6号）精神，现就进一步加强示范性软件学院建设工作通知如下：

一、坚持示范性软件学院的办学定位和人才培养模式。示范性软件学院建设要按照"积极发展、规范管理、开拓创新"的指导思想，为我国软件产业发展培养实用型、国际化的软件工程师，以满足软件产业发展的迫切需求，提升软件产业的国际竞争力。要按照工程教育模式，强化学生的工程实践能力培养，特别要强调与传统计算机学院人才培养模式和课程设置的区别。各示范性软件学院应与软件企业共同组建教学指导委员会，使人才培养更好地满足产业发展的需求。

二、完善示范性软件学院的内部组织体系。各高校应设置独立的示范性软件学院组织体系，从院领导班子、教师队伍、教学组织、经费保障等方面与计算机学院相对独立。示范性软件学院不能与计算机学院合并，已经合并的高校应按照示范性软件学院验收意见的要求限期进行整改。示范性软件学院院长由计算机学院院长兼任的，应在任期届满时改由专人担任。

三、确保对示范性软件学院的教学投入。按照《国家计委、财政部、教育部关于高等学校示范性软件学院收费标准及有关事项的通知》（计价格〔2002〕665号）精神，各高校应确保示范性软件学院的学费用于加强学院的各项教学设施和教学条件建设、聘请国内外高水平教师、进行教学改革、实施有效的产学合作、开展国际合作与交流等方面，要向学生提供优质的教学条件和资源，不断提高教学质量。

四、创建示范性软件学院新型用人机制。示范性软件学院要通过聘请一定比例的企业专家来授课或担任指导教师、引进国外高水平专家授课，建立一支由专职教师、企业专家和国内外兼职教师组成的师资队伍。有关高校要探索解决新机制下专职教师的编制问题。要通过用人机制的改革，加强并深化产学合作，促进示范性软件学院与国外高水平大学、跨国公司的合作与交流。

---

① 引自http://www.moe.edu.cn/edoas/website18/level3.

五、严格软件工程硕士生的招生和教学管理。各高校应按照《关于软件工程领域硕士培养及学位授予工作有关事宜的通知》（学位办〔2002〕9号）精神，规范软件工程硕士的招生、办学和学位授予工作，确保培养质量，把示范性软件学院工程硕士培养成国家软件产业发展需要的高层次实用性人才。

六、加强对示范性软件学院建设工作的领导。有关高校要充分认识示范性软件学院建设在高等教育改革中的重要示范作用，按照教育部党组关于示范性软件学院建设要"组织落实、政策落实"的指示精神，加强对示范性软件学院建设工作的领导。成立以校领导为组长，相关职能处（人事处、财务处、研究生院、教务处等）组成的示范性软件学院建设工作领导小组，负责解决示范性软件学院发展过程中的重大问题。

各有关高校应按照本通知要求，认真组织落实，并将执行情况报送教育部高教司。

教育部办公厅

2007年8月9日

【导读】

这是一份部署通知。它是一种向下级部署工作、交代任务的下行通知。本文不仅部署了工作，还将重点放在指示做法上，具体指示有关单位应该怎样完成这项工作。这是部署通知的常用写法。这份通知文本写得非常规范，值得借鉴。

【阅读思考】

1. 本通知部署了什么工作？指示了怎样的做法？

2. 为什么"主送机关"用"有关"，而不用"各"？

3. 谈谈你对本通知行文规范性的认识？

【例文4.3.5】（国人字〔2012〕77号）

国务院关于香港特别行政区政府陈茂波等2人职务任免的通知①

香港特别行政区政府：

依照《中华人民共和国香港特别行政区基本法》的有关规定，根据香港特别行政区行政长官梁振英的提名和建议，国务院2012年7月30日决定：任命陈茂波为发展局局长，免去麦齐光的发展局局长职务。

国　务　院

2012年7月30日

【导读】

这份通知，其事由虽是人事任免，但应归属于知照通知。它是将任免信息传达给有关单位或个人。正文首先交代任免依据，再明确被任免人的姓名和被任免的职务。全文简洁明了。

【阅读思考】

1. 本通知正文的层次应该怎样划定？

2. 命令也有任命人员的职能，它与通知的任免人员有何区别？

---

① 引自 http：//law.chinalawinfo.com/newlaw2002/slc/slc.asp? db=chl&gid=181291.

【例文 4.3.6】（×油〔2012〕17 号）

××油田总公司关于召开生产电话会议的通知

油田所属有关单位、机关有关处（部）室：

为加快生产运行节奏，促进油气生产，经研究决定，4 月 5 日—5 月 5 日每天下午召开生产电话会议。现将有关事项通知如下：

一、会议时间

每日下午 17：00—18：00

二、会议地点

主会场设在油田总调度室会议室，各生产单位在本单位电话会议室参加。

三、参加人员

（一）分公司有关领导及副总师。

（二）油田机关有关处（部）室：×××、×××等单位主管领导。

（三）油田所属有关单位：×××、×××等单位主管领导、调度长。

四、会议内容

（一）各单位主管领导汇报油气产量情况及变化原因、已安排工作的落实情况和需要油田协调解决的问题。

（二）研究生产运行中的问题。

五、会议要求

（一）各单位详细汇报材料务必在当日 16：40 前完成，并通过网络生产运行系统上传，网址为：××××。

（二）会议反映的问题，能现场解决的当场解决答复，不能当场答复的要抓紧解决。

××油田总公司

2012 年 4 月 5 日

【导读】

这是一份知照通知。主旨是知照召开生产电话会议。通知完全依照公文的规范写作。文本结构要素写作规范，行文清晰简明。

【阅读思考】

1. 本通知正文能划分为几部分？各部分表达什么内容？

2. 本通知行文使用层次"序数"是否正确？这样行文有何好处？

（二）基础知识认知

1. 特点

（1）应用的广泛性。通知可以用来指导工作、转发公文、传达有关事项、知照情况及任免人员等，其应用相当广泛。

（2）法定的权威性。通知的精神往往是国家政策、法令的具体化，要求下级机关和有关人员贯彻执行和实施，因此具有较强的权威性。

（3）对象的专指性。通知是专门针对具体明确的机关或人员制发的，因此具有专指性特点。它不像公告、通告那样具有泛指性。

2. 种类

通知根据其作用，可分为以下四类：

（1）转发通知。用于向下发外来公文的通知。此类通知又分"批转通知"和"转发通知"两种。

①批转通知。批转通知是批转下级机关呈送公文，要求其他下级有关单位执行或参照执行的通知。这种通知是上级机关处理下级机关的公文，因此，关键在于"批"，也就是要对所转发机关的文件作出"同意""原则同意""很好"或"很重要"等批示，并要求有关单位"遵照执行""研究执行"或"参照执行"。如《国务院关于批转社会保障"十二五"规划纲要的通知》（国发〔2012〕17号）的正文："国务院同意人力资源社会保障部、发展改革委、民政部、财政部、卫生部、社保基金会制定的《社会保障"十二五"规划纲要》，现转发给你们，请认真贯彻执行。"有的批转通知不仅作出"同意"等批示，还借批转机会作指示、提要求或作政策性规定。

②转发通知。转发通知是将上级机关或不相隶属机关的文件转发给下级机关的通知。这种通知是下级机关转发上级机关或不相隶属机关的文件，转发机关无权对其作批示，但可在转发通知中要求所属下级机关执行或参考，也可以结合本机关、本系统的实际情况作具体要求、指示或补充规定。另外，领导机关办公厅（室）经常代领导机关处理下级机关的公文，但不用"批转"，而用"转发"，因为它们之间是不相隶属的关系，如《国务院办公厅转发国务院纠正行业不正之风办公室关于2012年纠风工作实施意见的通知》（国办发〔2012〕25号），就是这种情况。

（2）印发通知。印发通知是指将本机关有关规章制度、会议文件、领导讲话和计划总结等发给下级机关的通知。印发规章制度也用通知，是因为这种机关级别较低或者是职能部门，依照有关法律规定无权使用命令行文。如《××学院关于印发〈教职工报到路费、行李费以及探亲路费报销标准规定〉的通知》，虽印发的是单位的制度，但学院级别较低，属企事业单位，依照有关法律规定无权使用命令发布。此外，被发布的制度的法定效力也有限，因此只能用通知行文。

（3）部署通知。部署通知即传达要求下级机关办理事项的通知，主要用于向下级机关部署工作、交代任务、办理事项、处理问题和安排活动等。它在部署下级机关办理事务时，提出了要求，有所指示，但又不宜用命令或意见行文，便用通知行文。如《国务院关于开展第三次全国经济普查的通知》（国发〔2012〕60号）。

（4）知照通知。知照通知是指传达需要有关单位和人员周知或执行事项的通知，如知照任免人员、设置或撤销机构、启用印章、迁址办公、更换作息时间、召开会议以及停电停水等。这种通知可作下行文，也可作平行文。

（三）知照通知与通告在使用上的区别

知照通知与通告同属知照类文种，但在使用上存在明显的区别。首先，知照对象的区别。通知知照的对象具体而明确，有特定的主送机关或个人；而通告知照的是与通告内容有关的散布在一定区域的人员，无法直接用通知送达，故向社会通告。其次，行文要求的区别。通知的事项一般需要办理和贯彻执行，而通告的事项只需知晓和遵守。因此，写作时，一定要根据实际情况，准确地选用文种。例如，某铁路局为了加强安全管理，禁止旅客携带易燃、易爆危险物品上车，同时发出两份公文。一份发给所属各车站与各次列车，告知工作人员共同执行这一事项；另一份是告知乘客遵守这一事项。前者用通知，后者用通告，这才是正确的。

（四）文本写作

通知由标题、主送机关、正文和文尾组成。

1. 标题

标题由"发文机关名称＋事由＋文种"构成，但转发、印发通知的标题在"事由"中应根据实际标明"批转""转发"或"印发"等显示其性质的字样，如《教育部国务院纠风办关于印发陈至立、周济、田淑兰同志在全国规范城市义务教育收费工作交流会暨全国治理教育乱收费工作汇报会上讲话的通知》（教监〔2007〕17号）。

2. 主送机关

下行通知和平行通知的主送机关有所不同。下行通知一般有多个主送机关，且常为统称，如国务院下发通知多用"各省、自治区、直辖市人民政府，国务院各部委、各直属机关"。平行通知则多写出具体的主送机关。

3. 正文

通知类别不同，正文写法也不尽相同。

批转通知：首先往往对被转公文作出批示（有时省写），然后交代转发，再提出执行要求，作指示或作政策性的规定。

转发通知、印发通知写法相同：首先指明转发、印发文件的目的、依据（有时省写），然后交代转发或印发，再向下级提出要求或作出具体执行规定。

部署通知：首先写部署工作、任务的依据、目的、意义等，再对具体工作、任务进行部署、指示做法，最后提出希望或执行要求。

知照通知：先写缘由、依据等，再写知照事项，最后用"特此通知"结尾，或省略结尾。

任免通知：首先写明任免原因、依据，再写清被任免人员的姓名、职务等，结尾用"特此通知"，或省略结尾。

4. 文尾

（1）署名。署发文机关全称或规范化简称。

（2）成文日期。用阿拉伯数字写全年、月、日。

（五）写作注意事项

（1）要正确区别不同通知的用法和写法，尤其要注意批转、转发、印发三种通知的用法和写法。批转通知用于批转下级公文，转发通知用于转发上级或不相隶属机关公文，印发通知用于向下级机关下发本机关制订的规章制度、重要资料等。它们的写法也略有不同。

（2）要注意转发、印发类通知标题的规范、简化。其标题规范要求如下：

①在"事由"中，根据实际情况，注明"批转""转发"或"印发"等显示其性质的字样。

②当被转公文也是一个"通知"时，转发通知的标题中，只保留一个"关于"与一个"的通知"，以保证标题的简明，如《××省人民政府关于转发国务院办公厅关于加强中小学收费管理工作的通知的通知》，就应处理为《××省人民政府转发国务院办公厅关于加强中小学收费管理工作的通知》。

③若是多层转发，则省去中间桥梁单位的转发，直接写成本机关转发发文机关的公文，

如"××市旅游事业管理局关于转发《××市财政局、税务局、人事局、总工会关于转发〈劳动部、财政部、全国总工会关于适当提高城镇职工生活困难补助费标准的通知〉的通知》的通知",应简化为"××市旅游事业管理局转发《劳动部、财政部、全国总工会关于适当提高城镇职工生活困难补助费标准》的通知"。

④若被转发公文是几个单位(并列性质)联合行文,可保留主办单位名称,后再加"等单位"或"等部门"字样。因此,上述标题还可进一步简化为"××市旅游事业管理局转发《劳动部等部门关于适当提高城镇职工生活困难补助费标准》的通知"。

二、通报

通报是适用于表彰先进、批评错误、传达重要精神和告知重要情况的公文。它属于机关或单位内部用作宣传教育的下行文,但用于情况通报时,也可作平行文,如《红山区人民政府关于红山区政协七届四次会议提案办理情况的通报》,就是红山区人民政府向红山区政协汇报区政协七届四次会议提案办理情况的一份平行情况通报。

(一)文本导读

【例文 4.3.7】(安监总管三〔2012〕31 号)

国家安全监管总局关于河北克尔化工有限

责任公司"2·28"重大爆炸事故情况的通报①

各省、自治区、直辖市及新疆生产建设兵团安全生产监督管理局,有关中央企业:

2012 年 2 月 28 日上午 9 时 4 分左右,位于河北省石家庄市赵县工业园区生物产业园内的河北克尔化工有限责任公司(以下简称河北克尔公司)生产硝酸胍的一车间发生重大爆炸事故,造成 25 人死亡、4 人失踪、46 人受伤。这起事故是近一个时期以来危险化学品领域发生的伤亡最严重的事故。

依据有关规定,国务院安委会已对该起事故的查处实行挂牌督办,查处结果将及时向社会公布。为深刻吸取事故教训,进一步加强危险化学品安全生产工作,有效防范和坚决遏制类似事故发生,现将有关情况通报如下:

一、事故企业基本情况

河北克尔公司系民营企业,成立于 2005 年 2 月。该公司 2009 年 3 月开工建设的年产 10000 吨噁二嗪、1500 吨 2 - 氯 - 5 - 氯甲基吡啶、1500 吨西林钠、1000 吨 N - 氰基乙亚胺酸乙酯项目,总投资 2.17 亿元。一期工程包括一车间(硝酸胍)、二车间(硝基胍)、配电室、动力站(包括空压站和 1 台制冷机组)、固体库、一次水池和循环消防水池,设计单位为河北渤海工程设计有限公司(乙级资质),于 2010 年 2 月底竣工。河北克尔公司现有职工 351 人,2010 年 9 月 6 日取得了危险化学品安全生产许可证。

二、事故简要经过

河北克尔公司一车间共有 8 个反应釜,依次为 1 - 8 号反应釜。原设计用硝酸铵和尿素为原料,生产工艺是硝酸铵和尿素在反应釜内混合加热熔融,在常压、175 - 220℃条件下,经 8 - 10 小时的反应,间歇生产硝酸胍,原料熔解热由反应釜外夹套内的导热油提供。实际生产过程中,将尿素改用双氰胺为原料并提高了反应温度,反应时间缩短至 5 - 6 小时。

---

① 引自 http://www.jianshe99.com/new/201203/zh20120314085438567 61913.shtml.

90

事故发生前，一车间有 5 个反应釜投入生产。2 月 28 日上午 8 时，该车间当班人员接班时，2 个反应釜空釜等待投料，3 个反应釜投料生产。8 时 40 分左右，1 号反应釜底部放料阀处导热油泄漏着火；9 时 4 分，一车间发生爆炸事故并被夷为平地，造成重大人员伤亡，周边设备、管道严重损坏，厂区遭到严重破坏，周边 2 公里范围内部分居民房屋玻璃被震碎。

三、事故原因初步分析

硝酸铵、硝酸胍均属强氧化剂。硝酸铵是国家安全监管总局公布的首批重点监管的危险化学品，遇火时能助长火势；与可燃物粉末混合，能发生激烈反应而爆炸；受到烈震动或急剧加热时，可发生爆炸。硝酸胍受热、接触明火或受到摩擦、震动、撞击时，可发生爆炸；加热至 150℃时，分解并爆炸。

经初步调查分析，事故直接原因是：河北克尔公司一车间的 1 号反应釜底部放料阀（用导热油伴热）处导热油泄漏着火，造成釜内反应产物硝酸胍和未反应完的硝酸铵局部受热，急剧分解发生爆炸，继而引发存放在周边的硝酸胍和硝酸铵爆炸。事故的详细原因正在进一步调查。

根据目前事故初步调查的情况，该事故暴露出河北克尔公司存在以下突出问题：

一是装置本质安全水平低、工厂布局不合理。装置自动化程度低，反应温度缺乏有效、快捷的控制手段；加料、出料、冷却等作业均需人工操作，现场操作人员多。一车间与二车间厂房均采用框架砖混结构，同向相距约 25 米布置，且中间建有硫酸储罐。一车间爆炸后波及二车间，造成厂房损毁和重大人员伤亡。

二是企业安全管理不严格，变更管理处于失控状态。河北克尔公司在没有进行安全风险评估的情况下，擅自改变生产原料、改造导热油系统，将导热油最高控制温度从 210℃提高到 255℃。

三是车间管理人员、操作人员专业素质低。包括车间主任在内的绝大部分员工为初中文化水平，对化工生产的特点认识不足、理解不透，处理异常情况能力低，不能适应化工安全生产的需要。

四是厂区内边生产，边建设。事故企业边生产，边施工建设，厂区作业单位多、人员多，加剧了事故的伤亡程度。

五是安全隐患排查治理不认真。2011 年 6 月，国家安全监管总局公布了首批重点监管的危险化学品名录，对重点监管危险化学品的安全措施和应急处置原则提出了明确要求，要求在隐患排查治理工作中将其作为重点进行排查，切实消除安全隐患。但从此次事故的初步调查情况来看，该企业在隐患排查中没有发现生产工艺所固有的安全隐患和变更生产原料、提高导热油最高控制温度等所带来的安全隐患。

四、认真吸取事故教训，切实加强危险化学品安全生产工作

（一）进一步加强对爆炸性危险化学品的安全监管。地方各级安全监管部门要立即组织对本地区涉及爆炸性危险化学品的生产、储存装置开展专项安全检查，借助专家力量对有关企业的工厂布局、工艺技术路线及装备的安全可靠性、自动化控制水平、人员素质等安全生产条件，进行全面的检查和论证，及时发现各类隐患并限期整改，确保生产安全。要严格涉及爆炸性危险化学品生产、储存企业的安全准入条件，把有关企业纳入重点监管范围。要将受热、遇明火和受到摩擦、震动、撞击时可发生爆炸的危险化学品全部纳入重点监管的危险化学品范围，进一步强化各项安全措施，落实安全监管责任，杜绝事故的发生。

（二）切实加强涉及重点监管危险化学品、重点监管危险化工工艺和危险化学品重大危险源（以下统称"两重点一重大"）企业的安全监管。……

（三）进一步加强危险化学品建设项目安全设计管理，提高本质安全水平。……

（四）进一步严格从业人员的准入条件，强化培训教育，提高从业人员素质。……

（五）进一步抓实隐患排查治理工作。地方各级安全监管部门要督促危险化学品企业认真落实《国务院安委会办公室关于认真贯彻落实中央领导同志重要批示精神进一步加强安全生产工作的通知》（安委办明电〔2012〕6 号）等要求，深刻吸取事故教训，举一反三，防微杜渐，切实加强危险化学品安全管理，进一步加大安全隐患排查治理力度，持续深入做好隐患排查治理工作，并加强监督检查。对因隐患排查治理工作不认真、走过场而发生事故的企业，要依法依规严肃追究企业主要负责人和有关人员的责任。

请各省级安全监管局于 2012 年 5 月 1 日前将对涉及爆炸性危险化学品生产、储存企业开展专项安全检查的情况上报国家安全监管总局。

国家安全生产监督管理总局
2012 年 3 月 12 日

【导读】

这是一份情况通报，通报了河北克尔化工有限责任公司"2·28"重大爆炸事故情况。文本由标题、主送机关、正文和文尾构成，结构要素齐备。正文分为开头、主体和结尾部分。开头简要介绍事故情况和阐明通报依据与目的；主体分四个小标题，具体详细地阐明有关问题，内容明确，层次分明；结尾提出有关要求。

【阅读思考】

1. 主送机关中，使用了"、""，"和"："，它们的使用对不对？为什么？

2. 正文主体部分四个小标题的行文，遵循什么逻辑关系？

【例文 4.3.8】（粤府〔2012〕94 号）

广东省人民政府关于给予我省参加第 30 届
奥运会获奖运动员及有突出贡献
单位和个人表彰奖励的通报①

各地级以上市人民政府，各县（市、区）人民政府，省政府各部门、各直属机构：

在第 30 届奥林匹克运动会上，我省体育健儿奋力拼搏，勇于超越，共有 7 人获 7 项 7 枚金牌，6 人获 4 项 6 枚银牌，3 人获 3 项 3 枚铜牌，为国家和我省赢得了荣誉。省人民政府决定对获奖运动员及作出突出贡献的人员和集体给予记功表彰，具体如下：

一、给予获得射击女子 10 米气步枪金牌的易思玲、获得击剑男子花剑个人金牌的雷声、获得跳水女子双人 3 米板金牌和女子单人 3 米板银牌的何姿、获得跳水男子双人 10 米台金牌的张雁全、获得跳水男子双人 3 米板金牌的罗玉通、获得田径男子 20 公里竞走金牌的陈定、获得羽毛球男子双打金牌的傅海峰记一等功；给予获得赛艇女子轻量级双人双桨银牌的黄文仪、获得跆拳道女子 57 公斤级银牌的侯玉琢、获得花样游泳女子集体银牌和女子双人铜牌的刘鸥、获得花样游泳女子集体银牌的罗茜和陈晓君记二等功；给予获得跳水男子单人 3 米板铜牌的何冲、获得跆拳道男子 +80 公斤级铜牌的刘哮波记三等功。

二、给予射击教练员付钧、跳水教练员吴国村和凌海婵、击剑教练员谢伟明、田径教练员孙荔安、羽毛球教练员伍佰强记二等功；给予跳水教练员林华斌、花样游泳教练员曹文芹和王九莉、赛艇教练员季仁旭、跆拳道教练员曾耿遒和周攀，以及科医人员黎劲红、魏东凌、李洁琴记三等功。

三、给予作出突出贡献的广东省体育运动技术学院和广东省黄村体育训练基地分别记集体一等功。

四、给予在备战本届奥运会中组织有力、扎实工作的省体育局通报嘉奖。

希望受表彰的个人和集体认真总结经验，再接再厉，再创佳绩。希望全省广大干部群众学习他们奋勇拼搏、敢为人先的精神，扎实工作，开拓进取，为加快转型升级、建设幸福广东作出新的更大贡献。

广东省人民政府
2012 年 8 月 19 日

【导读】

这是一份表彰通报。"表彰参加第 30 届奥运会获奖运动员及有突出贡献单位和个人"

---

① 引自 http://zwgk.gd.gov.cn/006939748/201208/t20120823_340590.html.

是其主旨。文本由标题、主送机关、正文和文尾构成。正文六段可分三层：首段概述受表彰者的成绩、贡献，省政府作出的决定，是交代通报缘由；中间四段按性质分别明确表彰的具体对象；末段分别向受表彰者和全省干部群众提出要求。开头、主体、结尾层次完备清晰。

【阅读思考】

1. 决定也可用来表彰先进，你认为它与用通报表彰先进有何区别？
2. 本文不写最后一段行不行？为什么？

【例文4.3.9】（国办发〔2007〕41号）

国务院办公厅关于违规修建办公楼等
楼堂馆所案件调查处理情况的通报①

各省、自治区、直辖市人民政府，国务院各部委、各直属机构：

近年来，各地区、各部门认真落实中央的有关要求，严格控制机关办公楼等楼堂馆所建设，取得了一定成效。但是，一些政府机关违规修建办公楼等楼堂馆所的现象在一段时间有所抬头，且有愈演愈烈之势。党中央、国务院对此高度重视，国务院第五次廉政工作会议作出专门部署，要求采取有效措施，坚决刹住这股歪风，维护党和政府的良好形象。为加强警示教育，严明纪律，经国务院同意，现将河南省濮阳县违规修建办公楼及领导干部住宅楼等4起案件的调查处理情况通报如下：

一、河南省濮阳县违规修建办公楼及领导干部住宅楼等4起案件的基本情况、主要问题和处理意见

（一）关于河南省濮阳县违规修建办公楼及领导干部住宅楼问题

河南省濮阳县系省级贫困县。自2001年4月以来，濮阳县县委、县政府带头违规修建办公楼，致使一些县直部门违规修建办公楼，一些领导干部相互攀比、擅自改变土地用途修建豪华住宅楼。存在的主要问题：一是县委、县政府违反审批程序，超标准修建县委、县政府综合办公楼。该办公楼于2002年9月开工建设，建筑面积15 000平方米，工程预算975万元。2004年6月竣工，实际面积18 746.36平方米，工程造价3 284.31万元，投资超出概算2.37倍，目前仍拖欠工程款134.31万元。二是县纪委违规修建办公楼。2004年4月，县纪委在未办理审批手续的情况下，以建"干部培训中心"的名义开工建设办公楼，建筑面积3 704平方米，工程预算400.6万元。现已支付工程款645.7万元（目前工程尚未竣工验收）。在工程建设过程中，县纪委还以"求援款"的名义向一些乡镇和县直单位收取106万元用于该办公楼的建设。三是县劳动和社会保障局挪用下岗职工养老保险金和生活费，修建办公楼及劳动就业培训中心。2005年4月，县劳动和社会保障局开工建设办公楼，建筑面积5 160平方米，预算投资650万元，实际支出819.5万元。2006年3月，该局在未取得土地使用证的情况下开工建设县劳动就业培训中心大楼，建筑面积7 773平方米，已支付工程款699.6万元，至今未进行决算。在这两个工程建设过程中，该局挪用县化肥厂托管的下岗职工养老保险金和生活费770万元用于工程建设。四是一些领导干部违规、超标准建造个人住宅楼。2000年8月以来，濮阳县劳动和社会保障局、房产局、县纪委、建设工程局、机关事务管理局、人口计生委等单位部分领导干部擅自改变土地用途，违规、超标准建造个人住宅楼79套，其中面积最小的281平方米，最大的600平方米。

2007年4月，河南省委、省政府决定给予濮阳县18名责任人党纪政纪处分。其中，给予原县委书记何××党内严重警告、行政降级处分；给予原县委副书记、县长张××党内严重警告处分；给予原县委副书记、纪委书记李××撤销党内职务和行政降级处分；给予原县委副书记、常务副县长董××行政记大过处分；给予原县委常委、宣传部长刘××党内严重警告处分；给予原副县长刘××党内严重警告处分；给

---

① 引自http://www.hxit.net/law/fagui/wenjian/24928.html.

予原副县长王××撤销党内职务和行政撤职处分；给予原副县长孙××党内严重警告和行政记大过处分；给予原副县长翟×行政记过处分；给予县劳动和社会保障局原党组书记、局长李××开除党籍、撤销行政职务处分；给予县房产局原局长、党支部书记时××开除党籍、撤销行政职务处分。对其他7名科级干部给予相应的党纪政纪处分。同时决定：没收、拍卖县纪委办公楼；没收、拍卖违规住宅楼33套；对其他46套在国有划拨土地上违规修建的领导干部住宅楼，依照有关法律法规进行处罚并责令补交土地出让金后补办用地手续；责成濮阳市委、市政府，濮阳县委、县政府向河南省委、省政府写出书面检查，并将处理结果通报全省。

（二）关于山西省粮食局违规修建培训中心及"粮神殿"问题（略）

（三）关于甘肃省兰州市财政局违规修建综合办公楼问题（略）

（四）关于山西忻州煤矿安全监察局违规修建办公楼等问题（略）

二、廉洁从政，依法行政，严格控制机关办公楼等楼堂馆所建设

上述4起案件，严重违反了党中央、国务院关于严禁党政机关违规修建办公楼等楼堂馆所和领导干部廉洁从政的有关规定，损害了党和政府在人民群众中的形象，在社会上造成了十分恶劣的影响。各地区、各部门特别是各级领导干部，要切实从中吸取教训，引以为戒，进一步把思想认识统一到中央的要求上来，全面落实科学发展观，树立正确的人生观、价值观和政绩观，坚持勤俭办一切事业的方针，加强监管、深化治理，确保严格控制机关办公楼等楼堂馆所建设的各项措施落到实处，取得明显成效。

（一）加强作风建设，大力提倡艰苦奋斗、勤俭节约的作风。各地区、各部门特别是各级领导干部要认真学习贯彻胡锦涛总书记在中央纪委第七次全会上的重要讲话和国务院第五次廉政工作会议精神，全面加强作风建设，发扬党的光荣传统和优良作风，增强忧患意识、公仆意识和节俭意识，把精力放到谋发展、促和谐，为群众办好事、办实事上来。要把解决机关违规修建办公楼等楼堂馆所的突出问题，作为加强作风建设重要切入点，大力弘扬艰苦奋斗、勤俭节约的正气，抵制铺张浪费、贪图享受的歪风邪气，关心群众疾苦，切实纠正损害人民群众利益的不正之风。

（二）严格廉洁自律，进一步规范从政行为。违反规定建设高档楼堂馆所，追求和攀比办公场所豪华气派，是一种严重的铺张浪费行为，也是一种滥用权力的腐败行为。这些行为的发生，与一些领导干部和公务员思想上贪图享受，漠视群众利益，未能坚持廉洁自律和规范自身行为有直接关系。各地区、各部门特别是领导干部，一定要严格执行廉洁从政的各项规定，严于律己，以身作则，艰苦奋斗，不搞特殊化，更不得利用职务之便谋取私利。要健全机关修建楼堂馆所的管理制度，完善项目建设审批程序和监管机制，严格公共财政支出管理制度，增强预算透明度，从项目审批、土地使用、资金支出等各环节严格控制机关办公楼等楼堂馆所建设。

（三）加强监督检查，严肃查处违规违纪问题。各地区、各部门要按照《中共中央办公厅国务院办公厅关于进一步严格控制党政机关办公楼等楼堂馆所建设问题的通知》和《中央纪委、发展改革委、监察部、财政部、国土资源部、建设部、审计署关于开展党政机关办公楼等楼堂馆所建设项目清理工作的通知》要求，对近年来建设楼堂馆所的情况进行一次全面彻底的清理，进一步严格控制机关办公楼等楼堂馆所建设。各相关部门要加强监督检查，坚决纠正和查处各种违规违纪行为。对顶风违纪的，要按照规定从严处理。对问题严重、性质恶劣、影响很坏的，特别是违反政策规定加重群众负担的，不仅要依法依纪处理直接责任人，还要按照党风廉政建设责任制的规定，严肃追究有关领导人员的责任。

国务院办公厅
2007年5月31日

【导读】

这是一份批评通报。虽然标题上冠以"情况"二字，通报内容也确实是"河南省濮阳县违规修建办公楼及领导干部住宅楼等4起案件的调查处理情况"，但国务院办公厅向"各省、自治区、直辖市人民政府，国务院各部委、各直属机构"发此通报的目的，是为了批

评这种"违规"现象，以引起注意，防止再度发生。因此，我们仍将其归于批评通报，而不归于情况通报。

通报正文包括开头和主体两大部分。开头概述通报现象的现状，党中央与国务院的态度，通报的目的、依据和具体事件。主体部分分点写作，分为两大点：第一点分别具体写河南省濮阳县等4起违规案件的基本情况、主要问题和处理意见；第二点是提出"廉洁从政，依法行政，严格控制机关办公楼等楼堂馆所建设"的具体要求。这实际上是将通常写作的结尾部分扩大化、具体化了，并纳入主体部分。它完全是因内容性质和写作目的需要而进行的灵活处理。这说明公文写作既有规律可循，又可灵活运用，是规律性与灵活性、普遍性与特殊性的辩证统一。

【阅读思考】

1. 本通报在阐述"存在的主要问题"时，全是用数据（事实）说话，这些数据起到了怎样的作用？

2. 本通报在提出三点具体要求时，都采用了怎样的写法？这样写有什么好处？

（二）基础知识认知

1. 特点

（1）知照性。通报的知照性体现在"报"字上，不管是表彰先进，还是批评错误或是传达重要精神或告知情况，都是让人知晓，以产生影响。

（2）教育性。教育性是指通报具有鼓舞人、激励人、鞭策人和教育人的作用。

（3）典型性。典型性是指通报的事件、情况必须有现实针对性和代表性。只有这样，它才会产生重要影响。

（4）政策性。政策性是指表彰先进、批评错误的通报都必须以法律法规、政策为依据、为准绳，不能随心所欲、不讲原则。

（5）时效性。时效性是指通报必须要及时，才能有效地发挥宣传教育作用。"马后炮""时过境迁"都不能使通报发挥应有作用，产生应有效果。

2. 种类

通报根据内容性质和写作目的可分为三类：

（1）情况通报，即传达重要精神或者情况的通报，如《国家安全监管总局办公厅关于2012年度烟花爆竹药物安全抽检工作情况的通报》（安监总厅管三〔2013〕30号）。这种通报有时也可作平行文。

（2）表彰通报，即表彰先进典型的通报，如《广东省人民政府关于表彰全省村民自治模范县（市、区）的通报》（粤府〔2002〕96号）。

（3）批评通报，即批评错误的通报，也包括事故通报，如《国务院办公厅关于违规修建办公楼等楼堂馆所案件调查处理情况的通报》（国办发〔2007〕41号）。

（三）通报与决定用于"奖惩"的区别

通报与决定都有奖惩功能，都适用于表彰先进和批评错误，但它们在使用和写作上是有区别的。第一，针对的对象、写作的目的不同。决定是针对典型自身作出决定，给予表彰或处分；通报则是借典型扩大影响，激励、教育公众或有关人员。因此，决定一般是对当事者提希望和要求，即针对典型自身提，有时根据实际情况也可不提；通报则是对受教育者提出明确的要求，进而发出号召，而且不能不提。第二，典型的意义不同。虽然决定和通报的人或事都应具有典型性，但符合某种规定就可以决定进行表彰或处分，它据其当事本体而定，而通报的人或事应更具有广泛的（现实的或潜在的）代表性，以此来激励和教育受众或有关人员，因此，更应视客体而定。故表彰先进或批评错误用决定行文还是用通报行文，就要根据上述两点细加斟酌，同时还要注意它们在写作上的区别。

（四）文本写作

通报一般由标题、主送机关、正文和文尾组成。

1. 标题

标题用"发文机关名称＋事由＋文种"三要素规范形式，如《民政部关于实施惠民殡葬政策先行地区的通报》。

2. 主送机关

通报的主送机关常是发文机关的下属单位，因为通报属机关内部宣传教育性公文。通报一般又带有普发性，受文的下级机关往往较多，且常用统称，因此，要特别注意排列的顺序和标点符号的使用。有时也不写主送机关。

3. 正文

不同类型的通报，正文写法不尽相同。

（1）情况通报。正文一般分三层写：①交代情况来源和陈述具体情况；②分析情况产生原因；③提出希望和要求或处理意见等。但根据不同目的也有其他写法。如《广东省人民政府办公厅关于人大代表建议政协提案办理情况的通报》（粤府办〔1995〕96号）正文的三部分是：总的情况、已办情况、未办的将怎么办。这个情况通报突出了汇报性目的。

（2）表彰通报。正文一般分三层写：①叙述表彰对象的基本情况和典型事迹及其事迹的本质意义和社会影响；②说明组织给予表彰的目的、依据和表彰的具体内容，包括物质和精神的奖励；③对受教育者提出希望或向大家发出学习号召。

（3）批评错误通报。正文一般分三层写：①叙述批评对象的基本情况、所犯错误事实及其所犯错误的性质、影响与认错态度；②说明组织给予处理（处分）的目的、依据和处理的内容，包括精神和物质两方面；③向受教育者提出希望和要求。

（4）事故通报。正文内容一般应包括：①陈述事故经过和损失情况；②分析事故原因、责任及对有关责任人的处理；③总结事故应吸取的教训，并向相关单位和人员提出希望和要求。

4. 文尾

（1）署名。署发文机关全称或规范化简称。

（2）成文日期。用阿拉伯数字标写年、月、日。

（五）写作注意事项

（1）通报的内容必须具有典型意义。即通报的内容须有代表性，能起到现实教育作用，否则就不能发挥通报的应有作用。如果典型意义不是很大，用决定即可，不必用通报。

（2）通报内容必须真实准确。虚假内容是难以令人信服的，不仅不能发挥激励人、教育人的作用，相反还会产生负面影响，造成不良后果。

（3）通报要注意政策性。通报无论是表彰先进还是批评错误，都必须以法律法规、规章制度、现行政策为依据，不能随心所欲。不能以理服人，也就达不到教育人的效果。

（4）通报要及时、迅速。通报的时效性较强，写作要及时、迅速，以指导当前工作，时过境迁就不能起到很好的宣传教育作用。

【写作思考与实训】

1. 知照通知与通告在使用上有何区别？

2. 通报与决定用于"奖惩"时，在用法与写法上有何区别？

3. 若将下面通知的事情，改由"××市人事局"举办，你认为举办活动的目的、受文对象、参加人员、参聘要求以及使用的文种将会发生怎样的改变？试根据这些变化的实际情况写出这份公文。

××市教育局
关于举办毕业生就业双向选择活动的通知

各大、中专院校：

为做好 2012 年研究生及大中专毕业生的就业工作，我市定于 2 月 20 日至 22 日（8∶00—17∶00）在市人才交流中心举办毕业生就业供需见面、双向选择活动。届时用人单位设点提供需求信息，考核接受毕业生；毕业生持学校推荐表与用人单位双向选择自主落实就业单位。希望各校抓紧落实有关事宜并组织毕业生前往参加。

××市教育局
2012 年 1 月 10 日

4. 请以单位某一检查情况写一份情况通报，或以单位某一典型事件写一份表彰或批评通报。

第四节　议案、请示、报告读写

议案、请示、报告是三种上行法治行政公文。其中议案是国家行政执行机关向国家权力机关提请审议事项的上行文；请示、报告则是典型的行政机关上下级之间使用的上行文。

一、议案

议案是各级人民政府按照法律程序向同级人民代表大会或人民代表大会常务委员会提请审议事项的公文。它是一种特殊用法的法治行政公文。首先，它是国家行政机关向国家权力机关提请审议事项的公文；其次，它是各级政府专用的公文，除政府外，其他行政单位不得使用；再次，它是在人民代表大会或人民代表大会常务委员会举行会议期间使用。简言之，它是一种政府提供给人大会议审议政府重大或重要事项的专用法治行政公文。同时，还应注意，法治行政公文中的议案不包括人大代表向人民代表大会提出的议案，它是专指政府向人大会议提出的行政议案。

（一）文本导读

【例文 4.4.1】（国函〔1992〕24 号）

国务院关于提请审议兴建长江三峡工程的议案①

全国人民代表大会：

长江是我国第一大河，流域面积占全国总面积的 19%，养育着全国三分之一的人口，流域工农业总产值约占全国的 40%，在我国国民经济发展中占有重要地位。长江中下游的洪水灾害历来频繁而严重。新中国建立以来，国家在长江流域进行了大规模的防洪建设，对保障中下游地区的经济建设和人民生命财产安全，发挥了很大作用。但由于多方面的原因，长江资源还没有很好开发利用，水患尚未根治，上游洪水来量大与中下游河道特别是荆江河段过洪能力小的矛盾，依然十分突出，两岸地面高程也普遍低于洪水位，一旦发生特大洪水，堤防漫溃，将直接威胁荆江两岸江汉平原和洞庭湖区的 1 500 万人口和 2 300 万亩良田，人民群众的生命财产和大中城市的工矿企业和交通设施，将会遭受巨大损失，严重影响国民经济全局。这是我们国家的心腹大患。

如何解决长江的防洪问题，更好地开发长江资源，中共中央和国务院一直很重视，社会各界也十分关注。经过几十年来的治理实践和对各种意见、方案的反复研究和论证证明，解决长江中下游的防洪问题，必须采取综合治理措施。兴建三峡工程是综合治理的一项关键性措施。三峡工程兴建后，可将荆江河段防洪标准由目前的十年一遇提高到百年一遇；配合其他措施，可以防止荆江河段发生毁灭性灾害；还可减轻洪水对武汉地区及下游的威胁。同时，三峡工程还有发电、航运、灌溉、供水和发展库区经济等巨大的综合经济效益和社会效益。三峡工程建成后年发电量 840 亿千瓦时，占目前我国年发电总量的 1/8，可为华东、华中和川东地区的经济发展提供重要的能源；可以大大提高川江航道通过能力，万吨级船队有半年时间可直达重庆，为发展西南地区的经济和繁荣长江航运事业创造条件。三峡工程还有利于长江中下游城镇的供水，有利于南水北调。总之，三峡工程的兴建，对加快我国现代化建设进程，提高综合国力，具有重要意义。

国务院对兴建三峡工程历来采取既积极又慎重的方针。近 40 年来，有关部门和大批科技人员对三峡工程做了大量的勘测、科研、设计和试验工作。特别是 1984 年以来，社会各界提出了许多新的建议和意见。一些同志本着对国家、人民和子孙后代高度负责的精神，对库区百万移民的安置、生态与环境的保护、上游泥沙的淤积、巨额投资的筹措和回收等疑难问题，从不同角度提出各自的意见，这些意见对于开拓思路，增进论证深度，完善实施方案，起到了十分有益的作用。

经过多年的研究、论证和审查，三峡工程坝址选在湖北省宜昌县三斗坪镇。工程的拦河大坝全长 1 983 米，坝顶高程 185 米，最大坝高 175 米。水库正常蓄水位 175 米，总库容 393 亿立方米。水电站总装机容量 1 768 万千瓦。工程静态总投资 570 亿元（1990 年价格）。主体工程建设工期预计 15 年。工程建设第 9 年，即可发电受益，预计在工程建成后不太长的时间里，即能偿还全部建设资金。国务院三峡工程审查委员会对可行性研究报告进行了认真审查，认为三峡工程建设是必要的，技术上是可行的，经济上是合理的，随着经济的发展，国力是可以负担的。

三峡工程规模空前，技术复杂，投资多，周期长，特别是移民难度很大。对于已经发现的问题要继续研究，妥善解决，对今后可能出现的各种困难和问题，要有足够的思想准备。要谨慎从事，认真对待，使工程建设更加稳妥可靠，努力把这项造福当代、荫及子孙的事情办好。

国务院常务会议经过认真讨论，同意建设三峡工程。建议将兴建三峡工程列入国民经济和社会发展十

---

① 引自 http：//thdw.cn/fanwen/dangzhengjiguan/tianyian/fanwen_1162_2.html.

年规划，由国务院根据国民经济的实际情况和国家财力物力的可能，选择适当时机组织实施。

　　请审议。

国务院总理　李鹏

1992 年 3 月 16 日

【导读】

　　这是一份采用含案法写作的议案。所谓"含案法"，就是将所提请审议的方案写在议案内，不另成文。本议案严格按规范格式写作。正文分为案据、方案和结语（提请语）三层行文。前五段是阐述案据（提出方案的理由、依据），分别从长江在我国国民经济中的重要地位、长江中下游洪灾的潜在威胁、兴建三峡工程的重要意义、国务院对三峡工程采取的方针与社会各界的意见建议、三峡工程各方面的具体情况及已发现的问题和态度五个方面进行了阐述。它们都是为最后作出"同意建设三峡工程，建议将兴建三峡工程列入国民经济和社会发展十年规划，由国务院根据国民经济的实际情况和国家财力物力的可能，选择适当时机组织实施"这个结论而服务的。这个结论（方案）的理由和依据即案据。案据充分、具体、全面，很有说服力，为方案的提出提供了有力的支撑。方案则是在此（案据）基础上，于第六段顺理成章地提出。最后"请审议"是结语，向审议机关明确提出审议请求。本议案写得理由充分，方案明确，条理清晰，结构完整。

【阅读思考】

　　1. 议案的主送机关有何要求？

　　2. 议案正文要写出哪些内容？哪部分应作重点详写？

　　3. 议案可省写结语吗？为什么？

【例文 4.4.2】

　　广东省人民政府关于提请审议《广东省野生动物保护管理条例（草案)》的议案①

广东省人民代表大会常务委员会：

　　为加强我省野生动物保护管理，省政府拟订了《广东省野生动物保护管理条例（草案)》。该草案已经省政府常务会议讨论通过，现提请审议。

广东省人民政府省长　卢瑞华

2001 年 1 月 18 日

【导读】

　　这是一份采用另案法写作的议案。所谓"另案法"，就是提请审议的方案另行成文，议案只作说明和提出审议请求。这种议案写作通常比较简单，如本议案的正文仅用两句话就将缘由、形成经过、请求交代得清清楚楚。写得简明扼要，言简意赅，平实庄重。

【阅读思考】

　　1. 本议案提请审议的方案是什么？它是什么性质的方案？

　　2. 为什么方案名称后要用括号说明是"草案"？

---

① 彭海河. 现行行政公文写作. 武汉：华中科技大学出版社，2005. 66.

（二）基础知识认知

1. 特点

（1）使用的专一性。只有各级人民政府对同级人民代表大会或人民代表大会常务委员会提出请求审议事项时才可使用，一般的公务联系用其他文种而不用议案。其他部门、单位均不得使用议案。

（2）涉及问题或事项重大，且带有普遍性。议案提请审议的问题或事项应是重大或涉及全局的，或带普遍性的，且只有提交权力机关审议批准后才能实施。

（3）语气的恳请性。各级人民政府是同级人民代表大会的执行机关。按照法律程序，凡是重大事项只有经过同级人民代表大会或其常务委员会审议批准，政府才能实施。因此，议案写作要使用祈请、恳求的语气。这与报告、请示较相似。

（4）成文时间具有特定的时限性。议案必须在人民代表大会或人民代表大会常务委员会举行会议期间以书面形式予以提出，以供与会代表讨论审议。

2. 种类

议案根据其审议的内容大致可分为四类。

（1）提请审议法律法规草案的议案。此类议案是用来提请同级人民代表大会或人民代表大会常务委员会审议、批准某项法律、条例、规定、办法等的草案。如《国务院关于提请审议〈中华人民共和国药政法〉（草案）的议案》、《国务院关于提请审议〈中华人民共和国消费者权益保护法〉（草案）的议案》等，都属此类。

（2）提请审议重大事项的议案。此类议案用来提请同级人民代表大会或人民代表大会常务委员会审议决定某项重大工程、措施等。如《国务院关于提请审议兴建长江三峡工程的议案》。

（3）提请审议机构、人事变动的议案。此类议案用来提请同级人民代表大会或人民代表大会常务委员会审议、批准设置机构、任免干部。如《国务院关于提请审议设立中华人民共和国监察部的议案》《××省人民政府关于罢免×××副省长职务的议案》等，即为此类。

（4）提请审批国际条约和协定的议案。此类议案用来提请同级人民代表大会或人民代表大会常务委员会审议、批准缔结国际条约和协定。如《国务院关于提请审议批准〈中华人民共和国和玻利维亚共和国领事条约〉的议案》。

（三）议案与报告、请示同为上行文的使用区别

议案与报告、请示作为上行文在使用上存在区别。第一，上下级关系存在区别。议案是行政机关与权力机关，亦即执行机关与审定机关的上下级关系；报告、请示是行政机关直属的上下级关系。第二，内容性质存在区别。议案的内容是全国或地方带普遍性的重大问题或重要事项，必须交由权力机关审议决定才能实施；报告和请示的内容则没有这种要求，大小事情都可向上级报告与请示；第三，行文时间存在区别。报告、请示向上级行文没有特定的时间规定，随时可以行文；议案一般只在人民代表大会或人民代表大会常务委员会举行会议期间行文，供会议审议决定。第四，处理方式上存在区别。议案由会议集体审定；报告是上级从中了解下情；请示多数由上级研究决定，并由负责人写出批示意见。第五，使用者有区别。议案的使用者有限定，只为各级政府使用；报告、请示为直属下级使用。

（四）文本写作

议案文本包括标题、主送机关、正文和文尾组成。

1. 标题

一般由"发文机关名称＋事由＋文种"三要素组成。"事由"常用"关于提请审议……的"的形式表达。

2. 主送机关

议案的主送机关特定，即与本级政府相应的同级人民代表大会或人民代表大会常务委员会。主送机关要用全称或规范化简称。

3. 正文

议案正文有两种写法：一种是含案法，即把提请审议的方案写在议案正文内。这种写法由案据、方案、结语组成。案据，阐明提出此项议案的依据，包括原因、目的和意义等，表明此项议案的重要性、必要性，以引起审议者的重视。它是议案能否获准的关键所在，要写得具体而充分。方案，是案据的推论和必然结果，是所提议案的构想和具体操作措施、途径和方法。方案是议案的主体，也是审议的主要内容，要切实可行。结语，起收束全文的作用。常用惯用语"请审议""请审议批准""现提请审议，并请作出批准的决定"等来作结语。

另一种是另案法，即把提请审议的方案置于议案之后，不在正文写出，如提请审议行政法规条例、办法、规定等的草案。这种议案的写法一般由所提议案的缘由、议案产生或形成的经过和结语构成。缘由，即简要说明所提议案的原因、目的及其形成经过等。议案产生或形成的经过同样要写得简要，例如，"省政府拟订了《广东省野生动物保护管理条例（草案）》，该草案已经省政府常务会议讨论通过"，说得简明扼要；结语与含案法的写法相同。

4. 文尾

（1）签署。议案署名处不写政府机关名称，而由行政首长签署，并在签名印前左空两字位置冠以职务。职务要写全称或规范化简称。

（2）成文日期。用阿拉伯数字写明具体的年、月、日。

（五）写作注意事项

（1）熟悉国家的法律法规和党的方针政策。由于议案的政治性和政策性很强，涉及立法事项及重大方针政策，因而议案必须以法律、政策为依据。

（2）语言准确、精练、庄重。除重大复杂的行政议案（如《国务院关于提请审议兴建长江三峡工程的议案》）外，议案篇幅一般不宜过长，缘由要抓住要点，言简意赅，不必开展论述、说理；交代事项，说完即止，干净利落。

二、请示

请示是适用于向上级机关请求指示、批准的公文。请示属呈请性、期复性上行文。

（一）文本导读

【例文 4.4.3】

××市工商分行××区办关于放贷进口长绒棉的请示

市分行：

我办联系单位市纺织原料公司 3 月底长绒棉库存量已达×万担，该产品成本较高，主要用于轮胎以及棉门帘的制造。该公司今年二季度计划进口的长绒棉中，4 月份到港的有埃及长绒棉×万担，金额××万元，现要求我办放贷支持。

但是，目前因受"调整"影响，橡胶行业的轮胎生产减幅较大，按每年耗用×万担计算，市纺织原料公司现有库存量已可供 3 年之用，若继续进货，库存量势必成倍增加。虽然，该公司的主管上级市纺织工业局对减少其库存量有所打算，准备研发一些新产品，以扩大长绒棉的使用量，但这毕竟需要较长时间。因此，该公司这笔贷款不符合我行放贷短期周转原则，我办拟不予考虑放贷。

妥否，请指示。

××市工商分行××区办

201×年 3 月 25 日

（联系人：×××　电话：×××××××）

【导读】

这是一份请求指示的请示，是因下级银行单位在放贷中出现了两难情况，自己不得擅作主张放贷时，向上级请求明确指示。

【阅读思考】

1. 本请示请求上级"指示"什么？

2. 请示文本写作，你认为哪部分最重要？为什么？

3. 本请示中的"放贷"一词改为"贷款"是否可以？为什么？

【例文 4.4.4】

××市盛达公司关于盛达制衣厂
改建车库为两层楼房的请示

××局：

我公司所属盛达制衣厂，于 2011 年 10 月开始改建汽车库，工程进展顺利，现已扣完顶板。但由于改建汽车库拆除了共计 510 平方米的司机、装卸工宿舍和武装部、基建科办公室，致使他们无宿舍居住与无办公室办公。该厂原打算为其另建，但考虑到厂区用地状况紧张和结合工厂长远规划，现决定将原建一层的车库改建为两层的楼房。第一层仍为车库；第二层做宿舍和办公室，面积不变，资金自行解决。我们同意该厂的意见。

妥否，请批示。

××市盛达公司

2012 年 5 月 10 日

（联系人：×××　电话：×××××××）

【导读】

这是一份为下属单位向上级第二次请示的请示。它是在第一次请示改建车库已获得批准并付诸实施，但在实施中又有了新情况、新问题后，为反映新情况、解决新问题，再次向上级请示。这种请示的写法是，缘由部分首先要主动汇报在第一次请示获得批准并付诸实施后的情况，以让上级领导了解前一请示事项的执行情况，然后再阐明新情况、新问题，在此基础上再提出请示事项。又因是为下级代为请示，所以，还应注意表明作为请示单位直接上级的本单位的表态意见。本文正是这样写的，故该请示写得既规范又符合事理。

【阅读思考】

1. 为什么"盛达制衣厂"不直接向"××局"请示，而要由"盛达公司"向"××局"请示呢？只有在什么情况下，上级才能代为下级请示？代替下级请示时，请示机关应注意什么？

2. 请示是否可以省略结语？为什么？

3. 请示为何要附注联系人姓名和联系电话？

（二）基础知识认知

1. 特点

（1）现实性。发文机关在实际工作中遇到无力、无权或无策解决的问题或事情时，便向上级机关请示，因此，请示的事项总是现实中存在的问题。向上级提出请示，就是为了解决现实问题。所以，请示的现实效用性表现得相当突出。

（2）请求性。下级在请示中必须提出明确的请示事项，这是请示文种的本质特性，没有请示事项就不是请示了。

（3）期复性。请示事项在未获上级答复前不能实施，所以，下级都期望上级能及早批复。

（4）单一性。请示要求上级机关予以指示或批准，请示的主送机关要单一，以免互相推诿，请求的事项要集中，要求一文一事。

2. 种类

根据对请求事项的不同要求，请示可分为两类。

（1）请求指示的请示，用于解决认识问题。如下级机关对有些问题不知怎么处理，需要上级明确指示；有些新问题不知怎么解决，需要上级给予解决问题的对策；对上级的政策、文件不能准确理解，需要上级作出明确的解释说明等。向上级请求对这些情况的指示，都属此类，如《国家税务总局关于明确增值税、消费税、营业税扣缴义务人为城市维护建设税扣缴义务人的请示》（国税发〔2004〕14 号）。

（2）请求批准的请示，用于解决认可问题。它是下级对拟办的事项已有了明确的意见，但无权或无力解决，请求上级机关同意支持或帮助。如请求批准设置机构和增加经费等的请示，都属此类。

（三）请示行文的特定要求

（1）请示属上行文，版头必须标注"签发人"及其姓名。

（2）请示需上级机关快速批复或其文秘部门及时函复，因此只能呈送一个主送机关。

（3）请示要求附注联系人姓名、联系电话，以便上级查询了解情况。

（4）请示一般不得越级请示，如遇特殊情况需越级请示，应同时抄送被越级的直接上级。

（5）请示不得抄送给下级。

（四）文本写作

请示一般由标题、主送机关、正文和文尾组成。

1. 标题

请示标题用"发文机关名称＋事由＋文种"形式。

2. 主送机关

请示只能有一个主送机关，不允许多头请示。这是为了避免几个主送机关之间相互推诿，影响下级工作。

3. 正文

请示的正文一般分"开头、主体、结尾"三层行文。开头写请示的缘由，缘由要写充分。主体写请示的事项，事项要写明确。结尾用惯用语收尾，常用的惯用语有"当否，请批示""妥否，请批复""以上请示，请审批""以上请示，请予批准"等。要根据写作意图选择最恰当的结语。请示不能省写结束语。

4. 文尾

（1）署名。署发文机关全称。

（2）成文日期。用阿拉伯数字完整写出年、月、日。

（五）写作注意事项

（1）注意文种的使用，不能将请示写成报告或请示报告。

（2）注意一文一事。

（3）明确行文目的，即请示什么。

（4）审准受文对象，即定准一个主送机关。

（5）请示不能省写结语。

三、报告

报告是适用于向上级机关汇报工作、反映情况，回复上级机关询问的公文。报告是呈阅性上行文。新《条例》第十五条（四）规定"不得在报告等非请示性公文中夹带请示事项"。

（一）文本导读

【例文 4.4.5】

海南省邮政局关于亚洲论坛
首届年会邮政通信服务工作的报告①

海南省人民政府办公厅：

根据《海南省人民政府办公厅关于做好亚洲论坛年会工作的通知》（琼府办〔2002〕19 号）精神，我局精心筹划，上下密切配合，较好地完成了年会的邮政通信服务任务。现将有关情况报告如下：

一、领导高度重视，把搞好年会邮政服务当作一项重要工作来抓。接省政府办公厅的通知后，我局专

---

① 应用写作，2002（5）.

门召开会议，传达贯彻省政府的通知精神，就做好年会服务工作提出具体要求。同时成立由省局杨世忠副局长为组长的亚洲论坛首届年会邮政服务工作领导小组，明确了服务内容和各单位的协调分工，制定了服务工作方案，并向全省邮政部门发出《海南省邮政局关于做好亚洲论坛年会邮政通信服务工作的通知》（琼邮〔2002〕13号），要求各单位把搞好亚洲论坛年会的邮政服务工作作为当前头等大事来抓，确保邮政通信迅速、准确、保密、安全；我局先后两次召开办公室、公众服务处、网路处及海口、琼海、三亚、琼山等单位负责人会议，统一思想，周密部署年会的邮政服务工作，对邮政营业、邮件报刊投递、环境整治、安全保卫、宣传等工作进行具体部署，将各项工作落实到单位和个人，为年会邮政服务工作做了充分的准备。

二、认真按照省政府有关部门要求，准确及时将报纸投送到位。根据省政府有关部门对参加年会的中央领导所需报纸种类和数量的要求，我局对所需报纸的提取、分发、投送等工作做了明确分工：海口局负责《人民日报》、《参考消息》、《海南日报》、《海口晚报》的所需数量和专袋封发；省报刊发行局负责香港《文汇报》、《大公报》的联系取报，及时交海口局合封；省邮运局每天凌晨3点多钟就派专人专车赶往报社运递报纸，后赶运琼海、五指山等地；琼海局、五指山局、海口局等单位专人专车，负责将报纸准确及时投送到位，确保朱总理等参会领导在早上8点钟之前看到所需报纸。据统计，4月9日至13日，我省邮政部门共向朱总理等领导提供报纸6种计880份。省报刊发行局等单位还为年会会务组专程取送由北京空运来的报纸10 000份。同时，我们增加会议期间的零售报纸，仅《海南日报》就增加零售23 700份，对宣传年会发挥了积极作用，产生了良好的影响。

三、设立邮政服务点，提供方便快捷的现场服务。为使年会人员享用方便快捷的邮政服务，琼海市邮政局分别在年会代表驻地博鳌金海岸酒店大堂商务中心、博鳌锦江酒店和水城会场三处各设一个邮政服务点。服务内容包括特快专递、平常函件、包件、印刷品、给据邮件等邮件收寄，邮品出售和报刊投送等，该局吴泽春局长坐镇指挥，处理各种事务，使各邮政服务网点工作有条不紊地进行，参加现场服务的邮政工作人员早出晚归，不言苦累，忘我工作，为年会提供了优质服务，保证了年会人员的用邮需要，展示了良好的邮政服务和海南形象。

四、发行《博鳌亚洲论坛》等邮品，为扩大宣传海南作贡献。为迎接首届年会的召开，我局精心策划，成功开发了《博鳌亚洲论坛》邮册、《博鳌亚洲论坛》画轴邮品、《博鳌亚洲论坛首届年会纪念封》，受到年会代表以及有关部门的好评。全省各市县邮政局抓住年会的有利时机，开展年会邮品的营销活动，宣传海南，扩大海南在国内外的影响，特别是海口、三亚、琼山、琼海和洋浦五地的邮政局发挥各自优势，加大年会邮品和其他邮品的营销力度，仅琼海市邮政局就销售年会邮品1万余件，有效地宣传了年会、宣传了海南，取得了双赢效果。

特此报告

海南省邮政局
2002年4月19日

【导读】

这是一份专题工作报告。报告由标题、主送机关、正文和文尾构成。行文简明有序是其突出特点。

开头概述工作依据、做法、效果，仅用58个字，言简意赅，体现了公文语言的精练、利落。随后用过渡句"现将有关情况报告如下"引入主体，使之过渡自然，联系紧密。

主体写成四段，每段开头用段旨句总领本段内容，四个段旨句恰当、准确且凝练。每段均有典型例证，既体现以事实说话的特点，又充分支持段旨。在各段结尾均采用贴切、自然、精短的评议，如"为年会邮政服务工作做了充分的准备""对宣传年会发挥了积极作用，产生了良好的影响""为年会提供了优质服务，……展示了良好的邮政服务和海南形象""有效地宣传了年会，宣传了海南，取得了双赢效果"。这些简明、精要的议论，起到了很好的点题与深化主旨的作用。

本文是在进行了重大国际会议服务工作后而呈递的专题报告，在汇报完有关情况后即以"特此报告"收束全文，结语选择既准确又意尽言止，干净利落。

【阅读思考】

1. 开头与主体之间使用惯用语过渡有何好处？所有公文都需这样写吗？

2. 本报告主体行文有何特点？这样行文有何好处？

【例文4.4.6】

中共邢台市委　邢台市人民政府
关于我市召开全市经济工作会议情况的报告

省委、省政府：

为了贯彻落实全省经济工作会议精神，巩固和发展2004年我市经济社会发展的好形势（2004年主要经济指标预计完成情况见附件一），我们在充分准备的基础上，于12月28日召开了全市经济工作会议，会议结合邢台实际，提出了明年经济工作"1115"总体思路（见附件二），明确了明年经济工作的预期目标（见附件三），研究了做好明年经济工作的具体措施，为做好明年经济工作奠定了良好的基础。

特此报告

中共邢台市委
邢台市人民政府
2004年12月29日

附件一：

2004年主要经济指标预计完成情况

2004年，我市预计将有8项经济指标的增速超过全省平均水平。其中，全市生产总值预计完成628.4亿元，较上年增加100亿元以上，增长13.5%，比全省平均增速高1.5个百分点；规模以上工业增加值预计完成170亿元，增长23.7%，比全省平均增速高1.7个百分点；全部财政收入预计完成46亿元，较上年增加10.9亿元以上，增长30.8%，比全省平均增速高11.7个百分点；地方一般预算收入预计完成18亿元，增长21.1%，比全省平均增速高5.2个百分点（全部财政收入和地方一般预算收入增幅双超同期GDP增幅）；全社会固定资产投资预计完成285亿元，增长25.5%，比全省平均增速高0.5个百分点；社会消费品零售总额预计实现180亿元，增长15.5%，比全省平均增速高0.5个百分点；全年实际利用外资1亿美元，增长72.9%，比全省平均增速高49.9个百分点；城镇居民人均可支配收入预计6 740元，增长10%，比全省平均增速高1.3个百分点。

附件二：明年经济工作"1115"思路（略）

附件三：明年经济工作预期目标（略）

【导读】

这是一份形式新颖的情况报告。它的创新之处在于化整为零，将几个具体内容分体成几个附件表述，报告只起介绍和说明情况的作用，从而使报告本体更加精短简明，同时也使报告的各个具体情况更加集中单一。这种行文更切合人们的阅读心理。

【阅读思考】

1. 这种将报告具体内容从报告本体中分割出来另行写作的方法，对报告本身来说，发生了什么变化？

2. 你能将三个被分割出来的附件还原吗？谈谈你打算怎样还原？

【例文4.4.7】

××协作中心办公室关于军校大学生演讲比赛
××协作区复赛结果有关情况的答复报告①

总参军训和兵种部院校教学局：

×月×日电函悉。现就我协作区军校大学生演讲比赛复赛结果的有关情况报告如下：

一、关于复赛活动的组织情况。此次复赛，我协作区按照本区院校的情况，结合总参核定给我区的决赛指标，给各参赛院校明确了复赛名额：各院校均派4名选手参加复赛。在要求各院校严密组织预赛的基础上，为保证复赛的公平公正，我中心在组织复赛时特别外聘了3所军地院校的7名资深教授担任评委，并在比赛时由各院校派出人员担任统分员。因此，复赛的前期准备是充分的，现场的组织程序是合乎要求而且正规严密的。

二、关于对比赛名次的确认考虑。由于我协作区的参赛院校相对较少，在赛前组织评委召开预备会时，有部分评委提议：鉴于××大学的生源入学质量明显要高出其余院校许多，因此，比赛结果有可能出现一边倒集中于该大学的现象。从有利于鼓励各院校积极参加类似活动以促进学科建设和教学水平提高的角度出发，是否可以适当照顾办学起点和生源质量较低的院校，使其亦能有选手进入决赛。对此提议，我中心在请示主管领导后，原则上同意在公开比赛的基础上，如出现优胜者过分集中于某院校，而其余院校未有选手胜出时，给予适当调整照顾，但被照顾者将在胜出选手中靠后排名。因此，我中心之所以采纳评委建议，完全是从有利于各兵种院校的长期协作、从顾全大局的角度考虑的。

三、关于对复赛结果的确定情况。从现场比赛的得分情况看，结果与评委们的赛前所料大致相同：在5名胜出者中，前面4名均为××大学的选手。对此，我中心组织评委们进行了讨论。会上，评委们一致认为选手的得分并未当场公布，从比赛的整体情况看，有必要将此结果进行一点小调整，即把××大学的第4名调整到第6名，原第5名调整为第4名，原第6名调整为第5名。故最终公布的结果为：在取得决赛资格的5名选手中，前3名为××大学选手，其余2名分别为××学院和××学院的选手。因此，我协作中心上报教学局的复赛结果，其中固然有从大局出发适当照顾××学院的因素，但同时也是充分尊重评委意见的结果，此外并无他因。

专此报告

××协作中心办公室
200×年×月×日

【导读】

这是一份答复报告。它是下级对上级咨询某事时进行答复所用的一种报告。本文是××协作中心办公室在接到上级主管部门电函询问演讲比赛复赛结果情况后所作的答复汇报。

××协作中心承办了一次部队院校大学生演讲比赛的××协作区复赛活动。赛后，有个别参赛院校和参赛学员对公布出来的比赛结果不认可，并将其三点存疑之处向总参军训和兵种部进行了反映。因此，总参军训和兵种部院校教学局就此向该单位进行了询问，并要求就复赛的有关情况作出书面报告。故该单位作出了上述答复汇报。

【阅读思考】

1. 这个报告与上述两个报告的本质区别是什么？这种报告在报告内容上有何要求？

2. 请谈谈这种报告在写作上有哪些特定要求（可从标题、主送机关、开头、主体和结尾方面等思考）？

---

① 应用写作，2004（10）.

【例文4.4.8】

广东××学院关于报送2012年学院工作计划的报告

省教育厅：

现呈上《广东××学院2012年工作计划》一份，请审阅。

2011年12月25日

【导读】

这是一份递送报告，写得非常简单但"五脏俱全"，公文的各项必要要素都具备。正文写明被呈材料的名称、数量，结尾用惯用语"请审阅"收束。

【阅读思考】

1. 该报告的正文表述了几层意思？从公文正文结构构成审视，它们分别属于什么要素？其中省略了什么要素？

2. 为什么报送的计划在标题中不用书名号，而在正文中又使用书名号呢？

3. 为什么报送的计划不被看作附件，而例文4.4.6中的三个内容又被看作附件？

（二）基础知识认知

1. 特点

（1）汇报性。这是报告的本质特征。报告是下级机关向上级机关汇报情况的公文，其目的是使下情上达，让上级了解情况、掌握动态。

（2）沟通性。报告能使下情上达，向上级提供信息，使上级对下级有所了解，从而实现上下级沟通，密切上下级联系。

（3）陈述性。报告汇报工作、反映情况或答复上级有关询问时所用的表达方式是叙述和说明，因而具有陈述性。

2. 分类

报告按不同的依据可划分为不同的类别。

（1）按性质划分，有综合报告和专题报告。用于汇报全面或者几个方面工作或情况的报告是综合报告。用于汇报某项工作或者某一情况的报告是专题报告，或叫专项报告。

（2）按呈报的态度划分，有主动呈报报告和被动呈报报告。主动呈报报告是下级机关主动向上级机关或部门呈送的汇报工作、反映情况的报告。被动报告是上级机关或部门先有询问，下级机关针对上级的询问呈送的报告，如答复报告。

（3）按内容划分，有工作报告、情况报告、递送报告等。工作报告是下级机关向上级机关或部门汇报工作的报告。情况报告是下级机关向上级机关或部门反映情况的报告。递送报告是向上级机关或部门报送文件或物件时随文随物呈送的报告。

（三）报告与请示的区别

报告与请示虽同属典型的上行文，却是两种用途不同的文种，应严格区分，其区别具体表现在四个方面：

（1）内容上，请示带请示事项，报告不得夹带请示事项。

（2）使用时间上，请示在事前，报告在事后或事中。

（3）处理上，请示必须"批复"或"函复"，报告不需"批复"或"函复"。写成

"请示报告"是将两种文种误作为一种文种使用。

（4）写作上，请示的重点是正文的开头部分，开头阐述请示缘由必须充分；报告的重点则是正文的主体部分，是情况或工作的具体内容。

（四）文本写作

报告文本包括标题、主送机关、正文和文尾四部分。

1. 标题

报告标题仍由"发文机关名称＋事由＋文种"三要素组成，如《河北省人民政府关于工业生产情况的报告》。

2. 主送机关

报告是上行文，一般只写一个主送机关。

3. 正文

报告正文一般由开头、主体和结尾三部分组成。

（1）开头。开头主要用来交代报告的缘由、依据、目的、意义等。末句一般用惯用语"现将……报告（汇报）如下"作过渡，承上启下引出主体内容。

（2）主体。主体是报告的具体内容部分。一般包括基本情况、主要成绩或经验体会、存在的问题和下一步的打算等内容。写这一部分要围绕主旨，突出重点，还要层次分明，条理清晰。一般采用并列式结构，分点列项来写，每点经验、体会、意见习惯上用序码标明，并在段首设置段旨句，也可将它们写成小标题。

（3）结尾。通常用惯用语结尾。报告的结语有"特（专）此报告""以上报告，如有不妥，请指正""以上报告，请审阅"等。

4. 文尾

（1）署名。署发文机关全称。

（2）成文日期。用阿拉伯数字完整标识年、月、日。

（五）写作注意事项

（1）不要错用文种，严格区分报告与请示的使用区别，同时还要区分报告与意见的使用区别，向上级提出建议或意见要用"意见"，不要用"报告"。

（2）陈述事实、情况要简明、有序、完整。

（3）分析要精要，观点要鲜明。一般使用精要的小标题和段旨句来使观点鲜明突出。

（4）语言要朴实，格式要规范，惯用语要中肯。

（5）报告不得夹带请示事项。

【写作思考与实训】

1. 法治行政议案具有哪些特殊性？行政议案是否包括人大代表向人民代表大会提交的议案？

2. "含案法"与"另案法"在写作上的根本区别是什么？

3. "请示报告"这种说法为什么不对？

4. 请示与报告同属上行文，在用法和写法上有哪些区别？

5. 请从标题、主送机关、缘由、事项、结语、署名、成文日期以及语言表达诸方面评改下篇请示。

××市公安分局关于申请增设××派出所的请示报告

××市局领导：

我分局下属的淮河派出所管辖战线长、地域广，近年来由于城市经济的快速发展，导致人口迅猛增多。该派出所所辖区又系城郊结合部，治安情况极为复杂。据此我分局向市局请示，拟增设××派出所，管辖原淮河派出所管辖的部分地段。这样可以加大管理力度，缓解淮河派出所警员的工作压力，从而提高工作效率，确保一方平安。请领导尽快研究，早日答复。

当否？请批示。

××分局（盖章）

200×年×月×日

6. 请按情况报告的写作要求，改写下篇情况报告。

××县教育局
关于乡镇中小学校舍普查情况的报告①

县政府：

根据县政府 2002 年 12 月 15 日通知精神，我局会同各乡镇政府对全县××个乡镇所属中小学校舍情况进行了全面的调查。整个调查工作于 2003 年 3 月 31 日结束。现将有关情况报告如下：

一、全县乡镇现有中小学×××所，校舍总面积××万平方米。其中达标校台面积为××万平方米，占总数的××%。

二、在未达标校舍中，属于严重危房已不能完全使用的占××%，经简单维修尚可在秋季开学继续正常使用的占×%。目前全县共有××所乡镇中小学校舍全部属于严重危房，需重新规划建设。

三、为解决危房校舍影响正常教学的问题，我局近两年来协调相关乡镇政府，尽可能就地就近临时安排，保证不中断教学。但由于校舍长期难以固定，导致相当部分学生流失，辍学现象一度达该类学校学生总数的××%。

四、为最大限度地缓解这一现象，在此次校舍情况普查前的一年中，我局已动用当年全县校舍维修经费的 90% 计××万元，尽可能保证一般可维修校舍的正常使用。故截至目前，此类校舍未致影响各相关学校的教学。

五、由于××所中小学校舍已不能继续使用，故普查过程中我局与相关乡镇政府共同考察，详细测算，拟定出重建校舍所需各项费用，列表如附件。为保证秋季新学年开学时新生能正常入学，并能进一步降低辍学率，请县政府考虑 2003 年 5 月底前一次性拨专款×××万元，由我局统一调配，各相关乡镇政府亦已做好准备，一俟经费到位，即可立即开工，力争 2003 年 8 月底前建好新校舍并交付使用。

以上报告，请予审阅。

附件：（略）

2003 年 4 月 10 日

7. 试以你曾完成的某项工作为题材向上级写一份工作报告。

---

① 张冠英. 评改一份"报告"兼谈公文的"规范"问题. 应用写作，2004（9）：49.

第五节　批复、函读写

批复是用以答复请示的下行文种，函是不相隶属机关之间相互行文的平行文种。但它们都用于处理日常事务，都与"信函格式"匹配发文，而且都可用来答复"请示"。

一、批复

批复是适用于答复下级机关请示事项的公文，属回复性、指示性下行公文。它与请示构成上下对应的行文关系。一般来说，下级有请示，上级就得及时予以批复。

（一）文本导读

【例文 4.5.1】（国土资函〔2012〕723 号）

国土资源部关于同意命名

内蒙古二连浩特国家地质公园的批复①

内蒙古自治区国土资源厅：

你厅《关于内蒙古二连浩特国家地质公园命名验收的请示》（内国土资发〔2012〕148 号）收悉。现批复如下：

一、同意命名内蒙古二连浩特国家地质公园。

二、内蒙古二连浩特国家地质公园要以科学发展观为指导，遵循"保护中开发，开发中保护"的原则，做好园区内恐龙化石、中生代和白垩纪晚期堆积地层、盐湖等地质遗迹资源的保护和开发利用，开展公众地学科普教育和科学研究，并按照国土资源部相关规定和国家地质公园建设指南要求，加强国家地质公园管理，完善国家地质公园建设，为促进地方资源、环境和经济的协调发展做出贡献。

三、你厅要加强对内蒙古二连浩特国家地质公园建设的指导，督促地质公园及其主管部门按照国家相关法律法规，规范开展各项活动。

国土资源部

2012 年 9 月 10 日

【导读】

这份批复正文开头首先引叙来文标题和发文字号，然后说明来文"收悉"，"收悉"是"收到、知悉"的意思，这是惯用的说法。公文适当引用文言词和惯用语写作，能使语言简洁、庄重、高雅。引叙来文不是一般意义上的开头语，而是批复不可缺少的内容。接着用惯用语引出批复事项——主体部分，这部分采用分点行文，写成三点，写得意见明确，指示具体。批复一般用"此复"作结语，本文省略了这种结语。

【阅读思考】

1. 批复为什么首先要引叙来文？怎样引叙？

2. 试指出本批复主体部分中的哪些条文是表明态度？哪些条文是在作指示？

---

① 引自 http：//www.gov.cn/zwgk/2012－09/28/content_2235358.htm.

【例文4.5.2】（国函〔2007〕48号）

国务院关于淮河防御洪水方案的批复①

国家防汛抗旱总指挥部，江苏、安徽、河南省人民政府：

国务院同意国家防汛抗旱总指挥部制订的《淮河防御洪水方案》。请按照方案确定的各项任务和措施，认真抓好落实，确保防洪安全。

附件：淮河防御洪水方案

国务院
2007年5月17日

【导读】

此批复与例文4.5.1性质相同，但写法有别。试比较其写法。

【阅读思考】

1. 《淮河防御洪水方案》是国家防汛抗旱总指挥部制定的，批复为什么要主送给"江苏、安徽、河南省人民政府"？

2. 本批复正文可分几个层次？省写了什么结构要素？省写的理由何在？

3. 本批复为什么要将《淮河防御洪水方案》作为附件？而其他批复请示的批复却没有将下级的请示内容作为附件？

（二）基础知识认知

1. 特点

（1）行文的被动性。批复以下级请示为行文前提，先有请示后有批复，有请示就得批复。

（2）批复的及时性。对下级的请示，上级须及时予以批复。有些政府及部门为提高办事效率，改变机关作风，还明文规定批复时限，在限期内，上级机关若未及时批复，下级机关可视作默认而实施，上级机关则应对此负责。

（3）批示的针对性。批复答复的问题或事项必须有针对性，即下级请示什么，就批复什么，不得随意批复。

（4）效用的权威性。上级的批复就是指示，应遵照执行，即使执行有错，也由上级负责。

2. 种类

批复以请示为存在前提，没有请示，也就无所谓批复。因此，与请示相对应，批复也只有两种类型。

（1）指示性批复。指示性批复即指对下级请求指示事项的批复。

（2）审批性批复。审批性批复即指对下级请求批准事项的批复。

（三）文本写作

批复也是由标题、主送机关、正文和文尾组成。

1. 标题

批复标题也是由"发文机关名称＋事由＋文种"组成，如《国务院关于淮河防御洪水

---

① 引自http://www.gov.cn/gongbao/content/2007/content_663700.htm.

方案的批复》。审批性批复，若是"同意"的，一般也在事由中显示意见，如《国土资源部关于同意命名内蒙古二连浩特国家地质公园的批复》。但也有在标题上不表明的，如例文4.5.2。

2. 主送机关

批复与请示是对应关系，原则上主送机关就是请示机关，谁请示，就批复给谁。但有时也一同主送给其他有关执行机关，如例文4.5.2。

3. 正文

批复正文一般由引叙（开头）、批复意见（主体）和结语（结尾）组成。

引叙是正文开头的第一句话或第一个自然段。常用"你×（机关行政级称）《关于……的请示》（××〔201×〕×号）收悉"来引叙，然后就针对请示事项或问题作批复。

批复意见是上级机关或部门针对请示事项或问题经研究后作出的具体而明确的答复。这部分的写法大体分三种情况：

①完全同意。这种情况批复时，不仅要给出肯定意见，还要同时复述原请示事项的要点，不能笼统地说"同意"或"完全同意"了事。

②部分同意与部分不同意。这种情况批复时，除了叙述同意部分的内容外，还要说明不同意部分的理由。

③完全不同意。这种情况批复时，要委婉提出研究后的否定意见并说明理由。

批复常用对下级提出的执行要求作结语；没有具体要求时，也可用惯用语"此复"作结语，甚至省写结语。

4. 文尾

（1）署名。署批复机关的全称或规范化简称。

（2）成文日期。要用阿拉伯数字完整地书写年、月、日。

（四）写作注意事项

（1）表态要明朗。是同意，还是不同意，或是部分同意，都必须表态明朗，不能含糊，否则下级就无法执行或无所适从。

（2）要有理有据。同意或不同意的原因和依据都要说清楚，这样才能让下级信服。

（3）批复对象（即受文单位）要明确。批复原则上是谁请示，就批复谁。如果所请示的问题带普遍性，或要告知其他机关，处理办法是：①具有普遍性的问题，可将有关意见，另用"通知"行文；②需要告知其他机关的，可采用一同主送有关单位或抄送有关单位的方式。

二、函

函是适用于不相隶属机关之间商洽工作、询问和答复问题、请求批准和答复审批事项的公文。它是一种事务性平行文种。函主要适用两种情况：一是用于不相隶属机关之间商洽工作、询问和答复问题；二是用于不相隶属的有关主管部门请求批准和答复审批事项。

（一）文本导读

【例文 4.5.3】

××五交公司关于商品运输被损索赔的函

××航运公司：

我公司向××省××彩电生产厂家购进一批彩电。厂家销售科将该批彩电交由贵公司承运（承运号码：201×年 3 月 10 日 10037 号）。该批彩电于 3 月 15 日运出，3 月 20 日抵达我市航运码头。在码头提货时，我们发现部分彩电的包装破损，即会同有关人员当场拆包检验，50 台彩电被摔坏 10 台，价值×××
×元。经核实，实系贵公司运输途中所致。为挽回损失，希贵公司按有关规定赔偿该批商品的损失，合计
人民币×××元。

特此函达，即请查照。

附件：1. ××市航运码头管理处证明
　　　2. ××彩电厂销售科发货记录单
　　　3. ××市××质量检验所检验报告

××五交公司

201×年 3 月 25 日

【导读】

这是一份商洽索赔事宜的函。标题已明确主旨。正文先简要说明事情经过、损失情况及对方应负的责任，实际上这是在间接交代致函缘由，然后提出索赔要求和具体金额，最后有针对性地选择惯用语"特此函达，即请查照"作结。文章用语准确礼貌，事实具体充分，尤其提供三份附件，使索赔更有理有据。文章写得直而不露、柔中带刚、委婉自然。

【阅读思考】

1. 函是平行文，平行文要讲究尊重对方、谦和有礼，即使像本文这种是去向对方索赔的函，也应有礼有节，谈谈本文是怎样体现这一点的？

2. 本文表达上柔中带刚、委婉自然，你是怎样体会这一特点的？请用具体事实加以说明，这样写能起到怎样的表达效果？

【例文 4.5.4】

××县人民政府办公室
关于询问××中学违规收费情况的函

县教育局：

据《××晚报》2012 年×月×日第二版报道，我县××中学连续两年违规收取"建校费"达 200 万元。此事经媒体披露后，在群众中引起强烈反响。但据了解，自报道刊发至今，已逾半月，该校始终未向媒体作出任何解释，你局亦未派出人员进行深入调查并公布相关情况，导致众多家长联名写信向主管县长反映。

这究竟是怎么回事？根据县政府领导同志指示，特函知你局迅速查清，并将有关情况及时上报。

××县人民政府办公室

2012 年×月×日

【导读】

这是一份经领导授权、以机关办公部门名义，向平级单位了解情况的询问函。首先，本函文种使用正确，行文规范。县政府办公室与县教育局是平级关系，故用"函"行文，但县政府办公室是经"县政府领导同志指示"，代表"县政府"或"县政府领导"说话，所以，其语气与效用又具有下行文的属性。其次，本函内容严谨、简明。正文不足 200 字，但叙事清楚，表意明确，措辞得体。第一段依"事件""反应""动态""后果"进行表述，逻辑清晰严谨。其中"但""导致"等词语明确显示出批评之意，可谓直述不曲，整段展示了作为询问函的针对性。第二段先阐明发函依据，再提出要求。"迅速查清""及时上报"两个短语，十分明确地传达了领导的指示精神。一般来说，上级机关的办公（综合）部门按上级或领导指示向下级机关行文，特别是涉及布置重要工作、提出要求、答复重要事项等，都须明确授权问题，常用"经××（指本机关）批准（或'同意'）"或"根据××××（指本机关）领导指示"等语句。对此，本函把握得很准确。

【阅读思考】

1. 函是平行文，本函却使用下行文的口吻说话，为什么？

2. 在本函中第一段和第二段各起何作用？

【例文 4.5.5】（国办函〔2007〕59 号）

国务院办公厅关于同意在北京奥运会
特许商品上使用国旗图案的函[①]

第 29 届奥运会组委会：

你委《关于在北京奥运会特许商品上使用我国国旗图案的请示》（奥组委〔2007〕126 号）收悉，经国务院领导同志同意，现函复如下：

同意在北京奥运会特许商品上使用我国国旗图案。望正确使用，切实维护国旗尊严。

国务院办公厅

2007 年 5 月 23 日

【导读】

这是一份回复请示的复函。按理下级向上级递送"请示"，上级要用"批复"答复。但这里的答复机关是上级机关的办公部门，它与请示机关彼此是不相隶属的平级关系，所以，只能用"函"来答复。但按照新《条例》规定，这种"函"必须在正文中注明答复的意见是经上级同意的，故本文注明了"经国务院领导同志同意"。在写作上，本文有以下特点：

（1）回复缘由依据清楚。①引叙来文，这是答复缘由；②"经国务院领导同志同意"，这是答复依据。

（2）回复意见具体明确。"同意在北京奥运会特许商品上使用我国国旗图案"。

（3）行文规范。①本文结构规范；②注意行文关系选用恰当的文种。

【阅读思考】

1. 本函正文是怎样体现三层次的？

2. 用批复答复请示与用函答复请示的区别在哪？

---

① 引自 http://www.gov.cn/xxgk/pub/govpublic/mrlm/200803/t20080328_32217.html.

（二）基础知识认知

1. 特点

（1）适用面广。函在不相隶属机关之间发挥重要的桥梁作用。它适用面很广，可以知照说明情况，可以商洽讨论问题，可以咨询答疑，可以请求批准有关事项，也可以答复审批事项。

（2）事务性强。函多用于解决具体事务，内容实在，语言平和亲切。

2. 种类

（1）根据适用范围，函大致可以分为六类：

①商洽函，用于不相隶属机关之间商洽工作、讨论问题的函。

②询问函，向受函者提出询问，并要求对方予以答复的函。

③答复函，答复来函询问和上级机关的公文办理部门用来答复"请示"的函。

④请批函，请求不相隶属的有关机关或主管部门批准事项的函。

⑤审批函，机关或有关主管部门审批不相隶属单位有关请求批准事项的函。

⑥知照函，告知受函者有关情况的函。

（2）根据行文程序，可分为去函和复函。去函，也叫致函或发函，主要指询问函、请批函、知照函；复函主要指答复函、审批函；商洽函既可为去函，又可为复函。

（三）批复、函用于"答复请示"职能时的区别

批复是专用于答复下级机关请示事项的文种。通常情况下，下级呈来"请示"，上级就要及时"批复"。但有时上级并不直接"批复"，而是只作出批示后，将"答复"任务交由其办公部门（厅或室）来完成，由于办公厅（室）也是上级机关的下设部门，与"请示"机关同属一级，故用"函"行文。但在写作这种"函"时，正文开头必须明确交代所答复的意见是"经上级领导同意"的。

值得注意的是，无论"批复"还是"函"，在制作成文件时，都应用"信函格式"与之匹配。函与"信函格式"匹配好理解，但"批复"是典型的下行文，为何与"信函格式"匹配？这是因为下级有"请示"，上级就得"批复"，是属"处理日常事务"性质，故也用"信函格式"与之配合。

（四）文本写作

函的文本一般由标题、主送机关、正文和文尾组成。

1. 标题

函的标题也是用"发文机关名称＋事由＋文种"的规范形式。过去复函的标题除用规范式外，还有用"发文机关＋事由＋行文对象＋文种"标题形式的。如《国务院办公厅关于悬挂国徽问题给湖北省人民政府办公厅的复函》，这实际上是将"主送机关"移至标题中了，现在基本不再使用这种形式了。

2. 主送机关

函的主送机关是具体明确的，有确定的主送机关。

3. 正文

正文一般包括缘由、事项和结语三层。写法上去函与复函略有区别。

去函正文：开头扼要交代发函的缘由，再具体讲明要办什么事，最后针对内容和要求选

择恰当的结语作结。如"请函复""请同意""请批准""是否同意，请研究后及时函复""特此函达"等，但不能用"此致"、"敬礼"等用于个人行为的结语，因为这是机关或组织之间的行为，不是个人行为。

复函正文：开头引叙来文，常用"×月×日《××××关于……的函（请示）》（××〔201×〕×号）收悉"作引语。接下来就针对来函询问或请批的事项作出具体答复。若答复的事项较复杂，则应分点写。同时在缘由部分的末句使用过渡语，使之上下衔接紧密。最后有针对性地选用"此复""特此函复""专此函复"等复函结语作结。

4. 文尾

文尾要署名和署明成文日期。

（五）写作注意事项

写函必须注意三点：①格式规范。包括行文格式和书写格式都要规范。函只能用信函格式行文。书写格式一定要符合书写规范。②直陈其事、言简意赅。函的行文不能像个人书信那样问候、寒暄，搞感情投资，而应开门见山，直陈其事，力戒套话、空话。③用语得体。函是平行行文，用语既要表现出对对方的诚意和尊重，如一般称对方为"贵"，与对方商量事情，一定要用商量的口吻，不能强加于人，但又不能不讲分寸，用一些过分虚假的谦辞。总之，语言要符合行文关系，既亲切自然，又有分寸感，不卑不亢。

【写作思考与实训】

1. 批复应怎样写"批复意见"？
2. 函有去函与复函之分，其写法有哪些不同？
3. 同用于请求批准，请示与函应如何使用？
4. 根据下面提供的材料，请代该规划局起草一份批复。

××区规划局最近就城市违章建筑没收问题请示市规划局。市规划局拟作答复，对5种情况应予没收：①以土地使用者或业主名义报建，进行非法交易或变相买卖的；②擅自兴建，对近期城市规划影响比较小的；③擅自缩小建筑间距或加层增加建筑面积的；④不按规划管理部门的审批规定，拒不提供给有关部门统一安排生活配套设施及其他指定用途的建筑部分的；⑤未经市规划局批准，擅自改变建筑物使用性质的。写作时不明要素可虚拟。

5. 根据下列事项的需要，遵循"隶属关系"和"职权范围"原则，选用合适文种和合理材料，草拟必需的公文。

（1）××市证券公司为了提高员工文化业务素质，拟将5名原来所学专业与现职工作不甚对口的大学毕业生送往××大学有关专业全脱产进修一年，公司表示除支付学员进修规定的费用外，还愿在学校建设方面给予一定资助。

（2）××中学的大门面对繁华街市，学校为了利用这一有利条件经商创收，决定把它改建为商店，并将大门移建至面向弄堂的一侧。此事要得到主管上级区教育局的认同，还要得到主管规划建设的区城建办同意，然后才能进行其他一系列的筹建工作，付诸实施。

第六节 意见、纪要读写

一、意见

意见是适用于对重要问题提出见解和处理办法的公文。它是在建设中国特色社会主义民主政治进程中新兴的文种，其适用性很广，党政机关以及企事业单位都可使用。

（一）文本导读

【例文4.6.1】（国发〔2007〕13号）

国务院关于建立健全普通本科高校高等

职业学校和中等职业学校家庭经济

困难学生资助政策体系的意见①

各省、自治区、直辖市人民政府，国务院各部委、各直属机构：

为贯彻党的十六大和十六届三中、六中全会精神，切实解决家庭经济困难学生的就学问题，国务院决定，建立健全普通本科高校、高等职业学校和中等职业学校家庭经济困难学生资助政策体系（以下简称家庭经济困难学生资助政策体系）。现提出如下意见：

一、充分认识建立健全家庭经济困难学生资助政策体系的重大意义

党中央、国务院高度重视家庭经济困难学生的就学问题。近年来国家采取一系列措施，对农村义务教育阶段学生全部免除学杂费，并为家庭经济困难学生免费提供教科书、寄宿生补助生活费；对普通高等学校家庭经济困难学生设立国家助学奖学金，实施国家助学贷款政策；对中等职业学校家庭经济困难学生设立国家助学金等，取得了良好成效。

但是，我国家庭经济困难学生资助政策体系还不够完善，尤其是对普通本科高校、高等职业学校和中等职业学校家庭经济困难学生的资助面偏窄、资助标准偏低的问题比较突出。建立健全家庭经济困难学生资助政策体系，使家庭经济困难学生能够上得起大学、接受职业教育，是实践"三个代表"重要思想、落实科学发展观、构建社会主义和谐社会的重要举措；是实施科教兴国和人才强国战略，优化教育结构，促进教育公平和社会公正的有效手段；是切实履行公共财政职能，推进基本公共服务均等化的必然要求。这是继全部免除农村义务教育阶段学生学杂费之后，促进教育公平的又一件大事，具有重大意义。

二、建立健全家庭经济困难学生资助政策体系的主要目标与基本原则

（一）建立健全家庭经济困难学生资助政策体系的主要目标是：按照《中共中央关于构建社会主义和谐社会若干重大问题的决定》的有关要求，加大财政投入，落实各项助学政策，扩大受助学生比例，提高资助水平，从制度上基本解决家庭经济困难学生的就学问题。同时，进一步优化教育结构，维护教育公平，促进教育持续健康发展。

（二）建立健全家庭经济困难学生资助政策体系实行"加大财政投入、经费合理分担、政策导向明确、多元混合资助、各方责任清晰"的基本原则。（各原则说明略）

三、建立健全家庭经济困难学生资助政策体系的主要内容

---

① 引自 www.hnebp.edu.cn。

（一）完善国家奖学金制度。中央继续设立国家奖学金，用于奖励普通本科高校和高等职业学校全日制本专科在校生中特别优秀的学生，每年奖励5万名，奖励标准为每生每年8 000元，所需资金由中央负担。

中央与地方共同设立国家励志奖学金，用于奖励资助普通本科高校和高等职业学校全日制本专科在校生中品学兼优的家庭经济困难学生，资助面平均约占全国高校在校生的3%，资助标准为每生每年5 000元。国家励志奖学金适当向国家最需要的农林水地矿油核等专业的学生倾斜。（奖学金来源略）

（二）完善国家助学金制度。中央与地方共同设立国家助学金，用于资助普通本科高校、高等职业学校全日制本专科在校生中家庭经济困难学生和中等职业学校所有全日制在校农村学生及城市家庭经济困难学生。

普通本科高校和高等职业学校。国家助学金资助面平均约占全国普通本科高校和高等职业学校在校生总数的20%。财政部、教育部根据生源情况、平均生活费用、院校类别等因素综合确定各省资助面。平均资助标准为每生每年2000元，具体标准由各地根据实际情况在每生每年1 000~3 000元范围内确定，可以分为2~3档。

中等职业学校。国家助学金资助所有全日制在校农村学生和城市家庭经济困难学生。资助标准为每生每年1 500元，国家资助两年，第三年实行学生工学结合、顶岗实习。（助学金资金来源略）

（三）进一步完善和落实国家助学贷款政策。（略）

对普通本科高校和高等职业学校全日制本专科生，在校期间获得国家助学贷款、毕业后自愿到艰苦地区基层单位从事第一线工作且服务达到一定年限的，国家实行国家助学贷款代偿政策。

（四）从2007年起，对教育部直属师范大学新招收的师范生，实行免费教育。

（五）学校要按照国家有关规定从事业收入中足额提取一定比例的经费，用于学费减免、国家助学贷款风险补偿、勤工助学、校内无息借款、校内奖学金和特殊困难补助等。

要进一步落实、完善鼓励捐资助学的相关优惠政策措施，充分发挥中国教育发展基金会等非营利组织的作用，积极引导和鼓励地方政府、企业和社会团体等面向各级各类学校设立奖学金、助学金。

普通高中以及普通高等学校全日制研究生的资助政策另行制定。

四、建立健全家庭经济困难学生资助政策体系的工作要求

普通本科高校、高等职业学校和中等职业学校家庭经济困难学生资助政策自2007年秋季开学起在全国实施。各地区、各有关部门和各学校要按照国务院的统一部署，周密安排，精心组织，扎扎实实地把这件惠及广大人民群众的大事抓好。

（一）加强组织领导。（略）

（二）确保资金落实。（略）

（三）规范收费管理。（略）

（四）加大宣传力度。（略）

国务院

2007年5月13日

【导读】

这是一篇指导性下行意见，它提出的意见要求下级贯彻执行。该意见围绕"建立健全家庭经济困难学生资助政策体系"这一主旨，从"建立健全家庭经济困难学生资助政策体系"的重要意义、主要目标、基本原则、主要内容和工作要求等方面作了明确的规定，提出了具体的指导意见，具有很强的政策性和指导性。就行文而言，该意见标题显旨，这体现了公文的共同特点。接下来明确主送机关，这是一份普发性下行文，国务院所属各政府、部门和机构都得贯彻执行，因此，主送机关采用统称。正文分为开头和主体两大部分，开头概述发文目的和所涉及的事项，并引出主体内容——具体意见；主体运用小标题形式分项阐明"建立健全家庭经济困难学生资助政策体系"的重要意义、主要目标、基本原则、主要内容

和工作要求，条理清晰，逻辑严密，内容具体、明确、周密。最后落款和署明成文日期。本文是一份典范的政策性和指导性下行公文。

【阅读思考】

1. 联系本意见谈谈政策性、指导性下行公文在内容上和语言表达上应具备怎样的特点？

2. 就公文正文行文而言，一般体现开头（阐述发文目的、缘由等）、主体（阐述具体事项）、结尾（提出希望或执行要求），试根据本意见并联系以往所读例文，谈谈在哪些情形下正文可写成两大部分？

【例文 4.6.2】

××省农业委员会关于在"十五"期间实施"百万亩保护地发展计划"的意见

省政府：

为进一步推进农业结构调整，开辟农业增效、农民增收新途径，构筑后发优势，实现农业和农村经济跨越式发展，根据省政府领导同志关于大规模地发展棚室类生产的指示，在充分考虑到我省的地理气候条件，认真分析有关农业产品市场情况，全面总结近年来省内外保护地生产发展经验的基础上，现提出我省关于在"十五"期间实施"百万亩保护地发展计划"的意见。

一、实施"百万亩计划"的意义

"百万亩保护地发展计划"（以下简称"百万亩计划"），即在"十五"期间，全省实现发展保护地生产总规模100万亩，带动农户100万户，实现年创产值80亿元。保护地生产就是在设施保护下进行农业生产。发展保护地是现代农业生产发展的重要取向之一，实施"百万亩计划"是我省实施农业结构战略性调整，发展效益农业，构筑后发优势，实现农业和农村经济跨越式发展的一项重要举措。通过大规模地发展保护地生产，可以有效地解决冬季农业劳动力和劳动时间大量剩余的问题；可以有效地克服气候条件限制，大规模地实现冬季生产创收，大幅度地增加农民收入；可以有效地促进农业生产方式由粗放型向集约型转变，大幅度提高劳动生产率、提高单位面积生产效益；可以有效地抗灾、避灾，显著提高我省农业抗御自然灾害的能力；可以高效地利用水源、耕地等有限的农业资源，发展生态环保型效益农业，实现可持续性发展；可以有力地带动农产品市场、运输业、加工业及建材制造、生资供销、技术服务、信息服务、餐饮旅店业等相关产业的发展。

二、实施的原则与方法

实施"百万亩计划"应本着瞄准市场，科学选项；土洋结合，效益优先；集约生产，优质产出；合理布局，规模经营；积极稳妥，扎实推进等原则进行，重点应把握好以下几个方面：

（一）生产项目的选择及市场取向。根据对当前省内外保护地生产产品的市场情况和生产发展趋势的调查分析，实施"百万亩计划"应重点发展六个方面的生产。一是继续扩大发展反季蔬菜生产。实践证明，我省除12、1、2月这三个月的果菜类需一定的外菜补充外，其余反季蔬菜均可实现自给，但目前实际自给率不足40%。因此，要加快发展反季蔬菜生产，遏制并扭转早春、晚秋外菜大举压进的局面，夺回本省农业生产应有的市场份额。同时积极开拓黑龙江、内蒙古，特别是俄罗斯反季菜市场。二是大力发展反季瓜、果生产。这类生产目前尚处在起步阶段，具有极大的市场空间，主要是东北各大中城市，同时还可返销南方。三是大力发展食用菌生产。近年来，南菇北移生产趋势逐年增强，北方市场对食用菌消费的认同程度也明显提高，国内外、省内外市场都具有较大空间。四是积极发展花卉、苗木生产。随着经济、文化的发展和加工转化水平的提高，鲜切花、君子兰、芦荟等花卉生产都显示出良好的发展前景。五是积极发展棚室畜禽养殖业。利用暖棚饲养畜禽，可以有效地促进畜禽增重，减少饲料消耗，降低生产成本，提高畜禽产品的市场竞争力，从而促进冬季畜禽生产的发展。六是积极发展美蛙、蜗牛等各种特种经济动物饲养业生产。

（二）设施类型及建设标准。（略）

（三）产品定位及技术措施。（略）

（四）发展规划及生产布局。（略）

（五）实施方式及步骤。（略）

三、保证措施

（一）提高认识，纳入日程。（略）

（二）坚持面向市场，抓好产品销售。（略）

（三）制定政策，加大扶持力度。（略）

（四）强化服务，落实保障措施。为确保设施建设的科学规范和生产的成功高效，各级农业技术推广站要积极联合有关的大专院校、科研院所包括各类民营科技服务组织和科技能人，开展技术服务与技术指导工作。严格监控并及时指导生产开发过程中各项技术措施的落实，重点推广××县在发展保护地蔬菜生产过程中"十天一支招"和"统一规划、统一设计、统一建设、统一生产项目、统一技术指导"的技术保障经验，确保发展一块、成功一块、提高一块。要坚决杜绝重发展、轻管理、高成本、低产出，甚至有设施无生产现象的发生。

以上意见，供参考。

××省农业委员会

2001 年 3 月 12 日

【导读】

这是一份呈报性上行意见，它提出的意见或建议供上级参考。本意见不仅主旨突出、说理充分、目标具体、措施切实，而且紧密结合市场新形势，充分考虑到了优越的科技发展条件，被采纳的可能性很大。在写法上，格式规范，各项要素完备；语言准确、简洁、概括性强、富有表现力。这是一篇较好的公文范文。

【阅读思考】

1. 本意见开头涉及哪些方面的内容？

2. 本意见的结语可否省略？为什么？

【例文 4.6.3】（×农发〔2001〕×号）

××市农业委员会关于发展我市观光旅游农业的意见

市政府：

随着我市农业产业结构调整步伐的加快和人民生活水平的不断提高，发展观光旅游农业已成为农村经济新的增长点。为科学有效地开发利用农业资源，促进农村经济发展，现就发展我市观光旅游农业的有关问题，提出如下意见。

一、指导思想、任务目标与原则

（一）指导思想：以党的十五大和十五届五中全会精神为指导，以农业资源综合开发利用和保护为基础，以提高经济和社会效益为中心，逐步把观光旅游农业培育成具有一定生机和活力的新兴产业，促进农村经济全面发展。

（二）任务目标：力争经过 5～10 年的努力，在旅游景区周围、交通干线两侧和主要农副产品生产基地，构筑起点、线、面相结合的全市观光旅游农业新格局；建立起一批不同特色、不同层次和规模，具有观光、休闲、体验和科普等多功能的观光旅游农业基地；通过发展观光旅游农业，进一步优化农村经济结构，增加农民收入，加快农村城镇化发展步伐。

（三）遵循原则

（1）注重效益、循序渐进的原则。观光旅游是农业经济和社会发展到一定阶段的产物。各县（市）、区要抓住机遇，因势利导，坚持速度、规模和效益的统一。近期优先开发生产基地有规模、资源环境好和交通便利的观光旅游项目，积累经验，逐步开展。

（2）全面规划、突出特色的原则。各地要从实际出发，制定科学的发展观光旅游农业规划。要适应回归自然和观光休闲的心理，注重文化品位，突出地方特色，体现乡土风情，展示农业高科技成果。

（3）用市场机制开发建设的原则。发展观光旅游农业，项目建设、资金投入和经营管理要依照市场经济的要求，鼓励多种经济成分参与开发建设。

（4）开发与保护相结合的原则。发展观光旅游农业要正确处理资源开发和保护的关系，防止滥占耕地，加强环境保护，实现观光旅游农业与农村经济的协调发展。

二、城区布局与重点项目

全市发展观光旅游农业，按照由近及远、功能配套，点线面连接，依托农业资源，结合旅游景区建设的构思布局。

近期抓好以下重点项目。（略）

三、几项政策措施

（一）观光旅游农业享受农业税收的有关政策。利用"四荒"资源兴建的项目，执行"四荒"开发的相关政策。

（二）加大对观光旅游农业建设项目的投入。观光旅游农业是农业发展和农民增收的新增长点。市、县（市）、区要作为扶持的重点，分别列出专项资金，用于项目基础设施的扶持投入或贷款贴息，各级计委、农业、林业、水利、交通、供电、电信等部门，要根据职责分工，对市里规划建设的重点项目给予积极支持。

（三）搞好观光旅游农业的服务设施建设。景区建设是观光旅游农业的基础，必须高起点、高品位规划，高标准、高质量建设，并与农田水利、农村小城镇、旅游景区、农业科技园以及农业结构调整有机结合起来。根据项目进展情况，适时开辟农业观光旅游专线，为市民出游提供方便。加强导游人员的业务培训，搞好餐饮、娱乐和住宿等服务业的配套项目建设，并尽快开发观光农业产品、生态旅游商品，不断丰富观光农业的内涵。

以上意见如无不当，请批转各县（市）、区及市政府各部门执行。

××市农业委员会

2001 年 1 月 6 日

【导读】

这是一份呈转性上行意见。职能部门为发展业内某项事业或实施某一政策、措施，拟定了具体的意见和办法，但这些意见和办法又需要得到其他多方的支持与协助才能落实，由于部门职权所限，不能直接向其他有关部门正式行文，因此只能将意见呈上，请求上级批转各有关部门，使其产生具有由上级行文的效力，从而使意见和办法得以贯彻执行。这种意见从行文方向看，是呈给上级的，是上行文，实际内容却是写给协助执行部门的，因而在内容和语言表达上必须充分考虑到这一点。这是它与呈报性意见的区别所在。本文写得非常规范，而且语言表达也很得体。

【阅读思考】

1. 意见是一种行文相对复杂的公文，对于复杂公文的行文，试考察上述三篇例文，它们的主体行文有何相似之处？

2.【例文 4.6.2】和【例文 4.6.3】都是上行意见，但它们所用结语不同，由此可见，意见结语的使用有何要求？

【例文4.6.4】

××市组织部干部考核小组关于对×××同志的考察意见①

××同志于1997年11月经公开招考进入团市委工作，历任团市委学少部部长、组织部部长等职，现任共青团××市委副书记，经过认真考察，现得出对该同志的考察意见如下：

一、思想政治素质高。该同志思想上与市委、市政府保持高度一致，坚决拥护党的各项方针政策，坚持四项基本原则，坚持改革开放，坚持以邓小平理论和"三个代表"的重要思想武装自己。讲学习、讲政治、讲正气。

二、工作扎实努力，敢打硬仗，勇于创新。自担任团市委学少部部长和组织部部长以来，认真履行学少部部长和组织部部长的职责，深入基层调查研究，寻找新时期加强少先队工作和基层团组织建设的有效途径。少先队工作方面，引导全市少先队组织广泛开展"雏鹰行动"和"新世纪我能行"体验教育活动，使全市少先队工作有了长足的发展，少年儿童综合素质得到进一步加强。在团的基层组织建设方面，带领全市各级团组织坚持以党建带团建，广泛开展团员先进性教育，切实加强团干培训工作，全市团的基层组织建设不断加强，团员团干队伍建设有了进一步提高。几年来，团市委曾获全市创建五四红旗团委活动组织奖、全省少先队工作先进集体，我市共涌现出1个全国五四红旗团支部，2个全国少先队红旗大队，10余个全省五四红旗团委，6所省级少先队工作示范学校，有2名同志获得省级星星火炬奖章，1名同志被评为全省十佳少先队辅导员，1名学生被评为全省十佳少先队员，10余名同志被评为省级优秀少先队辅导员，多名学生受到全国、省的表彰，该同志自己也被评为全省少先队先进工作者。担任团市委副书记以后，该同志认真抓好自己分管的工作，组织了"手拉手百万图书进乡村"活动和"做诚信公民，铸诚信××"演讲赛，产生了良好的影响，分管的工作也得到了市委、市政府和团省委的高度肯定。

在对待本职工作勤勤恳恳、一丝不苟的同时，该同志还积极参与市团委各项中心工作和大型活动，从不敷衍了事，不摆花架子，不搞形式主义，总是从实际出发，尽己所能，不断创新，为团市委各项大型活动的成功举办立下了汗马功劳。

三、作风严谨，从各方面严格要求自己。生活上不骄不躁，作风严谨，遵守纪律，廉洁自律，不侵占公家一分一厘，不行贿受贿。为人谦虚谨慎，善于听取他人意见，博采众长，不断完善自己。严于律己，宽以待人，尊重领导，团结同志。

四、认真学习，提高修养。第一，加强政治理论学习，全面系统掌握马列主义毛泽东思想，正确领会邓小平理论和"三个代表"重要思想精髓，做到理论联系实际，理论指导实际；第二，加强文化知识学习，平时勤阅报纸杂志，从中吸取知识，2004年自费参加华中师大中文系研究生课程班函授学习；第三，加强业务学习，做到从书本上学，从文件中学，在工作实践中摸索，通过学习，使自己成为业务的行家、岗位的能手，通过学习，不断提高自己的修养。

该同志近几年年度考核均为优秀。

××市组织部干部考核小组

200×年×月×日

【导读】

这是一份考核小组代表组织对干部所作的考察意见。这种意见常是由专门人员或专家组成小组，经过全面调查了解得来，具有评价鉴定作用，也很有权威性。这种意见是由专门人员作出的，因此，通常被归于平行意见之列。

【阅读思考】

1. 分析本意见的结构组成。

---

① 耿煜. 新编办公室标准文秘写作现查现用. 北京：企业管理出版社，2007. 55（稍有改动）.

2. 本意见对该同志作了哪些方面的评价与鉴定？

（二）基础知识认知

1. 特点

（1）行文的多向性。国务院办公厅在《意见》①中指出："'意见'可以用于上行文、下行文和平行文。作为上行文，应按请示性公文的程序和要求办理。……上级机关应当对下级机关报送的'意见'作出处理或给予答复。作为下行文，文中对贯彻执行有明确要求的，下级机关应遵照执行。无明确要求的，下级机关可参照执行。作为平行文，提出的意见供对方参考。"在新《条例》规定的15种党政机关公文中，唯有"意见"具备独立上行、下行和平行的特点。

（2）使用的灵活性。意见主要用于党政机关，也用于人民团体、企事业单位。它既可独立行文，也可联合行文，还可被批转或转发。

（3）作用的多样性。"意见"作上行文，具有向上级机关或部门提出工作建议和参考意见的作用；作下行文，具有向下级机关表明主张，阐明工作原则、方法和要求的作用；作平行文，具有向不相隶属机关或单位提出参考意见，或就某一专门性工作作出评估、鉴定的作用。

（4）内容的广泛性。意见只要求对"重要问题提出见解和处理办法"，在内容方面没有任何限制，所以，它涉及的内容极其广泛。

2. 种类

意见按性质和用途可分为三类：

（1）指导性意见。这是党政领导机关用以布置工作的下行意见。它同决定、通知等文种一样，对下级的工作具有一定的行政规范和约束作用，但它与决定、通知等相比较，更突出指导性，内容上更注重原则性和灵活性、规定性和变通性相结合，为下级办文留有更多的创造性空间。有时部署工作不宜用命令、决定、通知等文种行文时，就用意见行文。随着民主型政府、服务型政府的建设与推进，这种意见越来越多。

（2）建议性意见。这是提出工作建议、设想的上行意见。根据行文目的，它又可分为呈报性意见和呈转性意见：①呈报性意见是向上级提出某方面工作的建议、意见，向上级献计献策，以供上级决策参考，如《××省农业委员会关于在"十五"期间实施"百万亩保护地发展计划"的意见》。②呈转性意见是职能部门就开展和推动某项工作提出初步设想和打算，呈送上级机关审定后，由上级机关批转督促有关方面执行，如《××市农业委员会关于发展我市观光旅游农业的意见》。这类意见取代了过去"报告"呈转建议的职能。

（3）评估性意见。它由业务职能部门或专业机构就某项专门工作、业务工作经过调查研究或鉴定评审后，把商定的鉴定评估结果写成意见送交给有关方面，它虽可上行、下行，但主要是不相隶属单位之间的平行文。它又可分为鉴定性意见和批评性意见：①为了加强决策的科学性，对某项工作的成果、某项决策的可行性进行调查论证、评估鉴定后，即可写成鉴定性意见，如《全国爱国卫生委员会国家卫生城市考核鉴定组关于成都市创建国家卫生

---

① 国务院办公厅关于实施《国家行政机关公文处理办法》涉及的几个具体问题的处理意见（国办函〔2001〕1号）。

城市工作的考核鉴定意见》《××市旅游局关于开发××旅游区可行性论证意见》。②随着社会主义民主政治的推进，人大、政协监督职能的加强，人民群众监督作用的发挥，对政府及其职能部门、公务人员的工作提出意见、批评，即为批评性意见。人大代表在人民代表大会上对各方面工作提出的书面意见也为此类意见。

（三）文本写作

意见一般由标题、主送机关、正文和文尾组成。

1. 标题

意见的标题也是采用"发文机关名称＋事由＋文种"的规范形式，如《国务院办公厅关于促进外贸稳定增长的若干意见》（国办发〔2012〕49号）。

2. 主送机关

意见的主送机关应分情况确定：①用于上呈的意见，须写明主送机关；②用于下发的意见，执行范围、对象具体明确的，要写明主送机关；③用于下发，但涉及面广的，可不写主送机关，如《中共中央 国务院关于推进社会主义新农村建设的若干意见》（中发〔2006〕1号），涉及全局性的重大战略问题，要求各级党委、政府和各个部门的通力协作，各司其职，因而不写主送机关；④用于平行的通常要写明主送机关。

3. 正文

意见正文一般分开头、主体和结尾三部分。

开头一般写明发出意见的依据、背景和目的。最后一句常用惯用语过渡到主体，使之联系紧密，过渡自然，如"为促进……健康发展，特提出如下意见"或"为了认真贯彻落实……文件精神，进一步推动……工作的顺利开展，现提出如下意见"等。

主体一般分小标题或分点行文。这部分，一是阐明贯彻落实某项工作或解决某个问题的意义；二是提出目标任务、工作原则、各项要求、具体措施、实施步骤和明确有关部门的职责，或者提出建议事项，阐明意见看法等。其写作既要讲道理、明政策、通法律，又要可实施、能操作、便督查。语言既要严肃果断，更要平和简明，少用指令性词语，多用指导性、祈请性语词，以体现注重商榷、尊重对方的民主作风。

结尾主要是提要求，常用惯用结语。不同类型的意见应选用不同的结语。如呈报性意见可用"以上意见，供领导决策参考"或"以上意见供参考"；呈转性意见可用"以上意见，如无不妥，请批转各地（或"各有关部门"）执行"；而指导性意见则常用"以上意见，请结合实际情况贯彻执行"；如果将工作要求具体化了，也可不另写结语。

4. 文尾

（1）署名。署发文机关全称或规范化简称。

（2）成文日期。用阿拉伯数字书写完整的年、月、日。

（四）写作注意事项

意见写作的注意事项主要体现在不同类型意见的写法不同，要能把握准它们的写作区别。

（1）对于指导性意见，不同层次的领导机关在使用这类意见时的侧重点应有所不同。高层领导机关的意见原则性较强，理论色彩浓厚；下层领导机关的意见较具体，可操作性强。

（2）建议性意见提出的建议、设想要切实可行。其中呈转性意见需批转各地（或其他部门）执行，它的写法、用法与过去的"建议报告"相同，是"形式上的上行文，实质上的下行文"，正文中提出的建议、意见主要不是针对上级而是针对下级或有关方面提出的执行意见、指导性要求，撰写时尤其要注意行文的语气。

（3）评估性意见作出的评价、鉴定、结论一定要科学、客观、公正。要用事实和数据来说明情况，作出的结论要实事求是，恰如其分。其中的批评性意见一定要有理有据，既要指出问题、批评错误，又要客观公正、令人信服。

二、纪要

纪要是适用于记载会议主要情况和议定事项的公文。它是根据会议记录及其有关文件、资料整理而成的重要的会议公文。因其专用作会议使用，故常被称作"会议纪要"。

纪要是一种具有告知性和指导性的公文。它既可随文上呈，也可随文下发、平行或批转与转发。纪要的主要作用是沟通情况、交流经验、统一认识、指导工作。有的纪要经上级机关或主管部门批转，具有了法规性，不仅与会单位要遵照执行，其他有关方面也须遵照执行。

（一）文本导读

【例文4.6.5】

××学院关于网络信息安全工作会议纪要

根据2月14日学院安全工作专题会议要求，2月20日下午在行政楼526会议厅，×××副院长主持召开了学院行政部门网络信息安全工作会议。出席会议的有×××助理院长和各行政部门负责人。会议内容有两项：①通报寒假期间××中心电脑被盗事件；②讨论学院目前网络信息安全问题。

一、××中心电脑寒假被盗事件情况

2月28日晚，××中心共有4台液晶显示器和10台主机的CPU、硬盘、内存被盗，财产损失2万余元，工作资料严重丢失。此事引起了学院领导的高度重视，立即召开了学院安全工作专题会议，要求全力采取各项补救措施。目前该中心正在竭力从各方面收集、补充数据资料，力争将损失减到最小。

二、学院目前网络信息安全问题

会议认为随着信息化、电子化进程的发展，数据越来越成为企事业单位的核心决策依据和日常工作资料。网络的发展、电子商务的兴起，网络安全也越来越引起人们的高度重视，其核心就是数据安全。数据安全包括数据静态安全与数据动态安全两个方面。数据静态安全是指防止存放在数据服务器存储设备内的数据被窃、修改、删除与破坏；数据动态安全是指防止在数据传输交易过程中被截取或篡改。保证网络数据安全的技术，一是系统防护技术，指从桌面系统到网络环境、到数据服务器的防病毒、防黑客入侵，重在"防"；二是系统保护技术，指数据备份、快速恢复、异地存放、远程控制、灾难备援等技术，重在"保"。

针对这次失窃事件，会议认为，各部门在学院还未建立统一的备份数据储存库之前，要尽快对电脑数据及时清理，自行备份有关数据和设置系统密码。行政部门数据较多而且相当重要，尤其是财务、教务、图书馆等部门现在就要着手工作。各种数据备份后不是所有人都可看到所有数据，要有审阅权限，但也要有2名信息安全员具有同等管理权限，以便在发生不确定因素时能采取相应技术手段加以恢复。

三、近期应尽快做好的工作

经过认真讨论，会议决定对近期工作作出如下安排：

（一）各部门负责人应组织相关人员认真阅读《××学院各部门网络管理责任人职责》、《××学院校园计算机网络管理办法》、《关于加强全省普通高考招生网络环境和网络安全运行管理的通知》等文件，提高对网络信息安全的警惕性，并根据本部门的实际情况，确定2名信息安全员，名单于3月5日前报学院办公室。

（二）各部门要结合实际情况，把各自的信息数据作相应备份，立即采取各项保护措施，明确个人的责任。

（三）教务处、财务处、图书馆考虑尽快增加电源防雷系统装置，并请基建办参照网络与设备中心电源防雷办法于3月9日前拟出相关方案，报董事会审批，争取2012年年底完成。

（四）学院办公室会同网络与设备中心尽快制定一个数据备份原则，并下发各部门。各部门将收集、整理进入学院大备份的数据，并于4月30日前报学院办公室。

（五）今年招生工作即将开展，各涉及招生工作的部门要认真贯彻省教育厅文件精神，确保网络安全，招生期间要坚持值班，确保招生工作的完成。

（六）学院数据备份资料统一存放于学院××××室。在学院大备份设备投入使用之前，学院办公室要尽快落实节假日期间数据和设备的具体存放点，增购保险柜，制定相关程序，确定管理负责人。

（七）学院办公室为网络信息安全工作的归口单位，要尽快拟订备份方案和工作细则，交由网络与设备处研究实施。

（八）今后遇到侵害事故或其他原因，凡因没有备份数据而造成损失的将追究部门负责人的责任。

上述各项工作由学院办公室负责检查、督促和落实。

××学院办公室

2012年2月23日

【导读】

这是一篇概述式专题会议纪要。标题由"单位名称＋事由＋文种"组成，纪要的事由又由"关于＋会议名称"构成。正文由前言和主体两部分构成。前言部分概述会议基本情况，包括会议召开的依据、时间、地点、参加人员、议程等；主体部分根据会议程序，简要记录会议内容，包括通报电脑被盗事件、讨论目前学校网络安全存在的问题及近期应尽快做好的工作。三项内容存在层层递进的逻辑关系。最后为文尾、署名和成文日期。

【阅读思考】

1. 本纪要的行文人称是什么？它应归属第几人称？

2. 纪要主要使用何种表现手法？它具有怎样的表达效果？

【例文4.6.6】

××××学院第十二次行政办公会议纪要

时间：2012年12月16日上午8时

地点：行政楼3号会议室

主持人：彭×院长

参加人：（略）

会议议题：

1. 审查今年预算执行情况

2. 讨论明年编制问题

127

3. 研究办公室与学生宿舍调整问题

4. 讨论公文档案管理问题

决定事项：

一、关于预算执行开支情况

上半年预算开支基本合理，但某些开支如水电费等，比去年又有所增加，值得注意。今后各项开支应按预算制度从严掌握使用。

二、关于明年人员编制问题

明年编制×××人，即按现有学生×××人和明年招收×××名新生，共计××××名学生的规模，教职员工在今年×××名编制的基础上，再增加××人。其中教师××人，工勤人员×人。此外，幼儿园今年编制×人（未满员），明年可增加×人。

三、关于办公用房和学生宿舍调整问题

参加深圳办学的职工，一概不保留办公室。学院办公室作部分调整：学生处仍搬回南楼办公；档案室和机要室分开办公，由院长办公室、教务处、政治理论教研室、经济研究所4个单位各调出一间解决。各单位要加强办公室与库房的安全保卫工作。学生宿舍楼按级分配：一年级住东楼，二年级住北楼，三年级住西楼。各楼增改厕所两间供学生使用。

四、公文档案管理等问题

要加强公文档案管理工作。各处室要指定一人（无专职则指定一人兼管）负责公文收发和立卷存档工作。公文档案管理制度由院长办公室负责召集各单位指定管理公文人员讨论制定。此外，收发室和传达室合并，移交总务处领导；对去深圳的职工家属，各单位要派人常去看看，协助解决生活上的有关问题；学院建立信箱代号。

×××× 学院办公室

2012 年 12 月 16 日

【导读】

这是一份用条项式写作的行政办公会议纪要。标题由单位名称、会议名称和文种组成。正文由会议基本情况和会议决定事项构成，即由前言和主体构成。该文本条理清晰，简明扼要，符合条项式纪要的写法。

【阅读思考】

1. 条项式纪要具有怎样的特点？

2. 该条项式纪要的行文议项与决定事项存在怎样的关系？

【例文 4.6.7】

"纤夫" 扬正气，《情结》扣人心
——话剧《情结》座谈会纪要

最近，剧协广东分会邀请了省、市文艺界、新闻界、纪委的有关领导、专家、记者等 40 余人，对许雁的新作《情结》展开了讨论，现将部分发言摘要如下：

陈仕元（省剧协副主席）：

由广东话剧团演出的多场话剧《情结》在友谊剧场隆重公演，观众反应十分强烈。

许雁是个很有才华的女作家，她写的戏都富有哲理性，搬上舞台有意境、有气势。

黎之彦（省文联理论处处长）：

崔长河是一个崭新的艺术形象，他除了具有入党为公、铁面无私的共性外，还具有独立的个性，冷峻的表面蕴藏着很深的对党、对人民的情结，这个偏于冷色的形象告诉我们，无私无畏一是要有战斗勇气，一是要有奉献精神。崔长河虽然同自己的亲人有矛盾、有斗争，给人以不近人情的感觉，但作者巧妙地通过一个"纤夫"的意念把他们的深层意识全部勾连起来了，造成红花绿叶相映衬的结局，满台正气，满台光明。

......

叶小帆（广州市文联副主席）：

这个戏之所以不同凡响，是由于许雁捕捉了两点：一是抓住了"纤夫"这个形象作为整个戏的灵魂，使其构成主要人物思想品格精髓，二是以"情结"做戏胆来结构矛盾冲突，来揭示人物深层意识和错综复杂的人际关系。

......

粟燕（广州市纪委干部）：

......

赵寰（省剧协副主席）：

......

中国戏剧家协会广东分会

××××年××月××日

【导读】

这是一份摘录式专题座谈会纪要的部分内容。从中可以看出，这种写法是通过摘录发言人的要言，反映发言人的观点，使会议纪要客观、真实。在表达形式上，是先写发言人的姓名，再记其发言。在记发言者第一次发言时，应在姓名后注明其身份（单位、职务）。

本文采用正、副标题形式。正标题表明与会者的观点、看法，副标题补充说明座谈会的内容，两者相辅相成。正文由前言和发言要点构成。文章的表达形式与内容非常吻合，显示出内容决定形式，形式与内容高度统一的特点。

【阅读思考】

1. 摘录式纪要的行文有何特点？

2. 分析本文所记各人发言内容的侧重点是什么？

（二）基础知识认知

1. 特点

纪要主要有三个特点：

（1）内容的纪要性。"纪"即综合、归纳；"要"是要点、主要。"纪要"就是采用综合归纳的手法将会议的主要内容、精神做全面的、要点式的高度概括。它不像会议记录，有闻必录、面面俱到，而是必须对会议繁杂的情况和内容进行概括整理，即概括出主要思想，归纳出主要事项，体现主要精神，使人一目了然。故纪要性是其基本特点，也是撰写纪要的基本原则。

（2）称谓的特殊性。纪要通常采用第三人称行文。由于它反映的是与会人员的集体意志和意向，因而常以"会议""大会"作为表述主体，"会议认为""会议指出""会议决定""会议要求""会议号召"等即为其称谓特殊性的表现。

（3）效用的约束性。纪要一经下发，便要求与会单位和有关人员遵守、执行。在这一点上，纪要与决定基本一致，只不过要比决定的规范性、严肃性程度低一些。

2. 种类

根据会议性质，纪要可分为两类：行政办公会纪要和专题会纪要。

（1）行政办公会纪要。行政办公会纪要是记载机关、单位行政办公会的纪要。它主要用来反映领导机关开会研究问题、部署工作的情况，其作用是为机关、单位工作的开展提供实在的指导和具体的依据。这类纪要一般应使用纪要的特定格式。

（2）专题会纪要。专题会纪要是指各种各样的交流会、座谈会、研讨会的纪要。这类纪要，有的起通报会议情况的作用，使有关人员尽快知道会议的基本情况和主要精神；有的具有指导作用，其精神可对有关方面的工作予以指导。这类纪要往往随文、随人运行。

根据写法的不同，纪要还可分为条项式纪要、概述式纪要和摘录式纪要三种。

（三）文本写作

纪要由标题、正文和文尾组成。

1. 标题

纪要的标题，行政办公会议纪要常采用"单位名称 + 会议名称 + 文种"形式，如《×××学院第十二次行政办公会议纪要》；专题会议纪要通常采用"会议名称 + 文种"形式，如《第八届现代应用文国际研讨会暨国际汉语应用写作学会成立大会纪要》，也有的采用正、副标题形式，如《探讨新时期文学的发展——中国当代文学研究会第二次学术讨论会纪要》。

2. 正文

纪要的正文一般由开头、主体和结尾构成。

开头一般为概述会议基本情况，包括会议名称、目的、内容、时间、地点、规模、参加人员、主要议题和会议成果等。开头要写得简明扼要，让人读后能了解会议总体概况。

主体是纪要的核心部分。一般根据会议的中心议题，按主次、有重点地概述会议情况和成果，包括对会议工作的评价、对问题的分析、议定的事项、作出的决定、提出的要求等。主体的行文方式有三种：

一是概述式，就是把会议的内容或议定的事项进行综合概括，分成若干部分写作。这种写法较普遍。它有利于突出重点，分清主次。它一般是把主要的、重点的内容放在前面写，而且尽量写得详细具体，次要的和一般性的内容放在后面写，往往写得较简略。

二是条项式，就是把主体内容包括讨论的问题和议定的事项按主次分条写作。这种写法内容清楚，条理清晰，一目了然。

三是摘录式，就是摘录与会者具有代表性、独创性的发言要点，按发言顺序或内容性质先后排列。这种写法可尽量保留发言人的谈话风格，避免一般化和千篇一律，比较客观、具体。

结尾一般写对与会者的希望和要求，也有的省写结尾。

3. 文尾

文尾包括署名和成文日期。要求与其他公文相同。

（四）写作注意事项

（1）掌握会议全部情况。写作会议纪要首先要弄清楚会议的目的、任务、内容和形式，掌握会议的所有文件材料，参加会议的全过程并认真做好记录，尤其要注意阅读会议的主要文件、材料和领导发言，领会会议的主要精神。

（2）抓住要点，突出会议主题。纪要是对会议结果的反映，不能面面俱到、照搬会议记录，而应围绕会议主题，抓住要点、突出重点，简明扼要地反映会议的主要情况和精神。

（3）文字应简洁明快。写作纪要应根据会议内容确定写法和篇幅，要简明扼要。在语言表达上应以概述为主，尽可能简短、通俗，切忌长篇大论。在结构层次安排上要条理清楚。

【写作思考与实训】

1. 呈报性意见与呈转性意见在写法上有何不同？

2. 试以校团委或校学生会的名义，就学校某一方面的问题拟写一份建设性意见主送给校行政领导机关。

3. 纪要主要有哪几种写法？

4. 请根据下面这份会议记录改写一份纪要。

××市城南开发区管委会办公会议记录

时间：200×年12月7日上午

地点：管委会会议室

主持人：李××（管委会主任）

出席者：杨××（管委会副主任）、周××（管委会副主任主管城建）、李××（市建委副主任）、肖××（市工商局局长）、陈××（市建委城建科科长）及建委、工商局有关科室宣传人员、街道居委会负责人

列席者：管委会全体干部

记录：邹××（管委会办公室秘书）

讨论议题：

1. 如何整顿城市市场秩序

2. 如何制止违章建筑、维护市容市貌

杨副主任报告城市现状：我区在开发区党委领导下，各职能单位同心协力、齐抓共管，在创建文明卫生城市方面取得了一定成绩，相应的城市市场秩序有一定进步，市容街道也有了改观。可近几个月来，市场秩序却倒退了，街道上小商贩逐渐多了起来，水果摊、菜担、小百货满街乱摆……一些建筑施工单位沿街违章搭棚，乱堆放材料、搬运泥土……这些情况严重地破坏了市容市貌，使大街变得又乱又脏，社会各界反应很强烈。因此今天请大家来研究，如何整顿市场秩序，如何治理违章建筑、违章作业、维护市容……

讨论发言（按发言顺序记录）

肖××：个体商贩不按规定到指定市场经营，管理不得力，处理不坚决，我们有责任。抓此事我们要落到实处：重新宣传市场有关规定，坐商归店、小贩归市、农民卖蔬菜副食到专门的农贸市场……工商局全面出动进行管理，也希望街道居委会配合，具体行动方案我们再考虑。

罗××（工商局市管科科长）：市场是到了非整不可的地步了。我们的方针、办法都有了，过去实行过，都是行之有效的，现在的问题是要有人抓，敢于抓，落到实处……只要大家齐心协力，问题是能够解决的。

秦××（居委会主任）：整顿市场纪律我们居委会也有责任。我们一定发动群众配合好，制止乱摆摊、

乱叫卖的现象。

李××（市建委副主任）：去年上半年创建文明卫生城市时，市政府出了个7号文件，其中规定施工单位不能乱摆战场。工棚、工场不得临街设置，更不准侵占人行道。沿街面施工要有安全防护措施……今年有的施工单位不顾市政府的文件，在人行道上塔工棚、堆器材。这些违章作业严重地影响了街道整齐美观，也影响了行人安全。基建取出的泥土，拖斗车装得过多，外运时沿街散落，破坏了街道整洁。希望管委会召集施工单位开一次会，重申市政府7号文件，要求他们限期改正，否则按文件规定惩处。态度要明确、坚决。

陈××：对犯规者一是教育，二是强行管制。"不教而杀谓之虐"，我们先宣传教育，如果施工单位仍我行我素，再按文件处理，他们也就无话可说。

周××：城市管理我们都有文件、有办法，现在是贵在执行，职能部门是主力军，要着重抓，其他部门配合抓。居委会要把居民特别是"执勤老人"（退休职工）都发动起来，按7号文件办事，我们市区就会文明、清洁，面貌就会改观……

与会人员经过充分讨论、协商决定：

1. 由工商局牵头，居委会和其他部门配合，第一周宣传、第二周行动，监督实施，做到坐商归店、摊贩归点、农贸归市，彻底改变市场紊乱的状况。

2. 由管委会牵头，城建委等单位配合对全区建筑工地进行一次检查。然后召开一次施工单位会议，对违章建筑、违章工场限期改正。一个月内改变面貌。过时不改者，坚决照章处理。

散会。

主持人（签名）

记录人（签名）

第五章
法制行政公文基本理论认知

在"绪论"中，我们曾将法定行政公文划分为法治行政公文和法制行政公文。前四章，我们已系统认知了法治行政公文的读写；在本章和第六章中，我们将着重认知法制行政公文的读写。

2004 年 3 月 22 日，国务院发布《全面推进依法行政实施纲要》，这表明依法治国、依法行政已成为我国社会主义现代化建设的大政方针，我国已进入依法治国、依法行政的崭新时代。世界经济一体化需要制定新的法律与国际接轨，市场经济需要完善的法制体系保驾护航。但是，目前我国的法制体系尚不完善，新兴领域的法制公文亟待制定，一些领域的法制公文尚待完善，因此，学习掌握法制行政公文的读写，对参与国家法制建设及行政管理都是必要的和有益的。

第一节 法制行政公文的含义

法制行政公文是法制公文的重要组成部分。法制公文是指国家权力机关、党政领导机关、军事机关、群众团体、企事业单位制定的，用以调整或规定国家、组织和个人的社会关系与行为规范，实现有序化、强制性管理，具有较强稳定性、约束性和规范体式的公文。它包括上至国家宪法、法律，下至各级各类机关、单位、组织的规章制度。从"治国"角度讲，这可视为广义的法制行政公文。

但是，我们这里所讲的法制行政公文仍是狭义的，是专指行政（政府）系统的法制公文。因宪法和有关法律规定我国行政系统无立法权（授权除外），只有制定法规、规章制度的权限，因此，法制行政公文实际上就是人们通常所说的"行政法规公文"。它们是由各级行政机关、部门、企事业单位和社会组织为实施行政管理有序化需要，依法在自己权限范围内制定的，具有相对稳定性、较强行政约束力和规范体式的公文。

第二节 法制行政公文的种类

前面已谈到，我国的法制公文包括宪法、法律法规、规章、制度、规范等，但是，我国宪法规定只有国家最高权力机关即全国人民代表大会或全国人民代表大会常务委员会才具有立法权，而其他任何机关都无权立法，因此，我国行政系统也只有制定行政法规的权限。而自国务院以下，不同级别的行政机关其制定权限和效力也是递降的。据此，法制行政公文大致可分为以下几类：

一、行政法规

行政法规是国务院为领导和管理国家各项行政工作，依据宪法和法律，按照《行政法规制定程序条例》（国务院令第 321 号）制定的有关政治、经济、文化、教育、外事等各方面的规范的总称。行政法规由国家最高行政机关——国务院制定，其效力仅次于宪法和法律，在全国范围内普遍适用，如《机关事务管理条例》（国务院令第 621 号）、《女职工劳动保护特别规定》（国务院令第 619 号）、《国务院关于修改〈全国年节及纪念日放假办法〉的决定》（国务院令第 513 号）等。

二、行政规章

行政规章可分为部门规章和地方政府规章两种类型。

部门规章有两类：一类是指国务院各部门依据法律和行政法规规定，在本部门权限内，按照《规章制定程序条例》（国务院令第 322 号）制定的行政规范的总称，如《企业名称登记管理规定》（国家工商局第 10 号令）、《高等学校章程制定暂行办法》（教育部令第 31 号）、《教育部关于修改〈国家教育考试违规处理办法〉的决定》（教育部令第 33 号）等；另一类是地方县级以上政府部门根据法律、法规、规章授权以及上级政府的决定和命令，依照法定权限和程序制定的，在本地区、本部门普遍适用的规范性公文，如《阜新市公路建设市场管理办法》《彰武县林业工作站管理办法》等。两者的主要区别是：前者是我国法律体系的内容；后者目前尚未进入我国法律系统，因此，还不是正式的"行政规章"，一般被称作"行政规章性公文"。

地方政府规章也有两类：一类是指由省、自治区、直辖市以及较大的市①人民政府，根据法律、行政法规和《规章制定程序条例》制定，在本行政区域普遍适用的规范性公文，如《江西省著名商标认定和保护办法》（江西省政府令第 161 号）、《河北省民用运力国防动员办法》（河北省政府令〔2012〕第 5 号）等；另一类是指除以上地方政府以外的地级市和县（市）人民政府，根据法律、法规和规章授权，以及上级政府的决定和命令，依照法定权限和程序制定的，在本地区普遍适用的规范性公文。目前，这类行政规章也尚未进入我国法律体系，因此，也属行政规章性规章。

行政规章的法律效力低于行政法规，适用范围比行政法规要窄，内容规定不得与行政法规相抵牾。行政规章性规章目前虽然尚未成为法律体系的组成部分，但根据《中华人民共和国行政诉讼法》和《最高人民法院对〈中华人民共和国行政诉讼法〉若干问题的解释》的有关规定，行政规章性规章相较于行政规章，除在制发时不像行政规章那样有权设立行政处罚外，其他与行政规章具有同等效力。

---

① 较大的市指省、自治区的人民政府所在地的市，经济特区所在地的市和经国务院批准的副省级市。

三、章程

章程是党派组织、社会团体、企业等为保证其组织事务或业务事项正常运行所制定的、要求全体成员共同遵守的纲领性、规范性公文，如《中国共产党章程》《中国公文写作协会章程》《广东中南公司章程（草案)》《中国农业银行电子银行业务章程》等。章程没有级别的限制，依法成立的各种组织都可依法制定。

四、制度

制度是制度、规则、规范、守则、规程、须知等的总称，是国家机关、社会团体、企事业单位为保证工作、生产、学习、生活正常进行而制定的，要求所辖范围内的人们共同遵守的行为准则或办事规程，如《阜新仲裁委员会仲裁规则》、《广东培正学院教师行为规范》、《多媒体教室管理制度》等。制度在实际工作中使用非常广泛，它在一定范围内对人们的社会生活和实际工作程序作出统一规范和要求，是加强各层次、各环节的管理，保证各方面工作和事务有章可循的重要手段与措施。它们是法律、法规、规章的延伸、补充和有力辅助，因此，同样具备法规性和约束力。

此外，还有公约①。公约是群体经自发协商决议制定的、用以共同遵守的行为准则。公约对参与协议者具有自觉约束力，但法律效力、行政效力都很低。我们通常所谓的"乡规民约"就属此类。不少教科书将公约纳入规章制度之列，这是因为公约也属规范性公文。但是，公约主要依靠诚信来维持，属道德层面的东西，不具备法律或行政的约束力，制定主体也非行政单位，因此，本书暂不将其列入法制行政公文体系。

应该说明的是，在所有法制行政公文中，除条例只能为国务院制定行政法规时使用外，其他如规定、办法、细则、决定、章程、制度、规则、规程、准则、守则、须知等都可为各级行政机关、团体和单位所使用。不过，制发主体不同、对象不同，所产生的法定效力和适用范围也就不同。现归纳如表 5 - 1。

表 5 - 1　法制行政公文制发主体及主要文种归纳表

类　别		制发主体	主要文种
行政法规		国务院	条例、规定、办法、决定
行政规章	部门规章	国务院各部门规章	国务院各部门	规定、办法、细则、决定
		规章性规章	地方县级以上政府各部门	规定、办法、细则、决定
	地方政府规章	各省、市、区规章	省、直辖市、自治区、较大市政府	规定、办法、细则、决定
		规章性规章	地区（市、州）和县（市）政府	规定、办法、细则、命令、决定

---

① 此处所指的公约不包括国际公约。

（续上表）

类　别	制发主体	主要文种
章程①	党派组织、社会团体、企事业单位	章程
制度	国家机关、部门、社会团体、企事业单位	制度、规则、规范、守则、规程、须知；规定、办法、细则、决定

第三节　法制行政公文的特点

　　法制行政公文有的是国家法律体系的组成部分，如行政法规、规章，有的虽未进入国家法律体系，如制度，但它们与国家法律的精神和作用是一脉相承的，是国家法律的延伸与必要补充，因此，它们与法制公文具有相同的特点，只是在法律效力和适用范围上存在程度上的区别而已。具体而言，大体有以下特点：

　　1. 较强的法定效力

　　法制行政公文规定的行为规范是国家、机关、团体、企事业单位意志的体现。为保证国家、机关、团体、企事业单位意志的实现，它们在内容上都会在其适用范围内明确规定违反规定的法律或行政责任，违者都将受到相应的处罚，因此，它们虽没有法律的严惩效力，却具备较强的法定行政约束力。

　　2. 相对稳定的法定效用

　　法治行政公文主要是针对现实、为解决现实具体问题而制发的，现实中有问题就制发，问题解决了也就失效了；也有的因客观条件的变化，如形势变化、时间推移、领导更换、政策调整等而失效或需重新制发。因此，其时效性相对较短，稳定性较差。法制行政公文则不然，它的时效性相对较长，具有稳定性。这是由其内容性质决定的。

　　首先，国家宪法和法律一经实施，具有长期稳定性，不宜轻易变动。以宪法和法律为制定前提与依据的法制行政公文，是对国家某一法令的具体说明和辅助规定，是其所依据的法令规定的延伸或具体化，它不能超过原法令规定设立新的实体的权利和义务，所以也具有相对的稳定性。

　　其次，法制行政公文不像法治公文或非法定公文那样，因特定对象的消失而失去作用。法制行政公文调整的对象不是特定的个人和具体事件，而是社会政治、经济、文化等各领域的普遍性矛盾和利益关系。只要社会还存在和发展，这些矛盾、利益关系就不会在短期内消失，调整这些矛盾和利益关系的法制行政公文也不会在短期内失效或仅发挥一次性作用，而会在有效期内一直生效。

　　最后，法制行政公文有严格的法定制发程序，从立法动议到正式颁布实施，需要经过深入调查研究，全面详细论证，广泛征求意见，并由专门机构严格审核或领导集体研究决定等

---

　　① 章程有二重性，作为组织章程，它属于规章范畴；作为业务章程，它又归属制度范畴，两者同名异质。

科学、严密的程序。从其制发的严密性和科学性可以看出，只有那些在行政管理上关乎政治、经济、文化等方面亟须的、行之有效的行为规范，才能被法制行政公文予以确认，因此产生的法制行政公文当然也经得起时间的考验而长期保持稳定。

3. 周密的内容表述

《行政法规制定程序条例》第五条第一款规定："行政法规应当备而不繁，逻辑严密，条文明确、具体，用语准确、简洁，具有可操作性。"《规章制定程序条例》第七条规定："规章用语应当准确、简洁，条文内容应当明确、具体，具有可操作性。"由此可见，两条例对法制行政公文的内容表述要求是很高的。不仅要"备"，而且要"逻辑严密"。所谓"逻辑严密"，应该从两方面理解，一是对外应与外部系统保持统一、协调，不能有与上位法制公文或其他有关法制公文相抵牾、相矛盾的内容；二是自身内容表述上要周密，不能有考虑不周、不合理或出现相互抵牾的地方。这主要表现在以下几个方面：

首先，与外部保持系统上的统一、协调。法制行政公文是整个法制公文系统的有机组成部分。就某一具体法制行政公文而言，在内容处理上必须与系统上下一贯，左右协调，保持与外部的统一性和协调性。《行政法规制定程序条例》第三条中规定："制定行政法规，应当遵循立法法规定的立法原则，符合宪法和法律的规定。"《规章制定程序条例》第三条规定："制定规章，应当遵循立法法确立的立法原则，符合宪法、法律、行政法规和其他上位法的规定。"由此可见，法制行政公文在内容处理上的统一性，具体表现在下位法制行政公文必须服从上位法制行政公文，不得与上位法制行政公文相抵触。这也就是说，所有行政法规都必须服从宪法和法律，不得与宪法、法律相抵触；所有行政规章都必须服从相应的行政法规，不得与相应的行政法规相抵牾；依此类推。

协调性是指同一层次的不同法制行政公文在内容上要协调，不能出现相互交叉甚至相互抵触的内容。这是法制公文内在要求的重要形式。一国的法制公文，说到底，都是统治阶级意志的体现，有着共同的思想指向和使用使命，因而，尽管这些规范在具体内容上各不相同，在表现形式上也有区别，但在整体上应是相互联系、彼此协调的，存在自身的逻辑体系。这种逻辑体系，除要求下一层次的法律法规不得与上一层次的法律法规相抵牾外，还要求同一层次的不同法律法规之间也必须和谐一致。

改革开放以来，我国法制建设不断完善，已颁发了大量的法律法规，还有许多将进一步制定和完善，最终形成严密的、多层次的法制系统。在这个系统内，任何一个法规和规章都不是孤立的，因此，我们每制定一个新的法制公文都必须作系统分析，弄清其与相关法律、法规、规章的关系，从而确保其长期稳定的地位与效用。否则，系统关系不清，内容混杂交叉，势必给贯彻执行者带来尴尬与困惑。法制行政公文是法制公文系统的重要组成部分，当然也不能例外，必须融入这个系统之中。在这个系统中，法制行政公文在一定的职权和范围内，既能独当一面，又是整个系统中不可或缺的有机的一分子。

其次，自身内容表述的周密，要体现在正反表述、条例结合、具体明晰上。所谓"正反表述"，就是对某一问题、现象、事项，必须鲜明地申明"应该（要、可以、必须）怎么做"，"不得（禁止、严禁）怎么做"。这就是所谓的"有令有禁，令行禁止，令禁兼具"。请看《××市保障适龄儿童、少年接受义务教育权利的规定》的有关正反表述：

第五条 各级人民政府要切实落实用于义务教育的财政拨款的增长比例，高于财政经常性收入的增长比例，并按在校学生人数平均的教育费逐年增长。

各级人民政府必须按照国家规定的比例征收当地城乡教育费附加，并保证用于实施义务教育。

任何单位和个人不得侵占、克扣、挪用教育经费……

这是"同条分项"对某一行为或问题的正反表述。当然也可以"分条"表述。例如：

第六条　各级人民政府要将小学、初中校舍的新建、扩建和改建列入当地的基本建设计划。要采取有效措施，落实资金，改造所属中小学校的危房，保障师生的安全……

第十四条　任何单位和个人不得侵占、破坏学校场地、校舍、设备和其他财产，不得干扰学校的正常教育秩序。

禁止侮辱、殴打教师。

上述第五条"分项"对教育经费问题从正反两方面作出规定；第六条和第十四条则"分条"对中小学校舍、场地建设、资产保护和师生安全问题从正反两方面作出规定。这都体现了正反表述的周密性。

所谓"条例结合"，就是"既有条又有例，条例兼备"。"条"就是申明该怎样不该怎样；"例"就是用假设形式，申明如果做到或违反、违犯了"条"的规定将受到怎样的奖惩。"条"体现着法制行政公文对行为的规范，"例"体现着法制行政公文对行为产生的法定效力；"例"为"条"提供法定保障。例如，上述《规定》从"保障适龄儿童、少年接受义务教育权利"的诸多方面正反设"条"后，再进一步设"例"申明：

第十五条　对违反本规定有关条款的单位和个人，分别给予以下处罚（略）。

"例"使"条"更加具体明确，有了获得落实的保障，便于贯彻执行与具体操作。

所谓"具体明晰"，就是对所规定的事项高度具体化，以便操作。请看《重庆市城镇建设拆迁管理办法》第二十四条的明细具体程度：

拆迁人、被拆迁人违反本办法规定，房地产管理机关有权检查并责令改正，情节严重的，除责令改正外，还应分别情况，处以罚款。

不服罚款的单位或个人，在收到罚款决定书之日起七日内，可向市拆迁主管部门申请复议，市拆迁主管部门应于收到复议申请书之日起七日内作出复议决定，对复议决定仍不服者，可于收到复议决定书之日起十五日内向人民法院起诉，期满不申请复议或者不起诉，又不执行罚款决定的，拆迁主管部门可申请人民法院强制执行。

法制行政公文的表述要求高度明晰，这是由其性质决定的。法规行政公文同样以"法"的性质向相关单位和个人提出行为规范，成为其行为准则，必须具备对践行者的直接指导性。如果缺乏应有的具体的内容表达，势必难以达到准确一致的实践效果。

法制行政公文内容周密的标准是：无懈可击。要做到无懈可击，除全文各方面要相互照应、前后统一、天衣无缝外，语言的准确表述同样至关重要。首先是每一条款每一词句都要确切稳妥，只能有一种理解、一种解释，绝不能出现含糊其辞、模棱两可的表述；其次是对有弹性的词语、概念尽量缩小其解释幅度，以便操作，有的还要在实施细则中加以具体规定或另作释义，有的还规定解释归属及权限；再次是对同一概念的内涵与外延，在全文中要始终保持一致，不偷换概念，不违背同一律。在各种文体中，公文是最容不得歧义的，而出现在法制公文中的歧义危害尤大。这是我们必须清醒认识和高度注意的。

4. 特定的规范格式

《行政法规制定程序条例》第五条第二款中规定："行政法规根据内容需要，可以分章、节、条、款、项、目。章、节、条的序号用中文数字依次表述，款不编序号，项的序号用中文数字加括号依次表述，目的序号用阿拉伯数字依次表述。"《规章制定程序条例》第七条第三款规定："除内容复杂的外，规章一般不分章、节。"法制行政公文行文上的章、节、条、款表达，体现了其内容的多层分割特点。其写法通常是划分为章、条、款、项、目五个层级：章下设条，条下设款，款下设项，项下设目。在各种具体文本中，可根据实际内容的繁简决定，多则用五级，少则可用"条""项"或"目"一级。章、条一律用汉字小写序数词标注，如"第三章""第一条"；项、目则分别用汉字小写数字和阿拉伯数字如一、二、三和1、2、3等标注；只有"款"不冠数字，而以自然段的形式列出，有几款就写成几个自然段，第一段为第一款，第二段为第二款，依此类推。有时候，章还可标识为小标题，常见的如"总则""奖励和惩罚""附则"等。

综观法制行政公文的行文方式，大致有章条式、条文式、序条式三种。而每一种又存在变异的情况，例如，章条式通常使用"章断条连式"，但也有采用"章连条断式"，即一份文本的几章的层级序号是连贯的，而各章之下的"条"又各自重新设立序号，彼此不相连贯，各章之下都是以"第一条"开始，有多少条就设多少条，与上一章和下一章都不发生连贯关系。条文式如果都只有一个层次，则有以"条"的形式行文的，也有以"项"的形式行文的，还有以"目"的形式行文的。序条式的文本正文也有两种写法：一是开头以自然段形式写序，主体以"条"的形式行文；二是开头以自然段的形式写序，主体则以"项"或"目"的形式行文。

从实际考察的情形看，目前行政法规、规章以及规章性法制公文规范性要求比较严格，基本上是按《行政法规制定程序条例》和《规章制定程序条例》的规定要求行文，一般是内容比较复杂的采用"章断条连式"，内容较为简单的采用条文式行文（"补充规定"例外，通常采用序条式）；而制度类法制行政公文因适用范围、调整内容复杂程度、发布形式与适用场所等的不同，故行文形式也灵活多样，多用条文式和序条式，及其变异形式。

5. 唯一的说明表达

法制公文是公文中客观、冷静的说明文。其语言功能除了说明还是说明。它的使命只是说明什么该做，什么不该做；什么可行，什么不可行；应该怎么做，不应该怎么做；做到了该怎样，违反了又该怎样等问题。它不叙述事情经过或现状，也不空发议论谈意义，更用不着描写和抒情。法制行政公文也是这样。

6. 公开发布生效

法治行政公文往往针对具体的人、事项、现象或问题，是为解决管理过程中的某一具体问题而制发的，不一定都向社会公开。法制行政公文是针对社会性行为，规定的是相应的人应长期共同遵守的行为规范和准则，它以条文形式明确、肯定地规定人们可以做什么、应当做什么、不能做什么、禁止做什么，要求普遍执行不得违反，否则将受到制裁。如果法制公文经审议通过而不公开发布，则无法发挥调整社会关系、规范人们行为的作用。故凡法制公文都须公开发布才能生效、实施。因此，《行政法规制定程序条例》第二十七条和第二十八条规定：行政法规"报请总理签署国务院令公布施行"后，要"及时在国务院公报和在全国范围内发行的报纸上刊登"；《规章制定程序条例》第二十九条和第三十一条规定：规章"报请本部门首长或省长、自治区主席、市长签署命令予以公布"后，"部门公报或者国务院公报和全国范围内发行的有关报纸应当及时予以刊登"，"本级人民政府公报和本行政区域范围内发行的报纸应当及时刊登"。其他法制行政公文也是一样，制定审议通过后，有权使用命令的行政机关，则都应由该机关行政首长签署命令公布实施；无权使用命令的机关、单位则应使用印发通知在相应范围内公布实施。法制行政公文依法制定，还需依赖法治行政公文公布才能生效实施，而且有其广泛的公开性。这也是法制行政公文区别于法治行政公文的一个特点。

第四节　法制行政公文的作用

法制行政公文是各种行政法规、规章、制度的总称，使用范围极为广泛，大至国家最高行政机关、社会团体、各个行业、系统，小至单位及其部门、班组。它是国家法律、法令、政策的具体化，是人们行动、行为的准则和依据。因此，法制行政公文对规范组织、个人行为，维护社会公共秩序，对政治、经济、科技、文化教育事业的发展，有着十分重要的作用，为建设和谐社会提供根本保障。具体而言，具有以下作用：

（1）具有约束行为、规范道德，使社会成员得到教育和自我教育，促进文明建设的作用。

（2）具有明确责任、协调工作、统一步伐，严格组织纪律，建立和维护正常的社会秩序、工作秩序的作用。

（3）具有促进管理，提高和保证产品与服务质量，获取更大经济与社会效益的作用。

【问题思考】

1. 行政规章与行政规章性规章有哪些区别？
2. 法制行政公文具有哪些主要特点？
3. 谈谈法制行政公文的社会作用。
4. 具体谈谈法制行政公文行文的表达方式。

第六章
法制行政公文文种文本读写

第一节　行政法规读写

行政法规是国家法律系统的重要组成部分，也是法定效力仅次于宪法和法律的法制行政公文。它由国务院按照《行政法规制定程序条例》所规定的程序制发，在全国范围内产生法律效用。《行政法规制定程序条例》第四条第一款规定："行政法规的名称一般称'条例'，也可称'规定''办法'等。国务院根据全国人民代表大会及其常务委员会的授权决定制定的行政法规，称'暂行条例'或者'暂行规定'。"可见，行政法规主要是条例、规定和办法三个文种。

一、文本导读

（一）条例①

在行政法规中，条例是适用于对某一方面的工作作比较全面、系统规定的法制行政公文，其适用情况如下：

（1）国务院依照宪法和国务院组织法规定的职权，对国家经济、文化、外事、民生、社会发展等领域的某一方面的工作作比较全面、系统的规定，如《全国污染源普查条例》（国务院令第 508 号）、《残疾人就业条例》（国务院令第 488 号）等。

（2）国务院依照宪法和国务院组织法规定的职权，对其领导和管理的某一方面的行政工作作比较全面、系统的规定，为该项行政工作的开展规定基本准则，如《行政法规制定程序条例》（国务院令第 321 号）、《行政机关公务员处分条例》（国务院令第 495 号）等。

（3）国家需要制定某一专门的法律，但时机、经验尚不成熟，全国人民代表大会常务委员会授权国务院，按照有关法律规定先制定相关条例实施，等时机、经验成熟了，再修订完善经全国人民代表大会常务委员会审议通过上升为法律，这种条例按规定被称作"暂行条例"，如《中华人民共和国耕地占用税暂行条例》（国务院令第 511 号）、《中华人民共和

---

① 目前，条例广泛地使用于党政军人大机关，如《党政机关公文处理工作条例》、《行政法规制定程序条例》、《中国人民解放军机关公文处理条例》，在人大机关，条例不仅"适用于人大及其常委会审议通过的法律"，还适用于"地方性法规"。

国车船税暂行条例》（国务院令第 482 号）等。

（4）依据授权为某一新出台的法律作出全面、系统的规定，使法律进一步具体化，以便于更准确地理解与实施，如《中华人民共和国行政复议法实施条例》（国务院令第 499号）、《中华人民共和国个人所得税法实施条例》（国务院令第 600 号）等。

【例文 6.1.1】（国务院令第 321 号）

行政法规制定程序条例①

第一章　总则

第一条　为了规范行政法规制定程序，保证行政法规质量，根据宪法、立法法和国务院组织法的有关规定，制定本条例。

第二条　行政法规的立项、起草、审查、决定、公布、解释，适用本条例。

第三条　制定行政法规，应当遵循立法法确定的立法原则，符合宪法和法律的规定。

第四条　行政法规的名称一般称"条例"，也可以称"规定""办法"等。国务院根据全国人民代表大会及其常务委员会的授权决定制定的行政法规，称"暂行条例"或者"暂行规定"。

国务院各部门和地方人民政府制定的规章不得称"条例"。

第五条　行政法规应当备而不繁，逻辑严密，条文明确、具体，用语准确、简洁，具有可操作性。

行政法规根据内容需要，可以分章、节、条、款、项、目。章、节、条的序号用中文数字依次表述，款不编序号，项的序号用中文数字加括号依次表述，目的序号用阿拉伯数字依次表述。

第二章　立项

第六条　国务院于每年年初编制本年度的立法工作计划。

第七条　国务院有关部门认为需要制定行政法规的，应当于每年年初编制国务院年度立法工作计划前，向国务院报请立项。

国务院有关部门报送的行政法规立项申请，应当说明立法项目所要解决的主要问题、依据的方针政策和拟确立的主要制度。

第八条　国务院法制机构应当根据国家总体工作部署对部门报送的行政法规立项申请汇总研究，突出重点，统筹兼顾，拟订国务院年度立法工作计划，报国务院审批。

列入国务院年度立法工作计划的行政法规项目应当符合下列要求：

（一）适应改革、发展、稳定的需要；

（二）有关的改革实践经验基本成熟；

（三）所要解决的问题属于国务院职权范围并需要国务院制定行政法规的事项。

第九条　对列入国务院年度立法工作计划的行政法规项目，承担起草任务的部门应当抓紧工作，按照要求上报国务院。

国务院年度立法工作计划在执行中可以根据实际情况予以调整。

第三章　起草

第十条　行政法规由国务院组织起草。国务院年度立法工作计划确定行政法由国务院的一个部门或者几个部门具体负责起草工作，也可以确定由国务院法制机构起草或者组织起草。

第十一条　起草行政法规，除应当遵循立法法确定的立法原则，并符合宪法和法律的规定外，还应当符合下列要求：

（一）体现改革精神，科学规范行政行为，促进政府职能向经济调节、社会管理、公共服务转变；

---

① 2001 年 11 月 16 日国务院第 321 号令公布，自 2002 年 1 月 1 日起施行。

（二）符合精简、统一、效能的原则，相同或者相近的职能规定由一个行政机关承担，简化行政管理手续；

（三）切实保障公民、法人和其他组织的合法权益，在规定其应当履行的义务的同时，应当规定其相应的权利和保障权利实现的途径；

（四）体现行政机关的职权与责任相统一的原则，在赋予有关行政机关必要的职权的同时，应当规定其行使职权的条件、程序和应承担的责任。

第十二条　起草行政法规，应当深入调查研究，总结实践经验，广泛听取有关机关、组织和公民的意见。听取意见可以采取召开座谈会、论证会、听证会等多种形式。

第十三条　起草行政法规，起草部门应当就涉及其他部门的职责或者与其他部门关系紧密的规定，与有关部门协商一致；经过充分协商不能取得一致意见的，应当在上报行政法规草案送审稿（以下简称行政法规送审稿）时说明情况和理由。

第十四条　起草行政法规，起草部门应当对涉及有关管理体制、方针政策等需要国务院决策的重大问题提出解决方案，报国务院决定。

第十五条　起草部门向国务院报送的行政法规送审稿，应当由起草部门主要负责人签署。几个部门共同起草的行政法规送审稿，应当由该几个部门主要负责人共同签署。

第十六条　起草部门将行政法规送审稿报送国务院审查时，应当一并报送行政法规送审稿的说明和有关材料。

行政法规送审稿的说明应当对立法的必要性，确立的主要制度，各方面对送审稿主要问题的不同意见，征求有关机关、组织和公民意见的情况等作出说明。有关材料主要包括国内外的有关立法资料、调研报告、考察报告等。

第四章　审查

第十七条　报送国务院的行政法规送审稿，由国务院法制机构负责审查。

国务院法制机构主要从以下方面对行政法规送审稿进行审查：

（一）是否符合宪法、法律的规定和国家的方针政策；

（二）是否符合本条例第十一条的规定；

（三）是否与有关行政法规协调、衔接；

（四）是否正确处理有关机关、组织和公民对送审稿主要问题的意见；

（五）其他需要审查的内容。

第十八条　行政法规送审稿有下列情形之一的，国务院法制机构可以缓办或者退回起草部门：

（一）制定行政法规的基本条件尚不成熟的；

（二）有关部门对送审稿规定的主要制度存在较大争议，起草部门未与有关部门协商的；

（三）上报送审稿不符合本条例第十五条、第十六条规定的。

第十九条　国务院法制机构应当将行政法规送审稿或者行政法规送审稿涉及的主要问题发送国务院有关部门、地方人民政府、有关组织和专家征求意见。国务院有关部门、地方人民政府反馈的书面意见，应当加盖本单位或者本单位办公厅（室）印章。

重要的行政法规送审稿，经报国务院同意，向社会公布，征求意见。

第二十条　国务院法制机构应当就行政法规送审稿涉及的主要问题，深入基层进行实地调查研究，听取基层有关机关、组织和公民的意见。

第二十一条　行政法规送审稿涉及重大、疑难问题的，国务院法制机构应当召开由有关单位、专家参加的座谈会、论证会，听取意见，研究论证。

第二十二条　行政法规送审稿直接涉及公民、法人或者其他组织的切身利益的，国务院法制机构可以举行听证会，听取有关机关、组织和公民的意见。

第二十三条　国务院有关部门对行政法规送审稿涉及的主要制度、方针政策、管理体制、权限分工等有不同意见的,国务院法制机构应当进行协调,力求达成一致意见;不能达成一致意见的,应当将争议的主要问题、有关部门的意见以及国务院法制机构的意见报国务院决定。

第二十四条 国务院法制机构应当认真研究各方面的意见,与起草部门协商后,对行政法规送审稿进行修改,形成行政法规草案和对草案的说明。

第二十五条 行政法规草案由国务院法制机构主要负责人提出提请国务院常务会议审议的建议;对调整范围单一、各方面意见一致或者依据法律制定的配套行政法规草案,可以采取传批方式,由国务院法制机构直接提请国务院审批。

第五章 决定与公布

第二十六条 行政法规草案由国务院常务会议审议,或者由国务院审批。

国务院常务会议审议行政法规草案时,由国务院法制机构或者起草部门作说明。

第二十七条 国务院法制机构应当根据国务院对行政法规草案的审议意见,对行政法规草案进行修改,形成草案修改稿,报请总理签署国务院令公布施行。

签署公布行政法规的国务院令载明该行政法规的施行日期。

第二十八条 行政法规签署公布后,及时在国务院公报和在全国范围内发行的报纸上刊登。国务院法制机构应当及时汇编出版行政法规的国家正式版本。

在国务院公报上刊登的行政法规文本为标准文本。

第二十九条 行政法规应当自公布之日起30日后施行;但是,涉及国家安全、外汇汇率、货币政策的确定以及公布后不立即施行将有碍行政法规施行的,可以自公布之日起施行。

第三十条 行政法规在公布后的30日内由国务院办公厅报全国人民代表大会常务委员会备案。

第六章 行政法规解释

第三十一条 行政法规条文本身需要进一步明确界限或者作出补充规定的,由国务院解释。

国务院法制机构研究拟订行政法规解释草案,报国务院同意后,由国务院公布或者由国务院授权国务院有关部门公布。

行政法规的解释与行政法规具有同等效力。

第三十二条 国务院各部门和省、自治区、直辖市人民政府可以向国务院提出行政法规解释要求。

第三十三条 对属于行政工作中具体应用行政法规的问题,省、自治区、直辖市人民政府法制机构以及国务院有关部门法制机构请求国务院法制机构解释的,国务院法制机构可以研究答复;其中涉及重大问题的,由国务院法制机构提出意见,报国务院同意后答复。

第七章 附则

第三十四条 拟订国务院提请全国人民代表大会或者全国人民代表大会常务委员会审议的法律草案,参照本条例的有关规定办理。

第三十五条 修改行政法规的程序,适用本条例的有关规定。

行政法规修改后,应当及时公布新的行政法规文本。

第三十六条 行政法规的外文正式译本和民族语言文本,由国务院法制机构审定。

第三十七条 本条例自2002年1月1日起施行。1987年4月21日国务院批准、国务院办公厅发布的《行政法规制定程序暂行条例》同时废止。

【导读】

这份行政法规条例的文本由标题和正文两部分构成。标题由内容和文种构成。正文对行政法规制定程序的立项、起草、审查、决定、公布、解释等作全面系统的规定,内容较复杂,因而采用了"章断条连式"行文,这种方式是根据内容的性质和逻辑联系,分章立项,各章又根据内容需要分设若干条,各条以整个正文统一排序,章断条连。这样,既体现每章内容在性质上的相对独立性,又体现全部内容的整体性。这是内容复杂的法制公文与法制性公文通常采用的行文方式之一。

【阅读思考】

1. 该条例"第一章总则"和"第七章附则"的条文分别明确了哪些具体内容？

2. 该条例的行文用到了哪些层级？最高的层级是什么？最低的层级是什么？请分别举例说明。

（二）规　定

规定是对某一方面的行政工作作部分规定的法制行政公文。与条例相较，规定调整的范围相对较窄；就制发机关而言，各级行政机关均可使用"规定"文种，因而规定使用更加灵活，使用频率更高。在行政法规中，规定通常用于以下情况：

（1）内容仅涉及某一方面或几方面工作的一部分时，即用规定。如国务院发布的《国内航空运输承运人赔偿责任限额规定》，其内容仅涉及航空运输人身损害，故用规定。有些虽涉及几方面的行政工作，但只是部分涉及，也用规定。如国务院《禁止使用童工的规定》，内容虽涉及劳动、工商、教育、农业、公安等方面，但只涉及他们的部分行政工作。

（2）为法律、行政条例、决定、规定等的内容作补充规定。这种情况通常由原制发机关或法律、法规授权机关制定。由于是在原法律或行政法规的基础上补充新的内容，因此，一般称为"补充规定"，如国务院《关于劳动教养的补充规定》《国内航空运输承运人赔偿责任限额规定》等。

【例文 6.1.2】（国务院令第 503 号）

国务院关于加强食品等产品安全监督管理的特别规定[①]

第一条　为了加强食品等产品安全监督管理，进一步明确生产经营者、监督管理部门和地方人民政府的责任，加强各监督管理部门的协调、配合，保障人体健康和生命安全，制定本规定。

第二条　本规定所称产品除食品外，还包括食用农产品、药品等与人体健康和生命安全有关的产品。

对产品安全监督管理，法律有规定的，适用法律规定；法律没有规定或者规定不明确的，适用本规定。

第三条　生产经营者应当对其生产、销售的产品安全负责，不得生产、销售不符合法定要求的产品。

依照法律、行政法规规定生产、销售产品需要取得许可证照或者需要经过认证的，应当按照法定条件、要求从事生产经营活动。不按照法定条件、要求从事生产经营活动或者生产、销售不符合法定要求产品的，由农业、卫生、质检、商务、工商、药品等监督管理部门依据各自职责，没收违法所得、产品和用于违法生产的工具、设备、原材料等物品，货值金额不足 5 000 元的，并处 5 万元罚款；货值金额 5 000 元以上不足 1 万元的，并处 10 万元罚款；货值金额 1 万元以上的，并处货值金额 10 倍以上 20 倍以下的罚款；造成严重后果的，由原发证部门吊销许可证照；构成非法经营罪或者生产、销售伪劣商品罪等犯罪的，依法追究刑事责任。

生产经营者不再符合法定条件、要求，继续从事生产经营活动的，由原发证部门吊销许可证照，并在当地主要媒体上公告被吊销许可证照的生产经营者名单；构成非法经营罪或者生产、销售伪劣商品罪等犯罪的，依法追究刑事责任。

依法应当取得许可证照而未取得许可证照从事生产经营活动的，由农业、卫生、质检、商务、工商、药品等监督管理部门依据各自职责，没收违法所得、产品和用于违法生产的工具、设备、原材料等物品，

---

① 引自 http：//news. xinhuanet. com/2007 - 07/27/content_6440242. htm.

货值金额不足 1 万元的，并处 10 万元罚款；货值金额 1 万元以上的，并处货值金额 10 倍以上 20 倍以下的罚款；构成非法经营罪的，依法追究刑事责任。

有关行业协会应当加强行业自律，监督生产经营者的生产经营活动；加强公众健康知识的普及、宣传，引导消费者选择合法生产经营者生产、销售的产品以及有合法标识的产品。

第四条　生产者生产产品所使用的原料、辅料、添加剂、农业投入品，应当符合法律、行政法规的规定和国家强制性标准。

违反前款规定，违法使用原料、辅料、添加剂、农业投入品的，由农业、卫生、质检、商务、药品等监督管理部门依据各自职责没收违法所得，货值金额不足 5 000 元的，并处 2 万元罚款；货值金额 5 000 元以上不足 1 万元的，并处 5 万元罚款；货值金额 1 万元以上的，并处货值金额 5 倍以上 10 倍以下的罚款；造成严重后果的，由原发证部门吊销许可证照；构成生产、销售伪劣商品罪的，依法追究刑事责任。

第五条　销售者必须建立并执行进货检查验收制度，审验供货商的经营资格，验明产品合格证明和产品标识，并建立产品进货台账，如实记录产品名称、规格、数量、供货商及其联系方式、进货时间等内容。从事产品批发业务的销售企业应当建立产品销售台账，如实记录批发的产品品种、规格、数量、流向等内容。在产品集中交易场所销售自制产品的生产企业应当比照从事产品批发业务的销售企业的规定，履行建立产品销售台账的义务。进货台账和销售台账保存期限不得少于 2 年。销售者应当向供货商按照产品生产批次索要符合法定条件的检验机构出具的检验报告或者由供货商签字或者盖章的检验报告复印件；不能提供检验报告或者检验报告复印件的产品，不得销售。

违反前款规定的，由工商、药品监督管理部门依据各自职责责令停止销售；不能提供检验报告或者检验报告复印件销售产品的，没收违法所得和违法销售的产品，并处货值金额 3 倍的罚款；造成严重后果的，由原发证部门吊销许可证照。

第六条　产品集中交易市场的开办企业、产品经营柜台出租企业、产品展销会的举办企业，应当审查入场销售者的经营资格，明确入场销售者的产品安全管理责任，定期对入场销售者的经营环境、条件、内部安全管理制度和经营产品是否符合法定要求进行检查，发现销售不符合法定要求产品或者其他违法行为的，应当及时制止并立即报告所在地工商行政管理部门。

违反前款规定的，由工商行政管理部门处以 1 000 元以上 5 万元以下的罚款；情节严重的，责令停业整顿；造成严重后果的，吊销营业执照。

第七条　出口产品的生产经营者应当保证其出口产品符合进口国（地区）的标准或者合同要求。法律规定产品必须经过检验方可出口的，应当经符合法律规定的机构检验合格。

出口产品检验人员应当依照法律、行政法规规定和有关标准、程序、方法进行检验，对其出具的检验证单等负责。

出入境检验检疫机构和商务、药品等监督管理部门应当建立出口产品的生产经营者良好记录和不良记录，并予以公布。对有良好记录的出口产品的生产经营者，简化检验检疫手续。

出口产品的生产经营者逃避产品检验或者弄虚作假的，由出入境检验检疫机构和药品监督管理部门依据各自职责，没收违法所得和产品，并处货值金额 3 倍的罚款；构成犯罪的，依法追究刑事责任。

第八条　进口产品应当符合我国国家技术规范的强制性要求以及我国与出口国（地区）签订的协议规定的检验要求。

质检、药品监督管理部门依据生产经营者的诚信度和质量管理水平以及进口产品风险评估的结果，对进口产品实施分类管理，并对进口产品的收货人实施备案管理。进口产品的收货人应当如实记录进口产品流向。记录保存期限不得少于 2 年。

质检、药品监督管理部门发现不符合法定要求产品时，可以将不符合法定要求产品的进货人、报检人、代理人列入不良记录名单。进口产品的进货人、销售者弄虚作假的，由质检、药品监督管理部门依据各自职责，没收违法所得和产品，并处货值金额 3 倍的罚款；构成犯罪的，依法追究刑事责任。进口产品的报检人、代理人弄虚作假的，取消报检资格，并处货值金额等值的罚款。

第九条　生产企业发现其生产的产品存在安全隐患，可能对人体健康和生命安全造成损害的，应当向社会公布有关信息，通知销售者停止销售，告知消费者停止使用，主动召回产品，并向有关监督管理部门报告；销售者应当立即停止销售该产品。销售者发现其销售的产品存在安全隐患，可能对人体健康和生命安全造成损害的，应当立即停止销售该产品，通知生产企业或者供货商，并向有关监督管理部门报告。

生产企业和销售者不履行前款规定义务的，由农业、卫生、质检、商务、工商、药品等监督管理部门依据各自职责，责令生产企业召回产品、销售者停止销售，对生产企业并处货值金额 3 倍的罚款，对销售者并处 1 000 元以上 5 万元以下的罚款；造成严重后果的，由原发证部门吊销许可证照。

第十条　县级以上地方人民政府应当将产品安全监督管理纳入政府工作考核目标，对本行政区域内的产品安全监督管理负总责，统一领导、协调本行政区域内的监督管理工作，建立健全监督管理协调机制，加强对行政执法的协调、监督；统一领导、指挥产品安全突发事件应对工作，依法组织查处产品安全事故；建立监督管理责任制，对各监督管理部门进行评议、考核。质检、工商和药品等监督管理部门应当在所在地同级人民政府的统一协调下，依法做好产品安全监督管理工作。

县级以上地方人民政府不履行产品安全监督管理的领导、协调职责，本行政区域内一年多次出现产品安全事故、造成严重社会影响的，由监察机关或者任免机关对政府的主要负责人和直接负责的主管人员给予记大过、降级或者撤职的处分。

第十一条　国务院质检、卫生、农业等主管部门在各自职责范围内尽快制定、修改或者起草相关国家标准，加快建立统一管理、协调配套、符合实际、科学合理的产品标准体系。

第十二条　县级以上人民政府及其部门对产品安全实施监督管理，应当按照法定权限和程序履行职责，做到公开、公平、公正。对生产经营者同一违法行为，不得给予 2 次以上罚款的行政处罚；对涉嫌构成犯罪、依法需要追究刑事责任的，应当依照《行政执法机关移送涉嫌犯罪案件的规定》，向公安机关移送。

农业、卫生、质检、商务、工商、药品等监督管理部门应当依据各自职责对生产经营者进行监督检查，并对其遵守强制性标准、法定要求的情况予以记录，由监督检查人员签字后归档。监督检查记录应当作为其直接负责主管人员定期考核的内容。公众有权查阅监督检查记录。

第十三条　生产经营者有下列情形之一的，农业、卫生、质检、商务、工商、药品等监督管理部门应当依据各自职责采取措施，纠正违法行为，防止或者减少危害发生，并依照本规定予以处罚：

（一）依法应当取得许可证照而未取得许可证照从事生产经营活动的；

（二）取得许可证照或者经过认证后，不按照法定条件、要求从事生产经营活动或者生产、销售不符合法定要求产品的；

（三）生产经营者不再符合法定条件、要求继续从事生产经营活动的；

（四）生产者生产产品不按照法律、行政法规的规定和国家强制性标准使用原料、辅料、添加剂、农业投入品的；

（五）销售者没有建立并执行进货检查验收制度，并建立产品进货台账的；

（六）生产企业和销售者发现其生产、销售的产品存在安全隐患，可能对人体健康和生命安全造成损害，不履行本规定的义务的；

（七）生产经营者违反法律、行政法规和本规定的其他有关规定的。

农业、卫生、质检、商务、工商、药品等监督管理部门不履行前款规定职责、造成后果的，由监察机关或者任免机关对其主要负责人、直接负责的主管人员和其他直接责任人员给予记大过或者降级的处分；造成严重后果的，给予其主要负责人、直接负责的主管人员和其他直接责任人员撤职或者开除的处分；其主要负责人、直接负责的主管人员和其他直接责任人员构成渎职罪的，依法追究刑事责任。

违反本规定，滥用职权或者有其他渎职行为的，由监察机关或者任免机关对其主要负责人、直接负责的主管人员和其他直接责任人员给予记过或者记大过的处分；造成严重后果的，给予其主要负责人、直接负责的主管人员和其他直接责任人员降级或者撤职的处分；其主要负责人、直接负责的主管人员和其他直接责任人员构成渎职罪的，依法追究刑事责任。

第十四条　农业、卫生、质检、商务、工商、药品等监督管理部门发现违反本规定的行为，属于其他监督管理部门职责的，应当立即书面通知并移交有权处理的监督管理部门处理。有权处理的部门应当立即处理，不得推诿；因不立即处理或者推诿造成后果的，由监察机关或者任免机关对其主要负责人、直接负责的主管人员和其他直接责任人员给予记大过或者降级的处分。

第十五条　农业、卫生、质检、商务、工商、药品等监督管理部门履行各自产品安全监督管理职责，有下列职权：

（一）进入生产经营场所实施现场检查；

（二）查阅、复制、查封、扣押有关合同、票据、账簿以及其他有关资料；

（三）查封、扣押不符合法定要求的产品，违法使用的原料、辅料、添加剂、农业投入品以及用于违法生产的工具、设备；

（四）查封存在危害人体健康和生命安全重大隐患的生产经营场所。

第十六条　农业、卫生、质检、商务、工商、药品等监督管理部门应当建立生产经营者违法行为记录制度，对违法行为的情况予以记录并公布；对有多次违法行为记录的生产经营者，吊销许可证照。

第十七条　检验检测机构出具虚假检验报告，造成严重后果的，由授予其资质的部门吊销其检验检测资质；构成犯罪的，对直接负责的主管人员和其他直接责任人员依法追究刑事责任。

第十八条　发生产品安全事故或者其他对社会造成严重影响的产品安全事件时，农业、卫生、质检、商务、工商、药品等监督管理部门必须在各自职责范围内及时作出反应，采取措施，控制事态发展，减少损失，依照国务院规定发布信息，做好有关善后工作。

第十九条　任何组织或者个人对违反本规定的行为有权举报。接到举报的部门应当为举报人保密。举报经调查属实的，受理举报的部门应当给予举报人奖励。

农业、卫生、质检、商务、工商、药品等监督管理部门应当公布本单位的电子邮件地址或者举报电话；对接到的举报，应当及时、完整地进行记录并妥善保存。举报的事项属于本部门职责的，应当受理，并依法进行核实、处理、答复；不属于本部门职责的，应当转交有权处理的部门，并告知举报人。

第二十条　本规定自公布之日起施行。

【导读】

这份行政法规仅对"加强食品等产品安全监督管理"工作作出规范，故用规定，其文本由标题和正文两部分构成。本规定的标题由"制发机关＋事由＋性质＋文种"构成，正文采用典型的条文式行文。

【阅读思考】

1. 本规定的标题与什么公文的标题写法相同？

2. 指出本规定总则、分则、附则的具体条文。

（三）办法

办法是对某一项行政工作作比较具体、详细的规定。与条例、规定相比，办法不仅具备规定性，更要体现操作性。实际上，办法是一种指导操作与执行的规定，同时也是各级行政机关和单位均可使用的法制行政公文文种。在行政法规中，办法通常适用于以下情况：

（1）调整具体、单一的事项，如国务院发布的《全国年节及纪念日放假办法》等。

（2）调整事项比较详细且侧重具体做法。办法应具备较强的实施性和操作性，不需再制定实施细则作为其配套公文，如《国家行政机关公文处理办法》（已废除）等。

【例文 6.1.3】（国务院令第 513 号）

全国年节及纪念日放假办法①

（1949 年 12 月 23 日政务院发布。根据 1999 年 9 月 18 日《国务院关于修改〈全国年节及纪念日放假办法〉的决定》第一次修订。根据 2007 年 12 月 14 日《国务院关于修改〈全国年节及纪念日放假办法〉的决定》第二次修订）

第一条　为统一全国年节及纪念日的假期，制定本办法。

第二条　全体公民放假的节日：

（一）新年，放假 1 天（1 月 1 日）；

（二）春节，放假 3 天（农历除夕、正月初一、初二）；

（三）清明节，放假 1 天（农历清明当日）；

（四）劳动节，放假 1 天（5 月 1 日）；

（五）端午节，放假 1 天（农历端午当日）；

（六）中秋节，放假 1 天（农历中秋当日）；

（七）国庆节，放假 3 天（10 月 1 日、2 日、3 日）。

第三条　部分公民放假的节日及纪念日：

（一）妇女节（3 月 8 日），妇女放假半天；

（二）青年节（5 月 4 日），14 周岁以上的青年放假半天；

（三）儿童节（6 月 1 日），不满 14 周岁的少年儿童放假 1 天；

（四）中国人民解放军建军纪念日（8 月 1 日），现役军人放假半天。

第四条　少数民族习惯的节日，由各少数民族聚居地区的地方人民政府，按照各该民族习惯，规定放假日期。

第五条　二七纪念日、五卅纪念日、七七抗战纪念日、九三抗战胜利纪念日、九一八纪念日、教师节、护士节、记者节、植树节等其他节日、纪念日，均不放假。

第六条　全体公民放假的假日，如果适逢星期六、星期日，应当在工作日补假。部分公民放假的假日，如果适逢星期六、星期日，则不补假。

第七条　本办法自公布之日起施行。

【导读】

办法是既具规定性，又具操作性的法制公文。本办法属调整具体、单一事项的办法，不仅对涉及全国性的各种节假日分别作出了明确、具体的规定，而且对哪些节假日不放假，哪些节假日放假，放多长时间的假，遇上星期六、星期日规定放假时间又怎么处理，都规定得清清楚楚明明白白，只需按章操作即可，规定性与操作性非常突出。

【阅读思考】

1. 试对本办法的构成要素作简要分析。

2. 本办法正文中第二至第六条内容的排序体现了怎样的逻辑联系？如将它们调换位置行不行？为什么？

（四）决定

决定在法治行政公文和法制行政公文中都可使用，而且都有处置职能，不过用于法制行

---

① 引自 http://news 163 com/07/1216/12/3VR7D3070001124J.html.

政公文时，不是用于"变更或者撤销下级机关不适当的决定事项"，而是处置（修改或废除）本机关所制定的已经与现实情况不相适应法规、规章等。因其是对法规、规章等作出处置，因而本身的内容也具有了法规、规章性，故也要用相应的法治行政公文发布。

【例文 6.1.4】（国务院令第 600 号）

国务院关于修改《中华人民共和国个人所得税法实施条例》的决定[①]

国务院决定对《中华人民共和国个人所得税法实施条例》作如下修改：

一、第十八条修改为："税法第六条第一款第三项所说的每一纳税年度的收入总额，是指纳税义务人按照承包经营、承租经营合同规定分得的经营利润和工资、薪金性质的所得；所说的减除必要费用，是指按月减除 3500 元。"

二、第二十七条修改为："税法第六条第三款所说的附加减除费用，是指每月在减除 3500 元费用的基础上，再减除本条例第二十九条规定数额的费用。"

三、第二十九条修改为："税法第六条第三款所说的附加减除费用标准为 1300 元。"

本决定自 2011 年 9 月 1 日起施行。

《中华人民共和国个人所得税法实施条例》根据本决定作相应的修改，重新公布。

【导读】

本决定是国务院对行政法规《中华人民共和国个人所得税法实施条例》进行修改，因此也具有行政法规性质，故需用命令发布。

【阅读思考】

1. 试比较其与法治行政公文决定的写法。

2. 这种处置决定该写明哪些内容？

二、基础知识认知

（一）特点

1. 唯一的制定机关

《宪法》第八十九条（一）规定，国务院"根据宪法和法律，规定行政措施、制定行政法规，发布决定和命令"。这是宪法赋予国务院制定行政法规的职权，其他任何行政机关都无权制定行政法规。

2. 法定效力高

行政法规是国家法律系统的重要内容，也是法定效力最高的法制行政公文，其法定效力仅次于宪法和法律。因此，违反行政法规同样将会受到严惩。

3. 行文高度规范

首先是文种使用有规范。《行政法规制定程序条例》规定行政法规的文种为条例、规定、办法，且国务院各部门和地方人民政府制定的规章不得称"条例"。其次是与法律的行文保持高度的一致性。行政法规是国家法律系统的重要组成部分，它与法律的精神实质是一

[①] 引自 http：//cpc. people. com. cn/GB/64093/64094/15263572. html.

致的，因此，在行文上也应保持高度的一致性。法律公文行文的高度规范性，在行政法规公文中一样得到了体现。例如，基本采用说明手法，结构采用章条式，行文思路按总则、分则、附则的逻辑安排，章、节、条、款、项、目层次分明且所涉内容相对单一等。就普遍情况而言，行政法规基本采用章断条连式和条文式两种方式行文，内容复杂的用前者，内容较简单的用后者，不得随意发挥与创新。这是保证法规行文规范的重要手段。

（二）分类

（1）按文种可分条例、规定、办法、决定四种。条例是对某一方面的工作作出比较全面、系统的规定。与规定、办法相比，条例具有三个特点：一是内容全面系统；二是表达原则概括（法律的"实施条例"除外），因此，常配以"实施办法"或"实施细则"；三是条例在法制行政公文中只作行政法规文种，规定与办法还可作其他法制公文文种。规定是对某一方面的行政工作作部分的规定。与条例相比，规定的调整范围相对较窄，但表述具体，便于执行。办法是对某一项行政工作作比较具体详细的规定。办法具有较强的实施性和操作性，不需再制定实施细则作为其配套公文。决定只用作对原有的已不适用的行政法规进行补充、修订、废除等处置。

（2）按法规性质可分为暂行性行政法规、正式行政法规、补充性行政法规、实施性行政法规和特别行政法规。暂行性行政法规又有依法制定和授权制定两种类型。依法制定是国务院根据新形势、新情况发展的需要，依照有关法律规定而制定的，但从制定开始就认定其很不成熟，需要经过一段时间的实践检验，只能暂用，待时机、经验成熟了，再进行完善、审议通过，上升为正式法规。这种暂行性法规一旦修订完善上升为正式法规，同时就会被宣布废止。授权性行政法规是国务院根据全国人民代表大会及其常委会授权制定，但要待时机成熟，积累一定实践经验后，经修订和全国人民代表大会常务委员会审议通过上升为法律。暂行性行政法规常在标题上标识"暂行"二字，如"暂行条例""暂行规定"等。

正式行政法规即比较成熟的法规。其来源主要有两方面：一是由暂行法规上升为正式法规；二是制定时就广泛征求各方面或有关方面的意见，并认真研究、充分讨论，从一开始就认定它是比较成熟的法规，只要有关会议通过或有关机关批准就可直接施行。

补充性行政法规是对正在实施的法律或法规，根据新形势的发展和新情况的出现，对部分内容作出补充规定的行政法规，如《国务院关于劳动教养的补充规定》。

实施性行政法规是为实施某一法律，使其更加具体化、细化，便于操作执行而制定的行政法规，如《中华人民共和国行政复议法实施条例》《中华人民共和国商标法实施条例》等。

特别行政法规是着重对某一行政管理工作进行特别强调所制定的行政法规，如《国务院关于加强食品等产品安全监督管理的特别规定》。这是因为食品等产品关系到人们的生命安全，食品、药品造假现象严重，重大安全事故时有发生，甚至影响到国际贸易。在这种情况下，国务院需及时制定这一特别性行政法规，加强监管。

（3）按管理权限可分为授权性行政法规、直发性行政法规、批准性行政法规。授权性行政法规是国务院根据全国人民代表大会及其常务委员会授权制定的暂行性行政法规；直发性行政法规是国务院根据宪法和组织法的规定，依法直接制定的行政法规；批准性行政法规是指国务院各部门和具有规章制定权的地方人民政府根据国家有关法律、政策制定，然后由国家权力机关、最高行政机关批准颁布的行政法规。

（4）根据内容不同可分为事项性行政法规和职权性行政法规。前者是为某一事项制订全面系统的管理规定，如《中华人民共和国地图编辑出版管理条例》《党政机关公文处理工作条例》等；后者是为某个组织或某些专门人员的任务、职责、权限等作出原则、系统的规定，如《人民调解委员会组织条例》《会计人员职权条例》等。

三、文本写作

行政法规文本的结构通常由标题、题注和正文三部分构成。

1. 标题

行政法规的标题一般有三项式和两项式。前者有"制发机关＋事由＋文种"或"适用范围＋事项＋文种"两种形式，如《国务院关于加强食品等产品安全监督管理的特别规定》《中华人民共和国学位条例》；后者有"事项＋文种"或"组织＋文种"两种形式，如《职工带薪年休假条例》《人民调解委员会条例》。如果是暂行、试行、补充、特别法规，还应在文种前标明"暂行"等表明其性质的字样，或在文种后用括号注明其性质。

2. 题注

题注是对行政法规制定、发布、修订和补充等情况的说明，包括制定、批准机关（或会议）名称，批准（或通过）日期等。题注应写在标题下方，有用括号或不用括号两种。如《全国年节及纪念日放假办法》的题注是：

（1949 年 12 月 23 日政务院发布。根据 1999 年 9 月 18 日《国务院关于修改〈全国年节及纪念日放假办法〉的决定》第一次修订。根据 2007 年 12 月 14 日《国务院关于修改〈全国年节及纪念日放假办法〉的决定》第二次修订）

它对发布时间、发布机关以及两次修订的依据进行了说明。

新发布的行政法规常伴有其发布令，因而不需题注。

3. 正文

行政法规应对制定目的、依据、适用范围、主管部门、具体规定、法律责任、奖惩办法、施行日期、解释权限等作出具体明确的规定。按先总说后分说、从原则到细则、从主要到次要、从一般到特殊的思路，分总则、分则、附则三大块加以表述。

正文写作主要采用章条式和条文式。内容比较复杂的通常采用章条式，内容较为简单的采用条文式。前者如《行政法规制定程序条例》《党政机关公文处理工作条例》，后者如《中华人民共和国学位条例》《国务院关于加强食品等产品安全监督管理的特别规定》。

前面有述，章条式有"章断条连式"和"章连条断式"两种类型。依照《行政法规制定程序条例》规定，行政法规通常采用"章断条连式"。"章断条连式"的写法通常遵循"总则—分则—附则"三大结构模块。第一章为"总则"；中间"分则"根据内容性质分成若干章，"分则"不以"分则"作为标题，而是以各章的具体内容作为小标题；最后一章为"附则"。章下列条，条下还可列款，款下列项，项下列目，这要根据具体内容的复杂程度和层次关系来决定。所谓"章断条连"，就是下一章的"条序"都与上一章的"条序"相连贯，从"第一章"下的"第一条"开始，按流水序排列到底，中间虽有"章"隔断，也不影响"条序"的连续性。

条文式也叫条排式。条文式适合内容比较简单的法规文本行文。条文式虽不像章条式那样总则、分则、附则三块分明，但整个正文的条文仍需按总则、分则、附则的内容逻辑排序，只是不再分"章"，而是按"条序"排列。当然，根据实际需要，条下也可列款、项、目等。行政法规即便内容层级单一，一般也不采用单以"项"或"目"的形式行文。

四、写作注意事项

（1）正确使用文种。行政法规中条例、规定、办法三个文种的适用性具有明确的针对性，因此，在制定行政法规时，一定要根据实际情形准确地使用文种。同时还应注意，行政法规的修订都是用"决定"，而不使用其他文种。

（2）根据实际内容选用章条式或条文式行文，同时注意"章""条""款""项""目"的规范表达。

【问题思考】

1. 行政法规主要有哪些文种？

2. 暂行法规与正式法规的主要区别是什么？

3. 行政法规的制定必须依据什么法规？其修订必须使用什么文种？

4. 行政法规制订后要由谁用什么发布方能生效？

5. 行政法规行文方式最主要的有哪两种？它们各适用怎样的具体情况？

第二节　行政规章读写

行政规章也是国家法律系统的内容，其法律效力不仅低于宪法、法律，也低于行政法规。它由国务院各部门和地方省、自治区、直辖市及较大的市人民政府依照《规章制定程序条例》的规定制发，在全国或者相应的行政区域内产生法定效力。《规章制定程序条例》第六条规定："规章的名称一般称'规定'、'办法'，但不得称'条例'[①]。"细则通常用于为实施条例、规定、办法作详细、具体或补充性的规定，这种细则也属于行政规章。决定在行政规章中也同样具有处置作用。因此，行政规章主要有规定、办法、细则和决定等文种。此外，《规章制定程序条例》第三十六条规定："依法不具有规章制定权的县级以上地方人民政府制定、发布具有普遍约束力的决定、命令，参照本条例规定的程序执行。"由此可见，"依法不具有规章制定职权的县级以上地方人民政府"制定法制行政公文，主要是用决定和命令，并且这种决定和命令也具有与行政规章相同的性质和效用。

---

① 经授权的除外，如中共中央办公厅 国务院办公厅《党政机关公文处理工作条例》。

一、文本导读

（一）规定

行政规章规定与行政法规规定的适用情况、类别、特点、写法是完全一致的，只是它们的法定制定机关不同，因而适用范围不同、产生的法定效力不同而已。制定行政规章的规定时，不仅不能违反有关法律，也不能违反有关行政法规。

【例文 6.2.1】

深圳市基本生态控制线管理规定①

第一章 总则

第一条 为加强深圳市（以下简称市）生态保护，防止城市建设无序蔓延危及城市生态系统安全，促进城市建设可持续发展，根据有关法律、法规，结合本市实际，制定本规定。

第二条 本规定所称基本生态控制线是指深圳市人民政府（以下简称市政府）批准公布的生态保护范围界线。

第三条 基本生态控制线划定、调整以及基本生态控制线范围内各项土地利用、建设活动，适用本规定。

第四条 市规划主管部门负责编制基本生态控制线的划定、调整方案。

规划、土地、环保、发展改革、水务、农林渔业、城管综合执法等行政主管部门和各区人民政府（以下简称区政府）按照有关法律、法规和规章规定，在各自职责范围内，共同做好基本生态控制线监督管理工作。

第五条 单位和个人有权检举、控告违反本规定的行为。

市政府鼓励公民、法人或其他组织从事生态保护活动，对作出突出贡献的给予奖励。

第二章 划定和调整

第六条 基本生态控制线的划定应包括下列范围：

（一）一级水源保护区、风景名胜区、自然保护区、集中成片的基本农田保护区、森林及郊野公园；

（二）坡度大于 25% 的山地、林地以及特区内海拔超过 50 米、特区外海拔超过 80 米的高地；

（三）主干河流、水库及湿地；

（四）维护生态系统完整性的生态廊道和绿地；

（五）岛屿和具有生态保护价值的海滨陆域；

（六）其他需要进行基本生态控制的区域。

第七条 基本生态控制线按以下程序划定和公布：

（一）市规划主管部门编制基本生态控制线划定方案；

（二）划定方案批准前应征求市政府相关职能部门和区政府意见；

（三）划定方案根据有关意见论证修改后，由市规划主管部门报市政府批准；

（四）基本生态控制线应自批准之日起 30 日内，在市主要新闻媒体和政府网站上公布。

公布的基本生态控制线必须控制范围清晰，附有明确地理坐标及相应界址地形图。

第八条 因国家、省、市重大建设项目，需要对基本生态控制线进行局部调整的，按照下列程序进行：

（一）市规划主管部门依据国家、省、市重大建设项目相关批准文件，依法组织环境影响评价，编制

---

① 深圳市基本生态控制线管理规定. 深圳特区报，2005 - 10 - 31.

基本生态控制线调整方案；

（二）调整方案应征求市政府相关职能部门和区政府意见；

（三）市规划主管部门应将调整方案公示，公示时间不少于30日，并通过召开论证会、听证会等形式广泛征求意见；

（四）调整方案根据有关意见论证修改后，报市城市规划委员会审议；

（五）调整方案审议通过后，报市政府批准。

调整方案应自批准之日起15日内，在市主要新闻媒体和政府网站上公布。

第九条　市政府统一设立基本生态控制线保护标志。

任何单位和个人不得毁坏或擅自改变基本生态控制线保护标志。

第三章　监督和管理

第十条　除下列情形外，禁止在基本生态控制线范围内进行建设：

（一）重大道路交通设施；

（二）市政公用设施；

（三）旅游设施；

（四）公园。

前款所列建设项目应作为环境影响重大项目依法进行可行性研究、环境影响评价及规划选址论证。

上述建设项目在规划选址批准之前，应在市主要新闻媒体和政府网站公示，公示时间不少于30日。

已批建设项目，要优先考虑环境保护，加强各项配套环保及绿化工程建设，严格控制开发强度。

第十一条　在本规定实施前已签订土地使用权出让合同但尚未开工的建设项目，应由市规划主管部门审核。准许建设的项目应严格控制开发强度与用地功能；对生态环境影响较大的建设项目由市土地主管部门依法收回用地并给予补偿。

第十二条　基本生态控制线内已建合法建筑物、构筑物，不得擅自改建和扩建。

基本生态控制线范围内的原农村居民点应依据有关规划制定搬迁方案，逐步实施。确需在原址改造的，应制定改造专项规划，经市规划主管部门会同有关部门审核公示后，报市政府批准。

第十三条　违反本规定在基本生态控制线内进行建设的，属于严重影响城市规划行为。

市规划主管部门、城管综合执法部门和政府相关职能部门应依照各自职权，加强基本生态控制线巡查工作。被检查的单位和个人应如实提供有关资料，不得以任何理由拒绝。

第四章　法律责任

第十四条　违反本规定擅自调整基本生态控制线的，对主管领导和直接责任人员依法予以行政处分。

第十五条　在基本生态控制线范围内擅自审批建设项目或批准建设的，对主管领导和直接责任人员依法予以行政处分；构成犯罪的，依法追究刑事责任。

第十六条　政府有关主管部门的工作人员玩忽职守、滥用职权、徇私舞弊的，由监察部门依法予以行政处分；构成犯罪的，依法追究刑事责任。

第十七条　毁坏或擅自改变基本生态控制线保护标志的，由城管综合执法部门责令恢复原状，并处1 000元以下罚款。

第十八条　在基本生态控制线内进行各类违法活动的，由相关行政主管部门依法处罚；构成犯罪的，依法追究刑事责任。

第五章　附则

第十九条　依本规定划定的基本生态控制线及其范围图为本规定组成部分，具同等法律效力。

第二十条　本规定自2005年11月1日起施行。

【导读】

这是一份地方政府规章，文种为规定。地方规章由地方省、自治区、直辖市和较大的市人民政府依照《规章制定程序条例》的规定制定，在所辖行政区域内实施并产生法定效力。

本规定由深圳市政府制定。文本由标题和正文构成。标题采用三项式；正文采用章条式行文，全文分五章二十条，表述清晰、准确、简明。这份行政规章写得比较规范，值得借鉴。

【阅读思考】

1. 本规定可否改用条文式？为什么？

2. 概括各条所表述的内容。

【例文 6.2.2】（中国证券监督管理委员会令第 33 号）

证券市场禁入规定①

第一条　为了维护证券市场秩序，保护投资者合法权益和社会公众利益，促进证券市场健康稳定发展，根据《中华人民共和国证券法》等法律、行政法规，制定本规定。

第二条　中国证券监督管理委员会（以下简称"中国证监会"）对违反法律、行政法规或者中国证监会有关规定的有关责任人员采取证券市场禁入措施，以事实为依据，遵循公开、公平、公正的原则。

第三条　下列人员违反法律、行政法规或者中国证监会有关规定，情节严重的，中国证监会可以根据情节严重的程度，采取证券市场禁入措施：

（一）发行人、上市公司的董事、监事、高级管理人员，其他信息披露义务人或者其他信息披露义务人的董事、监事、高级管理人员；

（二）发行人、上市公司的控股股东、实际控制人或者发行人、上市公司控股股东、实际控制人的董事、监事、高级管理人员；

（三）证券公司的董事、监事、高级管理人员及其内设业务部门负责人、分支机构负责人或者其他证券从业人员；

（四）证券公司的控股股东、实际控制人或者证券公司控股股东、实际控制人的董事、监事、高级管理人员；

（五）证券服务机构的董事、监事、高级管理人员等从事证券服务业务的人员和证券服务机构的实际控制人或者证券服务机构实际控制人的董事、监事、高级管理人员；

（六）证券投资基金管理人、证券投资基金托管人的董事、监事、高级管理人员及其内设业务部门、分支机构负责人或者其他证券投资基金从业人员；

（七）中国证监会认定的其他违反法律、行政法规或者中国证监会有关规定的有关责任人员。

第四条　被中国证监会采取证券市场禁入措施的人员，在禁入期间内，除不得继续在原机构从事证券业务或者担任原上市公司董事、监事、高级管理人员职务外，也不得在其他任何机构中从事证券业务或者担任其他上市公司董事、监事、高级管理人员职务。

被采取证券市场禁入措施的人员，应当在收到中国证监会作出的证券市场禁入决定后立即停止从事证券业务或者停止履行上市公司董事、监事、高级管理人员职务，并由其所在机构按规定的程序解除其被禁止担任的职务。

第五条　违反法律、行政法规或者中国证监会有关规定，情节严重的，可以对有关责任人员采取 3 至 5 年的证券市场禁入措施；行为恶劣、严重扰乱证券市场秩序、严重损害投资者利益或者在重大违法活动中起主要作用等情节较为严重的，可以对有关责任人员采取 5 至 10 年的证券市场禁入措施；有下列情形之一的，可以对有关责任人员采取终身的证券市场禁入措施：

（一）严重违反法律、行政法规或者中国证监会有关规定，构成犯罪的；

（二）违反法律、行政法规或者中国证监会有关规定，行为特别恶劣，严重扰乱证券市场秩序并造成

---

① 引自 http://www.cstc.gov.cn/n575458/n575667/n4231533/n8928778/8929171.html.

严重社会影响，或者致使投资者利益遭受特别严重损害的；

（三）组织、策划、领导或者实施重大违反法律、行政法规或者中国证监会有关规定的活动的；

（四）其他违反法律、行政法规或者中国证监会有关规定，情节特别严重的。

第六条　违反法律、行政法规或者中国证监会有关规定，情节严重的，可以单独对有关责任人员采取证券市场禁入措施，或者一并依法进行行政处罚；涉嫌犯罪的，依法移送公安机关、人民检察院，并可同时采取证券市场禁入措施。

第七条　有下列情形之一的，可以对有关责任人员从轻、减轻或者免予采取证券市场禁入措施：

（一）主动消除或者减轻违法行为危害后果的；

（二）配合查处违法行为有立功表现的；

（三）受他人指使、胁迫有违法行为，且能主动交代违法行为的；

（四）其他可以从轻、减轻或者免予采取证券市场禁入措施的。

第八条　共同违反法律、行政法规或者中国证监会有关规定，需要采取证券市场禁入措施的，对负次要责任的人员，可以比照应负主要责任的人员，适当从轻、减轻或者免予采取证券市场禁入措施。

第九条　中国证监会采取证券市场禁入措施前，应当告知当事人采取证券市场禁入措施的事实、理由及依据，并告知当事人有陈述、申辩和要求举行听证的权利。

第十条　被采取证券市场禁入措施者因同一违法行为同时被认定有罪或者进行行政处罚的，如果对其所作有罪认定或行政处罚决定被依法撤销或者变更，并因此影响证券市场禁入措施的事实基础或者合法性、适当性的，依法撤销或者变更证券市场禁入措施。

第十一条　被中国证监会采取证券市场禁入措施的人员，中国证监会将通过中国证监会网站或指定媒体向社会公布，并记入被认定为证券市场禁入者的诚信档案。

第十二条　中国证监会依法宣布个人或者单位的直接责任人员为期货市场禁止进入者的，可以参照本规定执行。

第十三条　本规定自 2006 年 7 月 10 日起施行。1997 年 3 月 3 日中国证监会发布施行的《证券市场禁入暂行规定》（证监〔1997〕7 号）同时废止。

【导读】

这是一份部门规章，文种为规定。制发机关是中国证券监督管理委员会，属于国务院下设的部门。该规章的文种之所以用"规定"，是因为其内容仅为中国证券市场的"禁入"作规定，并不涉及中国证券市场的其他方面。该规定文本由标题、发布标识和正文三部分构成。标题由事由和文种构成；发布标识注明发布的时间、机关及所用文种；正文采用条文式行文，这也是行政规章通常的写法之一。

【阅读思考】

1. 该规定哪些条文属总则内容？哪些条文属附则内容？

2. 第二条的表述有无欠妥的地方？

【例文 6.2.3】（国家旅游局 商务部令第 25 号）

关于《设立外商控股、外商独资旅行社暂行规定》的补充规定①

为了促进香港、澳门与内地建立更紧密经贸关系，鼓励香港服务提供者和澳门服务提供者在内地设立从事旅游和与旅游相关的服务企业，根据国务院批准的《〈内地与香港关于建立更紧密经贸关系的安排〉

---

① 引自 http：//www.17u.net/news/newsinfo_17720.html.

补充协议二》及《〈内地与澳门关于建立更紧密经贸关系的安排〉补充协议二》，现就《设立外商控股、外商独资旅行社暂行规定》（国家旅游局、商务部令〔2003〕第19号）作出如下补充规定：

一、降低香港服务提供者和澳门服务提供者进入内地的准入条件，即在内地设立独资旅行社的香港服务提供者和澳门服务提供者的年旅游经营总额不低于2 500万美元，在内地设立合资旅行社的香港服务提供者和澳门服务提供者的年旅游经营总额不低于1 200万美元。

二、本规定中的香港服务提供者和澳门服务提供者应分别符合《内地与香港关于建立更紧密经贸关系的安排》及《内地与澳门关于建立更紧密经贸关系的安排》中关于"服务提供者"定义及相关规定的要求。

三、香港服务提供者和澳门服务提供者在内地投资旅行社的其他规定，仍按照《设立外商控股、外商独资旅行社暂行规定》执行。

四、本规定由国家旅游局和商务部共同负责解释。

五、本规定自2006年1月1日起实施。

【导读】

这是一份行政规章的补充规定。它是原规定或暂行规定在实施实践过程中或在新形势下，存在不足或不能满足解决新问题的需要时，对原规定所作的补充和完善。补充规定具有与原规定同等的法定效力，其补充内容根据实际情况而定，一般较简单，因而通常采用"序条式"行文。"序条式"的正文由序言（或叫前言、引言）和补充条项构成。序言一般阐明作出补充规定的原因、目的、依据、意义等；条项则是补充规定的具体内容，一般分点或分条行文。

【阅读思考】

1. 请根据本规定谈谈你对法制性公文"序条式"行文的理解，并指出其适用于何种情形的行文？

2. 补充规定在内容上是否要求全面？为什么？

（二）办法

行政规章办法与行政法规办法的适用情况、类别、特点及写法完全相同，只是法定制定机关不同，适用范围不同，产生的法定效力不同而已。制定行政规章办法时，不仅要符合有关法律，而且要符合有关行政法规。

【例文6.2.4】（中国人民银行令〔2006〕第3号）

个人外汇管理办法①

第一章　总则

第一条　为便利个人外汇收支，简化业务手续，规范外汇管理，根据《中华人民共和国外汇管理条例》和《结汇、售汇及付汇管理规定》等相关法规，制定本办法。

第二条　个人外汇业务按照交易主体区分境内与境外个人外汇业务，按照交易性质区分经常项目和资本项目个人外汇业务。按上述分类对个人外汇业务进行管理。

第三条　经常项目项下的个人外汇业务按照可兑换原则管理，资本项目项下的个人外汇业务按照可兑

① 引自 http://www.safe.gov.cn/model.

158

换进程管理。

第四条 国家外汇管理局及其分支机构（以下简称外汇局）按照本办法规定，对个人在境内及跨境外汇业务进行监督和管理。

第五条 个人应当按照本办法规定办理有关外汇业务。银行应当按照本办法规定为个人办理外汇收付、结售汇及开立外汇账户等业务，对个人提交的有效身份证件及相关证明材料的真实性进行审核。汇款机构及外币兑换机构（含代兑点）按照本办法规定为个人办理个人外汇业务。

第六条 银行应通过外汇局指定的管理信息系统办理个人购汇和结汇业务，真实、准确录入相关信息，并将办理个人业务的相关材料至少保存 5 年备查。

第七条 银行和个人在办理个人外汇业务时，应当遵守本办法的相关规定，不得以分拆等方式逃避限额监管，也不得使用虚假商业单据或者凭证逃避真实性管理。

第八条 个人跨境收支，应当按照国际收支统计申报的有关规定办理国际收支统计申报手续。

第九条 对个人结汇和境内个人购汇实行年度总额管理。年度总额内的，凭本人有效身份证件在银行办理；超过年度总额的，经常项目项下凭本人有效身份证件和有交易额的相关证明等材料在银行办理，资本项目项下按照第三章有关规定办理。

第二章 经常项目个人外汇管理

第十条 从事货物进出口的个人对外贸易经营者，在商务部门办理对外贸易经营权登记备案后，其贸易外汇资金的收支按照机构的外汇收支进行管理。

第十一条 个人进行工商登记或者办理其他执业手续后，可以凭有关单证办理委托具有对外贸易经营权的企业代理进出口项下及旅游购物、边境小额贸易等项下外汇资金收付、划转及结汇。

第十二条 境内个人外汇汇出境外用于经常项目支出，单笔或当日累计汇出在规定金额以下的，凭本人有效身份证件在银行办理；单笔或当日累计汇出在规定金额以上的，凭本人有效身份证件和有交易额的相关证明等材料在银行办理。

第十三条 境外个人在境内取得的经常项目项下合法人民币收入，可以凭本人有效身份证件及相关证明材料在银行办理购汇及汇出。

第十四条 境外个人未使用的境外汇入外汇，可以凭本人有效身份证件在银行办理原路汇回。

第十五条 境外个人将原兑换未使用完的人民币兑回外币现钞时，小额兑换凭本人有效身份证件在银行或外币兑换机构办理；超过规定金额的，可以凭原兑换水单在银行办理。

第三章 资本项目个人外汇管理

第十六条 境内个人对外直接投资符合有关规定的，经外汇局核准可以购汇或以自有外汇汇出，并应当办理境外投资外汇登记。

第十七条 境内个人购买 B 股，进行境外权益类、固定收益类以及国家批准的其他金融投资，应当按相关规定通过具有相应业务资格的境内金融机构办理。

第十八条 境内个人向境内保险经营机构支付外汇人寿保险项下保险费，可以购汇或以自有外汇支付。

第十九条 境内个人在境外获得的合法资本项目收入经外汇局核准后可以结汇。

第二十条 境内个人对外捐赠和财产转移需购付汇的，应当符合有关规定并经外汇局核准。

第二十一条 境内个人向境外提供贷款、借用外债、提供对外担保和直接参与境外商品期货和金融衍生产品交易，应当符合有关规定并到外汇局办理相应登记手续。

第二十二条 境外个人购买境内商品房，应当符合自用原则，其外汇资金的收支和汇兑应当符合相关外汇管理规定。境外个人出售境内商品房所得人民币，经外汇局核准可以购汇汇出。

第二十三条 除国家另有规定外，境外个人不得购买境内权益类和固定收益类等金融产品。境外个人购买 B 股，应当按照国家有关规定办理。

第二十四条 境外个人在境内的外汇存款应纳入存款金融机构短期外债余额管理。

第二十五条 境外个人对境内机构提供贷款或担保，应当符合外债管理的有关规定。

第二十六条　境外个人在境内的合法财产对外转移，应当按照个人财产对外转移的有关外汇管理规定办理。

第四章　个人外汇账户及外币现钞管理

第二十七条　个人外汇账户按主体类别区分为境内个人外汇账户和境外个人外汇账户；按账户性质区分为外汇结算账户、资本项目账户及外汇储蓄账户。

第二十八条　银行按照个人开户时提供的身份证件等证明材料确定账户主体类别，所开立的外汇账户应使用与本人有效身份证件记载一致的姓名。境内个人和境外个人外汇账户境内划转按跨境交易进行管理。

第二十九条　个人进行工商登记或者办理其他执业手续后可以开立外汇结算账户。

第三十条　境内个人从事外汇买卖等交易，应当通过依法取得相应业务资格的境内金融机构办理。

第三十一条　境外个人在境内直接投资，经外汇局核准，可以开立外国投资者专用外汇账户。账户内资金经外汇局核准可以结汇。直接投资项目获得国家主管部门批准后，境外个人可以将外国投资者专用外汇账户内的外汇资金划入外商投资企业资本金账户。

第三十二条　个人可以凭本人有效身份证件在银行开立外汇储蓄账户。外汇储蓄账户的收支范围为非经营性外汇收付、本人或与其直系亲属之间同一主体类别的外汇储蓄账户间的资金划转。境内个人和境外个人开立的外汇储蓄联名账户按境内个人外汇储蓄账户进行管理。

第三十三条　个人携带外币现钞出入境，应当遵守国家有关管理规定。

第三十四条　个人购汇提钞或从外汇储蓄账户中提钞，单笔或当日累计在有关规定允许携带外币现钞出境金额之下的，可以在银行直接办理；单笔或当日累计提钞超过上述金额的，凭本人有效身份证件、提钞用途证明等材料向当地外汇局事前报备。

第三十五条　个人外币现钞存入外汇储蓄账户，单笔或当日累计在有关规定允许携带外币现钞入境免申报金额之下的，可以在银行直接办理；单笔或当日累计存钞超过上述金额的，凭本人有效身份证件、携带外币现钞入境申报单或本人原存款金融机构外币现钞提取单据在银行办理。

第三十六条　银行应根据有关反洗钱规定对大额、可疑外汇交易进行记录、分析和报告。

第五章　附则

第三十七条　本办法下列用语的含义：

（一）境内个人是指持有中华人民共和国居民身份证、军人身份证件、武装警察身份证件的中国公民；

（二）境外个人是指护照、港澳居民来往内地通行证、台湾居民来往大陆通行证的外国公民（包括无国籍人）以及港澳台同胞；

（三）经常项目项下非经营性外汇是指除贸易外汇之外的其他经常项目外汇。

第三十八条　个人旅行支票按照外币现钞有关规定办理；个人外币卡业务，按照外币卡管理的有关规定办理。

第三十九条　对违反本办法规定的，由外汇局依据《中华人民共和国外汇管理条例》及其他相关规定予以处罚；构成犯罪的，依法移送司法机关追究刑事责任。

第四十条　国家外汇管理局负责制定本办法相应的实施细则，确定年度总额、规定金额等。

第四十一条　本办法由国家外汇管理局负责解释。

第四十二条　本办法自 2007 年 2 月 1 日起施行。以前规定与本办法不一致的，按本办法执行。附件所列外汇管理规定自本办法施行之日起废止。

附件：（被废止的外汇管理规定略）

【导读】

这是一份部门规章，文种为办法，内容只涉及个人外汇管理。办法不仅具有规定性，而且实施性强。因此，它在规定上要求更为详细、具体和明了，不宜原则化。

【阅读思考】

1. 个人外汇管理与外汇管理有什么区别和联系？

2. 第三十七条为什么要对"境内个人""境外个人""经常项目项下非经营性外汇"这些概念另作解释？

（三）细则

细则是由法律、法规、规章授权的行政机关为有效实施法律、法规和规章，对其全部内容或部分内容进行权威性详解、补充和说明的法制行政公文。

它是一种派生性公文，从属于具体的主体法律、法规和规章，是对某一法律、法规和规章的补充、解释与说明，使其全部或者部分条文更加具体化，以便于执行。细则又称"实施（行）细则"。例如，《个人外汇管理办法实施细则》就是为便于执行《中华人民共和国外汇管理条例》和《个人外汇管理办法》而制定的细则。

【例文 6.2.5】

个人外汇管理办法实施细则①

第一章　总则

第一条　为规范和便利银行及个人的外汇业务操作，根据《个人外汇管理办法》，制定本细则。

第二条　对个人结汇和境内个人购汇实行年度总额管理。年度总额分别为每人每年等值 5 万美元。国家外汇管理局可根据国际收支状况，对年度总额进行调整。

个人年度总额内的结汇和购汇，凭本人有效身份证件在银行办理；超过年度总额的，经常项目项下按本细则第十条、第十一条、第十二条办理，资本项目项下按本细则"资本项目个人外汇管理"有关规定办理。

第三条　个人所购外汇，可以汇出境外、存入本人外汇储蓄账户，或按照有关规定携带出境。

第四条　个人年度总额内购汇、结汇，可以委托其直系亲属代为办理；超过年度总额的购汇、结汇以及境外个人购汇，可以按本细则规定，凭相关证明材料委托他人办理。

第五条　个人携带外币现钞出入境，应当遵守国家有关管理规定。

第六条　各外汇指定银行（以下简称银行）应按照本细则规定对个人外汇业务进行真实性审核，不得伪造、变造交易。

银行应通过个人结售汇管理信息系统（以下简称个人结售汇系统）办理个人购汇和结汇业务，真实、准确、完整录入相关信息。

第七条　国家外汇管理局及其分支机构（以下简称外汇局）负责对个人外汇业务进行统计、监测、管理和检查。

第二章　经常项目个人外汇管理

第八条　个人经常项目项下外汇收支分为经营性外汇收支和非经营性外汇收支。

第九条　个人经常项目项下经营性外汇收支按以下规定办理：

（一）个人对外贸易经营者办理对外贸易购付汇、收结汇应通过本人的外汇结算账户进行；其外汇收支、进出口核销、国际收支申报按机构管理。

个人对外贸易经营者指依法办理工商登记或者其他执业手续，取得个人工商营业执照或者其他执业证

---

① 引自 http：//www.safe.gov.cn/model.safe/laws/law_detail.jsp.

明，并按照国务院商务主管部门的规定，办理备案登记，取得对外贸易经营权，从事对外贸易经营活动的个人。

（二）个体工商户委托有对外贸易经营权的企业办理进口的，本人凭其与代理企业签订的进口代理合同或协议购汇，所购外汇通过本人的外汇结算账户直接划转至代理企业经常项目外汇账户。

个体工商户委托有对外贸易经营权的企业办理出口的，可通过本人的外汇结算账户收汇、结汇。结汇凭与代理企业签订的出口代理合同或协议、代理企业的出口货物报关单办理。代理企业将个体工商户名称、账号以及核销规定的其他材料向所在地外汇局报备后，可以将个体工商户的收账通知作为核销凭证。

（三）境外个人旅游购物贸易方式项下的结汇，凭本人有效身份证件及个人旅游购物报关单办理。

第十条　境内个人经常项目项下非经营性结汇超过年度总额的，凭本人有效身份证件及以下证明材料在银行办理：

（一）捐赠：经公证的捐赠协议或合同，捐赠须符合国家规定；

（二）赡家款：直系亲属关系证明或经公证的赡养关系证明、境外给付人相关收入证明，如银行存款证明、个人收入纳税凭证等；

（三）遗产继承收入：遗产继承法律文书或公证书；

（四）保险外汇收入：保险合同及保险经营机构的付款证明，投保外汇保险须符合国家规定；

（五）专有权利使用和特许收入：付款证明、协议或合同；

（六）法律、会计、咨询和公共关系服务收入：付款证明、协议或合同；

（七）职工报酬：雇佣合同及收入证明；

（八）境外投资收益：境外投资外汇登记证明文件、利润分配决议或红利支付书或其他收益证明；

（九）其他：相关证明及支付凭证。

第十一条　境外个人经常项目项下非经营性结汇超过年度总额的，凭本人有效身份证件及以下证明材料在银行办理：

（一）房租类支出：房屋管理部门登记的房屋租赁合同、发票或支付通知；

（二）生活消费类支出：合同或发票；

（三）就医、学习等支出：境内医院（学校）收费证明；

（四）其他：相关证明及支付凭证。

上述结汇单笔等值5万美元以上的，应将结汇所得人民币资金直接划转至交易对方的境内人民币账户。

第十二条　境内个人经常项目项下非经营性购汇超过年度总额的，凭本人有效身份证件和有交易额的相关证明材料在银行办理。

第十三条　境外个人经常项目合法人民币收入购汇及未用完的人民币兑回，按以下规定办理：

（一）在境内取得的经常项目合法人民币收入，凭本人有效身份证件和有交易额的相关证明材料（含税务凭证）办理购汇；

（二）原兑换未用完的人民币兑回外汇，凭本人有效身份证件和原兑换水单办理，原兑换水单的兑回有效期为自兑换日起24个月；对于当日累计兑换不超过等值500美元（含）以及离境前在境内关外场所当日累计不超过等值1 000美元（含）的兑换，可凭本人有效身份证件办理。

第十四条　境内个人外汇汇出境外用于经常项目支出，按以下规定办理：

外汇储蓄账户内外汇汇出境外当日累计等值5万美元以下（含）的，凭本人有效身份证件在银行办理；超过上述金额的，凭经常项目项下有交易额的真实性凭证办理。

手持外币现钞汇出当日累计等值1万美元以下（含）的，凭本人有效身份证件在银行办理；超过上述金额的，凭经常项目项下有交易额的真实性凭证、经海关签章的《中华人民共和国海关进境旅客行李物品申报单》或本人原存款银行外币现钞提取单据办理。

第十五条　境外个人经常项目外汇汇出境外，按以下规定在银行办理：

（一）外汇储蓄账户内外汇汇出，凭本人有效身份证件办理；

（二）手持外币现钞汇出，当日累计等值1万美元以下（含）的，凭本人有效身份证件办理；超过上述金额的，还应提供经海关签章的《中华人民共和国海关进境旅客行李物品申报单》或本人原存款银行外币现钞提取单据办理。

第三章　资本项目个人外汇管理

第十六条　境内个人对外直接投资应按国家有关规定办理。所需外汇经所在地外汇局核准后可以购汇或以自有外汇汇出，并办理相应的境外投资外汇登记手续。

境内个人及因经济利益关系在中国境内习惯性居住的境外个人，在境外设立或控制特殊目的公司并返程投资的，所涉外汇收支按《国家外汇管理局关于境内居民通过境外特殊目的公司融资及返程投资外汇管理有关问题的通知》等有关规定办理。

第十七条　境内个人可以使用外汇或人民币，并通过银行、基金管理公司等合格境内机构投资者进行境外固定收益类、权益类等金融投资。

第十八条　境内个人参与境外上市公司员工持股计划、认股期权计划等所涉外汇业务，应通过所属公司或境内代理机构统一向外汇局申请获准后办理。

境内个人出售员工持股计划、认股期权计划等项下股票以及分红所得外汇收入，汇回所属公司或境内代理机构开立的境内专用外汇账户后，可以结汇，也可以划入员工个人的外汇储蓄账户。

第十九条　境内个人向境内经批准经营外汇保险业务的保险经营机构支付外汇保费，应持保险合同、保险经营机构付款通知书办理购付汇手续。

境内个人作为保险受益人所获外汇保险项下赔偿或给付的保险金，可以存入本人外汇储蓄账户，也可以结汇。

第二十条　移居境外的境内个人将其取得合法移民身份前境内财产对外转移以及外国公民依法继承境内遗产的对外转移，按《个人财产对外转移售付汇管理暂行办法》等有关规定办理。

第二十一条　境外个人在境内买卖商品房及通过股权转让等并购境内房地产企业所涉外汇管理，按《国家外汇管理局建设部关于规范房地产市场外汇管理有关问题的通知》等有关规定办理。

第二十二条　境外个人可按相关规定投资境内B股；投资其他境内发行和流通的各类金融产品，应通过合格境外机构投资者办理。

第二十三条　根据人民币资本项目可兑换的进程，逐步放开对境内个人向境外提供贷款、借用外债、提供对外担保以及直接参与境外商品期货和金融衍生产品交易的管理，具体办法另行制定。

第四章　个人外汇账户及外币现钞管理

第二十四条　外汇局按账户主体类别和交易性质对个人外汇账户进行管理。银行为个人开立外汇账户，应区分境内个人和境外个人。账户按交易性质分为外汇结算账户、外汇储蓄账户、资本项目账户。

第二十五条　外汇结算账户是指个人对外贸易经营者、个体工商户按照规定开立的用以办理经常项目项下经营性外汇收支的账户。其开立、使用和关闭按机构账户进行管理。

第二十六条　个人在银行开立外汇储蓄账户应当出具本人有效身份证件，所开立账户户名应与本人有效身份证件记载的姓名一致。

第二十七条　个人开立外国投资者投资专用账户、特殊目的公司专用账户及投资并购专用账户等资本项目外汇账户及账户内资金的境内划转、汇出境外应经外汇局核准。

第二十八条　个人外汇储蓄账户资金境内划转，按以下规定办理：

（一）本人账户间的资金划转，凭有效身份证件办理；

（二）个人与其直系亲属账户间的资金划转，凭双方有效身份证件、直系亲属关系证明办理；

（三）境内个人和境外个人账户间的资金划转按跨境交易进行管理。

第二十九条　本人外汇结算账户与外汇储蓄账户间资金可以划转，但外汇储蓄账户向外汇结算账户的划款限于划款当日的对外支付，不得划转后结汇。

第三十条　个人提取外币现钞当日累计等值1万美元以下（含）的，可以在银行直接办理；超过上述金额的，凭本人有效身份证件、提钞用途证明等材料向银行所在地外汇局事前报备。银行凭本人有效身份证件和经外汇局签章的《提取外币现钞备案表》（附1）为个人办理提取外币现钞手续。

第三十一条　个人向外汇储蓄账户存入外币现钞，当日累计等值5 000美元以下（含）的，可以在银行直接办理；超过上述金额的，凭本人有效身份证件、经海关签章的《中华人民共和国海关进境旅客行李物品申报单》或本人原存款银行外币现钞提取单据在银行办理。银行应在相关单据上标注存款银行名称、存款金额及存款日期。

第五章　个人结售汇管理信息系统

第三十二条　具有结售汇业务经营资格并已接入和使用个人结售汇系统的银行，直接通过个人结售汇系统办理个人结售汇业务。

第三十三条　各银行总行及分支机构申请接入个人结售汇系统，应满足个人结售汇管理信息系统技术接入条件（附2），具备经培训的技术人员和业务操作人员，并能维护系统的正常运行。

第三十四条　银行应按规定填写个人结售汇系统银行网点信息登记表，向外汇局提出系统接入申请。外汇局在对银行申请验收合格后，予以准入。

第三十五条　除以下情况外，银行办理个人结售汇业务都应纳入个人结售汇系统：

（一）通过外币代兑点发生的结售汇；

（二）通过银行柜台尾零结汇、转利息结汇等小于等值100美元（含100美元）的结汇；

（三）外币卡境内消费结汇；

（四）境外卡通过自助银行设备提取人民币现钞；

（五）境内卡境外使用购汇还款。

第三十六条　银行为个人办理结售汇业务时，应当按照下列流程办理：

（一）通过个人结售汇系统查询个人结售汇情况；

（二）按规定审核个人提供的证明材料；

（三）在个人结售汇系统上逐笔录入结售汇业务数据；

（四）通过个人结售汇系统打印"结汇/购汇通知单"，作为会计凭证留存备查。

第三十七条　外汇局负责对辖内银行业务操作的规范性、业务数据录入的完整性和准确性等进行考核和检查。

第六章　附则

第三十八条　个人委托其直系亲属代为办理年度总额内的购汇、结汇，应分别提供委托人和受托人的有效身份证件、委托人的授权书、直系亲属关系证明；其他情况代办的，除需提供双方有效身份证件、授权书外，还应提供本细则规定的相关证明材料。

直系亲属指父母、子女、配偶。直系亲属关系证明指能证明直系亲属关系的户口簿、结婚证或街道办事处等政府基层组织或公安部门、公证部门出具的有效亲属关系证明。

第三十九条　违反《个人外汇管理办法》及本细则规定的，外汇局将依据《中华人民共和国外汇管理条例》及其他相关规定予以处罚；对于《中华人民共和国外汇管理条例》及其他相关规定没有明确规定的，对银行和个人应分别处以人民币3万元和1 000元以下的罚款。

第四十条　本细则由国家外汇管理局负责解释。

第四十一条　本细则自2007年2月1日起施行。

【导读】

这是一份授权制定的部门规章，由国家外汇管理局根据《个人外汇管理办法》第五章"附则"第四十条中"国家外汇管理局负责制定本办法相应的实施细则"的授权规定而制定。行文仍采用"章条式"，只是内容及其表述比《个人外汇管理办法》更加细化、具体化，更便于操作。

【阅读思考】

1. 请比较阅读《个人外汇管理办法》和《个人外汇管理办法实施细则》，说说《个人外汇管理办法实施细则》对《个人外汇管理办法》进行了哪些方面的细化、具体化？

2. 试分析本细则中"附则"明确了哪些内容？联系所学法规、规章，说说其"附则"一般反映什么内容？

二、基础知识认知

（一）特点

行政规章规定、办法与行政法规规定、办法比较，除因制发机关的级别不同产生的法定效力不同、适用的范围和领域不同外，也同样具有法定的制发机关、相应的法定效力和高度统一的行文规范等特点。这些特点，我们在本章第二节行政法规中已有阐述，在此不再赘述。

但是，行政规章细则，除具备行政规章规定、办法的上述特点外，还具有以下特点，这是我们学习行政规章应该注意的。

1. 依附性

细则的制定必须依附于某一法律、法规和规章，其主体公文是细则赖以产生的基础，没有主体公文，就没有实施细则。因此，细则的内容无论多么详尽、周密、具体，都不能超出原主体公文所规定的基本精神和内容范围。同时，一个主体公文根据不同需要也可能派生几个实施细则。法律、法规、规章授权可以指定其实施细则的，通常在"附则"中作出明确规定。如中国人民银行《个人外汇管理办法》第五章"附则"第四十条规定："国家外汇管理局负责制定本办法相应的实施细则，确定年度总额、规定金额等。"

2. 诠释性

细则对主体公文规定的原则性条文负有诠释的责任，以使其意思表达更加具体和明确。例如，《中华人民共和国商标法》第四十一条（一）规定"已经注册的商标，违反本法第十条、第十一条、第十二条规定的，或是以欺骗手段或者其他不正当手段取得注册的，由商标局撤销该注册商标……"，《中华人民共和国商标法实施细则》对"欺骗手段或者其他不正当手段"作了这样的诠释："①虚构、隐瞒事实真相或者伪造申请书件及有关文件进行注册的；②违反诚实信用原则，以复制、模仿、翻译等方式，用他人已为公众熟知的商标进行注册的；③未经授权，代理人以其名义用被代理人的商标进行注册的；④侵犯他人合法的在先权利进行注册的；⑤以其他不正当手段取得注册的。"经过这样的诠释，"欺骗手段或者其他不正当手段"就具体、明确了，操作起来十分方便。

3. 补充性

主体法律、法规和规章中规定的比较原则的条文，在执行中理解起来有一定的伸缩性，并且同一法律、法规、规章的同一条文，在执行中遇到的对象的情况也不尽相同。因此，应当对某一规定具体怎样适用作出限定，这就需要通过细则作出补充规定或辅助性说明。例如，《个人外汇管理办法》第九条规定"对个人结汇和境内个人购汇年度总额管理。年度总额内的，凭本人有效身份证在银行办理；超过年度总额的，经常项目项下凭本人有效身份证件和有交易额的相关证明等材料在银行办理……"；《个人外汇管理实施细则》则进一步具体明确为"对个人结汇和境内个人购汇年度总额管理。年度总额分别为每人每年等值 5 万美元……",“个人年度总额内的结汇和购汇，凭本人有效身份证件在银行办理；超过年度总额的，经常项目项下按本细则第十条、第十一条、第十二条办理……"，而这三条的规定是：

第十条　境内个人经常项目项下非经营性结汇超过年度总额的，凭本人有效身份证件及以下证明材料在银行办理：

（一）捐赠：经公证的捐赠协议或合同，捐赠须符合国家规定；

（二）赡家款：直系亲属关系证明或经公证的赡养关系证明、境外给付人相关收入证明，如银行存款证明、个人收入纳税凭证等；

（三）遗产继承收入：遗产继承法律文书或公证书；

（四）保险外汇收入：保险合同及保险经营机构的付款证明，投保外汇保险须符合国家规定；

（五）专有权利使用和特许收入：付款证明、协议或合同；

（六）法律、会计、咨询和公共关系服务收入：付款证明、协议或合同；

（七）职工报酬：雇佣合同及收入证明；

（八）境外投资收益：境外投资外汇登记证明文件、利润分配决议或红利支付书或其他收益证明；

（九）其他：相关证明及支付凭证。

第十一条　境外个人经常项目项下非经营性结汇超过年度总额的，凭本人有效身份证件及以下证明材料在银行办理：

（一）房租类支出：房屋管理部门登记的房屋租赁合同、发票或支付通知；

（二）生活消费类支出：合同或发票；

（三）就医、学习等支出：境内医院（学校）收费证明；

（四）其他：相关证明及支付凭证。

上述结汇单笔等值 5 万美元以上的，应将结汇所得人民币资金直接划转至交易对方的境内人民币账户。

第十二条　境内个人经常项目项下非经营性购汇超过年度总额的，凭本人有效身份证件和有交易额的相关证明材料在银行办理。

以上三条内容补充得非常详细、具体。第十条是具体明确境内个人经常项目项下非经营性结汇超过年度总额的在银行办理所需的“证明材料”；第十一条是明确境外个人经常项目项下非经营性结汇超过年度总额的在银行办理所需的“证明材料”；第十二条是明确境内个人经常项目项下非经营性购汇超过年度总额的在银行办理的条件。这些内容都有对主体公文进行补充、细化、具体化的功效。

（二）类别

1. 按文种可分规定、办法、细则、决定等

规定是对某一方面的行政工作作部分的规定；办法是对某一项行政工作作具体详细的规定；细则则是为法律、法规和规章的实施，对全部或部分内容作权威性的详细诠释、补充和说明。此外，依据《规章制定程序条例》第三十六条规定，依法不具有规章制定权的县级

以上地方人民政府可制定、发布具有普遍约束力的决定、命令。所以，我们在前面谈法治行政公文的决定、命令时，也谈到其具有法规性。

2. 按制定机关性质可分为部门规章和地方规章

前已述及，行政法规的唯一制定机关是国务院，是国家最高行政机关。行政规章则不同，国务院各部门和地方各省、自治区、直辖市及较大的市人民政府均是依法或授权制定机关。由国务院各部门依法或授权制定的，就称为部门规章；而由地方各省、自治区、直辖市和较大的市人民政府依法或授权制定的，则是地方规章。此外，依法不具有规章制定权的县级以上地方人民政府制定的法制性公文，一般称为规章性公文，也具有地方规章性质。

3. 按规章的性质可分为暂行规章、正式规章、补充规章、实施规章等

暂行规章是国务院各部门或依法有权制定行政规章的各地方人民政府，根据新形势、新情况或新的执政理念变化的需要，被授权或依法按照《规章制定程序办法》制定的，但从制定开始就认定其尚不成熟，只作暂用、急用或试用的规章。如《广东省实行信访工作责任制暂行办法》《深圳市信访工作责任追究暂行办法》《上海市公共场所禁止吸烟暂行规定》等。暂行规章一旦修订完善上升为正式规章，同时就被宣布废止。暂行规章常在标题上标识"暂行"或"试行"二字。

正式规章即比较成熟的规章，其主要来源有二：一是由暂行规章上升为正式规章，如《证券市场禁入规定》就是由《证券市场禁入暂行规定》上升而来的；二是制定时就广泛征询社会各界或有关方面的意见，并认真研究、充分讨论，从一开始就认定它是比较成熟的规章，只要有关会议通过或有关机关批准就可直接实施。

补充规章是对正在生效实施的规章，根据新形势的发展和新情况的出现，对部分内容作出补充规定的规章，如《国家旅游局　商务部关于〈设立外商控股、外商独资旅行社暂行规定〉的补充规定》等。补充规章在写法上较灵活。

实施规章是为实施某一法规，使其更加具体化、细化，以便操作执行而制定的规章。实施规章主要有办法和细则两种，细则更具有实施性。如《教师资格条例实施办法》（教育部）、《个人外汇管理办法实施细则》（国家外汇管理局）等。

应该说，行政规章与行政法规就种类来说是一致的，为了避免重复，在此不再赘述。

三、文本写作

行政规章文本写作也是一种规范写作，它们与行政法规文本的写作是完全相同的。除补充规定因性质和内容相对简单，其正文采用"序条式"行文外，其他从标题、题注、正文行文方式（条文式或章断条连式）到内容安排（总则、分则、附则）与行政法规的写法几乎完全一致。应该说，学会了写作行政法规，便会写作行政规章。写作行政规章时，我们可以参照行政法规的写法，故在此不再冗说。

四、写作注意事项

1. 文种使用要正确

首先是不要使用条例文种。在行政法制公文中，条例具有法定的使用上的唯一性，只有国务院制定行政法规时，才可以使用条例文种。但一些根本不具制定法规资格的机关，甚至企事业单位制定法制性公文时，动辄冠以"条例"，这是错误的。其次是规定与办法的使用要恰当，要符合其适用情况。规定强调的是为"某方面的行政工作作出部分规定"，办法强调的是为"某项行政工作作具体详细的规定"，它们在内容性质和作出规定要求上都存在明显区别。再次是不能误用细则。细则是一种依附性公文，必须有主体性公文存在才可依附，但现实中有的单位在无可依附的主体公文时，也把制定的这类公文称为细则，这是对细则文种的误解和误用。

2．标题拟制要规范

与行政法规一样，行政规章的标题通常采用制发机关（或适用范围）、规范内容（或事项）和文种三项式与规范内容（或事项）和文种两项式标题。如果是有特定性质的规章，则还应在文种前标明或者在文种后用括号注明其性质，如"暂行""实施""试行""特别"等字样。规范内容（或事项）前有加介词"关于"的，也有不加的，这可根据概要规范内容或事项的语词而定，如果所概要内容的语词较长，最好加一个介词"关于"，如"关于《设立外商控股、外商独资旅行社暂行规定》的"；如果所概要内容的语词简短则无此必要。但无论加还是不加，都要以通畅顺口为标准。行政规章标题一般也不单用文种或制定机关名称加文种的标题形式。

3．行文方式选用要恰当

行政规章也与行政法规一样，规范内容较复杂的一般采用章条式行文，内容较简单的采用条文式行文，内容简单的如补充规定等采用序条式行文。写作时应根据实际情况确定合适的方式来行文，而且行文时还要层级分明，思路符合逻辑，条项内容单一。

4．语言表述要周密、准确

规章与法律、法规一样，语言表达必须十分周密、准确。首先是各项内容表达不能存在漏洞。如《个人外汇管理办法实施细则》第十五条（二）的表述："手持外币现钞汇出，当日累计等值1万美元以下（含）的，凭本人有效身份证件办理；超过上述金额的，还应提供经海关签章的《中华人民共和国海关进境旅客行李物品申报单》或本人原存款银行外币现钞提取单据办理。"内容表述了"1万美元"、"1万美元以下"和"超过上述金额，即1万美元以上"三种情况，其中"1万美元"的情况是通过用"（含）"这样一个括号注释表达的，虽只一字，却让人一目了然。有了它就将"手持外币现钞汇出，当日累计等值"的外延周延了。除这三种情况外，再没有别的情形了，这就很周密了，否则就会出现不周密或不统一的理解。其次是语词表达不能出现歧义。语词表达的含义必须是唯一的，且是社会普遍公认的意思。如果使用新词或具有特定意义的语词或可能出现多种理解的语词，应该在行文中加注或在"附则"中作出明确界定，以确保语言表达的准确性。语言表达周密、准确是法律法规被正确认识、贯彻的前提。

【问题思考】

1．什么是行政规章、部门规章、地方规章和授权规章？
2．行政法规规定、办法与行政规章规定、办法有何异同？
3．细则与规定、办法比较有哪些特点？
4．行政规章主要采用哪几种行文方式？

第三节　章程读写

　　章程是政党、团体、企业等社会组织为保证其事务或业务正常运行所制定的，要求其全体成员认可和共同遵守的纲领性、规范性公文。

　　章程是法制性行政公文的有机组成部分，同样具备法规性和约束力。章程有二重性，作为组织章程，它属于规章范畴；作为业务章程，它又归属制度范畴，两者同名异质。

一、文本导读

【例文6.3.1】

广东中南公司章程（草案）①

第一章　总则

　　第一条　为贯彻广东省商业储运公司关于"储运、贸易、维修、稳步增长"的经营方针，活跃市场，方便人民生活，特成立广东中南公司。

　　第二条　广东中南公司（以下简称公司）是在广东省商业储运公司直接领导下的独立核算全民所有制企业，科级编制。地址在广州市××路××号，法人代表是×××。

　　第三条　公司是为商业流通服务，方便购销、方便群众生活的经营机构。

　　第四条　公司的宗旨是：客户至上、信誉第一、优质服务、严格管理，不断提高经济效益和社会效益。

第二章　组织体制

　　第五条　公司直接对外进行经营活动。在经济活动中具有法人地位，经理是法人代表。

　　第六条　本公司干部、职工的来源是省商业储运公司，经营的资金由广东省商业储运公司拨款，注册资金为××万元。

　　第七条　公司实行经理负责制，经理是行政负责人，由省商业储运公司经理聘任，接受委托负责本公司的经营管理。

　　第八条　公司内设置饮料部、开发部、家电部和储运部。

　　第九条　选出代表参加上级公司职工代表大会，树立职工主人翁责任感，保障职工当家做主的权利。

第三章　经营范围

　　第十条　本公司经营范围：主营：批发和零售五金交电、家用电器、照相器材、饮料制品、工艺品、日用百货、纺织品、日杂用品、农副产品。兼营：批发和零售塑料制品、装饰材料、建筑材料；代购代销、商品装卸、包装整理；横向业务联系。

　　第十一条　生产经营方式是：批发、零售、服务、代购代销。

第四章经营管理

　　第十二条　本公司在上级公司指导下进行经营业务活动并遵守国家政策法令，制定各项规章制度，并严格执行。

　　第十三条　各项业务收费按国家物价部门规定标准执行，不得乱收费。

　　第十四条　在业务活动中以与对方单位签订合同的形式来明确各自的责任，如发生违约，按照《中华

---

① 杨文丰. 现代应用文书写作. 北京：中国人民大学出版社，2001. 223.

人民共和国合同法》有关规定处理。

第十五条　公司内部各部门之间坚持团结协作、平等互利、利益均衡的原则。凡涉及某一班组的利益情况，必须及时协商妥善解决，不允许任何一方利益受损。

第五章　财务结算与收支分配

第十六条　收入、费用、付款结算按人民银行制度规定办理。

第十七条　本公司会计核算按照《会计法》和《成本条例》以及上级规定的财务、会计制度进行财务处理，按国家规定照章纳税，做好审计工作。

第十八条　本公司实行经营承包责任制，由上级公司下达财务承包任务，所创超额利润由省商业储运公司定出留成比例，其余上缴省商业储运公司统一给国家财政。

第十九条　本公司对职工的劳动报酬实行"各尽所能，按劳分配"。

第六章　附则

第二十条　加强对干部职工的思想政治教育和业务培训，提高服务质量和业务水平。

第二十一条　公司领导必须关心职工生活福利，在力所能及范围内解决职工实际困难。

第二十二条　定期对干部、职工进行考核，奖励和惩罚按《企业职工奖惩条例》和上级公司《人事管理制度》执行。

第二十三条　本章程未有规定的事宜及在实践中有不完善之处，其修订、补充权归本公司主管单位。

【导读】

这是一份企业章程。本章程分标题和正文两大部分。标题由单位名称和文种构成。正文采用"章断条连式"，依照"总则—分则—附则"思路行文。第一章总则分条阐明成立公司的目的、公司名称、所属关系、编制、处所、性质、宗旨等；第二至第五章为分则部分，分章分条阐明"组织体制""经营范围""经营管理""财务结算与收支分配"各部分内容的详细规定；第六章附则分条阐明公司员工教育、福利、奖惩和章程未尽事宜及完善等规定。该章程写作规范。

【阅读思考】

1. 本章程为何要在标题标注"草案"字样？如果去掉又说明什么？标题没有"草案"的话，需在章程什么位置作何处理？

2. 请说说本章程哪些地方体现了其是依法制定的？

【例文 6.3.2】

宁波保税区摄影爱好者协会章程①

第一章　总则

第一条　本团体名称为宁波保税区摄影爱好者协会，简称保税区影协。

第二条　宁波保税区摄影爱好者协会是宁波保税区爱好摄影活动的群众性团体，由本区和来本区工作、学习、生活的摄影爱好者自愿参加。

第三条　协会的宗旨是普及和提高摄影水平，交流摄影技艺，丰富业余生活，增进团结和友谊。

第四条　本协会联络处暂设在宁波保税区大厦 1515 室。

第二章　任务

第五条　协会工作的主要任务：

---

① 引自 http://www.9aifree.com/html/mflw/stzc/200805/30-258.html.

（一）积极推动和支持摄影爱好者不断提高艺术水平，开展摄影创作，交流摄影技艺，壮大摄影队伍；

（二）举办培训学习，组织比赛展览；

（三）策划、组织相关活动，承办或协办各级摄影比赛；

（四）以影会友，促进保税区与兄弟单位的交流与合作。

第三章　会员

第六条　协会的会员包括团体会员和个人会员。

（一）团体会员

各单位（包括区内企业）组织。

（二）个人会员

在本区域工作、学习、生活的人士。

第七条　申请加入本会的会员，必须具备下列条件：

（一）拥护本会章程；

（二）有加入本会的意愿；

（三）热爱摄影事业，积极参加活动并支持协会开展工作。

第八条　会员入会程序：

（一）提交入会申请表；

（二）经理事会讨论通过。

第九条　会员的权利：

（一）本会的选举权、被选举权和表决权；

（二）参加本会的活动；

（三）享受本会服务的优先权；

（四）对协会工作的批评建议权和监督权；

（五）入会自愿，退会自由。

第十条　会员的义务：

（一）执行本会的决议；

（二）维护本会的权益；

（三）积极参加协会组织的各项活动，完成协会交办的工作。

第十一条　会员如果有严重违反本章程的行为，经理事会表决通过，予以除名。

第四章　组织

第十二条　本会的最高权力机构是会员大会。会员大会的职权是：

（一）制订和修改章程；

（二）选举和罢免理事；

（三）审议理事会的工作报告；

（四）决定本会其他重大事宜。

第十三条　会员大会须 2/3 以上的会员出席方能召开，其决议须经到会会员半数以上表决通过方能生效。

第十四条　会员大会四年一届，因特殊原因需提前或延期换届的，需经理事会表决同意。

第十五条　理事会是会员大会的执行机构，闭会期间领导协会开展日常工作。

第十六条　理事会的职权：

（一）执行会员大会的决议；

（二）选举和罢免会长、副会长、秘书长、副秘书长；

（三）筹备召开会员大会；

（四）向会员大会报告工作；

（五）决定会员的吸收或除名；

（六）领导协会各机构开展工作；

（七）制订协会年度工作计划，编写年度工作总结；

（八）决定协会重大事项。

第十七条　会长行使下列职权：

（一）召集和主持理事会；

（二）检查会员大会、理事会决议的落实情况；

（三）代表协会签署有关文件；

（四）处理协会其他重大事宜；

（五）特殊情况下，可委托秘书长代理行使职权。

第十八条　秘书长行使下列职权：

（一）主持办事机构开展日常工作，组织实施年度工作计划，主持协会年度工作总结；

（二）处理协会日常事务。

第五章　资产管理

第十九条　经费来源：

（一）捐赠；

（二）政府资助；

（三）其他合法收入。

第二十条　经费必须用于本章程规定的业务范围和事业的发展，不得在会员中分配。

第二十一条　建立严格的财务管理制度，保证会计资料合法、真实、准确、完整。

第二十二条　协会资产，任何单位、个人不得侵占、私分和挪用。所有财产必须登记造册由专人负责保管。

第二十三条　协会日常经费开支由经手人证明，会长签字，经主管部门主要负责人同意后报销。

第六章　章程的修改

第二十四条　协会章程的修改，须经理事会表决通过后报会员大会审议。

第七章　终止程序

第二十五条　协会需要注销的，由理事会提出终止动议，经会员大会表决通过，并报业务主管单位审查同意。

第二十六条　协会终止前，须在业务主管单位及有关机关指导下成立清算组织，清理债权债务，处理善后事宜。清算期间，不开展清算以外的活动。

第二十七条　协会终止后的剩余财产，在业务主管单位，按照国家有关规定，用于发展与协会宗旨相关的事业。

第八章　附则

第二十八条　本章程于2004年7月13日至7月15日在内网"文化建设"栏中发布（具体浏览方法请在保税区管委会内网"协会建设"栏目中按此链接进入）。在此期间，全体会员可对本章程草案提出修改意见，未发表任何意见视作同意本章程。

第二十九条　本章程的解释权属于摄影爱好者协会筹委会。

【导读】

这是一份社团章程。文本由标题和正文构成。标题由协会全称和文种构成。正文采用章断条连式：总则分条明确协会名称、性质、宗旨和联络地点；分则分为六章共二十三条分别从协会的任务、会员、组织、资产管理、章程修改和终止程序等方面阐明有关规定；附则明确章程公布日期、公布方式及会员意见表达和章程解释权限。文本结构层次清晰，条项内容单一，语言表达简明精练，是一份值得借鉴的社团章程。

【阅读思考】

1. 本章程在表达上具有怎样的特点？

2. 以本章程为例，谈谈社团章程应该明确规范哪些方面的内容？

【例文6.3.3】

中国农业银行电子银行业务章程①

第一条　中国农业银行电子银行业务是通过因特网终端、电话、手机等电子设备渠道向社会提供的银行服务，具有信息查询、支付结算、投资理财等金融服务功能。

第二条　凡在中国农业银行开立账户的企业、事业单位及个人均可申请使用中国农业银行电子银行业务服务。

第三条　中国农业银行办理电子银行业务的分支机构、参与支付的各方、享用电子银行业务服务的客户，须遵守国家相关法律法规和中国农业银行相关规定及本章程。

第四条　电子银行客户按是否注册分为注册客户和非注册客户（也称公共客户）；按客户身份性质不同分为企业客户、个人客户和网上特约商户。中国农业银行根据不同的客户类型和申请项目，为客户提供相应的电子银行服务。

第五条　客户申请成为电子银行注册客户，须到农业银行指定的网点办理注册登记，签订相关服务协议，并保证所提供的资料和填写的内容真实、准确、完整。

第六条　网上银行客户证书有效期为2年，如客户在有效期满后继续使用，须在证书有效期满前1个月内在网上自助或到营业网点办理证书更新。

第七条　中国农业银行电子银行以客户的客户号或客户证书及其所对应的密码作为判别客户合法性身份和确认交易有效性的标识。凡是以正确的客户身份标识及相应密码进行的交易均视客户自身所为，所产生的电子信息记录为该项交易的有效凭据。

第八条　客户必须妥善保管好自己的客户号或客户证书及其所对应的密码等重要资料，不得公开或提供给他人使用。如发生证书损坏、遗失或密码泄漏、遗忘等，应及时办理挂失、补办或密码重置等；银行处理挂失、补办或密码重置成功后，立即生效。因客户保管不善、挂失不及时等造成的资金损失由客户自行承担。挂失生效后造成的直接资金损失由银行承担。

第九条　客户通过电子银行办理银行卡、存折挂失后，还须及时到柜台补办书面挂失，挂失后的处理按相应规定执行。

第十条　客户办理电子银行信息变更、暂停服务、恢复服务或注销业务时，均须填写《中国农业银行电子银行业务申请表》，并提供相关资料，到中国农业银行指定的受理网点办理。客户对非主要信息（如客户联系地址等）的变更可通过电子渠道自助办理。

第十一条　中国农业银行根据国家有关规定制定电子银行业务收费标准。客户填写申请表并与农业银行签订相关协议后，即表示接受该标准和收费方式。收费标准和方式如有变更，中国农业银行将通过网站、营业网点或其他媒体于变更前10个工作日进行公示，不再逐一向客户发送通知。

第十二条　客户通过电子银行办理银证转账、银企转账、彩票投注、证券业务、外汇业务、个人黄金等业务需要另行签约，并同时遵守相关的业务规定和所签订的协议。

第十三条　客户应按照中国农业银行电子银行业务的有关操作指南办理相应的电子银行业务。客户在办理业务中遇到问题，可向中国农业银行客户服务中心、营业网点进行业务咨询或提出投诉，双方应遵照

---

① 引自 http://www.95599.cn.

国家法律法规、本章程及合作协议等予以协商解决。

第十四条　因网络故障或战争、自然灾害等银行不可控制的原因导致电子银行业务不能正常运行，客户可致电中国农业银行客户服务中心或咨询当地营业网点。

第十五条　农业银行不介入客户间纠纷，仅在法律允许范围内提供交易事实证明。

第十六条　本章程如有变更，中国农业银行将提前通过网站、营业网点或其他媒体于变更前30日进行公示，不再逐一向客户发送通知。

第十七条　本章程由中国农业银行负责制定、修改和解释，并经国家监管部门批准后执行。本章程对中国农业银行各分支机构和客户均具有约束力。

第十八条　本章程自2006年4月1日起执行。原中国农业银行网上银行章程、中国农业银行电话银行章程同时废止，受原中国农业银行网上银行章程、中国农业银行电话银行章程约束的客户受本章程约束。

【导读】

这是一份业务章程。章程由标题和正文两部分构成。标题采用"制定单位＋业务事项＋文种"三要素构成形式。正文以条文式行文。第一至四条为总则内容，分别阐明电子银行业务服务功能、服务对象、接受服务要求和服务范围；第五至十五条为分则内容，分别从客户注册、客户证书效期及更新、交易的有效性、交易损失责任、卡折挂失办理、服务变更办理、服务收费及标准制定、特定服务、问题咨询与解决、网络故障处理、客户间纠纷处理等事项作出明细规定；第十六至十八条为附则内容，分别明确章程的变更事宜、制定、修改、解释单位、适用范围、生效日期及相关章程的废除等。

【阅读思考】

1. 本业务章程采用何种方式行文？

2. 先简明概括各条所明确的内容，然后按总则、分则和附则内容属性要求分别指出哪些条文属总则、哪些条文属分则和哪些条文属附则？

二、基础知识认知

（一）特点

1. 纲领性

章程是组织的纲领。无论是性质、宗旨、任务，还是组织活动的准则，都是该组织行动的纲领，要求其每位成员遵守执行。就此而言，章程与制度的关系有如宪法与法律的关系：宪法是纲领性的，而法律是领域性的。

2. 全面性

章程内容必须全面地包括组织的各项内容，如性质、宗旨、目标、成员、机构、行为规范、违纪处罚、经费以及章程的修改等。而其他法制性行政公文则往往只对某一方面或某一领域的行为规范方面进行规定。所以，内容全面是章程这种法制性公文的重要特点之一。

3. 约束性

章程一经正式通过，即对所有成员产生法规性约束力，其组织成员必须自觉地用章程规范自己的思想和行为，遵章办事，如有违犯，将会受到章程规定的纪律处分。

（二）分类

章程根据所涉及的内容可分为组织章程和业务章程两大类。

1. 组织章程

组织章程是指围绕某一组织的建设和规范（或经营规范）而制定的章程。组织章程包括党派章程、社团章程和企（事）业章程等。

党派章程是由党派组织的最高权力机关对其组织的性质、宗旨、任务、成员条件、组织机构、原则、纪律、活动以及权利和义务等方面制定的要求其全体成员认可并共同遵守的规约性、纲领性公文，如《中国共产党章程》等。

社团章程是社会团体为明确其性质、宗旨、任务、范围、活动、发展方向等方面的内容，经全体会议或代表大会讨论通过，要求全体成员共同遵守的规约性、纲领性公文，如《中国科学技术协会章程》等。

企事业单位章程是企事业单位用以规定其性质、组织原则、机构设置和经营管理等事项的规约性、纲领性公文。企事业单位章程其实是兼有组织章程和业务章程两重性的章程。我国企事业单位章程要依据《中华人民共和国公司法》（国家主席令第42号）等制定，具有法规性和规范企事业单位行为的作用。企事业单位章程反映着投资各方的共同利益，一经有关部门审议批准，即发生法律效力。我国高校章程除依据教育法、高等教育法及其他有关规定外，还要依据教育部《高等学校章程制定暂行办法》（教育部令第31号）制定。

从狭义的法制行政公文而言，上述三种章程实际上只有社团章程和企业章程才属行政范畴章程。党派属于意识形态领域，所以，党派章程虽是组织章程，但不属严格意义上的行政组织章程。

2. 业务章程

业务章程是指围绕某项活动、事业、服务的规范化运作而制定的章程，包括活动章程、项目章程等。活动章程是为规范某项活动运作而制定的章程。项目章程是指围绕某项事业、服务的规范化运作而制定的章程。这两种章程都可属行政范畴章程。但是，业务章程只对相关业务的运作作出规范，对相关人员具有约束力，其社会普遍意义不大，发挥的社会功效与制度基本相同，因此，只能归属于企事业单位的"制度"范畴。

三、文本写作

章程一般由标题和正文两部分构成，但有的章程（如合资企业章程）还需签署，也有的在标题下加题注的。

1. 标题

章程标题由党派、团体、企（事）业单位全称加文种（章程）构成，如《中国人民保险公司章程》《广州市秘书学研究会章程》《全国公文写作协会章程》等。

2. 正文

章程的正文，包括总则、分则、附则三部分内容，通常采用"章断条连式"（如例文6.3.1）、"条文式"（如例文6.3.2）和"序条式"三种写法。一般比较复杂的用"章断条连式"行文，比较简单的用"条文式"或"序条式"行文。

（1）总则。总则是章程的纲，是关乎全局性内容的概述，起统领全文的作用。根据章程内容的复杂程度，有写成"第一章总则"，也有写成前几条的或者不分条而写成序言的。不过，不管是条文还是序言的自然段落，都应体现内容上的单一性。不同性质的章程，设条的多少不同。

组织章程总则一般要分条阐明组织的名称、性质、宗旨、成员构成、指导思想、组织建设和要求等内容。也有的组织章程不设总则一章，只把总则的内容按性质分条写出置于分则各章之前，如《中国共产主义青年团章程》《台湾民主自治同盟章程》等。企业章程兼有组织章程和业务章程性质，总则一般要写明企业名称、宗旨、经济性质、隶属关系、业务范围等。业务章程总则一般要写明业务内容、范围、服务对象、办理机构等。

（2）分则。分则是总则内容的具体化、操作化规定。不同性质的章程分则有不同的具体内容。

组织章程分则一般需写明：①组织人员，包括参加条件、加入手续和程序、承担的义务和享受的权利、成员纪律等规定；②组织机构，包括领导机构、常务机构和办事机构的设置、规模、产生方式和程序、任期、职责，以及相互关系等的规定；③组织经费，包括经费来源和管理方式的规定；④组织活动，包括内容和方式等规定；⑤其他事宜，视不同组织、团体的需要而确定。

企业章程分则一般需写明资本、组织、人事管理、资产管理、利润分配等内容的规定。

业务章程分则须分条明确该业务的办理、运作程序与要求等规定。

（3）附则。附则是对主体内容的补充，主要说明解释权、修订权、实施要求、生效日期以及未尽事宜等。也有的章程不写附则内容，如《中国共产党章程》《中国共产党青年团章程》等。

3. 签署

一般来说，组织章程无需签署，只需在标题下用括号注明通过的形式及日期即可，而企业章程则需在正文下方签署股东各方或者合营各方名称（或名字）以及日期。

四、写作注意事项

1. 制订要合法依程

章程的制订，首先必须符合法律法规的有关规定，不能违法。其次是必须履行规范的制定程序。例如，制定组织章程，必须先以草案形式广泛征求会员意见，并进行讨论修改，再经会员大会或者会员代表大会审议通过，绝不可由少数人草拟，就匆匆公布施行。如果是合资企业的章程，则必须在对条款内容经过反复讨论、充分协商一致的基础上实施。一般先由合资各方以签署"意向书""会谈纪要"的形式发布，再经各方深入细致的磋商取得共识，且经有关部门审核后，才在"意向书"或"会谈纪要"的基础上形成章程。因为章程是合资企业的最高行为准则，是具有法规性的纲领性公文，未经充分协商或条件不成熟，都不宜正式成文。

2. 文种使用要准确规范

章程使用较广泛，但具体使用时必须规范。一方面要与规定、办法、规则等法制性公文相区别，另一方面也要与简章相区别。目前，现实中既有将章程与规定、办法、规则等法制性公文相混淆的现象，也有将简章写成章程的情况。

一般来说，章程主要用于制定组织准则。用来制定单位某方面的规范时，如果其内容比较单一，时效又比较短，则应用规定、办法、规则等法制性公文。简章则通常是对某项工作、某一事项的办理原则、要求、方式、方法作出规定，内容只是有针对性地说明某一工作或事项的办理程序，在性质上更接近规定和办法。

3. 结构要严谨，格式要规范

章程内容一般较复杂，因此，通常采用章条式行文，并严格遵循先总则再分则最后附则的行文思路。格式规范、结构严谨的章程，更能体现和维护其严肃性。

4. 条款要简短单一

章程写作最常见的毛病是在写作组织宗旨、任务等条款时，将一般性的内容大量列入，显得繁冗。若一般性原则写得过多，指导性、操作性又较差，便不利于记忆。只有每条或每项内容表述一个完整独立的意思，才便于记忆与执行。此外，还要注意对团体组织及其成员意愿的准确把握。

【问题思考】

1. 什么是组织章程、党派章程、社团章程、企业章程和业务章程？
2. 怎样理解章程的属性归属？
3. 章程具有哪些特征？
4. 怎样给章程分类？
5. 章程的行文方式主要有哪几种？
6. 社团章程通常要写明哪些内容？
7. 考察你单位或你所在组织（含社团）的章程写作是否规范，是否需要作某些修改。

第四节　制度读写

制度是规定、办法、细则、制度、规则、守则、规程、须知等的总称，是国家机关、社会团体、企事业单位为保证学习、工作、生产、生活正常进行而制定的，要求所辖成员或相关人员共同遵守的行为准则或办事规程。制度主要适用于机关、部门、团体、企事业单位的内部行政管理，对内部全体成员或相关人员具有行政约束力。

应该明确的是，规定、办法、细则可被不具有依法制定法规、规章及规章性公文职权的行政机关、部门、企事业单位在其所辖范围内用以制定带普遍约束力的法制性公文，但因其级别和职权所限，也只能归属于"制度"范畴，而非行政规章性公文，更非行政规章和法规。同理，制度、规则、守则、规程、须知等制度类文种，也可被依法具备制定行政法规、规章及规章性公文的行政机关、部门用以制定针对所辖机关、部门内部某项具体工作、事项或人员的规定与规范的行政约束性公文，不管制定机关与部门级别多高，其所制定的这类公文也只能属"制度"范畴，而非法规、规章或规章性公文，如《国务院工作规则》。这是因为其不具备社会普遍约束力。此外，需要说明的是，在本章，"制度"既是一个"类"概念，又是一个"种"概念。

在现代管理中，制度是实现程序规范化、职责具体化、质量最优化、管理科学化的重要保证。

一、文本导读

【例文 6.4.1】

国务院工作规则①
(2013 年 3 月 20 日国务院第 1 次全体会议通过)

第一章　总则

一、第十二届全国人民代表大会第一次会议产生的新一届中央人民政府，根据《中华人民共和国宪法》和《中华人民共和国国务院组织法》，制定本规则。

二、国务院工作的指导思想是，高举中国特色社会主义伟大旗帜，以邓小平理论、"三个代表"重要思想、科学发展观为指导，认真执行党的路线方针政策，严格遵守宪法和法律，全面正确履行政府职能，努力建设职能科学、结构优化、廉洁高效、人民满意的服务型政府。

三、国务院工作的准则是，执政为民，依法行政，实事求是，民主公开，务实清廉。

第二章　组成人员职责

四、国务院组成人员要模范遵守宪法和法律，认真履行职责，为民务实，严守纪律，勤勉廉洁。

五、国务院实行总理负责制，总理领导国务院的工作。副总理、国务委员协助总理工作。

六、总理召集和主持国务院全体会议和国务院常务会议。国务院工作中的重大事项，必须经国务院全体会议或国务院常务会议讨论决定。

七、副总理、国务委员按分工负责处理分管工作；受总理委托，负责其他方面的工作或专项任务，并可代表国务院进行外事活动。

八、秘书长在总理领导下，负责处理国务院的日常工作。

九、总理出国访问期间，受总理委托，由负责常务工作的副总理代行总理职务。

十、各部、各委员会、人民银行、审计署实行部长、主任、行长、审计长负责制，由其领导本部门的工作。

各部、各委员会、人民银行、审计署根据法律、行政法规和国务院的决定、命令，在本部门的职权范围内，制定规章，发布命令。审计署在总理领导下，依照法律规定独立行使审计监督职能，不受其他行政机关、社会团体和个人的干涉。

国务院各部门要各司其职，各负其责，顾全大局，协调配合，切实维护团结统一、政令畅通，坚决贯彻落实国务院各项工作部署。

第三章　全面正确履行政府职能

十一、国务院要全面正确履行经济调节、市场监管、社会管理和公共服务职能，形成权界清晰、分工合理、权责一致、运转高效、法治保障的机构职能体系，创造良好发展环境，提供基本均等公共服务，维护社会公平正义。

十二、完善宏观调控体系，加强经济发展趋势研判，科学确定调控目标和政策取向，主要运用经济、法律手段并辅之以必要的行政手段引导和调控经济运行，促进国民经济持续健康发展。

十三、依法严格市场监管，推进公平准入，完善监管体系，规范市场执法，维护全国市场的统一开放、公平诚信、竞争有序。

十四、加强社会管理制度和能力建设，完善基层社会管理服务，形成源头治理、动态管理、应急处置相结合的社会管理机制，维护社会公平正义与和谐稳定。

十五、更加注重公共服务，完善公共政策，健全政府主导、社会参与、覆盖城乡、可持续的基本公共

---

① 国发〔2013〕16 号通知印发。

服务体系，增强基本公共服务能力，促进基本公共服务均等化。

第四章 坚持依法行政

十六、国务院及各部门要带头维护宪法和法律权威，建设法治政府。按照合法行政、合理行政、程序正当、高效便民、诚实守信、权责统一的要求，行使权力，履行职责，承担责任。

十七、国务院根据经济社会发展的需要，适时向全国人大及其常委会提出法律案，制定、修改或废止行政法规，规定行政措施，发布决定和命令。

提请国务院讨论的法律草案和审议的行政法规草案由国务院法制机构审查或组织起草，行政法规的解释工作由国务院法制机构承办。

十八、国务院及各部门要坚持科学民主立法，不断提高政府立法质量。起草法律草案、制定行政法规和部门规章，要坚持从实际出发，准确反映经济社会发展要求，充分反映人民意愿，使所确立的制度能够切实解决问题，备而不繁，简明易行。

完善政府立法工作机制，扩大公众参与，除依法需要保密的外，所有行政法规和部门规章的草案都要公开征求意见。加强立法协调，对经协调仍达不成一致意见的问题，国务院法制机构要列明各方理据，提出倾向性意见，及时报请国务院决定。

行政法规和部门规章实施后要进行后评估，发现问题，及时完善。

十九、国务院各部门制定规章和规范性文件，要符合宪法、法律、行政法规和国务院有关决定、命令的规定，严格遵守法定权限和程序。

涉及两个及以上部门职权范围的事项，要充分听取相关部门的意见，并由国务院制定行政法规、发布决定或命令，或由有关部门联合制定规章或规范性文件。其中，涉及公众权益、社会关注度高的事项及重要涉外、涉港澳台侨的事项，应当事先请示国务院；部门联合制定的重要规章及规范性文件发布前须经国务院批准。

严格合法性审查，规范性文件不得设定行政许可、行政处罚、行政强制等事项，不得违法增加公民、法人和其他组织的义务。

部门规章应当依法及时报国务院备案，由国务院法制机构定期向社会公布目录。对违反宪法、法律、行政法规或国务院决定、命令或者规定不适当的部门规章和规范性文件，要依法责令制定部门纠正或由国务院予以改变、撤销。

二十、国务院各部门要严格执法，健全规则，规范程序，落实责任，强化监督，做到有法必依、执法必严、违法必究、公正执法、文明执法，维护公共利益、人民权益和社会秩序。

第五章 实行科学民主决策

二十一、国务院及各部门要完善行政决策程序规则，把公众参与、专家论证、风险评估、合法性审查和集体讨论决定作为重大决策的必经程序，增强公共政策制定透明度和公众参与度。

二十二、国民经济和社会发展计划及国家预算，重大规划，宏观调控和改革开放的重大政策措施，国家和社会管理重要事务、法律议案和行政法规等，由国务院全体会议或国务院常务会议讨论和决定。

二十三、国务院各部门提请国务院研究决定的重大事项，都必须经过深入调查研究，并经研究、咨询机构等进行合法性、必要性、科学性、可行性和可控性评估论证；涉及相关部门的，应当充分协商；涉及地方的，应当事先征求意见；涉及重大公共利益和公众权益、容易引发社会稳定问题的，要进行社会稳定风险评估，并采取听证会等多种形式听取各方面意见。

在重大决策执行过程中，要跟踪决策的实施情况，了解利益相关方和社会公众对决策实施的意见和建议，全面评估决策执行效果，及时调整完善。

二十四、国务院在作出重大决策前，根据需要通过多种方式，直接听取民主党派、社会团体、专家学者、社会公众等方面的意见和建议。

二十五、国务院各部门必须坚决贯彻落实国务院的决定，及时跟踪和反馈执行情况。国务院办公厅要加强督促检查，确保政令落实。

第六章　推进政务公开

二十六、国务院及各部门要把公开透明作为政府工作的基本制度。深化政务公开，完善各类办事公开制度，健全政府信息发布制度，推进行政权力行使依据、过程、结果公开。

二十七、国务院全体会议和常务会议讨论决定的事项、国务院及各部门制定的政策，除依法需要保密的外，应及时公布。

二十八、凡涉及公共利益、公众权益、需要广泛知晓的事项和社会关切的事项以及法律和国务院规定需要公开的事项，均应通过政府网站、政府公报、新闻发布会以及报刊、广播、电视、网络等方式，依法、及时、全面、准确、具体地向社会公开。

第七章　健全监督制度

二十九、国务院要自觉接受全国人大及其常委会的监督，认真负责地报告工作，接受询问和质询，依法备案行政法规；自觉接受全国政协的民主监督，虚心听取意见和建议。

三十、国务院各部门要依照有关法律的规定接受人民法院依法实施的监督，做好行政应诉工作，尊重并自觉履行人民法院的生效判决、裁定，同时要自觉接受监察、审计等部门的监督。对监督中发现的问题，要认真整改并向国务院报告。

三十一、国务院及各部门要严格执行行政复议法，加强行政复议指导监督，纠正违法或不当的行政行为，依法及时化解行政争议。

三十二、国务院及各部门要接受社会公众和新闻舆论的监督，认真调查核实有关情况，及时依法处理和改进工作。重大问题要向社会公布处理结果。

三十三、国务院及各部门要重视信访工作，进一步完善信访制度，畅通和规范群众诉求表达、利益协调、权益保障渠道；国务院领导同志及各部门负责人要亲自阅批重要的群众来信，督促解决重大信访问题。

三十四、国务院及各部门要推行绩效管理制度和行政问责制度，加强对重大决策部署落实、部门职责履行、重点工作推进以及自身建设等方面的考核评估，健全纠错制度，严格责任追究，提高政府公信力和执行力。

第八章　会议制度

三十五、国务院实行国务院全体会议和国务院常务会议制度。

三十六、国务院全体会议由总理、副总理、国务委员、各部部长、各委员会主任、人民银行行长、审计长、秘书长组成，由总理召集和主持。国务院全体会议的主要任务是：

（一）讨论决定国务院工作中的重大事项；

（二）部署国务院的重要工作。

国务院全体会议根据需要可安排其他有关部门、单位负责人列席会议。

三十七、国务院常务会议由总理、副总理、国务委员、秘书长组成，由总理召集和主持。国务院常务会议的主要任务是：

（一）讨论决定国务院工作中的重要事项；

（二）讨论法律草案、审议行政法规草案；

（三）通报和讨论其他重要事项。

国务院常务会议一般每周召开一次。根据需要可安排有关部门、单位负责人列席会议。

三十八、提请国务院全体会议和国务院常务会议讨论的议题，由国务院分管领导同志协调或审核后提出，报总理确定；会议文件由总理批印。国务院全体会议和国务院常务会议的组织工作由国务院办公厅负责，议题和文件于会前送达与会人员。

三十九、国务院领导同志不能出席国务院全体会议或国务院常务会议，向总理请假。国务院全体会议其他组成人员或国务院常务会议列席人员请假，由国务院办公厅向总理报告。

四十、国务院全体会议和国务院常务会议的纪要，由总理签发。

四十一、国务院及各部门召开的工作会议，要减少数量，控制规模，严格审批。应由各部门召开的全国性会议，不以国务院或国务院办公厅名义召开，不邀请省、自治区、直辖市人民政府负责人出席，确需邀请的须报国务院批准。国务院领导同志一般不出席部门的工作会议。全国性会议应尽可能采用视频会议形式召开。各类会议都要充分准备，提高效率和质量，重在解决问题。

第九章　公文审批

四十二、各地区、各部门报送国务院的公文，应当符合《党政机关公文处理工作条例》的规定。除国务院领导同志交办事项和必须直接报送的绝密级事项外，一般不得直接向国务院领导同志个人报送公文。各部门报送国务院的请示性公文，凡涉及其他部门职权的，必须主动与相关部门充分协商，由主办部门主要负责人与相关部门负责人会签或联合报国务院审批。部门之间有分歧的，主办部门主要负责人要主动协商；协商后仍不能取得一致意见的，主办部门应列明各方理据，提出办理建议，与相关部门负责人会签后报国务院决定。

四十三、各地区、各部门报送国务院审批的公文，由国务院办公厅按照国务院领导同志分工呈批，并根据需要由国务院领导同志转请国务院其他领导同志核批，重大事项报总理审批。

四十四、国务院制定的行政法规、发布的命令、向全国人大或全国人大常委会提出的议案，由总理签署。

四十五、以国务院名义发文，经国务院分管领导同志审核后，由总理签发。

以国务院办公厅名义发文，由国务院秘书长签发；如有必要，报国务院分管领导同志签发或报总理签发。

属部门职权范围内事务、应由部门自行发文或联合发文的，不再由国务院批转或国务院办公厅转发。

凡法律、行政法规已作出明确规定的，一律不再制发文件。没有实质内容、可发可不发的文件简报，一律不发。

第十章　工作纪律

四十六、国务院组成人员要坚决贯彻执行党和国家的路线方针政策和国务院工作部署，严格遵守纪律，有令必行，有禁必止。

四十七、国务院组成人员必须坚决执行国务院的决定，如有不同意见可在国务院内部提出，在没有重新作出决定前，不得有任何与国务院决定相违背的言论和行为；代表国务院发表讲话或文章，个人发表涉及未经国务院研究决定的重大问题及事项的讲话或文章，事先须经国务院同意。

四十八、国务院组成人员要严格执行请销假制度。副总理、国务委员、秘书长离京出访、出差和休养，应事先报告总理，由国务院办公厅通报国务院其他领导同志。

各部门主要负责人离京外出，应事先向国务院办公厅报告，由国务院办公厅向国务院总理和分管领导同志报告。

四十九、国务院各部门发布涉及政府重要工作部署、经济社会发展重要问题的信息，要经过严格审定，重大情况要及时向国务院报告。

五十、国务院组成人员要严格遵守保密纪律和外事纪律，严禁泄露国家秘密、工作秘密或因履行职责掌握的商业秘密等，坚决维护国家的安全、荣誉和利益。

第十一章　廉政和作风建设

五十一、国务院及各部门要严格执行改进工作作风、密切联系群众和廉洁从政的各项规定，切实加强廉政建设和作风建设。

五十二、国务院及各部门要从严治政。对职权范围内的事项要按程序和时限积极负责地办理，对不符合规定的事项要坚持原则不得办理；对因推诿、拖延等官僚作风及失职、渎职造成影响和损失的，要追究责任；对越权办事、以权谋私等违规、违纪、违法行为，要严肃查处。

五十三、国务院及各部门要严格执行财经纪律，艰苦奋斗、勤俭节约，坚决制止奢侈浪费，严格执行住房、办公用房、车辆配备等方面的规定，严格控制差旅、会议经费等一般性支出，切实降低行政成本，建设节约型机关。

严格控制因公出国（境）团组数量和规模。改革和规范公务接待工作，不得违反规定用公款送礼和宴请，不得接受地方的送礼和宴请。严格控制和规范国际会议、论坛、庆典、节会等活动。各类会议活动经费要全部纳入预算管理。

五十四、国务院组成人员要廉洁从政，严格执行领导干部重大事项报告制度，不得利用职权和职务影响为本人或特定关系人谋取不正当利益；不得违反规定干预或插手市场经济活动；加强对亲属和身边工作人员的教育和约束，决不允许搞特权。

五十五、国务院组成人员要做学习的表率，国务院及各部门要建设学习型机关。

五十六、国务院领导同志要深入基层，调查研究，指导工作，注重研究和解决实际问题。

到基层考察调研，要轻车简从，减少陪同，简化接待，减轻地方负担；地方负责人不到机场、车站、码头及辖区分界处迎送。除工作需要外，不去名胜古迹、风景区参观。

五十七、国务院领导同志不为部门和地方的会议活动等发贺信、贺电，不题词，因特殊需要发贺信、贺电和题词，一般不公开发表。国务院领导同志出席会议活动、到基层考察调研的新闻报道和外事活动安排，按有关规定办理。

五十八、国务院直属特设机构、直属机构、办事机构、直属事业单位适用本规则。

【导读】

这是国务院为实现内部工作规范化而制定的一份制度性工作规则。其适用范围仅为国务院及其直属机关单位（即国务院及其直属特设机构、直属机构、办事机构、直属事业单位），而非国务院所有下辖行政机关（如省、市、区政府）。从其性质看，制发的行政机关级别虽高，但只对其机关内部产生约束力，而非对外产生普遍约束力，因而它只能是国务院的内部管理制度，而非全国性行政法规。故其发布用"通知"而非"命令"。

该文因只是对国务院机关内务工作的各有关方面的管理作出规定，故使用"规则"行文。全文由标题、题注和正文构成。标题明示适用范围、规范内容（对象）和文种。题注注明"规则"通过的的会议与时间。正文分章列项行文，与规范的章条式比较，这里的第二个层级没有用"条"，而是用"项"，即不是用"第×条"，而是用序数表示，但实际作用是相同的。因此，我们仍可将其看作为"章条式"的一种变异。由此可见，法规、规章的制定在形式上的统一性和严肃性是被高度强调的，而制度则可根据实际情形允许有其灵活性，这是由它们的性质不同决定的。从内容上看，该规则涉及国务院组成人员职责、政府职能、依法行政、科学民主决策、政务公开、监督制度、会议制度、公文审批、工作纪律和作风等相关方面的规范，并重点突出工作方面的内容规范。该文内容全面系统、重点突出，规定明确具体，集规定性与操作性于一体，具有很强的可行性。

【阅读思考】

1. 所有行政机关都可以制定制度，所有行政机关都可以制定法规和规章，这种说法对吗？为什么？

2. 不管行政机关级别多高，凡发布制度类公文都应使用通知，这种说法对吗？为什么？

【例文 6.4.2】

文秘人员校对工作制度①

为合理、高效地做好机关文秘校对工作，保证其他各项工作的顺利进行，最大限度地发挥机关办公室

---

① 杨易. 对一份制度的评改. 应用写作，2004（5）：49（行文略有修改）.

在现代化管理中的协调和服务功能，特制定本制度。

一、校对工作程序

（一）稿件发排前，要做好三件事。

1. 卷面处理。通读稿件，凡发现字迹、修改标志不清楚时，应视具体情况进行誊清或重新加注修改标志等处理，务使发排稿件字迹清晰、卷面整洁。

2. 行文规范处理。细查稿件的版头大小、标题、主送机关、数字用法、主题词、抄送机关、落款等是否规范，如有不当，应予以改正后，再填写文号、签发日期、印刷份数，确定密级及保密期限和缓急程度。

3. 登记发排。将稿件的文号、标题、份数、签发人、签发时间登记在《发文登记簿》上。

（二）稿样排出清样后，须坚持"三校"。

1. 一校。这是减少错漏的重要环节。要忠于原稿，逐字（包括标点符号）逐段读校，力求把与原稿不符的漏段、漏字、错字全部校出。

2. 二校。除继续校核错漏的文字外，还需检查有无不准确的提法或不通顺的句子。发现文理不通或明显笔误，应提出意见，经起草人或领导同意后，作文字上的修改。

3. 三校。这是付印前的最后把关。着重检查文稿版面的字体、间隔、标题排列等格式是否规范，校对改动的文字和标志是否清晰无误。经全面核对认定符合要求后，方可填写印发日期和在《付印文件通知书》上签名付印。如是电脑排印的文件，稿件经校对排出激光文件样板后，还应最后检查一遍，确认准确无误后，方可付印。文件付印后将文件底稿注明发出日期送往存档。

（三）文件印好发出前，要再检查一遍，如发现错漏，应立即向领导汇报，以采取有效补救措施。

二、校对工作要求

（一）要切实保证校对工作的质量。校对文稿，要集中精神，原则上由两人共同完成，先各读校一遍，然后再分别认真校对一遍，并由一人作最后把关。力求校对差错率全年不超过三万分之一。

（二）要提高校对排印工作的效率。凡印发的文件，从接到稿件送厂发排、印刷厂通知校对清样、校对完毕送厂印刷三个环节，都必须一环紧扣一环，绝不能中间脱节贻误时间。一般稿件，从发排到印好发出，应控制在三天内；急件，在发排和付印时都要反复向印刷厂或打字室讲清发出日期，并密切配合，及时校对和送印，以保证按时发出。

（三）文件印好送去用印前，要再进行一次检查，确认无误后方可盖印、封装、发出。

×××办公室

2006 年 1 月 3 日

【导读】

这是一份工作制度。制度是有关机关或主管部门为做好某项工作或某项事业对相关人员制定的、必须履行的基本职责和应当遵守的行事程序与要求。制度仍然具有强制性行政约束力，不依制度行事造成后果的，同样要受到相应的行政处罚。

本文是对文秘人员校对工作作出规定，凡办公室文秘人员进行文稿校对时必须严格依此认真执行，以保证校对的质量和高效。其文本由标题、正文和文尾三部分构成。标题明示适用范围、规范内容和文种；正文采用序条式（即开头写序言，主体分项行文，这是序条式的一种形式）；文尾署明制定机关和制定日期。这种写法接近法治行政公文的行文。

【阅读思考】

1. 该文本主体是以怎样的逻辑思路行文？

2. 结合本制度，谈谈文秘校对工作的"合理性"何在？其"高效性"何在？两者之间又有何种逻辑关系？

【例文 6.4.3】

多媒体教室管理制度

一、系统管理员管理制度

1. 编写多媒体设备使用手册，培训和指导教师正确使用多媒体设备；

2. 全面负责多媒体教室设备的维护保养工作；

3. 及时检修多媒体设备的故障，对于疑难及设备损坏故障，应立即联系供应商处理，以保证教学的正常进行；

4. 在课前课后与任课教师做好设备的清点工作；

5. 定期检查多媒体教室使用日志，认真处理日志中所提出的各种问题。

二、任课教师管理制度

1. 通过多媒体设备的使用培训，能正确使用多媒体教室各种设备；

2. 注意保护计算机的系统文件、系统配置和其他教师的课件；

3. 下课后，认真填写"多媒体教室使用日志"，配合技术中心工作人员做好课前课后的设备清点工作，对授课期间丢失的设备及零配件要负责追回；

4. 教书育人，教育学生养成爱护公物、讲究卫生的良好习惯；

5. 保持多媒体教室墙壁整洁，不得随便在墙壁上乱贴乱画。

三、听课学生管理制度

1. 未经教师许可，不得操作教师用机及多媒体教学设备；

2. 多媒体教室不提供学生自习；

3. 严禁乱丢果皮、纸屑等垃圾；

4. 严禁在多媒体教室内抽烟、吃零食；

5. 严禁随地吐痰；

6. 爱护公物，严禁在桌、椅、墙壁上乱写乱画；

7. 不得擅自取走多媒体教室的各种设备、配件等，违者以盗窃行为论处。

×× 学院技术设备管理中心

2012 年 12 月 30 日

【导读】

这是一份制作成镜框悬挂于多媒体教室前壁上的管理制度。因场地和载体所限，不宜写得过繁，也不便按完备规范的格式行文，因而采用了最为简单的项目式。项目式行文的特点是省去一切不直接作规定的行文，只写有关规定的内容。因此，其正文往往不分开头、主体和结尾，正文即主体，内容复杂的先设"项"，"项"下设"目"，整体为两个层级（如本文）；内容单一的仅有"项"或"目"一个层级。因多媒体教室管理主要涉及系统管理员、任课教师和听课学生三方面人员，故本文分别设三项行文，但因各类人员的职责与应遵守的具体事项不同，故又在各"项"之下，根据实际情况设出相应的若干"目"。这样就使得本文形式上层次分明，内容上又体现出针对性。

【阅读思考】

1. 本制度三项内容的排序可否调换？为什么？

2. 项目式行文有何特点？它比较适用何种情形？

【例文6.4.4】

电工安全操作规程①

1. 电气操作人员应集中思想，电气线路在未经测电笔确定无电前，应一律视为有电，不可用手触摸，不可绝对相信绝缘体，应视为有电操作。

2. 工作前应详细检查自己所用工具是否安全可靠，穿戴好必需的防护用品，以防工作时发生意外。

3. 维修线路要采取必要的措施，在开关手柄上或线路上悬挂"有人工作，禁止合闸"的警告牌，防止他人中途送电。

4. 使用测电笔时要注意测试范围，禁止超出范围使用，电工人员一般使用的电笔，只能在五百伏以下电压使用。

5. 工作中所有拆除的电线要处理好，带电线头要包好，以防发生触电。

6. 所用导线及保险丝，其容量大小必须符合规定标准，选择开关时必须大于所控制设备的总容量。

7. 工作完毕后，必须拆除临时地线，并检查是否有工具等物被遗漏在电线杆上。

8. 检查完工后，送电前必须认真检查，看是否合乎要求并和有关人员联系好，方能送电。

9. 发生火灾时，应立即切断电源，用四氯化碳粉质灭火器或黄沙扑救，严禁用水扑救。

10. 工作结束后，必须全部工作人员撤离工作地段，拆除警告牌，所有材料、工具、仪表等随之撤离，原有防护装置及时安装好。

11. 操作地段清理后，操作人员要亲自检查，如要送电试验，一定要和有关人员联系好，以免发生意外。

××××制订
×年×月×日

【导读】

这是一份操作规程。它通常是由有关职能或技术管理部门为从业人员所制定的。因为这种职业或工作通常带有较高的危险性或技术性，必须严格遵照某种程序和规范要求进行操作，才能尽可能避免发生风险或者充分发挥其技术效能。本文是为电工安全操作制定的规程，其文本由标题、正文和文尾构成。标题由规范内容和文种组成；正文采用条文式，且条文按操作程序排列；文尾署明制定单位和制定日期。

【阅读思考】

1. 联系本规程，谈谈操作规程行文最显著的特点是什么？

2. 想想操作规程最适宜采用哪种行文形式？为什么？

【例文6.4.5】

阅览须知

一、本室采用开架阅览方式。教师凭本人工作证、学生凭ID卡或本人学生证，一次借阅一册。

二、本室图书只准室内借阅，不准带出室外；违者将予以批评教育，经批评教育仍不改正者，将取消阅览资格。

三、所借图书要在当天归还；逾期不还者，除扣留证件一周外，还将给予通报批评。

四、借阅图书时，请先认真检查，如发现破损，请预先申明；否则，借阅者需承担损坏赔偿责任。

---

① 引自http://www.3722.cn/softdown/index1.a3p。

五、要爱护图书，不要弄污、勾画、折叠和剪裁；违者将按有关规定进行赔偿。

六、自觉维护室内清洁卫生和阅读秩序，不得吃零食、吸烟、大声喧哗和聊天。

七、禁止穿拖鞋、运动短裤、跨栏背心进入阅览室。

八、不准在桌面和墙壁上乱写乱画；禁止利用各种物品抢占座位。

九、阅览完毕离开时，请将椅子轻轻放在桌子下。

××学院图书馆制订

×年×月×日

【导读】

这是一份阅览室阅览须知。须知具有指导性、规定性和告知性，用于主管部门向有关人员或公众告知必须遵守的相关规定事项，以维护正常秩序。须知常被设置在相关场地显眼的地方，因此，它常用最简明的分点行文。内容应按一定的逻辑关系写明该怎样、不该怎样、违反规定将会受到怎样的处罚等。

【阅读思考】

1. 本须知条文内容是按怎样的逻辑联系组织的？

2. 本须知对读者明确了该做哪些？不该做哪些？违反了哪些将受到怎样的处罚？

二、基础知识认知

（一）特点

（1）适用上的针对性。与行政法规、规章等比较，制度公文主要是对内管理，而且是对某一具体事项或特定人员作出某些规定，因此，它的适用范围、适用事项、适用对象往往是有针对性的。例如，《国务院工作规则》就只适用于国务院机关及其工作人员，对外不产生行政约束力。

（2）效用上的规定性。这与行政法规、规章是一致的。制定制度的目的与制定行政法规、规章的目的都是为了规范人们的行为，使管理和社会有序化，只是制定的主体、适用范畴不同，产生的行政约束效力不同而已。如前所述我们已知，行政制度是行政法规、规章的向下延伸，三者一脉相承构成行政管理上的完整法制体系。规定性是所有法制性公文的本质属性，制度当然同样具备。

（3）执行上的程序性。这是由制度与法规、规章相比较，与实际工作的联系更直接、更紧密所决定的。制度更多的是对具体的人从事某项工作的规范。而某些工作的进行本身就存在程序性，操作者必须遵循其本身固有的规律性；有些工作则是经过实践检验（证实）只有遵循某种程序才有益于工作，否则，将可能带来危害。因此，规范实际操作或从事某项工作的制度就要遵循和体现其程序性。例如，有些技术性工作必须获得从业资格才能上岗，有些高危操作必须首先保障人身安全才能进行，这些都是在制度中应当明确规定并按程序行文的。

（4）行文上的灵活多样性。行政法规、规章是级别较高的行政机关、部门从全局视角对具有社会普遍性的事项进行规范，涉及的内容较全面和复杂，因此，除补充规定外，它们的行文通常采用章条式和条文式两种。而制度的低层性，决定了其规范内容（对象）的具体性。它们总是针对特定的事项、特定的人群，甚至有的还要考虑特定的场所，而这就构成其复杂性。不同情况就应用与之相对应的不同行文方式，因此，制度除使用规范的章条式和条文式行文外，还有各种变异、变通和简易行文方式，因而体现了行文上的灵活多样性。

（二）分类

制度是制度、规则、守则、规程、须知等的总称。据其用途，它们大体可分为两类：一类偏重于对工作的规范与要求，如制度、规则、规程等；另一类偏重于工作职守、约束行为、规范道德，如守则（准则、规范）、须知等。

1. 制度

制度是党政机关、社会团体、企事业单位为加强某项工作的管理，严肃组织纪律而制定的、要求所属成员共同遵守的办事程序和行为准则。制度最大的特点是其强制性，应该做什么、怎么做、不该做什么、违反了将如何处理等都直接提出，不摆事实，不讲道理，更不拐弯抹角。制度一旦颁布，所属单位或部门人员必须遵守，若有违反，就要受到行政的甚至刑事的相应处罚。

2. 规则

规则也是一种被广泛使用的制度性、法制性公文。和制度一样，规则的制发也是为了规范某项具体工作的程序和行为，如《考场（试）规则》《演讲比赛规则》《交通规则》等。两者不同之处的是，制度的制发者与执行者一般是上下级行政关系，规则的制发者与执行者不一定是上下级关系，而是管理者与被管理者的关系，凡与该项工作有关的人员都必须遵守规则的规定，否则，管理者就有权依据相关规则进行处罚。

3. 规程

规程是行政机关、生产或技术管理部门（或机构）为某项工作的完成或某项技术的操作制定的，要求执行者必须严格遵照执行的统一规定的、规范的工作或操作程序。对一些技术性强、危险性高的工作，严格按规程行事是非常重要的。有些规程本就是人们长期实践经验的总结，一旦违反了这些"铁"的规程，哪怕只是稍稍的犯错，都有可能给人们的生命和财产带来无法挽回的损失，如《电工安全操作规程》《沈阳市发热门诊工作规程》等。

4. 须知

须知是有关单位或部门为了维护正常秩序，搞好某项具体活动，完成某项工作任务而制定的具有指导性、规定性、告知性的守则，如《观众须知》《读者须知》《参加演讲辩论会须知》等。

5. 守则（准则、规范）

守则（准则、规范）是由上级机关或由有关群众组织经过有关会议倡导制定，并向所属成员公布，要求其自觉遵守的道德规范和行为准则。守则、准则、规范针对的都是人们的道德行为，具有约束性和规范性，但不具有直接的法律制约作用。如《高等学校学生行为准则》《××学院教师行为规范》《汽车驾驶员守则》等。

此外，还有公约。它是指在一定范围内的成员，为实现共同的目的而约定的共同遵守的行为准则。其制定主要出自群体的自发行为，体现人民群众的公德意识。公约民主程度高，法律制约作用不是很直接。因此，我们未将其列在法制行政公文之内。公约涉及范围很广泛，一切群体性自发行动的规范都可写作公约，如《拥军优属公约》《便民公约》《学习公约》《爱国卫生公约》《计划生育公约》等。

三、文本写作

制度文本通常由标题、正文和文尾三部分构成。

1. 标题

制度的标题比较多样。有由适用范围、规范内容和文种三要素构成的，如《国务院工作规则》《高等学校学生行为准则》《文秘人员校对工作制度》等；有由规范内容和文种两要素构成的，如《读者须知》等；也有仿公文式标题的。制度标题要与正文相匹配，正文简短的可用两要素标题；正文内容复杂、行文较长的可用三要素标题。

2. 正文

制度正文要根据适用范围、具体内容和使用的特定场所来决定行文方式。内容较复杂的可用章条式、条文式、序条式等；内容简易，需设置在相关公共场所的可用单层次的条文式或分点行文。正文行文方式的选择要符合内容与实际需要。

3. 文尾

制度文尾一般应明确两个内容。一是制定者，制定者可以是机关、单位、组织或群体。二是制定时间，应写明具体的年、月、日。

四、写作注意事项

1. 合法切实

制度制定首先必须依照国家现有的法律、法规、规章和现行政策，做到依法定规、按法制度。其次，制度制定必须从本单位或本部门实际出发，符合需要，切合实情，易于接受，行之有效。

2. 严谨规范

严谨是指某一制度在制定上要合法合规，不能与其他相关制度冲撞，文本内容要周密，行文结构要完整，行文体现严密的逻辑性与彼此的连贯性。规范着重指行文格式规范、用语规范。制度与其他法制性公文一样，层次感、逻辑性、条理化、阐说性等特点非常突出，写作时必须以此为规范，充分体现其文体自身的特点。

3. 简明可读

与法律法规等公文比较，制度公文与人们的日常行为关系最密切、最直接，人们日常的学习、工作、生产与生活行为都可能在制度的约束下进行。因此，为便于普通大众理解、接受并遵守或执行，制度写作在语言表达上应当力求严谨、准确、简洁、明晰、规范、通俗，不能有歧义，不能含混不清，更不能前后矛盾或相互抵触。要一看就明、一读就懂。

4. 常查时修

制度虽相对稳定，但并非一成不变，社会飞速发展，情况不断变化，制度也应与时俱进，因此，制度需要经常检查，一旦发现问题，就要及时修订、调整、补充，加以完善，以顺应现实发展的需要，使制度真正成为具有时代性、现实性的行为准则。

【写作思考与实训】

1. 什么是制度、规则、守则、规程和须知？

2. 阅读如下制度，指出存在的问题并予以改正。

阅览室规章制度①

1. 本室图书只准室内借阅，不准带出室外，违者将给予通报批评。

2. 借阅图书，凭本人的学生证或 ID 卡，一次一册。

3. 本室采用开架阅览方式。

4. 所借图书要在当天归还，逾期一天不还者，除扣留一周证件外，还要给予通报批评。

5. 所借图书要当面检查是否有损坏，发现有损坏时，向阅览室工作人员声明，否则，还回时将向你追查损失责任。

6. 爱护图书，避免折叠、勾画、污损和剪裁，违者，按有关规定进行赔偿。

7. 维护室内秩序和清洁卫生，不准大声喧哗、聊天、吃零食、吸烟。

8. 禁止穿跨栏背心、短裤、拖鞋进入阅览室。

9. 禁止利用各种物品占座位；不准在桌面和墙壁上乱写乱画。

10. 离开座位时，要轻轻将椅子放在桌子下。

---

① 马金虎. 对一则"规章制度"的评改. 应用写作，2005（10）：44.

第七章
公示读写

公示是适用于任用干部、晋级职称、公务员考试录用、评优评奖和各种政策性收费等需要社会或业内公众监督的事项而向社会或业内公开征询监督信息的政务公文。它是随着我国民主政治的深化、用人制度的改革以及公示制度的建立而产生的新型公务文种，是现行政务公开的产物。

目前，公示虽仍未进入现行法治行政公文之列，但实际上已在行使这样的职能，其在现行行政管理中的应用频率非常之高，已称得上是一种"准法治行政公文"。

第一节 文本导读

【例文7.1.1】
××市市局党委组织部关于张××等二十八位同志任职前的公示

市局各单位干部职工、各族市民：

为增加选拔任用领导干部工作的透明度，接受群众监督，避免失误，保证选拔工作的质量，根据市局党委《关于实行领导干部任前公示的暂行办法》（××〔2000〕26号）的有关规定，对拟提拔任用的张××等28位同志予以公示。广大职工群众如认为他们存在问题，不宜提拔使用，请实事求是、客观公正地反映问题。公示有关内容如下：

一、公示人简况（略）

二、受理反映期限：2004年4月2日—4月8日

三、受理反映问题部门：市局党委组织部干部监督科

四、受理反映问题地点：局机关1号楼322房间

五、反映问题方式

1. 反映人携带有效证件（身份证、工作证等）到局机关1号楼322房间，当面向市局党委组织部干部监督科的工作人员反映问题。工作时间：上午9：30—11：30，下午13：30—17：30；联系电话：×××××××。

2. 市局党委组织部能够确定反映人身份的，反映人也可在规定时间内采取其他方式反映问题。

六、反映人责任

1. 要用真实姓名、身份反映问题。

2. 要以认真负责、客观公正、实事求是的态度反映问题，事实要准确，内容要具体，便于查证。

3. 故意捏造事实诬陷他人的应负法律责任。

七、受理部门责任

190

1. 对反映人和反映内容严格保密。

2. 对反映人反映的问题，将尽快会同有关部门调查核实清楚。

3. 对超出受理部门职权范围的问题，及时移交有关部门处理。

××市市局党委组织部

2004 年 4 月 2 日

【导读】

这是一份文章式干部任前公示。标题由公示机关名称、事由和文种构成，首先明确公示的对象（相当于公文"主送"）。正文开头交代公示的目的、根据、被公示对象及对职工群众的要求；主体具体写有关内容，写得项目明确、条理清晰；文尾是公示机关署名与公示日期。这份公示写得较为规范，可供借鉴。

【阅读思考】

1. 本文有何特点？它与法治行政公文的写法有没有区别？

2. 公示必须写清哪些内容？

【例文 7.1.2】

××区涉农收费公示

2003 年 8 月 6 日

序号	收费部门	收费项目		计算单位	收费标准（元）	立项及标准依据	备注
1	国土房管	土地证书		证	5	粤价〔2002〕116 号	农民建房专用
		房地产地产权属登记证		证	10		
2	民政	婚姻证书	（1）结婚证书	对	9	计价格〔2001〕523 号	结婚证简装本每对 2 元
			（2）夫妻关系证明书	对	9		
			（3）离婚证书	对	9		
			（4）解除夫妻关系证明书	对	9		
		火葬服务		具	700	穗花价〔2001〕76 号	
3	公安	中华人民共和国边境管理区通行证		证	2	粤价函〔2001〕234 号	
4	公安	居民身份证	（1）领取或换取	证	10	计价费〔1997〕1485 号	
			（2）丢失补办	证	20	粤公通字〔1995〕230 号	
			（3）办理临时身份证	证	10	粤价费函〔1992〕69 号	
			（4）办理身份证急件	证	60	粤价函〔1995〕038 号	
		居民户口簿	（1）家庭户	本	10	粤价〔1995〕238 号	
			（2）集体户	本	40		
		户口准迁证		证	4	粤价函〔1994〕57 号	

（续上表）

序号	收费部门	收费项目		计算单位	收费标准（元）	立项及标准依据	备注
5	司法	基层法律服务所法律服务		按文件执行		粤价〔2003〕219号	
6	计划生育	社会抚养		按文件执行		粤《人口与计划生育条例》	
		计划生育服务证		证	1.5	粤价〔2002〕508号	
		流动人口婚育证明证		证	5	粤价〔2002〕80号	流出地收
7	农业	畜禽及畜禽产品防疫检疫	（1）生猪防疫	头	4	粤价费字〔1995〕45号	
			（2）生猪产地检疫	头	3	穗价〔1999〕508号	
			（3）宰后生猪产品检疫	头	3.5	花价〔1999〕11号	
…	……	…	……	……	……	……	……
以上收费项目、标准由物价部门解释。				投诉电话：（略）		投诉地址：（略）	

【导读】

这是一份表格式政府行政管理收费公示。因公示项目较多、内容复杂，所以用表格式，这样各项内容既可得到综合概括，表述也明晰了然，具有化复杂为简明、清晰、直观的效用。表格式常用于综合性、复杂性内容，本文是一个典型案例，可以借鉴。

【阅读思考】

1. 表格式公示具有何优势？表格式公示适宜在何种情况下使用？

2. 制作表格式公示应该注意些什么？

【例文7.1.3】

××省人事厅公务员管理处拟录用国家公务员公示

经考试、体检、考核合格，拟录用届××、王×、李×为××省人民政府侨务办公室国家公务员。现上网公示（见附表）。公示期为3个工作日。对拟录用对象有意见的，请于2004年1月5日前将署名（含所在单位、姓名、手机号码）意见发送至：gdgwy@sohu.com。所有不署真实姓名（含所在单位、姓名、手机号码）意见或逾期发送意见的，将不予受理。

××省人事厅公务员管理处

2003年12月31日

附表：

姓　名	报考职位	笔试成绩	面试成绩	总成绩	名次	备　注
屈××	秘书（人事）处秘书	60.6	82.92	69.52	1	
王　×	秘书（人事）处综合	82.1	78.88	80.812	1	
李　×	秘书（人事）处综合	80	78.68	79.472	2	

【导读】

这是一份发布在网上的拟录用公务员公示。标题由事由和文种组成。正文将公示对象情况处理为附件，使其主文更精简，公示目的与主要内容更突出。

【阅读思考】

1. 此份公示的写作具有何特点？

2. 请给正文划分层次并概括层意。

第二节　基础知识认知

一、特点

公示作为一种新兴公文文种，具有如下四个特点。

1. 严肃性

凡需公示的事情，为显示公平、公正、公开，都必须接受社会或单位或系统党员、干部和群众的参与和监督。因此，它们通常都是一些重要的、严肃的事情。如公务员考试录用必须公平、公开，干部任用、职称晋升、行政收费等必须公正、公开等。这些事情都涉及党的形象、社会制度、党和国家的法律法规、现行政策的贯彻执行以及党群关系、干群关系等重要而严肃的问题。

2. 透明性

透明性主要表现在公示机关必须向社会或业内参与监督的人们提供公示的对象真实可靠、具体详细的情况，以供人们监察。例如，干部任用、提拔，必须提供任用或提拔者的个人简历和德、能、勤、绩、廉等翔实可信的个人情况；行政收费对收费项目必须提供收费依据、收费标准以及有关说明等。

3. 反馈性

这是公示的目的所在。根据法律法规和国家政策，对需要公示的事情进行公示，目的就是要接受人民群众的监督，希望人们能够积极参与，客观公正、实事求是地反映问题和情况，避免失误。因此，公示写作中必须写明反映问题和情况的内容及途径，如反映形式、时间地点、受理机关、电话传真，甚至地址邮编等，尽可能地为反映者反映问题情况提供方便。

4. 时限性

时限性是指公示的时间有一定的限度。在公示期限内，任何正确的反馈信息都会受到受理机关的重视，从而产生积极的作用。因此，公示写作必须明确公示时限。

二、分类

从不同的角度，可有不同的划分结果，常见的划分有：

（1）从公示内容分，有任职、提拔公示，晋升技术职称公示，公务员录用公示，评优、评奖公示，行政事业收费公示，项目招标公示等。

（2）按写作形式分，有文章式公示、表格式公示和综合式公示。

（3）按作者分，有政府公示、部门公示和单位公示。

第三节　文本写作

一、文本写作

公示的写法主要有文章式和表格式两种。这两种形式的不同之处主要在于正文的表达方式。这里着重介绍文章式公示的写法。

公示虽然现在还不是法定公文，但由于其通常用于党政公务，所以，人们还是很自觉地按照法定公文的规范进行写作。文章式公示通常由标题、公示受众（或省略）、正文和文尾构成。

1. 标题

公示标题有四种表示形式：①公示机关名称＋事由＋文种，如《××大学党委组织部关于科研处副处长拟任人选的公示》；②事由＋文种，如《关于张××等二十八位同志任职前的公示》；③公示所属区域＋公示内容＋文种，如《××省管理干部任前公示》、《××区涉农收费公示》；④只用文种。

2. 称谓

公示称谓是对公示受众的称呼，相当于法治公文的主送机关。有的公示具有特定的受众，因而需写称谓，但若没有特定受众，则可省写称谓。

3. 正文

首先写公示缘由，扼要写明公示的目的、依据及被公示对象的情况等；接着写公示的主体，即公示的有关事项或有关内容。这部分应该写明以下内容：①公示对象的情况；②公示的时限；③反映问题的方式、途径、时间、地点、受理机关以及联系电话、传真、地址、邮编等；④对公众的希望和反映者的有关要求等。

4. 文尾

署明公示机关或部门的名称和公示发出日期。

二、写作注意事项

（1）注意公示的严肃性。公示的内容必须是重大或重要的，需要体现公开、公正、公平的，需要人们参与监督的事情。不能事无巨细，不论有无必要，为赶时髦而都以公示告之。

（2）公示对象的基本情况要真实、准确；反映情况的途径、部门、时限等要明了。

（3）写作要符合规范，基本要素要齐全。目前，公示的写作虽然尚无法定的规范，但可以借助现行行政公文的写作规范进行写作。

（4）要一文一事。即一事一公示，切忌几件事写在一起公示。

【写作思考与实训】

1. 公示有哪些特点？公示有哪些用途？
2. 公示正文的行文有哪几种方式？
3. 试评析下列两则公示的写法：

（1）　　　　**水利部机关及其流域机构考录公务员机关工作人员公示**

根据中组部、人事部的统一部署，经过笔试、面试、体检、考察等程序，经研究，水利部机关及其流域机构拟录用房蒙等72人（名单附后），现将有关情况予以公示。公示期间，如对人选有异议，请向水利部人事劳动教育司公务员管理处反映。

公示时间：3月22日—3月28日

监督电话：010－63202732

特此公示

附：2007年拟录用公务员公示名单

2007年3月22日

（2）　　　　**××市委组织部关于杨××等3名干部的任前公示**

经市委常委会议研究，杨新洪等同志拟提拔任用或转任领导职务。根据《党政领导干部选拔任用工作条例》和《深圳市党政领导干部任前公示实施办法》的规定，现将有关情况公示如下：

杨××，男，1964年11月生，江苏淮阴人，汉族，党校在职研究生学历，1982年8月参加工作，1990年5月加入中国共产党，原××市统计局副巡视员，拟任××市统计局副局长、党组成员。

罗××，（略）。

雷××，（略）。

公示时间为2009年8月28日至9月3日。公示期间，任何单位和个人均可通过来人、来电、来信等方式向市委组织部（地址：××市市委大院前楼428房，联系电话：×××××××；邮政编码：××××××；受理时间：每天上午9：30—11：30，下午14：30—17：30）反映公示对象在德、能、勤、绩、廉等方面存在的情况和问题。反映情况和问题必须实事求是、客观公正。提倡反映人提供真实姓名、联系电话、家庭地址或工作单位，以示负责。

市委组织部对反映人和反映情况严格保密，对所反映的情况和问题，将认真进行调查核实，弄清事实真相，并视情况以适当方式向反映情况和问题的单位或个人反馈。调查属实并影响任职的，取消拟任职人选的任用资格。

中共××市委组织部

2009年8月28日

第八章
计划读写

  计划是国家机关、社会团体、企事业单位等对今后一定时期内的生产、工作、学习、活动等事先拟定任务目标、措施办法、步骤与时间安排的应用文书。它是一种具有预见性、指导性和约束性的事务文书，对所计划的事项具有促进和监督作用。

  计划概念有广、狭两义。广义的计划是对规划、纲要、设想、计划、安排、打算、方案、要点、意见等一类计划性文书的统称；狭义的计划自身也是一个文种，是规划、纲要、设想、安排、打算、方案、要点、意见等文种中的一员。在计划文书中，不同文种适用于不同情形。

  规划是涉及范围广、时间长、内容全面的发展计划，它通常是一种定规模、定远景、定方向、展现"蓝图"，带有理想性和鼓动性的计划，如国家的"十二五"规划；纲要是对规划等作概括、提要式表述的计划性文书，如《中华人民共和国经济和社会展第十二个五年（2011—2015）规划纲要》。设想是一种初步的、不成熟的、富有创新性的、长远的非正式计划，它往往是对某一任务美好前景的构想，现实基础并不是很牢固，因而可变性较大，仅具参考作用。规划、纲要、设想涉及的时间一般都比较长，范围比较广，内容比较概括抽象。

  作为文种的计划，是涉及时间较长（一个月、一个季度、一年）、任务指标明确、措施步骤具体、可操作性强的计划。

  安排是对本单位短期内具体要做的工作作简略地计划，如本周工作安排；打算是对本人或本单位提出近期内的任务，但指标、措施还不够明确具体的计划，如新学期的打算。安排与打算适用的时间都较短、范围较小、内容较具体，但两者相较，安排时间更短、内容更具体、指标措施更明确，表达形式更简洁，一般用表格表达。

  要点、意见、方案常是上级机关用来向下级部署工作，交代政策，提出任务及步骤、方法等的计划，但要点比意见更具原则性，方案则较具体。方案也用于本单位计划某项具体工作或活动，这种方案的操作性更强，如《管理系××级毕业生实习方案》。

  明确计划文种的特点和差别，有利于我们在实际工作中根据具体情况正确选用计划文种。

第一节 文本导读

【例文 8.1.1】

三峡库区水面漂浮物清理方案

为确保三峡库区水面清洁，特提出三峡库区水面漂浮物清理方案。

一、清理工作原则

预防为主，防清并重；加强领导，明确分工；强化监督，严格执法；三峡总公司与属地管理相结合；推行市场化与综合利用，集中力量做好丰水季节暴雨期的清理工作。

二、清理工作要求

水面漂浮物清理的范围为库区蓄水水位接 20 年一遇洪水位以下水域。清理的内容包括秸秆、树木树枝、塑料泡沫等生活垃圾及其他漂浮物。清理的标准为水面不出现漂浮物聚集现象，长期保持水面清洁。清理处置设施应在 2004 年汛期前建成投入使用。

三、清理计划

由湖北省、重庆市人民政府和三峡总公司按照本方案要求，于 2004 年 2 月底前分别制订清理船只、岸上接收和处理处置设施计划，并逐项落实，认真组织实施。环保总局会同发展改革委、建设部、交通部、三峡办加强管理和监督。

四、职责分工

三峡总公司负责坝前水域和干流水面漂浮物的打捞、上岸、焚烧、综合利用和安全处置，并转运需处置的漂浮物；提出坝前水域和干流水面漂浮物清理工作的考核标准。干流水面漂浮物的打捞工作，可以委托有关单位进行。

湖北省、重庆市人民政府负责行政区域内支流水面漂浮物的清理工作，提出行政区域内的支流水面漂浮物清理工作的考核标准，报环保总局审核后实施。库区地（市）人民政府具体负责行政区域内支流水面漂浮物的打捞、上岸、焚烧、综合利用和安全处置以及船舶垃圾的上岸转运，指定具体承担清理组织管理工作的本级政府行政部门。库区地（市）人民政府环卫行政部门具体负责行政区域内支流水面漂浮物的岸上安全处置工作。

交通部门负责船舶垃圾岸边接收工作，并对接收单位进行监督管理。建设部门负责船舶垃圾的岸上处理处置工作，并对处理处置单位进行监督管理。交通部、建设部共同制定三峡库区船舶垃圾转运和交接管理规定。环保部门负责协调和监督水面漂浮物清理和处置工作，并配合监察部门进行行政监察。

五、资金与经费来源

坝前水域和干流清理船只、漂浮物岸边接收设施和处理处置设施的建设费用和日常费用由三峡总公司负责解决。支流清理船只、漂浮物岸边接收设施和处理处置设施的建设费用和日常费用由库区地（市）人民政府负责解决。

发展改革委、财政部会同交通部、建设部按照货船吨位、客船乘员数量，制定三峡库区船舶垃圾处理收费标准和管理办法。交通部门负责船舶垃圾处置费征收工作，征收的处置费全额上缴中央财政专户，支出由财政部按照批准的预算拨付给船舶垃圾岸边接收单位和城镇垃圾处理处置单位。

国家环保总局

2003 年 11 月

【导读】

这是一份由主管部门替执行部门制订的条项式工作方案。方案可用于上级向下级或者主管单位向执行单位部署具体工作，交代政策，提出实施步骤、方法等，也可用于基层单位完成某项具体工作或活动。本方案属前者，其结构由标题、正文和文尾三部分构成。标题由计划内容和文种组成。正文由前言和主体组成。前言交代制订方案的目的；主体根据内容性质，分点列项行文，项目（内容）明确，条理清晰，体现了方案具体、周密、操作性强的显著特点。文尾署名和明示制定日期。该方案写得比较规范，值得借鉴。

【阅读思考】

1. 本方案在行文上有哪些特点？

2. 这种方案对执行部门完成工作或任务有何作用？

【例文8.1.2】

××学院"社会公德教育活动月"活动方案

为进一步加强和改进学生思想政治教育工作，提高大学生思想道德素养，引导大学生争当现代合格公民，根据学生工作的总体安排，我院将于本学期3至4月间在全院学生中深入开展"社会公德教育活动月"活动。具体方案如下：

一、活动主题

弘扬雷锋精神，争当现代合格公民。

二、活动内容

1. 围绕主题，结合实际，广泛开展学雷锋活动。

2. 积极开展以"遵纪守法、讲文明、讲礼貌、助人为乐、爱护公物、保护环境"为内容的社会公德教育活动。

三、活动时间

3月初至4月中旬。

四、活动步骤

（一）宣传动员

1. 3月2日，学生处统一在校园内悬挂大型横幅标语（宣传口号附后）。

2. 3月4日前，各系、院级各学生组织制订本单位活动计划，召开动员大会。

3. 3月10日前，各系围绕主题办出一期宣传墙报；召开干部会议；利用座谈、演讲、讨论等形式将活动引向深入，营造良好的舆论氛围。

4. 广播站、学通社配合活动，全程做好各项活动、典型事迹的宣传报道。

（二）组织实施

1. 3月15日，各系组织各班召开一次"弘扬雷锋精神，争当现代合格公民"主题班会，并围绕主题举行签名活动。

2. 3月10日至4月10日，开展系列教育活动。各系、各级学生组织根据自身的实际，围绕活动主题，通过座谈讨论会、报告会、观看专题教育片、知识竞赛、学雷锋公益活动、植树造林等形式，开展一系列学生喜闻乐见、各具特色的教育活动，尤其要注重学生礼仪、日常行为规范的教育，规范学生的言行，让学生真正从思想意识深处认识到社会公德对其成才和成长的重要性。

（三）总结表彰

1. 4月12日，各系对本次活动进行认真总结，并于4月14日前将书面总结交学生处。

2. 4月15日，学生处在学生工作例会上对本次活动进行总结，同时对表现突出的单位和个人进行表彰。

五、活动要求

1. 各系、各学生组织一定要提高认识、高度重视，充分认识社会公德对大学生成才和成长的重要性，对提高大学生社会竞争力的重要性，广泛而深入地做好宣传教育工作。

2. 各项工作必须有的放矢，落实到位，不搞形式主义，务求实效。

3. 社会公德教育是一项长期、艰巨的工作，各单位应以本次活动月为契机，常抓不懈。

4. 活动中要充分调动和发挥班集体的智慧和力量，同时注重发挥党员、入党积极分子、学生干部的表率作用。

5. 注重典型的树立和宣传。

附：宣传口号（略）

×　×学院学生工作处

2013 年 2 月 25 日

【导读】

这是一份基层单位为完成某项活动而制订的方案。本方案由标题、正文和文尾三部分构成。标题由单位名称、活动内容和文种组成。因这是为开展一次活动作计划，涉及的时间不长，所以，标题上未明示时限。正文由前言和主体组成。前言简要交代制订方案的目的和根据；主体根据不同性质的内容，分项列点行文，项目明确，层次分明，条理清晰。文尾落款和明示制订日期。本文是一份写得比较规范的活动方案，值得学习借鉴。

【阅读思考】

1. 试比较上述两份方案在内容表述上有何不同？为什么会出现这样的区别？

2. 为什么计划行文要特别体现步骤和时序？

【例文 8.1.3】

×　×系 2012—2013 学年度第二学期学生管理工作计划

为贯彻落实"三个代表"和"两个务必"的重要思想，坚持不懈地对学生进行爱国主义、社会主义精神文明教育，引导学生求学奋进、健康向上，充分激发学生的学习积极性，树立良好的学风和系风，进一步开创我系学生工作新局面，特制订本计划。

2013 年 2 月 5 日

序号	工作项目	措施、步骤	时间	负责
一	学生报到注册	接待学生，做好报到注册	2 月中	辅导员
二	学风、系风建设	1. 召开全系学生大会 ①上学期总结表彰 ②新学期工作安排 ③系风整顿	2 月 18 日下午	系主任 辅导员
		2. 召开年级学生大会 ①新学期教育动员 ②学风整顿 ③文明道德教育	每月一次	系主任 辅导员
		3. 召开各班学生班会，整顿班风	3 月中旬	系学生会 及班委会

（续上表）

序号	工作项目	措施、步骤	时间	负责
三	干部队伍建设	1. 举办干部培训班（班委以上干部参加） ①"三个代表"、"两个务必"重要思想教育 ②团队协作精神教育 ③干部素质能力培训	4月底至5月中旬	辅导员、系学生会
		2. 隔周召开一次干部例会	单周二下午	辅导员、系学生会
		3. 做好干部考评	6月中旬	系学生会
四	党团建设	1. 过好党、团组织生活会 2. 举办党的基本知识讲座 3. 入党积极分子的培训教育 4. 推荐参加党课培训对象 5. 推荐入党发展对象 6. 对入党发展对象的考察培养 7. 推荐评选优秀团干、优秀团员	每月一次 3月底 4月中 4月初 2月底至3月初 全学期 4月下旬	系团委、各学生党小组
五	毕业生工作	……	……	……
六	宿舍检查评比	……	……	……
七	第二课堂活动	……	……	……
……	……	……	……	……

【导读】

这是一份表格式计划。开头用一段文字明确制订本计划的目的（有时也可不写开头），主体用一个表格综合表示各项工作的任务、措施、步骤、完成时间、负责部门及个人。制订部门在标题上显示，制订日期被移到表格右上角。这种行文适宜于时间较长、工作事项较多的综合性计划的写作。不过，这种计划还不够具体，有些重要工作在具体实施时还需写出具体的实施方案。

【阅读思考】

1. 你认为这种计划有何特色？

2. 你认为表格式适宜于作哪种情形的计划？

【例文8.1.4】

××厂××车间 2013 年生产计划

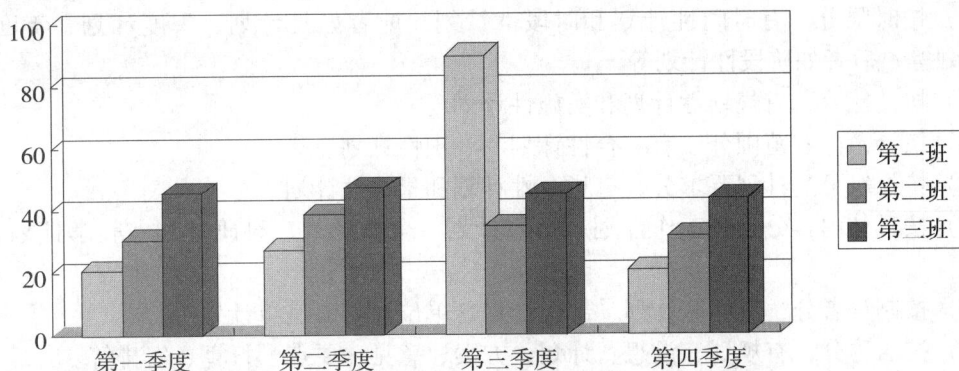

【导读】

这是一份图示式计划。计划由标题、图示（主体）和有关说明组成。这种计划直观明了，适合任务单一、指标具体明确的生产、经营单位使用。除此之外，还可用其他图示。

【阅读思考】

1. 你能举出用其他图示表示的这类计划吗？

2. 图示式计划有何优点？适宜怎样的情形？

第二节　基础知识认知

一、特点

（1）预见性。计划是在工作进行之前为规范和指导工作而进行的设想和估计，因此具有预见性。当然，预见性还须与可行性相结合。怎样才能保证计划切实可行？首先必须有现实基础，必须通过调查研究了解现实情况，然后在此基础上作多方面的设想和估计，包括可能出现的困难与问题。这样，计划的预见性才会体现出实用价值。

（2）指导性。计划的指导性具体体现在两个方面：一是上级指导，即上级计划对下级工作的指导；二是自我指导，即计划是制订者行动的指南，能对其往后的工作发挥指导作用。

（3）约束性。制订计划是一件很严肃的事情。它要从上级计划和自身实际出发，多方面权衡、深入细致地考虑。计划一旦制定，就要落实，严格按计划行事，想方设法努力完成计划。因此，一方面计划是制订者行动的指南，从各方面约束、监控执行者的行为；另一方面，计划也是检查任务完成的依据，完成任务的好坏，可据执行计划的情况来评判。

（4）说明性。计划主要用说明表达。可以说，计划是制订者做好某项工作的行动说明书。语言要准确、简明。

二、分类

（1）按时限分，有时间性计划和时段性计划。前者如月计划、季度计划、年度计划、五年规划等；后者如阶段性计划等。

（2）按功能分，有规划性计划和实施性计划。

（3）按涉及内容范围分，有综合性计划和专项性计划。

（4）按上级下达计划要求分，有指令性计划和指导性计划。

（5）按具体内容分，有工作计划、学习计划、生产计划、科研计划、教学计划、施工计划等。

（6）按制订者分，有国家计划、部门计划、单位计划、班组计划等。

（7）按名称分，有规划、设想、计划、方案、意见、要点、打算、安排等。

值得注意的是，同一份计划若按不同的标准划分，其归属就不同。

三、制订步骤

第一，要学习、研究、领会上级有关指示精神，熟悉上级下达的工作计划，认真分析本单位实际情况。这是制订单位计划的依据和基础。只有既符合上级精神，又切合自身实际，既保证完成上级任务，又做好自身工作的计划，才是有效的、可行的计划。

第二，在上述基础上，明确任务、指标、要求，提出工作方针、原则，研究确定工作方法、措施和实施步骤、时间安排；根据工作中可能出现的问题和困难，确定克服的办法和措施。

第三，根据工作任务的实际需要，组织、分配力量，明确分工和责任。

第四，拟订计划草案交由群众讨论，充分听取意见和要求，使之更完善。有广泛的群众基础，可增强计划的可行性。

第五，在实践中进一步修订、补充和完善计划。

第三节　文本写作

一、文本写作

计划文本的结构包括标题、正文和文尾三部分。

（一）标题

计划标题有专用式和仿公文标题式两种表达形式。

1. 专用式

从标题显示的内容要素看，又有两种情形：①完整式。标题由计划单位名称、时限、内容和文种四个要素构成，如《××学院 2013 年教学工作计划》。②省略式。省略完整式标题中的单位名称、时限等要素的标题，如《2013 年第一季度工作计划》。

2. 仿公文标题式

仿公文标题式是仿用法治公文标题的表达方式，如《北京市高等教育自学考试指导委员会关于党政干部基础科自学考试计划》。

计划标题一定要"实"，不能"虚"。这是制订计划的目的所决定的。计划制订的目的全在指导行动，完全是为了实用，用不着写空话、套话。

（二）正文

计划正文一般应体现三方面的内容，有人也将它们称作"计划内容三要素"。

（1）任务与目标。它们是一份计划最基本的要素。任务是指做什么；目标是指做到什么程度，是对任务在数量、质量以及时限上的具体要求。

（2）办法与措施。它们是完成任务与实现目标的手段，主要解决怎么做的问题。

（3）步骤与时限。它们是完成任务的程序及其时间安排。要求全局在胸，统筹安排。既要有总的时限，又要有各阶段、各环节的时间安排，使工作、任务能按部就班、井然有序地完成。

计划正文有以下四种表达方式：①条项式。采用列项分点的写法，这种行文多适用于单项任务的实施性计划，如例文8.1.1和例文8.1.2。②表格式。或通篇全用表格，或主体全用表格，这种行文多适用于在一定时期内任务项目较多的综合计划，如例文8.1.3。③图示式。用图形表示计划情况，它适用于任务项目单一，指标、时限明确的计划，如例文8.1.4。④综合式。它是图表式与条文的综合运用形式。

除图表式外，条项式与综合式的正文都可以写成开头、主体和结尾三部分。

开头（或叫"前言"）是任务来源、计划制订背景、目的等内容的概述。

主体是对任务与目标、措施与办法、步骤与时间安排等内容要素的具体展开表述，常分项列点写作。要求项目明确、层次分明、条理清晰。

结尾或表达完成计划的决心、或号召为完成计划而努力、或预测效益、或展望未来远景；有时也可省写。结尾一定要简短而有力。

（三）文尾

文尾包括署名和制订日期。署名也可署在标题下方。

二、写作注意事项

（1）符合法律法规、现行政策和上级计划。

（2）从实际出发，坚持实事求是。

（3）根据实际情形，正确使用计划文种和行文方式。

（4）行文具体明确，充分考虑执行者的实际情况。

【写作思考与实训】

1. 谈谈规划、设想、计划、方案、安排、打算、意见、要点等计划文种的具体用法。

2. 什么是计划内容的三要素？

3. 计划的结构应包括哪些要素？

4. 试根据下列材料，以"应用型民办教育教学研讨会"筹备组的名义，拟写一份条项式计划。要求结构完整、项目明确、层次清晰、内容条理化。

（1）2013 年 3 月 × 日，教育部正式通知我院，同意组建××××学院，学院以实施本科教育为主，同时可进行专科层次的高等职业教育。

（2）本次研讨会按照教育部通知精神，探讨在高等教育大众化时代，如何组织民办本科院校教育教学，提高教育质量和办学效益，办出特色，办出水平，培养更多的适应国家经济建设和社会发展需要的应用型人才，为地方经济建设和发展作出贡献。通过民办本科院校定位等方面的理论研究，为我院应用型民办本科教育提供理论依据和长远的、带指导性的设想；为我国民办本科高等教育的发展提供有益的研究成果和建设性的意见。

（3）为落实教育部通知精神，拟召开应用型民办教育教学研讨会。

（4）研讨会围绕民办本科院校如何科学定位、师资队伍建设、培养应用型实用型人才等方面，进行理论与实践研究。

（5）具体研究内容（见附 1：研究课题）。

（6）会议地点：院内行政楼 316 会场。

（7）会议规模：50 人。

（8）会议时间：2 天（6 月底）。

（9）会议机构设置：成立会务组、论文编审组。

（10）研讨会步骤：

①第一步，动员。4 月 12 日，由张院长主持召开研讨会动员会议，参会人员：学术委员会成员和学科组成员，各处室、系、部中心负责人，各教研室主任。

②第二步，各部门研讨会。各系部集中时间，分别组织内部研讨，提出研讨会议方案和计划，结合实际工作和学科专业建设、课程建设、教材建设，以及教学计划、教学方式、人才培养、队伍建设、办学条件等问题，进行应用型、实用型本科教育理论探讨、问题分析，提出可行的对策和措施。各部门要有组织、有准备、有重点地开展讨论，并在部门研讨会的基础上，部门负责人和要求发言的教职工，在 5 月 25 日之前，向科研处提交论文。

③第三步，5 月下旬召开全院研讨会。部门负责人和要求发言的教职工，做大会发言（会议议程另行安排）。

（11）成果处理：会议论文经编审，公开出版。

（12）会议经费支出预算支出合计：×万×千元（见附 2：各项支出表）。

第九章 总结读写

总结是对本地区、本部门、本单位或本人过去一段时期的工作或者完成某一任务的情况进行系统回顾反思，从中找出规律、得出结论或经验教训，以指导今后实践的应用文书。

总结属于回顾反思性事务文书。它虽不具行政约束力，但具有提高理论认识、指导今后实践、提供经验借鉴、教育鼓舞群众、调动积极性的重要作用。本章只涉及公务总结的读写。

第一节 文本导读

【例文 9.1.1】

××市工商行政管理局 2006 年工作总结[①]

2006 年，我局认真贯彻落实国家工商总局、省工商局和市委、市政府工作部署，以科学发展观统领工商行政管理工作全局，坚持"抓班子、带队伍、保稳定、促发展"的总体要求，倡导"和谐、敬业、务实、创新"的××工商精神，以保障生产、消费安全为重点深入整顿规范市场经济秩序，以信息化建设为重点积极推进市场监管方式改革，以"四大兴农工程"为重点积极服务经济和社会发展，以规范化建设为重点努力提高干部队伍素质，各项工作取得了新的成效。市局和各县区局全部进入市级文明单位行列，其中市局和××县局荣获省级文明单位称号。消保工作受到中国保护消费者基金会表彰，是全国工商系统三个获奖单位之一。市局和××县局、××县局被省人事厅、省工商局评为先进单位，另有 10 个工商所、15 名同志受到省局表彰。

一、以保障生产和消费安全为重点，整顿规范市场经济秩序取得新成效

（一）"红盾护农"集中执法行动成效明显。全面落实农资市场监管责任制和农资经营"两账两票一卡一书"制度，推行种子经营留样备查制度，加强宣传和社会监督，加大执法力度。全系统查处农资违法违章案件 335 起，案值 157.8 万元，罚没款 45.09 万元，其中罚没款万元以上大案 3 起，没收假劣农资 2 750 千克，查办案件数量和罚没款数量分别是上年的 3.3 倍和 5.8 倍；受理农民投诉 31 起，为农民避免和挽回经济损失 702 万元。全市农资市场秩序明显好转，全年涉及农资的投诉较上年下降 60% 以上。《××日报》以"为了大地的丰收——全市工商机关'红盾护农'集中执法行动综述"为题进行了长篇专题报道。

（二）食品安全专项整治亮点突出。（略）

（三）治理商业贿赂取得明显突破。（略）

---

① 引自 http://www.eduzhai.net/article/gerenzongjie/fanwen_285518.html.

（四）打击传销取得重大战果。（略）

此外，全系统认真开展保护注册商标专用权集中执法行动，查处商标违法案件 24 起；开展广告市场专项整治，查办违法广告案件 45 起；严厉打击商业欺诈行为，查处商业欺诈案件 44 起；开展汽车市场专项整治，查处监测不合格车辆 19 个批次；开展房地产市场专项整治，查处房地产市场违法案件 14 起。在安全生产检查、环保检查、文化市场整治、校园周边环境治理、铁路护路、社会治安综合治理等工作中积极发挥职能作用，市局被推荐为××省综合治理平安创建先进单位。

二、以信息化建设为重点，积极推进市场监管方式改革取得新成效

（一）加大投入力度，信息化建设取得新进展。全系统投资近 300 万元推进信息化建设，市局机关电脑配备基本达到人均一台，各工商所配备电脑两台以上。省、市、县（区）三级视频会议系统正式开通，省、市、县（区）、工商所四级网络基本畅通。组织了全员信息化技能培训，网络应用水平进一步提高。基本实现非保密文件和企业登记等数据网上传输。业务软件逐步得到应用，数据库建设逐步完善，工商所全面实现了微机收费。

（二）完善工作机制，12315 行政执法体系建设成效显著。完善了 12315 指挥网络系统、快速指挥短信平台和各项工作制度，加强受理信息录入，全系统集中受理、迅速分派、快速反应、及时反馈的工作机制初步形成。全市 12315 受理消费者咨询、申诉、举报、建议 80 932 件，是上年的 14.5 倍。

（三）推进"一会两站"建设，消协组织作用进一步发挥。（略）

三、以实施"四大兴农工程"为重点，积极服务经济建设取得新成效

（一）实施"四大兴农工程"，服务社会主义新农村建设。一是政策扶农。促进农业产业化企业发展，登记注册"公司＋基地＋农户"经营模式企业 64 户，农民专业合作社 10 户，特色农业、绿色农业和生态农业的个体私营企业 290 户，农村农产品加工种植业及农业生产服务业 269 户，以粮食为主要原料的农村加工业 81 户，农村畜禽良种繁育企业 513 户。二是经纪活农。出台《关于积极培育和规范发展农村经纪人的意见》，扶持成立××市经纪人协会和××市农产品经纪人协会，对经纪人进行调查和规范。组织了百名农村经纪人外出签约活动，到北京等 9 个省市签订合同 107 份，合同金额 1.28 亿元。全市已登记农村经纪人 2 295 户，执业人员 21 825 人，全年经纪额 19.2 亿元。三是品牌富农。推动农产品商标注册，对争创驰名商标、著名商标的农产品龙头企业实行跟踪指导，全市涉农注册商标已达 237 件。四是维权保农。开展"红盾护农"集中执法行动，整顿农村食品市场秩序，推进"一会两站"建设，组织了"服务维修到农村"公益活动，有效地维护了广大农民的合法权益。"四大兴农工程"得到党委、政府和社会的关注，市委、市政府转发了我局《关于实施四大兴农工程促进我市社会主义新农村建设的意见》，《××日报》头版以"政策扶农、经纪活农、品牌富农、维权保农——市工商局实施'四大兴农工程'纪实"为题进行了长篇报道。

（二）改革登记制度，完善注册登记绿色通道。（略）

（三）积极开展招商引资，促进个体私营经济有了新发展。（略）

（四）主动调研积极宣传，实施商标战略取得新进展。（略）

四、以规范化建设为重点，不断加强干部队伍建设取得新成效

（一）不断推进规范化建设，基层和机关出现新变化。一是继续推进工商所改革建设。为适应市场监管需要，撤并工商所 5 个，新增 1 个，工商所总数减至 76 个。全年投入 970 余万元，新建工商所 7 个，改建 2 个，较高标准所达到 43 个，占总数的 57%。为工商所新配一批微机和执法车辆。统一工商所办公和生活设置，统一工商所标志，初步形成了××工商行政管理行业识别系统。二是开展了机关规范化建设。市局新办公楼投入使用，××、××、××等县区局也对办公楼进行了改造，机关办公条件和环境大大改善。总结试点经验，出台了《关于加强机关规范化的意见》，编印了《机关工作规程手册》，召开了全系统机关规范化建设大会，机关规范化建设全面展开并初见成效。

（二）狠抓执法行为规范，行政执法水平有所提高。（略）

（三）加强政治和法纪教育，党风廉政建设和行风建设取得新成绩。（略）

（四）围绕中心突出亮点，信息宣传调研工作再上新台阶。（略）

一年来，各级老干部工作、机关党务、后勤服务等方面都做了大量工作，各级直属单位的工作也都取得了新的成绩。

回顾 2006 年工作，虽然取得了很多的成绩，但也仍然存在着一些问题和不足：一是部分干部执法指导思想还不够端正，重监管轻服务、重处罚轻规范的问题仍然存在；二是市场监管不到位，无照经营、假冒伪劣商品等市场安全隐患问题还需高度重视并加强治理；三是机关规范化建设刚刚起步，工商所建设进展不平衡，监管执法水平和信息化应用亟待提高，队伍整体素质与各级党委、政府对我们的要求还存在着不小的差距，与我们肩负的任务还不相适应。这些问题，需要我们在新的一年里下大气力进行整改和克服。

××市工商行政管理局

2006 年 12 月 26 日

【导读】

这是一篇单位年度工作总结，这种总结内容上具有综合性。本文正文的开头、主体和结尾"三段式"结构明显。开头概述全年工作背景、工作重点和成效；主体以四项工作为重点，归纳出具体的做法和取得的成效；结尾指出存在的问题。文本结构完整，层次分明，思路清晰，重点突出，详略得当，注重以事实说话，具有一定的规范性，可供学习借鉴。

【阅读思考】

1. 文章开头概述四项工作重点与主体分述四项工作重点形成怎样的关系？不这样行不行？为什么？

2. 本文重点突出，请问突出了怎样的重点？本文详略得当，请具体举例谈谈。

【例文 9.1.2】

××市开展解放思想大讨论工作总结①

××市通过开展"创新实干，跨越发展"为主题的解放思想大讨论活动，改变了经济欠发达地区的唯资源论、唯条件论和部分单位及个人不思进取、甘于落后、小进则满的思想观念，争先创优意识大大增强，科学发展观得到确立，一些基础性建设投入加大，县域经济、特色产业、民营经济、外向型经济呈现出良好发展势头。据统计，今年上半年特色产业销售收入、民营经济发展、外贸出口分别增长 15.5%、12% 和 20.1%，使经济资源贫乏地区的经济得以快速发展。

经济欠发达地区必须解放思想

通过开展解放思想大讨论活动，我们看到了这样一个反差鲜明的对比：一方面是经济发展缓慢，封闭落后；一方面是区位优势、生物资源优势明显，得天独厚。从前一方面看，××历史上就处于经济发展弱势地带，1962 年国家为了扶贫组建了××专区。改革开放以后，××有了可喜的变化。但放在全国加速发展的大坐标中来审视，还存在不小的差距，面临严峻的挑战和困难。目前全市 11 个市区中，还有两个国家级贫困县，两个省级贫困县。从总量指标看，近几年，在全省 11 个地级市的总量指标中，规模以上工业增加值、地方一般预算收入、社会消费品零售额 3 项指标居全省后位。我们的差距不是在缩小，而是在越拉越大。××已成为全省的"经济洼地"，面临着被边缘化的危险。另外，经济运行中一些深层次的矛盾和问题，如结构不合理问题突出，经济增长的质量和效益不高，城市化水平低等，还没有得到有效解决。从后一个方面看，××地处环渤海、环京津开放地带和京九经济增长带上，纵贯××全境的京九铁路与石德铁路在这里相交，106、307 国道和石黄、衡榆、衡德高速公路，即将开工的大广高速公路，以及济石太银

---

① 引自王立安. ××市开展解放思想大讨论工作总结. 应用写作，2008（6）：58～59.

和京九光缆等国家一级通讯干线都在这里交汇，便利的交通和独特的区位优势使××成为华北平原承东启西、南北交汇、呼应沿海的重要交通通讯枢纽。同时，××东距黄骅港不足200公里，处于临港经济半径周围内，是全省"东出西联"交通体系中的重要枢纽，有着可以接受三方辐射的独特优势。从上述反差中可以看到，××不应该落后。是什么让××落后了呢？是思想观念。思想保守，观念陈旧，一些干部因循守旧的思维方式和怨天尤人、畏难畏战的工作情绪，成为××发展道路上的拦路虎。贫穷落后，更加重了一些干部的官本位思想，怕负责任，怕丢乌纱帽，守摊求稳。因果相生，形成错综复杂、环环扣联的阻碍××发展的重要障碍。

前些年在××曾一度形成了辐射河北、内蒙古、山西、山东及河南并称雄华北的木材大市场，但由于"地主"欺商欺客，宰商宰客，没几年这个市场就转移到了外地。同时，前些年曾形成一定规模的药材市场、小商品批发市场等，都因环境不好而萎缩，不少企业甚至离开××外迁。这种欺商霸客和逼迫凤凰外飞的现象，实际上也是封闭、守旧、落后的折射和反映。

克服落后心态　坚定科学发展信心

为了让广大市民特别是各级领导干部充分认识××实际，发挥观念变革对推动经济社会发展的先导作用，通过创新实干促进经济快速发展，从去年年末至今年8月，我们开展了为期8个多月的全市解放思想大讨论活动。在大讨论活动中，我们强调要以邓小平理论和"三个代表"重要思想为指导，全面贯彻落实科学发展观；强调通过大力度的解放思想活动，使全市上下思想有一个大的解放，作风有一个大的转变，环境有一个大的优化，为推进经济社会的跨越式发展奠定坚实的思想和环境基础。集中讨论和着力解决的问题是"五破五立"，即破除唯资源论、唯条件论的思想束缚，树立面向市场找资源、开拓创新占先机的发展理念；破除"怕"字当头、封闭保守的思想观念，树立突破常规、敢为人先的创新精神；破除小进即满、小富则安的贫困文化心态，树立奋发图强干大事、瞄准发展创大业的进取观念；破除公共权力部门化、部门权力个人化的本位主义和个人主义思想，树立围绕发展搞服务、摒私尽责办实事的公权意识；破除作风虚浮、萎靡不振的精神状态，牢固树立自信自强的精神风貌和务实苦干的工作作风。问题找准以后，关键是以适当的方法解决这些问题。我们根据××的实际，采取了三种方法：一是"请进来"、"走出去"的方法。先请国家发改委、天津大学有关专家和江苏昆山市负责同志来××作报告；再组织县市区领导、有关部门负责人、企业家到先进地区考察学习。二是抓住本地正反两方面的典型事例让大家讨论。在充分总结历史上由于思想观念陈旧，导致影响经济发展的事实，特别是通过木材市场、医药市场、小商品市场消失萎缩等典型事例的教训，看到思想观念上的差距及其带来的危害。三是在大讨论中让各单位、各部门作出承诺，公开亮相，激活自我。

解放思想为发展注入活力

我们欣喜地看到，大讨论活动激活了××这潭死水，观念的变革使××的环境得到改善，加快发展的大潮开始涌动，跨越式发展的势头初步形成。可以从以下三个方面看出这种好势头：一是各县市区在解放思想中重新审视自己，按照跨越式发展的要求谋划新的思路，构建新的格局，寻求新的突破。比如，××县重新确立发展定位，提出"强化三抓三促"（工业抓大活小促产业升级，农业抓头活尾促农业增收，商贸抓点活面促市场繁荣）、两区一带动（开发新区和湖滨新区，带动城乡发展）；××县提出了构筑"一城三星"发展格局等。各县市、单位加快发展、支持发展的新思路迅速出台。二是招商、安商、亲商的局面开始形成。过去那种欺商宰商的现象已不受欢迎，尤其是大大小小的执纪执法部门，开始以优良的作风、热情的服务、高效的工作面对八方来客，过去因环境问题而外迁的13家企业重新回来发展。三是真抓实干、大干事业的局面开始出现。不少县市、单位企业摒弃过去小富即安，小打小闹的思想，提高发展站位，开拓发展空间，加大发展力度。××县是毗邻山东的一个农业小县，这些年经济发展一直挺不起腰杆，在解放思想大讨论中，县委、县政府确立了工业立县战略，大力度多方招商引资，今年上半年在建工业项目达到36个，亿元以上项目7个；××市上半年投资亿元以上的在建项目100个，同比增长9个；100项省市重点项目总投资285亿元，同比增长9.6%，初步呈现快速发展势头。

通过这次解放思想大讨论活动，我们从中受到启迪：

一是解放思想大讨论是一场马克思主义的思想教育，是引导人们重新认识外部世界、重新认识自我，并使自己的认识符合客观实际的活动。××落伍的原因，主要是广大市民尤其是干部阶层没有充分认识自己的优势劣势，扬长避短，而是盲目自满，小进即满，或妄自菲薄，缺乏发展信心和勇气。

二是解放思想大讨论不是单纯促使人们在经济上大干快上，更不是叫人强干蛮干，根本的目的在于让广大干部树立科学发展观。在这场大讨论中，我们始终抓住这根主线，教育人们树立科学的发展观和正确的政绩观，教育大家识大体、谋大局、顾长远，促使各个方面和谐发展、科学发展。

三是解放思想不能刮一阵风，而是一项长期的任务，要常抓不懈。尤其是在欠发达地区，解放思想的任务很重，不可能一蹴而就，一劳永逸。

××市委办公室

200×年×月×日

【导读】

这是一份专项工作总结，这种总结内容单一。本总结的标题明示单位名称、内容和文种。正文首段是开头，主要概述工作效果。中间三个小标题的内容为主体，第一个小标题"经济欠发达地区必须解放思想"，是回顾开展解放思想大讨论活动的背景与形势，说明开展这次活动的必要性，同时也是间接交代开展这次活动的缘起；第二个小标题"克服落后心态坚定科学发展信心"，是回顾活动的具体做法——采用"三种方法"集中解决"五破五立"；第三个小标题"解放思想为发展注入活力"是述明活动效果。专项总结的主体通常遵循"缘由—做法—效果"三段纵式结构，本文亦如此。最后一段是结尾，得出体会。文尾署明总结者和总结时间。

【阅读思考】

1. 本文在材料运用上采用了哪些典型方法？
2. 总结写作须从感性上升为理性，试以本文为例，谈谈你对此的理解。

【例文9.1.3】

依托三级平台 发挥网络优势
切实推进学员个别化自主学习

湘西自治州电大

如何在社会、经济都不发达的老、少、边、穷地区，将开放教育以学生为中心个别化自主学习落到实处，是我校试点以来一直在不断探索的课题。几年来，我们在试点实践中坚持以学生自主学习为中心的理念，整合利用网上教学资源，努力打造网络环境，不断深化对学生个别化自主学习的引导，切实落实对网上学习的监管，取得了一定进展。我们的主要做法是：

一、统一思想，明确目标，努力打造网络环境

为保证项目试点顺利实施，早在2002年项目中期评估前，我们就在财力相当紧张的情况下，千方百计克服困难，先后投资180余万元用于远程教育基础设施建设，建成了100M校园高速局域网，并租用2M专线和100M光纤线路各一条，建成网络教室4个，共84座，多功能教室3个，共48座，语音室1个，装备了双向视频会议系统，并建有独立域名、网址和服务器的互联网站，装备了电大在线教学平台，有效实现了与中央电大、省电大之间的双向沟通，具备了网上学习管理所需的相关功能，为学生提供了个别化自主学习的必要条件。中期评估后，我们又根据项目试点发展和要求，先后购置了惠普专用服务器、便携式投影仪、"送网下乡"局域网系统设备（服务器1台，笔记本电脑4台）、并陆续新增计算机120余台。目前我校已达到本科学生每6人1台、专科学生每10人1台、专职试点队伍每人1台联网计算机的试点配置标准，从而确保了项目试点顺利实施必需的网络硬件环境。

二、强化措施，落实责任，加大网上学习监管力度

试点之初，我校虽然也对学员进行了上网学习基本操作技能等培训，强调现代远程教育必须依托网络、发挥系统资源优势的基本特征，要求学员平时必须进行网上学习，但由于措施未能完全落实到位，效果一直不够理想。针对这一现实，我们下定决心，决定结合省校关于项目试点评估的相关硬件指标，对学生网上学习实行硬性的量化管理。

首先，我们自己开发了网上学习监控软件，对学员网上学习实行有效监控，同时，为了抓好网上学习，学校专门指定一名校级领导总体负责此项工作。各专业上网情况由教学科及时统计，每周张榜公布一次，并排了名次，成绩优劣与辅导员经济效益挂钩。

其次，我们统一印发了"致开放教育学员的公开信"。信中明确规定了每位学员每期必须上网学习的最低时限，凡未达到最低时限的，不得参加期末考试等。"公开信"由各班辅导员用信函方式寄发每个学员，随后，又再次用电话通知到每个学员，意在进一步突出强调，以引起学员高度重视。

我们规定辅导员对学员网上学习管理实行"三定"、"三查"，即定时、定点、定学习内容；查学员三级平台网上学习时间、查网上学习笔记、查交互式讨论记录。

最后，为了抓好试点工作站的网上学习，学校于2004年下发了《关于加大网上学习监管力度的通知》，推出工作站上交网上学习保证金制度，将工作站抓网上学习的成效直接与经济挂钩。

由于我们态度坚决，措施有力，2004年以来，我校学员网上学习时数一直呈稳步上升势头，在全省各分校网上学习情况统计中，曾多次名列前茅。通过上网学习，学员们不仅获取了大量网络教学资源和信息，更重要的是使得相当一部分学员能逐步学会怎样利用和索取信息资源，逐步适应并养成个别化自主学习的方式和习惯，体会到网上学习的妙处。例如，学员吉首市教育局副局长武华英，年过五十，由于在上网学习中尝到了甜头，因此，虽工作任务十分繁忙，但仍坚持经常上网学习，经常向中央电大、省电大老师请教学习中遇到的问题，她还把从网上获取的有效教学资源，转寄给那些无法上网的同学。在期末迎考复习中，学员们更是普遍从上网学习中直接受益，网上各课程的复习迎考资源，对于帮助和指导学员如何注意点面结合，了解本课程全貌及掌握重点等，起到非常重要的作用。许多学员无不感慨地说：上网学习真好，上面什么东西都有。

三、依托平台，周密布置，认真落实网上交互学习

为了充分发挥三级电大教学平台的功能，我校在狠抓学员上网浏览资源确保网上学习时数的同时，还十分注重对网上交互学习的组织管理，力图以此提升学员网上学习的质量，在具体实践中，我们主要抓了以下三方面工作：

1. 认真组织实时BBS讨论

我校安排一名专职教师主管网上实时与非实时交互学习，该教师每天浏览中央、省电大三级平台在线实时交流情况，然后将这一情况及时反馈给辅导员，要求辅导员按时通知学生参加，指定专人定时在网上进行实时监督。我校还实行学生网上参与教学活动登记制，确保实时交互学习落实到位。如中文专业学员龙秋凤、李友品，英语专业学员田正湖，法学专业学员李新贵等经常上网与中央、省电大教师进行交流，开阔了视野，提高了专业知识水平，均在各自工作岗位上取得了可喜的成绩。在进一步规范学员参加上级电大网上教学活动的同时，我们还依托分校教学平台科学合理地对每个专业相应的课程安排了实时交流，并将网上教学活动安排表挂在我校教学平台上，以便学生浏览和按时参加。同时要求课程责任教师对每次组织的实时活动情况及时进行总结。

2. 积极推动非实时答疑的开展

为了进一步加强网上学习，为学员答疑解惑，我校在教学平台上专门设置了"我的提问"一栏，学员可以通过该栏向老师请教在平时学习中遇到的疑难问题。针对学员平时的提问，我们规定相关的责任教师必须在3天之内及时回答，并将教师的回答情况与经济效益直接挂钩，将教师在规定的时间内回答的帖子记入课时进行酬金核算。

3. 依托网络开展论文写作远程指导

针对湘西地区交通不便，学员难于集中进行论文指导的情况，我校在规范学生参与网上学习活动和BBS实时交流的同时，将网上开展毕业论文指导作为网络教学的重要部分。按照专业教学计划，每一个学期我们对毕业生进行一到两次BBS实时毕业论文答疑与指导，通过这种问答式的方式进行论文指导，进一步帮助学员解决在整个论文写作过程中遇到的问题，规范毕业论文的写作格式与要求，提高毕业论文的写作质量。如我校在2004年11月12日对03秋法学本科班的学员组织一次网上实时毕业论文的指导，该班共有学员76人，有54人上网参加这一活动，学员就毕业论文的写作格式与要求、如何选题、写开题报告以及如何进行论述等相关的问题一一向指导教师提问，指导教师则针对学员的提问逐一进行解答，整个交流场面十分热闹，学员明确了论文写作要求后，自觉按要求进行写作。再如，2005年12月24日，我们还对保靖电大数学专业的学员组织了一场数学毕业论文指导，徐助跃老师就毕业论文指导过程中存在的问题直接在网上与学员交流，指导学员如何进行毕业论文的修改。此外，中文、行管、教管等专业也先后进行了网上毕业论文指导的尝试。实践证明，我校依托网络开展毕业论文远程指导，是符合我校试点实际的，这一方式一方面有利于帮助学生解决工学矛盾，减轻经济负担，另一方面也极大地提高了学员论文写作的效率，增强了师生意见交流反馈的及时性。

四、迎难而上，延伸网络，积极寻求民族地区网上学习的替代方式

虽然我们对学员上网学习作出了硬性要求，强化监督管理，提高了网络教学资源利用率，促进了学生个别化自主学习，但实践中，我们也发现：由于湘西地处山区，经济落后，交通不便，网络不畅，一些偏僻乡镇学员确实存在着上网难问题。例如，龙山县八面山乡小学教师杨明龙（中文本科学员），为参加网上学习，周末要乘车去120公里以外的龙山县城上网。通过调研，我们发现，这种情况在开放教育学员中还较普遍。本着以人为本的理念，我们创新思路，决定实施"送网下乡"工程。我们在全州8个县市共确立了7个"送网下乡"学习点，并制订了详细计划，投资十万余元购置了相关设备。力图以组建"电大在线"教学平台微型局域网的方式，将网络延伸到不通互联网的山乡，把资源送到学员的家门口。

2004年6月16日，我校"送网下乡"工程正式启动。首批"送网下乡"小组一行4人，携"电大在线"局域网服务器1台，手提电脑4部，乘车搭船辗转抵达永顺县小溪乡。这里地处湘西、怀化交界地带，是一片方圆200多平方公里的原始森林，交通不便，仅靠水路与外界沟通，通信落后，目前不通固定电话和手机。该次小学习小组学员共7人，均系2004年（春）开放教育中文本科班学员。送网下乡小组认真指导学生在局域网内登录教学平台，浏览网上教学资源，参加BBS讨论。女学员向春霞怀抱6个月大的婴儿，夫妻双双兴致勃勃地参加了活动，情景感人至深。

从2004年下半年起，我们每个网点每期均安排两次"送网下乡"教学活动。我们的考虑是：开学初一次，主要指导学生对本期所学课程及媒体资源有个整体了解和把握；期末一次，重点指导学生查阅专业期末网络教学相关迎考复习资料等。通过"送网下乡"教学活动的开展，我们深切地感受到，充分整合和利用网络教学资源，是确保项目试点质量，实现教育目标的重要手段和途径。对于学员上网率不够高的问题，过去我们片面地以为主要是由于学员普遍缺乏主动性所致。实践说明，不少学员确实是受到客观条件限制，只要我们工作做细、服务到家，学员普遍具有较高的热情和积极性。

开放教育试点以来，我们在如何充分发挥三级"电大在线"教学平台的资源优势、网络优势方面，结合我校试点实际，作了一些有益的探索，在一些方面取得了一定的进展，但我们深知，这仅仅是万里长征迈出了第一步，我们的许多做法还需要进一步完善，许多工作尚需进一步深化。"问渠哪得清如许，为有源头活水来"，我们决心在今后的试点实践中继续探索，勇于创新，使开放教育成为湘西教育园地里常开不败的花朵。

【导读】

这是一篇经验总结。经验总结具有探索性和借鉴价值，因此也常被称作"经验介绍"。本文总结湘西自治州电大探索"如何在社会、经济都不发达的老、少、边、穷地区，将开

放教育以学生为中心个别化自主学习落到实处"，这是实践者探索的课题，也是本总结的主题，而他们总的做法（即总经验）是"依托三级平台，发挥网络优势，切实推进学员个别化自主学习"。因此，本总结标题明示的就是总的经验。正文开头首先概述探索的内容、总的做法及其效果。这种开头是总结最常见的开头之一。主体分四个小标题，围绕"试点课题"阐述其具体做法（经验）。主体采用横式结构，有几种做法（即几条经验）就分作几个小标题行文，这是经验总结的惯用行文模式。最后小结，肯定成绩，指出存在问题，表明决心。本文写得得体、规范，可作经验总结写作借鉴。

【阅读思考】

1. 试分别划分本总结的开头、主体和结尾。
2. 本文主体四个部分的内容是按怎样的逻辑关系排序的？

第二节　基础知识认知

一、特点

（1）内容的回顾性。计划写未来，总结写过去。总结是对自身过去实践活动的回顾与反思。

（2）认识的规律性。总结是从自身过去的实践中提炼出带规律性的东西，从零散的感性材料中概括出理性的认识。它的实质就是在正确理论的指导下，经过分析综合，把零散的肤浅的感性认识升华为带规律性的体现本质特征的理性认识。

（3）对象的个性化。总结是以自身的实践活动为对象，写本地区、本部门、本单位的事情，即"我写我自己"。而每一个"我"与每一个"他"都是不同的，因此，总结必须写出自身的个性特征，让人一看就知道写作主体与众不同的地方；也因此，总结需用"第一人称"行文，即便是替人总结，写作者的身份也必须退隐，而以对方身份行文。

（4）效用的经验性。总结的关键是将实践的成功经验概括出来，将失败的教训分析出来，作出正确的评价，得出科学的结论，指导今后的实践。它们既可成为自身经验的积累，又可供他人借鉴。

（5）表达的简明性。总结作为应用文体，要求语言表达简明扼要。它主要用概述，而不用具体描写、记叙；用高度概括的具体事实作简要说明，而不旁征博引；直接议说，而不多方求证。总结的生动性主要来源于事例本身的典型、新鲜、生动与感人。

二、分类

（1）按内容分，有工作总结、生产总结、学习总结、科研总结、教学总结、思想总结等。

（2）按时限分，有时间性总结和时段性总结。前者如月度总结、季度总结、年度总结等；后者如阶段总结等。

（3）按主体对象分，有班组总结、单位总结和部门总结等。

（4）按功能分，有汇报性工作总结和交流性经验总结。

（5）按性质分，有专项总结与综合总结。

同样，总结若按不同的标准划分，其归属也不同。

第三节　文本写作

一、文本写作

总结文本的结构由标题、正文、文尾三部分构成。

（一）标题

总结标题要根据总结的目的、要求和具体内容来拟定。

（1）汇报性工作总结：标题要求平实。一般由单位名称、时限、内容和文种组成，如《××市工商行政管理局 2006 年工作总结》；也有将单位名称写在标题下或文尾的。

（2）交流性经验总结：标题写法灵活。常标示主要经验（即做法）或主要内容等，如《科技立厂 人才兴业》（白云山制药厂）标示的是总经验；《邢台市食品厂是怎样抓改革促管理增效益的》标示的是总结的内容。也可采用正、副标题形式，如《探索道上的得与失——我厂两年来经济体制改革情况总结》。这种情况一般正题较虚，需用副题作补充。如此题正题只隐约说明总结的范围，而谁在探索，探索什么，探索多长时间，这些问题都还是悬念，需要靠副题作补充才能使标题全面、准确。

总结拟题方法多种多样，无论用何种方法，拟题都要紧扣内容、文字精练、概括力强。

（二）正文

总结正文通常也是由前言、主体、结尾组成。

1. 前言

前言一般是基本情况概述，即简要交代工作时间、背景、要求、主要做法、效果等。

2. 主体

主体是总结的核心部分，其内容是写具体做法、成绩、经验、问题、教训等，其外部表现形式通常有贯通式、序数式和小标题式三种。贯通式写法主要是考虑时间和空间的逻辑顺序，以工作发展的全程逐步进行总结；序数式是将主体分为若干部分，用"一、二、三……"序数排列；小标题式是按照材料性质及其之间的逻辑关系将主体分成若干部分，每部分冠上一个小标题，且每个小标题都是对其感性材料的理性概括，各部分共同支撑一个主旨。这三种形式都只是对主体行文的第一层次而言，事实上主体行文往往不只是一个层次，如果有两个或两个以上层次，就可能综合两种或两种以上的形式。如《××县××乡人民政府×年工作总结》的主体行文就综合了序数和段旨句形式：

一

一年来，我们主要抓了如下几项工作：

（一）开展社会主义教育，增强了社会主义信念。……

（二）发展乡、村工副业，壮大了集体经济。……

（三）增强科技投入，发展了农业生产。……

（四）狠抓计划生育，控制了人口增长。……

二

一年来，我们在工作中深切体会到：

（一）必须强化改革意识。……

（二）必须执行科技兴农的方针。……

（三）必须完善农业社会化服务体系。……

三

一年来，我们虽然取得了一些成绩，积累了一些经验，但还存在一些不容忽视的问题。主要是：

（一）各村间生产发展不平衡。……

（二）在生产结构上，二、三产业虽有了较大发展，但在乡经济中所占比重仍较小，还有巨大潜力。……

（三）在农业生产中，有些村还缺少商品生产意识，重产量，轻效益；重生产，轻流通；重粮食作物，轻多种经营。……

上述三种写法，通常又以小标题式为多。汇报性总结主体常写成"成绩经验—问题教训—今后打算"或"主要成绩—存在问题—经验教训（体会）"等"三段式"，且小标题前常同时冠以序数。这种结构形式的特点是思路清晰，层次分明。经验性总结正文主体通常采取"并列式"小标题结构，即根据材料的逻辑关系，以几点成绩或几条经验（做法）分别冠以小标题加以叙述。各部分既围绕一个中心（主旨），又相对独立。如《依托三级平台发挥网络优势 切实推进学员个别化自主学习》一文主体的四个小标题就是围绕"如何在社会、经济都不发达的老、少、边、穷地区，将开放教育以学生为中心个别化自主学习落到实处"这个中心展开的。

一、统一思想，明确目标，努力打造网络环境

二、强化措施，落实责任，加大网上学习监管力度

三、依托平台，周密布置，认真落实网上交互学习

四、迎难而上，延伸网络，积极寻求民族地区网上学习的替代方式

以上是总结主体的两种典型的结构模式，当然，根据总结的目的和具体情形还可以采取其他的逻辑结构模式。

3. 结尾

结尾应视具体情况而定，或写出结论；或针对存在问题提出解决的办法与意见；或提出今后的打算与努力方向；有时也可视情况而省写。结尾要写得简短有力。

（三）文尾

文尾署明总结者和总结日期。

二、写作注意事项

1. 要明确总结目的

不同目的的总结，对内容的选择有不同的侧重。工作汇报总结重在客观、实事求是，因此，既要总结成绩，又要总结问题。经验总结旨在提供经验借鉴，因此，总结好的做法和效果是重点。成绩总结主要总结成绩，问题总结主要揭示问题，业务总结主要总结业务，思想总结主要汇报思想情况。只有目的明确，才能有针对性地选材，有针对性地确定写法和行文，写出针对性强的总结。

2. 要实事求是

总结必须真实客观。写成绩必须实事求是，不能夸大其词，不能弄虚作假；有问题，不能隐瞒不报，不能报喜不报忧。总结的目的不同，内容也各有侧重，但不管是哪种总结，写进的事实材料必须是真实的、客观的、可靠的。

3. 要高度概括，上升为理论

写总结，对自身所做的工作、事情，不仅要认真回顾反思，还必须进行归纳概括，上升为带规律性的理论认识。切忌不作概括，写成"流水账"或"一盘散沙"。表现在文章的形式上，这些带规律性的认识，常作标题、小标题或段旨，它们是支撑文章的筋骨。没有它们，总结就可能会写成"流水账"或杂乱无章的"散沙"。

4. 要写出个性特征

总结是"我写我自己"，而"每一个我又总是不同于每一个他"。即使同一件事，由不同的单位来完成，其做法、效果、认识也不会完全相同。因此，好总结是有个性、有特点的总结。

【写作思考与实训】

1. 什么是总结？它有何特点？

2. 总结应用什么人称行文？

3. 总结写作的内容要素一般有哪些？

4. 总结正文主体若采用小标题行文，几个小标题内容的逻辑关系常体现哪两种典型模式？它们分别适用于哪种情况的总结？

5. 根据你所在班级（或社团）或单位所完成的某项工作或开展的某项活动写一份总结。

第十章 简报读写

简报是各级党政机关、社会团体、企事业单位广泛使用的反映本系统、本单位情况、动态的内部刊物。或者说，它是机关、单位内部定期或不定期的特殊"报纸"。简报不是文体，而是文章载体，其作用与内部报纸、杂志相同。

简报还有"简讯""通讯""快讯""动态""情况""信息"等称谓。

简报可随法治公文上行、下行和平行，根据行文方向不同，所起作用不同。下行简报，可宣传党和国家的方针政策、指导工作；上行简报，可为上级制定方针政策提供依据；平行简报，可互通情况、交流经验。此外，简报还可作为报道的材料来源，为报刊提供报道材料和线索。

第一节　文本导读

【例文 10.1.1】

××区创建文明城区工作简报

第 35 期

天河区创建文明城区联席会议办公室　　　　　　　　　　　　　　2008 年 4 月 2 日

我区召开 2008 年爱国卫生暨创建国家卫生城市工作会议

3 月 31 日上午，我区召开了 2008 年爱国卫生暨创建国家卫生城市工作会议。

市爱卫办主任张××，区人大副主任童××，区政府副区长、区创建爱国卫生城市副总指挥、区爱国卫生运动委员会主任张××，区政府副区长潘××，区政协副主席蔡××等领导出席了会议，驻区中央、省、市及区属各单位的领导参加了会议。大会表彰奖励了 2007 年度在开展爱国卫生运动和创建国家卫生城市活动中作出突出贡献的先进单位和先进个人。张××副区长总结了我区过去一年的爱卫工作经验，部署了今年的"爱卫"和"创卫"工作，并对我区的"爱卫"工作提出了 6 点要求：①加强组织领导，健全各级"爱卫"组织机构的建设；②大力开展宣传发动工作，营造强大的"创卫"活动氛围；③加大"爱卫"与"创卫"经费的投入；④加强沟通协调和统一部署；⑤强化日常卫生管理，落实城市卫生管理职能；⑥要进一步加大对"爱卫"和"创卫"工作的监督检查力度。

（区爱卫办巫××整理）

发送：各区卫生厅，李××同志、陈××同志。

（共印 30 份）

【导读】

这是一份动态简报。动态简报是报道本单位或本系统新近发生或即将发生的新闻事件的简报。这种简报所载的文章，实际上是内部消息，即内部新闻。动态新闻的写作主要是概述新闻事件的事实，一般作者不对事件进行主观评论，因此主要体现客观性。如本文只是报道会议情况，并不对会议有何评论。本文正文只有导语和主体两部分，结尾省写。导语概述会议情况，主体详述会议具体情况。概括而简明地报道了这次会议。

【阅读思考】

1. 简报的格式与行政公文的格式有哪些不同？
2. 动态简报的标题从表意上说，有何要求？动态简报的导语与主体是何关系？

【例文 10.1.2】

××简报

第 5 期

院办公室主编　　　　　　　　　　　　　　　　　2004 年 10 月 4 日

我院教学检查工作中的问题值得注意

最近，学院对各系、部教师进行教学检查，目的是了解教师们的教学水平和态度，并以此促进教学质量的提高。为了得到真实可靠的材料，准确地反馈信息，学院印发了教学检查表，并由专门负责教学检查工作的老师将其发到各位学生手中，让其填写对任课老师的综合评价。由于得到同学们的大力支持，该项工作现已顺利进行，同学们反响强烈，积极反映意见，收到了很好的效果。但是，也还存在着一些不良现象。

一、有些同学与老师有过节，乘此公报私仇。由于一些老师严格按照学校的教学制度办事，对学生要求严格，把一些学生的迟到、早退和旷课情况——登记下来，致使这些学生心怀怨恨。他们希望这些老师"下岗"，所以，在意见中渗进了不实意见，并在"强烈反对"一栏中全部打钩，在"建议"中也对该老师多有挑剔。

二、有些学生只因为对某老师看不顺眼，或因该老师第一次进教室上课时给他的感觉不好，或从别人处听说了对该老师的批评意见，就对该老师存有戒心，不断地从该老师身上挑毛病。他们盼望着学期调查表，并在表中对该老师进行弹劾。

三、有些学生对调查工作随便应付，采取无所谓的态度。由于调查表采取不记名的方式，一些平时不喜欢学习的学生对此根本不感兴趣，老师的教学好坏对其也没有什么影响，但求考试过关，拿到学分就万事大吉。这些学生在调查表的意见中采取随便应付的态度，往往反映不出真实情况。

四、一些学生平时与老师关系好，于是在意见中都往好的方面提，这些调查表往往都具有片面性，反映的意见也不真实，作假成分居多。

上述几种情况，各系各部门负责该项调查工作的老师应该引起注意和重视，对教师的教学评估，要综合多方面的意见进行综合评估，抓好教学质量调查，从而促进教学。

（03 级市场系李宁供稿）

发送：教务处，各系办公室。

（共印 20 份）

【导读】

这是一份评述简报。这种简报文章，重在对本单位新近发生的有新闻价值的事件进行及时报道并加以评论。它与动态（情况）简报不同的是侧重对事件进行评论，以表达报道者对事件的看法为主，主观的东西较多；而情况简报文章则比较客观，以报道事件（或事情）的事实为主。如果从文体来区别，动态简报文章是记叙文，评述简报文章是议论文。本文则是对学院新近进行的教学检查中学生评价教师时存在的不良现象进行评述。这是写得比较好的一篇评述简报文章。

【阅读思考】

1. 评述简报与动态简报有何异同？

2. 本文作者针对教学检查中的问题提出了怎样的看法？又是怎样阐述自己的看法的？

【例文 10.1.3】

教育简报
第 7 期

信息教育部办公室编　　　　　　　　　　　　　　　2003 年 11 月 13 日

高职院校促就业有法宝

2003 年，广东的高职高专毕业生除面临着本地高校学历层次较高的本科生、研究生等求职人群的挑战外，还面临着从外地来广东求职的高校毕业生的冲击。在如此"严峻"的就业形势面前，广州很多高职高专院校却对自己学校的就业率保持乐观，不少学校更预计今年 12 月最终就业率能达到 90% 以上。究竟他们在提高毕业生就业率方面有什么法宝呢？

一、专业设置跟着市场走

为了保持较高的"就业率"，广东不少高职院校纷纷顺应市场需求的变化，不断对原有专业进行"改造"、并增设了许多新兴专业。广州金融高等专科学校 2003 届毕业生一次性就业率达到 93%，主要原因是大部分专业是针对市场需求及时调整和设置的。该校的就业热门专业包括金融、国际金融、证券投资、商业保险、会计、财务等。目前，该校正按照省委、省政府的部署，积极创造条件，为争取办成一所以经济学科为主干，金融、证券、保险专业为龙头，管理学、法学等学科协调发展的经济管理类本科学院。另外，广东机电职业技术学院也不错。该院背靠广东的汽车、机械和电子信息行业，开设有汽车制造与维修、机电一体化、制冷与空调、网络技术、数控技术、英语等十多个专业。而根据国家和广东省重点发展汽车工业的宏伟蓝图，该学院正充分利用银行贷款和各方面的政策优势，把汽车制造与维修专业建设成为龙头骨干专业。

二、努力拓宽就业渠道

广东的高职高专院校不但结合珠三角区域经济发展设置专业，还积极主动向区域劳动力市场进军，与众多企业建立密切联系，全方位推销自己的毕业生。就拿广东机电职业技术学院来说，该院特别注重加强与企业的联系，现有广州丰田汽车维修中心、广州本田汽车有限公司等 4 个稳定的校外实训基地，并与省内外近 300 家大中型骨干企业建立良好关系，择优推荐毕业生就业。广州金融高等专科学校近两年一次性就业率平均达到 93% 以上，其中相当一批毕业生成了各级金融机构的领导干部和骨干。学校建立和保持了与金融行业的密切合作关系，先后与人行、工行、农行、中行、建行、深圳发展银行广州分行等一大批金融机构和企业建立了良好的合作关系。

三、上课就像"上班"

高职高专院校（尤其是工科院校）开展职业教育，需要投入巨资进行相关教学设备的采购、专业实验室的建设，因此办学成本非常高，不少学校经常被发展的资金压力压得喘不过气来。但从另一个角度看，学校还是比较幸福的。因为学生上课就像上班一样，将来上岗要用上的技能早已在学校练得滚瓜烂熟，学校哪里还会害怕学生就业问题不能解决？比如说，会计专业的学生天天数钞票、算账本，汽车维修专业学生天天修汽车，数控专业的学生天天开机床……例如，广东省成人科技大学注重学生的实践操作培训，建有多个计算机网络教学实验室、电子实验室、会计实验室、语音实验室、美术实验室、多媒体教室以及多功能学术厅等。

目前，各个高职院校根据社会的发展和自身的条件，从专业的合理设置、就业渠道的拓宽，到学生综合素质和动手能力的培养，保证了学生毕业后的顺利就业。

（供稿：雨××）

发送：××省教育厅，各大高校，各大院校教育部，刘××处长、黄××主任。

共印：××份

【导读】

这是一份经验简报，其中所载文章就是一篇经验总结，只是比总结写得更概括简明些。

【阅读思考】

1. 经验简报应侧重什么？本文总结了广东高职院校促就业的哪些经验？

2. 分析本文的结构，指出本文正文主体的结构方式。

第二节　基础知识认知

一、特点

简报的特点可用"简、快、新、真"四字概括：①简，简明扼要。文字少（最长不超过2 000字），语意明，反映主要内容。②快，报道快速。发现快，写作快，印发快。③新，内容新鲜。新近发生或将要发生的有新闻价值的事情。④真，材料真实。确有其事，用事实说话，准确无误。

二、分类

1. 从使用分，有日常简报和专用简报（如专业简报、会议简报等）两类

会议简报，专为某一会议作报道的简报。专业简报，反映某一行业专业领域的动态、情况、经验、问题的简报，如《科技简讯》、《财政通讯》等。

2. 从所载内容性质分，可分为五类

（1）情况简报。情况简报是报道本单位、本系统新近发生或即将发生的新情况的简报。因它反映的是本单位、本系统的动态，故也称作动态简报。它注重报道客观事实或动态，多用叙述（概述）。

（2）经验简报。经验简报是报道本单位、本系统工作经验的简报。

（3）综合简报。综合简报是在某一主题下，综合报道多主体对象情况的简报；或内容涉及多方面的简报。

（4）评述简报。评述简报是对某一动态、现象等作评述的简报。它是动态报道的另一形式，侧重对事实或动态的评议，多用夹叙夹议手法。

（5）转引简报。转引简报是转引他人文章或讲话以表达自己的观点或意图的简报。这种简报通常编写"按语"。

三、内容与格式

（一）简报的内容

办简报的宗旨是促进自身的工作。因此，凡本单位、本系统新近发生的、有价值的事情、情况，或对推动本单位、本系统当前工作有价值的情况，都可以成为简报报道的内容。

（二）简报的格式

简报由报头、报体和报尾三部分构成（见图 10 - 1）：

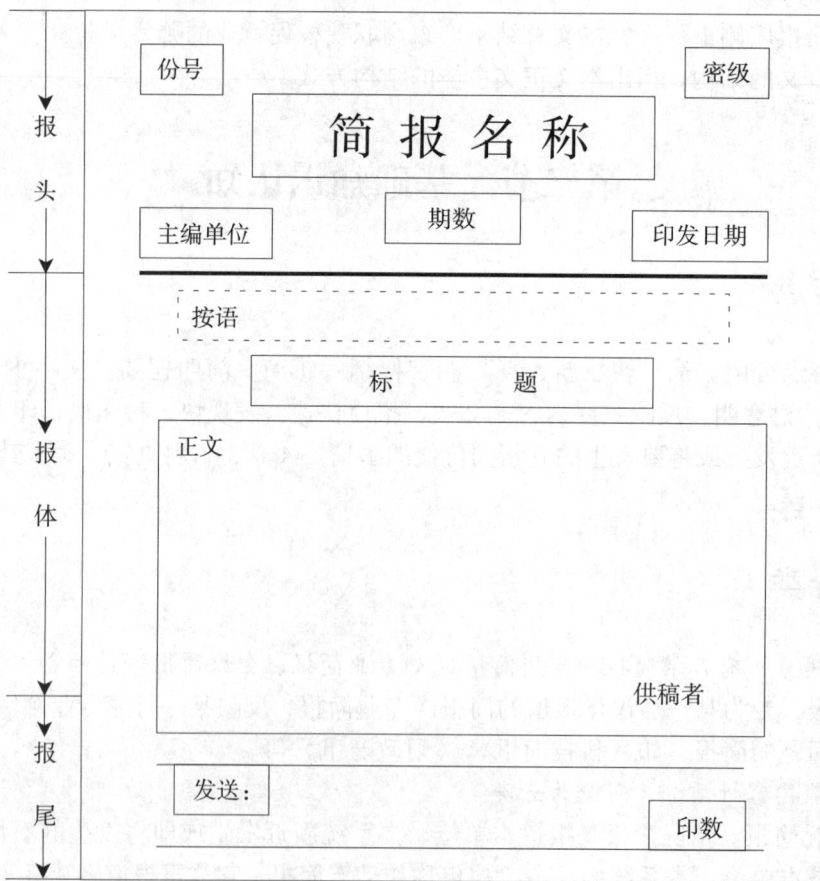

图 10 - 1　简报的格式

1. 报头

报头占首页的 1/3 或 1/4 版面。内容包括简报名称、期数、编制单位和印发日期四个必具要素。若是秘密简报，还要标明密级和编号。其中"简报名称"要用套红大字。报头与报体之间用一条红线界开。

2. 报体

刊登简报文章，是简报的核心部分。载文的方式可从两个角度考察：

（1）从载文形式看，有三种：①一报一文式。一份简报只登一篇文章。文章可为本单位的动态报道、事件评述、调查报告、经验总结等。② 按语、文章结合式。由编者按语与文章构成简报主体。编者加"按"主要有两种情况：一是文章内容特别重要，需要对其加以必要的说明提示或评议；二是转载他人文章或领导讲话等，需要对转载的原因、目的和意义等进行说明。按语多置于文章标题之前。其处理除用"编者按"、"按语"加以明示外，还用改变字号、字体、缩格、加框等形式与文章相区别。③ 一报多文式。一份简报刊载多篇文章。这种简报常将内容性质相同的文章分栏目编辑，并在简报首页明示目录和栏目。

（2）从载文来源看，有两种情况：①自发。自发即发本单位、本部门、本系统、本行业的消息、经验总结、调查报告、领导讲话等文章。②转发。转发即转发非本单位，但对本单位工作具有某种指导、促进、借鉴作用的文章。凡转发都应加按语阐明转发的原因、目的和意义等。自发式的只有文章内容很重要，需要特别说明时才加按语，其他情况一般不加按语。

3. 报尾

报尾是简报的尾部。说明发送情况和印制份数。两项内容上下各一条黑线拦住，两线之间的距离根据实际需要而定，发送者多，栏距会宽些，否则会窄些。值得注意的是，它们必须位居最后一页的底部，且下面的线应在最后一行的底线上。

第三节　文本写作

一、文本写作

简报文本由刊发目的和题材性质决定。如果是报道本单位新闻动态，就应按新闻（消息）报道写作；如果是介绍经验，就要按经验总结写作；如果是调查情况或问题，就要按调查报告来写作；如果是领导讲话，就要按讲话写作（见各章节有关文本写作）。

简报所登文章中，最多的是报道本系统、本单位或本部门的动态、消息。这里着重介绍消息的写法。简报消息与报纸消息的写法是一样的，只是行文角度不同而已。简报消息的行文用第一人称，报纸消息用第三人称。

消息的结构通常由标题、导语、主体和结尾构成。

1. 标题

消息标题要求诉诸读者一个新闻事实。其形式有单行标题、双行标题和三行标题三种。

（1）单行标题。单行标题即只有主题，如"我院第七届学生辩论赛昨晚落下帷幕"。

（2）双行标题。双行标题又有两种情形：一是引题＋主题，如"唇枪舌剑　咄咄逼人我院第七届学生辩论赛昨晚落下帷幕";二是主题+副题,如"我院第七届学生辩论赛昨晚落下帷幕——市场、信息两系代表队分获冠、亚军"。

(3)三行标题。三行标题即引题、正题和副题都具备。如"唇枪舌剑 咄咄逼人 我院第七届学生辩论赛昨晚落下帷幕——市场、信息两系代表队分获冠、亚军"。

选用何种形式的标题,应根据内容与正文长短来确定。一般短文用单行标题或双行标题,长文才用三行标题。引题、主题和副题所起的作用不同。引题一般是用以揭示意义、渲染氛围引出主题;主题用以揭示新闻的主要事实;副题用以对主题加以补充说明。

2. 导语

导语是对消息主要事实的概括报道。它是消息最主要的部分,一般要告诉读者何时(when)、何地(where)、何人(who)、何事(what)、为何(why)、如何(how)等内容,这在新闻学中被称作"五个W,一个H"。这种导语能诉诸读者一个简明而完整的新闻事实,令其便于把握新闻主旨。导语表现手法多样。常见的有:①直述式。直述式是用简明的话语概述消息的主要事实,如"我院第七届学生辩论赛历时3周,经过7场咄咄逼人的舌战,昨晚以市场系代表队最终战败信息系代表队夺冠而落下帷幕"。②提问式。提问式是用提问的方式引出新闻事实,如"去冬今春,全国苹果滞销,商业部门亏损严重,可是黄埔区果品公司不仅不亏,还有盈余,这是为什么"。此外,还有描写式、议论式和综合式等。

3. 主体

主体是对消息详细情况的报道。它要求层次清晰地概述消息的具体内容。可以由主到次(由主要新闻事实写到次要事实),也可按事件的发展过程或时序先后写。如写辩论赛,可先主写辩论赛的组织者,开展辩论赛的背景、目的,赛题,有多少代表队参赛,比赛的过程、方式,比赛中各队的表现,其中最出色代表队的情况,比赛的最终结果,等等;再写评委组成及表现;最后写听众情况。

4. 结尾

结尾是对新闻的小结、补充或引申,也可不要结尾。如辩论赛,可谈辩论赛在师生中产生的反响及其评价,或作者直接作出评议。

此外,还有消息背景材料。背景材料是指新闻事件发生的历史条件和环境。背景材料包括对比性材料、说明性材料和注释性材料。一般来说,新闻写作往往用背景材料来烘托、深化主旨,帮助读者认识所报道的事实的性质和意义,但对背景材料的运用要从实际报道的内容出发,要从是否有助于阐明主旨、说明事实的来龙去脉出发,决定用或不用。背景材料在消息文本中不是必要的内容,也没有固定的结构位置,要根据所报道的内容和表现主旨实际需要,穿插于标题、导语、主体和结尾之中。

二、写作注意事项

(1)自发文的内容要典型、重要或有新闻价值;转发文应对本单位当前中心工作有指导、促进或借鉴作用。

(2)符合简报的特点:简、快、新、真。

【写作思考与实训】

1. 简报文章有何特点？

2. 简报与公开发行的报刊有哪些区别？

3. 根据学院新近的动态，主编一期动态或评述性简报。要求简报中至少有一篇文章为自己所写。

4. 请从简报格式和文章写作角度评价下面这份简报的规范性。

教学通讯

（2005 年第 2 期　总第 31 期）

教务处　　　　　　　　　　　　　　　　　　　　　　　　2005 年 5 月 16 日

信息管理系召开教学工作会议

信息管理系统一大家的思想，群策群力，把办好本科、本科成人教育和现有专科专业作为办好软件学院的基本工作来抓，3 月 19 日，信息管理系全体教职工在从化召开了一次重要的工作会议，集中讨论和落实本学期主要的工作和任务，研究布置本学期各项工作。

一、鼓励本系年轻教师积极参加学院组织的年轻教师教学大赛，以此提高信息管理系的教学水平

二、落实合格课程建设，启动精品课程建设

会议把合格课程（共 11 门）的建设一个一个地落实到人头，要求不仅课程的负责人，课程组的成员也要参与合格课程的建设；合格课程必须建档管理，包括课程的教学大纲、教学进度、讲义、课件、实训的内容、习题、教材的编写与选用、教学的历史记录等都要进行归档管理；严格按照教务处的要求用好课程建设费，建立系课程建设费账本，用前要先备案，必须做到专款专用。

精品课程的建设是学院在升本的规划中作出的承诺，要求在 5 年内建成 2～3 门省级精品课程，1～2 门国家级精品课程，这是全校的奋斗目标。信息管理系把精品课程建设作为课程建设目标，按课程建设的成熟程度，将第一批精品课程确定为《计算机基础Ⅰ、Ⅱ、Ⅲ》和《网络操作系统》。

三、落实筹备新专业的负责人

落实自编教材的再版改编及相应的上机指导书编写的负责人。研究了计算机科学与技术本科专业成人教育问题，确定了招生人数和专业方向并落实了专业筹备的负责人员。讨论软件学院发展的方向、具体授课计划和管理模式问题等。布置了现有的几个科研合同的结题和开展新的软件开发工作。

在整个教学活动的过程中，教师们总结了教学教程中的经验，提出了不少合理的建议。

总而言之，本次教学会议统一了大家的思想，讨论和落实了信息管理系本学期主要的工作和任务，是富有成效的会议。

第十一章
调查报告读写

调查报告是根据一定的目的，针对社会现实生活中某一典型情况、现象、问题、经验等进行深入系统的调查研究后，用叙议结合的表现手法反映调查研究成果的一种书面报告。此外，调查报告还有"考察报告""调查汇报""情况反映"等名称。

调查报告既可报送上级机关，也可印发同级机关和下级机关，有的还可在报刊上发表，发挥着重要的管理和指导作用。

第一节 文本导读

【例文 11.1.1】

关于梅州、河源、韶关三市"5·17"洪灾
造成部分农房损坏的调查报告

5月16、17日，梅州、河源、韶关三市连降暴雨、特大暴雨，一些地方山洪暴发、山体滑坡，冲倒房屋、淹埋田地，水利、电力、通信、道路等设施不同程度地遭到破坏，受灾严重。根据省政府指示，我厅城乡规划处会同建筑管理处及省建设工程质量安全监督检测总站相关人员组成调查组，于5月21~23日深入三市听取了当地政府及建设行政主管部门的灾情介绍，实地察看了房屋、市政设施的损毁情况，分析了受灾原因，并提出了对策和建议。

一、基本情况

三市共有13县（市、区）、90多万人受灾，其中，29人死亡，1人失踪，598人受伤。因山体滑坡致使3 713间农房倒塌；因水库泄洪致使4 000多间农房受淹，2 387间倒塌，1 191间损坏。其中，梅州市5县（市、区）124个镇75.6万人受灾，约3万人受洪水围困，14人死亡，4 000多间农房受淹，5 498间倒塌；河源市3县39个乡镇受灾，其中，17个镇灾情较为严重，15.61万人受灾，554间农房倒塌，1 191间损坏，7人死亡（其中龙川县5人，和平、连平县各1人）、2人受伤；韶关市5县受灾，因山体滑坡和水库泄洪致使48间农房倒塌，8人死亡、3人受伤、1人失踪，其中，翁源县中岩庄镇灾情最为严重，降雨量达180毫米，洪水冲毁一座电站，造成6人死亡、2人受伤、1人失踪，全镇2 748人受灾，22间农房倒塌，35间农房损坏。

二、受灾原因

从各地的汇报材料及实地查看的情况分析可以看到，这次洪灾造成房屋倒塌、人员伤亡集中在山区村镇。主要有以下四个方面原因：

（一）选址不当。由于山区村镇用地紧张，为节约耕地，农房多为紧贴山坡而建，但山坡的地质情况农民知之甚少。许多农房选址于存在严重地质灾害隐患的山坡地，特大暴雨引发山体滑坡，冲塌房屋。如

梅州市平远县大坪镇部分农房建在表层为浮土、下层为岩土的软硬相间的山体上，暴雨引发山体脱层后滑坡，造成房屋倒塌。

（二）缺乏防灾意识。农民建房缺乏预防山体滑坡的常识，人为开挖坡脚，削坡取地建房，破坏了山坡原有的稳定性，并且无任何防护措施，造成山体失稳，暴雨诱发山体滑坡，导致房屋严重崩塌。如河源市龙川县赤光镇再香村，全村195户共1 032人，集中建房在斜坡地上，大部分采用削坡建房，并且无任何支护措施，暴雨的天灾加削坡的人祸，导致54间农房严重崩塌，村办小学教室受损，无法上课。

（三）泄洪淹毁。如梅州市梅江区城北镇部分村舍建在下游水库泄洪区域内，因水库水量激增被迫泄洪，导致库区下游村庄房屋全部被淹，部分房屋倒塌。

（四）监管乏力。农民建房缺乏有效监管，质量较差，无法抵御自然灾害的袭击。这次在洪灾中坍塌的绝大部分农房是"干打垒"土瓦房，没有任何抗击灾害的能力，灾害发生时造成的损失相当严重。相反，有一些近年建设的砖混结构房屋，在受到小面积滑坡危害时，具备一定抵御能力，没有出现全面坍塌，仅局部房屋受损，保证了人员安全。

三、对策与建议

针对洪灾暴露出来的问题，结合当前我省村镇建设工作的实际，建议采取"一落实，两把关"的对策。

（一）落实村镇建设管理职能。据统计，2002年全省村镇新建住宅建筑总面积为3 669.22万平方米，如村庄新建住宅面积达2 432.6万平方米，比上年同比增长17.26%。但据了解，全省村镇建设管理仍较为薄弱，农村建房疏于管理现象不同程度地存在。建议各镇都应按省编委粤机编〔2001〕35号文的要求，建立或明确村镇建设管理部门，确保村镇建设工作有机构、有人员负责；同时，每个村应有1名农房建设协管员，具体负责农房选址、设计、质量等方面的监督和指导工作，并相应加强对村镇建设管理人员的培训。

（二）严格执行村镇建设规划，把好房屋建设的选址关。河源市近年来积极开展了农房改造工程，市、县各级财政均支持农民改建住房，统一规划，统一设计，集中建房，真正把好农房建设的选址关。如龙川县共有11万多农户，其中60 310户需改造，从1999年以来，已改造4万多户，在这次洪灾中几乎没有农改房受损，取得了较好效果。

小城镇及自然村房屋建设用地安排要符合规划布局，同时必须满足地质灾害防治规划的要求，在存在地质灾害隐患和灾害易发地区，要将防灾专项规划的内容作为规划许可的重要条件，不得在软硬相间的山体附近建房，严禁挖坡脚取地建房。各级规划行政主管部门应严格控制水库泄洪区内的规划建设，统一划定不可建设区的范围，禁止在此区域内选址新建农房。

（三）严格执行工程建设质量监督制度，把好房屋建设的质量关。新建、改建、扩建建筑面积在60平方米以上和3层以上（含3层）的农民自有住房，施工前必须办理质量监督手续，工程建设的全过程必须纳入质量监督管理。工程竣工后，必须经验收合格和办理竣工验收备案，方可交付使用。办理上述手续，不得向农民收费，增加农民负担。

改进农民传统的建房方式，对有条件的地方，要逐步推行统一组织、综合开发的工程建设模式，按照规划进行农民住房建设，严禁无证设计、无证施工。对于山区建房，要根据地质条件采取必要的护坡、挡土墙、排水等防灾措施，提高工程建设整体水平，确保工程建设质量。

省建设厅
2003年7月23日

【导读】

这是一份灾情调查报告，也是一份问题调查报告。全文由标题、正文和文尾构成。标题采用公文标题形式。正文写成前言和主体两大部分。前言简介有关调查工作的基本情况；主体根据"受灾情况—受灾原因分析—对策与建议"的思路行文，这正是情况调查和问题调查"发现问题—分析问题—解决问题"通用的行文思路。这种构思模式通常被称作"三段式"。文尾署明调查者和写作时间。此调查报告在写作上具有典型性，可供学习借鉴。

【阅读思考】

1. 分析本调查报告的开头，说说具体写了哪些内容？运用了何种表现手法？

2. 找出本文中的过渡语句，说说它们所起的作用。

【例文 11.1.2】

机遇当前　时不我待

——××省物业管理人才需求调查

为进一步准确把握××省物业管理人才的需求趋势，以便更切实地制订招生计划，并全面开展培训工作，从 2005 年 3 月至 5 月，我们在××省 9 个地级市（州）中选取 30 个具有一定规模的居民住宅小区，进行了针对物业管理人员现状及发展需求的调查。

被调查的居民小区，每个都有 500 户住户以上，多的高达 1 000 余户，其中，2 个小区已安装楼宇可视监控系统，并有 3 个小区近期拟安装此类设备。

从物业管理人员的配备上看，专业出身的仅占总数的 20% 左右，这是一个平均数，个别的尚不足 10%。

我们调查时，与各住宅小区物业公司的总经理谈起物业管理人才需求问题，60% 的老总希望尽快补充"科班出身"的专业人员，从而迅速实现新陈代谢；而另外 40% 的老总则考虑对现有物业管理人员业余进行岗位培训，以适应需求，同时，少量接收物业管理专业毕业生。

我们向 5 个 1 000 户以上的小区发放了总计 200 份有关物业管理的随机调查问卷，反馈的情况显示，物业管理满意率不足 40%，其中，认为物业管理人员素质不尽如人意的占 50% 以上。

在调查过程中，我们还附带了解到，9 个市（州）在建商品房住宅小区规模超过 500 户的约 30 个，预计 2005 年 10 月底交付使用。

综上所述调查情况，我们认为：2005 年以后的几年间，全省物业管理的中级人才需求量将明显加大，估计不低于 1 500 人；在岗物业管理人员培训量也相当可观，估计达 3 000 人次以上。

据此，我们建议：

一、调整 2005、2006 两年物业管理专业招生计划人数，力争达到年平均 6 个教学班（300 人以上）。

二、采取定向、定额的形式，在与各地大型物业公司签订委托合同的基础上，招生简章中可注明"毕业后全部推荐就业"。

三、培训部主动与各市（州）大型住宅小区物业公司联系，迅速建立函授辅导站，采取函授与面授相结合的形式，分期、分批对在岗物业管理人员进行学历教育。考虑到物业公司及函授学员个人的承受能力，学习费用可适当优惠，以保证牢固占领这块阵地。

××物业管理学校市场调研小组

2005 年 6 月 10 日

【导读】

这是一篇市场调查报告。市场调查是调查报告的一个小类，它以市场需求为调查对象，在社会经济发展中发挥着重要的作用。本文以调查目的开笔，同时简单介绍了调查的时间、地点、对象及内容；接着分析调查全省物业管理人员的需求现状（专业出身者偏少、整体素质不尽如人意）并得出亟须"科班人才"和专业培训的结论；最后顺理成章有针对性地提出建议。本文主旨鲜明，用事实说话，言简意赅；结构完整，思路明晰，短小精悍。

【阅读思考】

1. 谈谈你对该调查报告标题的认识。

2. 本文是怎样体现市场调查的"情（情况）"—"断（判断，即作出结论）"—"策（对策、建议）"三要素的？

第二节　基础知识认知

一、特点

（1）广泛的社会性。毛泽东同志说："没有调查就没有发言权。"的确，调查研究是我们党和国家各级机关制定路线、方针、政策和人们做好各项工作的重要方法与途径。社会是一个有机的整体，任何一方面的工作都是构成这一整体的一部分，因此，任何领域都需调查研究，因而必然存在调查报告。可以说无处不需调查，也无处不需写作调查报告。

（2）材料的真实性。调查报告是广义的新闻体裁，如实反映情况、用事实说话，是它的价值和说服力之所在。因此，真实是它的生命。

（3）鲜明的针对性。调查报告总是针对某一现实典型问题或情况而进行的，它的题材从现实中来，又回到现实中去，对有关的实际工作发挥直接的现实指导作用；即使是调查历史问题，也必须与现实发生某种联系，是为了解决现实中存在的问题。

（4）调查方法的科学性。使用科学的调查方法，如观察法、征询法、实验法、实证法、普查法、抽样法、典型调查法等，是实现调查报告真实有效的根本保障。

（5）分析研究的深刻性。调查报告是从个案中找共性，透过现象看本质，认识事物的本质及共同规律。

（6）行文表达的叙议结合。调查报告既不能只是事实的堆砌罗列，也不能只是空谈，而是以事实为依据的议论，是联系实际的议论。其行文方式是先摆事实，然后针对事实发议论、谈看法。

二、分类

调查报告从不同视角划分会得到不同结果。按其反映的对象和写作的意图划分可分为以下四种类型：

（1）推广典型经验的调查报告，如《首都钢铁公司是怎样实行经济责任制的》。

（2）揭露问题的调查报告，如《北京地区网吧现状调查报告》。

（3）反映社会情况、研究社会问题的调查报告，如《城市居民对收入满意度调查》。

（4）介绍新生事物的调查报告。

三、写作四阶段

调查报告写作一般要经历"准备—调查—研究—写作"四个阶段。

1. 准备阶段

准备阶段主要是确定调查主旨和制订调查计划。根据目的确定好调查范围、程序、方法，有计划地、系统地收集材料。

2. 调查阶段

调查阶段主要是收集材料。收集材料要多多益善，但收集材料时要秉持科学态度，切忌存有偏见。同时要讲究调查方法：一要亲身深入调查，掌握第一手材料；二要全面掌握正面、反面，历史、现实，概括、具体等各方面的材料，防止以偏概全，一叶障目。

3. 研究阶段

研究阶段主要是整理材料。研究整理材料要做好的工作包括：①辨伪。辨伪是对调查得来的错综复杂的材料进行"由表及里、由此及彼、去粗取精、去伪存真"的审视、取舍工作。②补充。补充是对某些还不充分的材料进行再调查，使之得到补充。③归类。归类是将性质相同或相似的材料归为一起，作为一类，从中找出规律性。④提炼观点。提炼观点是将"类"中的"规律性"，用简明准确的语句（观点句）表达出来。归类的要求是：观点必须从材料中得出，先有材料，后有观点。

但应该注意的是，一到写作阶段，观点应居于统率地位，材料则是用来说明、印证、支撑观点的，必须服从和服务于观点。观点与材料的关系表现为：观点统率材料，材料反过来支撑观点。这就是通常所谓的"观点与材料统一"。

再是写作行文中，在具体处理材料与观点时，应遵循先摆事实、后发议论的思路。例如，写作《当前走私新动向——关于广东各地海关打击以假走私的调查》应首先摆出存在哪些以假走私的现象和事实，然后分析其产生的原因，再针对原因提出解决问题的看法、建议（即观点），提建议是为了解决问题。

4. 写作阶段

在写作主旨的支配下，用语言将观点与材料的统一表达出来。这一般包括以下三个步骤：

（1）草拟提纲，初显文架。提纲要求做到观点明确，材料定位，层次分明，结构完整。提纲内容包括：①标题；②主旨句；③正文：前言、主体、结尾；④文尾：署名、成文日期。

（2）写作成文。用语言将观点与材料有机地组织成文。常用的表达方式是以叙述为主、夹叙夹议、叙议结合。

（3）修改。它是完善表达的不可或缺的重要写作环节。文章是写出来的，好文章则是改出来的，修改的作用不可小觑。

第三节 文本写作

一、文本写作

调查报告文本结构包括标题、正文和文尾三部分。

1. 标题

调查报告的标题有单、双标题两种。

（1）单标题。单标题即只有正题。它又分公文式标题和新闻式标题两种：公文式标题，多用于情况调查或问题调查，如《关于深圳特区建设成就的调查》《××市委直属机关党委关于党员教育工作的调查报告》。新闻式标题，经验调查常用提问式，如《首都钢铁公司是怎样实行经济责任制的》；情况调查常表明调查者的观点，如《发展中的农村住宅建设》。

（2）双标题。双标题由正、副标题组成。正题显示基本观点或主要内容，副题对调查对象、调查内容及文种作补充交代。如《专业户的生命力在于高效率——开平、恩平两县专业户的调查报告》《怎能这样折腾群众——关于封丘县强迫农民拆房的调查》。

2. 正文

正文包括前言、主体和结尾三部分。

（1）前言。不同类型的调查报告，其前言的写法各有不同。情况调查，一般是概述调查的背景、对象、范围，以及调查者、调查所用方式方法等情况，以说明调查资料的可靠性和典型性，这种开头被称作"调查工作介绍法"。经验调查，一般是概述被调查对象的有关情况，这种开头被称作"调查对象介绍法"。问题调查，写法多样，有的用提问式，引出回答；有的介绍调查者的组成、活动等，以说明调查的客观性和可信性，重大事故和重大问题调查常用此法开头。

（2）主体。主体是核心和关键部分，必须写好。内容包括两方面：一是调查得到的事实材料；二是分析研究这些材料而得出的具体认识或经验教训。主体就是将两者有机地组织成文。其结构方式有三种：①纵式；②横式；③纵横综合式。

纵式是按事物发生、发展的过程或按摆现象、析原因、提对策的思路行文。横式是将几条经验、几种情况、几点对策并列行文，并通常将其处理成小标题或段旨句。纵横综合式是一种将纵式和横式结合运用的结构形式。它纵中有横，横中有纵，或母纵子横，或母横子纵，相互穿插配合，兼有两种结构的特点。

（3）结尾。结尾是总的看法和结论性意见。有的是从理论高度作进一步阐述；有的是根据调查情况和结论对有关工作提出意见、建议或努力方向。结尾有时也可略写。

3. 文尾

署明调查者名称和写作日期。若在标题下方已署名，则此处不再署名。

二、写作注意事项

（1）对象典型，具有现实针对性。调查报告反映的对象没有限制，正面的、反面的、现实的、历史的、个人的、单位的事情都可成为调查的对象，用调查报告来反映，但无论反映哪方面的事情，都必须是典型的，是针对现实中需要澄清、了解、解决的，或是代表发展方向所需要发掘、推广的。只有在具有现实针对性的前提下，目的明确地抓住其中的典型予以反映，调查报告才会真正具有现实意义和指导作用。

（2）注重求实，用事实说话。写作调查报告，无论是反映情况、总结经验、揭露问题，还是为制订新政策、新计划提供依据或建议，都必须以事实为基础，用具体事例和数据来说明。因此，注重调查、充分掌握材料很重要。

（3）材料真实，讲求准确可靠性。真实是调查报告的生命。调查报告的真实取决于材料的准确可靠。写进文章的时间、地点、人物、事件不能虚构，运用的事实、数字不能夸大或缩小。若材料失实，调查报告就会失去其科学价值和生命力，甚至带来不良后果。

（4）叙议得法，不失可读性。调查报告的写作以叙述事实为主，运用叙述可将情况、现象、问题等事实交代清楚，但是，不能仅此而已，还必须适当地、画龙点睛地针对事实加以议论，以揭示事实的本质意义或内在规律，从而引导人们从现象看到本质，深刻认识事物。调查报告是一种带新闻性的文体，常在报刊发表，因此，讲究语言的生动表达、不失其可读性也是很有必要的。

【写作思考与实训】

1. 调查报告主要有哪些特点？

2. 调查报告写作四阶段是指哪四个阶段？

3. 整理材料应做好哪些工作？

4. 调查报告文本提纲应具备哪些要素？有何要求？

5. 不同类型调查报告的开头有何不同写法？

6. 调查报告文本主体的行文方式主要有哪几种？它们各自的特点是什么？

7. 根据以下材料，写作一份调查报告。

（1）为贯彻落实中央1号文件精神，增加农民收入，2004年4月黄××深入保靖县25个乡镇，就农民收入现状进行了调研并提出了增加农民收入的建议。

（2）保靖县位于湘西土家族苗族自治州中部，面积1 761平方公里，人口28.4万，土家族、苗族等少数民族占总人口的80%以上，农业人口24.2万。

（3）2002年全县农民人均纯收入1 175元，2003年1 263元，2004年第一季度现金收入519元、同比增长16.1%。农村贫困人口已从2000年的7.9万人降到2003年年底的1.2万人。

（4）关于当前农民收入的现状，村民的说法是"80%的农民有饭吃，缺钱用；10%的农民有饭吃，够钱用；10%的农民不够饭吃，无钱用"。

（5）2003年农民人均纯收入中第一产业收入占总收入的47.1%；以劳务输出为主的第二、三产业收入占52.9%。近年来，农民在第一产业的收入中，种粮收入仅占11.3%，水果、蔬菜、茶叶等经济作物及畜牧、水产业的收入占35.8%。特别是水果、蔬菜、茶叶等产品开发成果显著，已成为部分地方农民收入的支柱产业。

（6）调查对29个村劳动力输出情况作出统计，29个村共有21 518人，劳动力10 646个。劳动力输出3 969人，占劳动力总数的37.3%；劳务收入占农民纯收入的52.9%。劳务输出有两个特点：一是偏远贫困村输出多，劳务经济占总收入的比重大；二是产业结构调整较快的村输出少，劳务经济所占比重渐小。

（7）目前村与村、户与户之间收入差距较明显，农民人均纯收入最高的村达2 425.8元，最低的村仅686.7元，两村相差1 739.1元。在走访的250户农户中，除个别经营大户、"五包"及丧失劳动能力等特殊户，正常生产条件下，户与户差距明显。如大桥村张富贵户5口人中2个劳力3个非劳力，2003年纯收入4.91万元，人均9 820元；同村的唐卫军户4口人中2个劳力2个非劳力，2003年纯收入7 350元，还不及张户的人均数。

（8）农民收入较低村的共同特点是山高坡陡，交通不便，信息闭塞，农民的生产生活环境恶劣。这些村位置偏远、耕地少、旱涝保收农田少，而且多陡坡，生产成本高，主要靠劳务输出支撑群众生产生活。

（9）目前，全县大部分行政村通了公路，但大多路面狭窄，路况很差，严重影响农村运输和农产品交易。

（10）所调查村只有 3/10 的人和牲口饮水问题得到解决，大部分地方解决生产用水费时费工。

（11）用电问题。所调查村平均每度电价达 0.96 元，最高的达 1.5 元。由于电价过高，且各村高低不一，群众反映强烈。

（12）农民收入增长速度与产业结构调整速度关系紧密，产业结构调整越快，农民收入增长越快；反之，则增长缓慢。

（13）在最需要政府解决的问题调查答卷中，农业科技排在前列。这主要表现在：农业高科技及最新技术传授、推广不及时；信息闭塞，不能及时了解农业信息及经济动态，思路不开阔；农村群体受教育程度不高，劳动力素质普遍偏低。

第十二章
工作研究读写

工作研究也叫问题研究，是从贯彻执行党和国家的方针、政策出发，针对当前工作中某一亟待解决的实际问题进行调查、分析研究，探讨出新的解决途径、办法、措施、对策、方案的研讨性事务文书。

工作研究最初出现于 20 世纪 50 年代，到 70 年代末期便以一种正式的事务文书被社会普遍使用。从其性质看，工作研究属于科研论文范畴，但在现实管理中发挥着重要的实际作用，是管理工作中经常使用的一种新兴应用文体。

第一节　文本导读

【例文 12.1.1】

秘书职业化进程的障碍及对策分析[①]
张宏亮

当今世界，职业化已成为一种职场通行的规则。在我国，教师、公务员、律师等行业都已实现了相当程度的职业化，但是，秘书职业化问题尚未被提上日程。导致我国秘书职业化进程缓慢的原因较为复杂，本文试图对此作一番分析并提出相应对策，供大家讨论。

笔者认为，影响秘书职业化进程的因素主要有以下三个方面：

一、传统秘书观念的成见与偏见

美国教育协会确立的职业化标准认为，职业化很重要的一点就是它应该属于永久化的职业。在我国，受传统观念的影响，人们对秘书的角色定位依然很大程度上影响着他们对秘书职业的看法。许多人认为，秘书人员是未来的领导者，是准官员。秘书人员承载的社会使命与行政官员相同的地方太多，而相异的地方太少。现行的行政体制和制度，并没有提供消除人们思想中存留已久的成见的条件。从企事业单位的大多数秘书人员自身来讲，他们也没有把自己所从事的秘书工作当作终身追求的职业，他们当中的许多人都在等待机会脱离秘书这一岗位而升官。这种现实决定了秘书岗位不过是向领导职务过渡的一个跳板，秘书的发展空间很小。在美国，秘书从业者却是越老越吃香，比尔·盖茨在创业之初就聘请了 42 岁的女秘书露宝，她为比尔·盖茨微软帝国的创建立下了汗马功劳。露宝稳重细致，几乎成为公司的灵魂人物，她和盖茨的无间配合成为微软公司一道独特的风景。在美国的大公司里，很难看到年轻的女秘书，越是级别高的部门秘书的年龄也越大，多是四十几岁的有教养、有经验的职业女性。一个成功的秘书，可将这一职业作为终身职业，而且涉行之后的工作安排、晋升路径、考核标准、管理体制等几乎完全是行政化的。在中国，

---

① 秘书之友，2005（12）.

许多人认为秘书从事的工作是简单化、程式化的，可归纳为"收发打存"，也有许多人认为秘书是吃"青春饭"的。一位女性在秘书岗位干上两三年，即便是她的职业素质很好，她也会千方百计地要求转岗，要么做人事、行政，要么做市场、销售，去实现别人眼中的人生价值。现在，在中国的企业里要找到一位从事秘书工作 3 年以上的人已经很难了，传统观念阻碍着中国女性把自己培养成为职业秘书。

二、职业物质保障的薄弱

我国秘书人员的工资和福利待遇都相对较低，来自职业内外的压力却很大。同时，影响秘书人员升迁的非职业性因素又比较复杂，例如，人际关系等，由此导致秘书职业的风险系数偏高，职业稳定性降低。相对其他行业而言，秘书队伍中的高薪人数比例较低，政府和单位对秘书职业的奖励性投入也相对较少，缺乏经济上的吸引力和刺激力，待遇较低也是引发秘书人员腐败的因素之一，由此导致秘书人员不安心秘书工作，有人还利用和领导的特殊关系谋取非法收入。随着秘书职业化进程的起步，秘书人员的劳动报酬亟待提高，以职业化方式来保障秘书的待遇是无法回避的现实。职业化要求提高秘书人员的待遇，待遇提高后就会产生一种品质上自我净化和提升的机制。社会有这个要求，职业内部也有这个要求。美国秘书的收入尽管因行业、地区等因素存在差异，但其总体水平却高出许多其他职业。美国行政秘书的平均年薪为 3.1 万美元，而司法秘书的年收入高达 3.4 万美元。至于政府秘书，起薪为 1.7 万美元，平均年薪为 3.3 万美元。同时，物质保障的健全使美国的秘书队伍比任何别的职业队伍都更稳定。反观我国的现实情况，根据智联招聘网和新浪伊人风采频道的联合调查，今年 4 月 27 日"国际秘书节"秘书们照常上班的达82.75%，得到休假奖励的只有 7.14%，得到老板或同事恭贺的只有 5.47%，有幸得到奖金或奖品的只有4.64%。在将近 5 000 名接受调查者中，有 43% 的人不知道有"秘书节"。这项调查充分暴露了秘书职业物质保障的缺乏。

以职业化的方式来提高经济收益，就是要在实现秘书职业化以后，通过任职资格标准体系把秘书分为若干级别，不同级别的秘书享受不同的待遇。

三、秘书职业社会声望的缺失

任何职业价值都是由个人价值和社会价值实现完美统一而体现的。秘书职业行为是非常典型的社会行为，因此，秘书职业也应享有与其他职业一样的知名度和美誉度。秘书人员既然付出了职业化的劳动，就应该享有与付出成正比的名誉上的回报。当前，我国社会各阶层虽然对秘书职业化有了一定程度的认识和理解，社会制度和经济政策对秘书职业化也有一定的推动作用，但从事秘书职业难求名利依然是个现实问题。调查表明很多人不愿意从事秘书这个行业，这是导致秘书职业化进程缓慢的又一个因素。美国是个职业化程度很高的国家，秘书行业当然也是高度职业化的行业之一。在美国，秘书职业是个很体面的职业，从业者很受人尊重。据美国劳工部统计局的数据，目前美国全国秘书从业者约为 300 万，秘书是美国从业人数最多的行业之一。为了肯定秘书的贡献，1955 年美国正式将每年 4 月份的最后一个星期定为秘书周，将这一周的星期三定为秘书节。每年的秘书节，美国总统都会向全国的秘书们致信祝贺，公司的秘书会接到鲜花和贺卡等礼物并享受慰问和休假，这是对秘书职业的尊重和认可。职业化使秘书实现了职业自信，理应享有为社会其他成员所尊崇的崇高职业声望。

导致秘书职业化进程缓慢的因素还有很多，如秘书学科缺乏系统而明确的知识体系、高等院校秘书专业面临萎缩等。客观上，目前不少企业组织规模很小，企业组织扁平化情况越来越严重，职能划分的变化使企业中的秘书人员很难再有大的职位提升。

笔者认为，加快秘书职业化进程必须通过以下三个途径：

一、建立健全相应的规章制度，提高秘书人员的职业能力——严格职业准入制度

秘书职业化的核心是素质和能力的专业化，专业化是职业化的基础。由于秘书的选拔程序不规范，领导者根据自己的喜好选用秘书，致使秘书人员素质高低差距很大，工作质量不稳定，腐败现象屡禁不止。职业准入，最重要的是看专业水平是否符合秘书职业的要求，是否具有必要的职业技能。我国目前选拔秘书的法律依据主要是 1993 年 10 月国务院颁布的《国家公务员暂行条例》、1997 年 8 月劳动部颁发的《秘书职业技能》以及《国家职业教育技能鉴定规范（秘书）》等行政法规。但这些规定并没有对秘书工作的

性质、任职资格等作出具体的规定，这使得秘书的任职资格和工作性质不明确；同时，社会对秘书专业性质认识不足，导致秘书的选拔极不规范。例如，对于求职者的专业要求是从秘书专业到"相关专业"，甚至没有专业要求；在学历要求方面，从高中生到硕士生没有什么区别。由此导致了至今还有很多从事秘书工作的人根本没有接受过秘书专业教育。对秘书职业缺乏严格的专业要求，是导致秘书工作质量总体水平偏低、秘书职业化进程举步维艰的症结之一。

从事秘书工作的人员，从其工作性质来看，必须是具备相应秘书职业技能的专业人员，与一般从事国家行政管理的公务员相比有其特殊性。通过对秘书人员的行业准入制度的完善，提高秘书人员整体业务素质和职业能力，可以进一步促进秘书的职业化。目前，我国部分职业培训机构引进英国的 LCCIEB 和美国 LAAP 资格考试，完全照搬国外标准，其适用范围比较狭窄，主要适用于一些涉外企业。秘书认证是秘书职业准入很重要的一部分，尽管认证并不能完全解决职业化的问题，但至少可以通过专业知识和技能培训及测试，为我们提供一个直观的、统一的标准。当然，秘书认证的内容、方法、效度、信度也很重要。秘书任职资格是指从事秘书工作的主体应具备的身份和条件。虽然过去不同的历史时期我国的各个具体任用秘书的机构对秘书的任职资格提出了不同的要求、标准和考核方法，但都是些"零散"的选考方法，未能形成全社会统一的标尺。为了满足新时期新形势下我国社会发展对于秘书职业的实际要求，应加快建立与社会需求相适应的秘书资格及能力考核体系，这是实现秘书工作职业化的根本保证。

二、通过外在制度保障，确立秘书的职业地位和职责范围——完善职业监督

影响秘书职业化进程的因素还包括体制、制度和模式问题。秘书职业化的意义不仅在于它对秘书的职业素质和任职资格提出了科学的标准，更在于它打破了我国自古以来将秘书与行政混为一体的行政化体制，这对于我国秘书职业制度走向现代化将起到积极的推动作用。缺乏制度上的保障，秘书职业化只是一场空谈。只有重视秘书立法，完善法律法规，才能推进我国秘书职业化的进程。秘书立法是我国秘书职业化最基本的保障。

制度化是保障系统与环境之间良性互动的最有利因素。外在的体制保障，有助于提高秘书的职业声誉和物质待遇，实现秘书的职业自治，让秘书从业者真正拥有各种重要的自主、自律的手段，实行不同程度的自我约束和自我管理；提高职业声望，可使秘书从业者为社会所尊重，享有良好的社会地位并得到和级别成正比的劳动报酬。秘书的制度保障问题，可以通过秘书职业立法和建立相应的职业规章来实现。相应的职业规章和制度的完善，能够进一步强化秘书的职业化和专业化色彩。大力加强秘书的职业化建设，提高职业素质，严格职业准入，树立职业形象，完善职业监督，这些亟待解决的问题迫切需要外在体制来保障，即通过秘书立法进一步实施和规范。

三、树立秘书从业人员的职业角色意识——强化职业认同

走向职业化，关键是秘书职业角色的认同和职业形象的塑造。秘书职业化应该是秘书人员自我意识和社会角色意识强化的结果。作为处于从属辅助地位的秘书，必须听命于人，必须在受控的前提下施控，这种受规范控制的角色意识制约着呈现膨胀状态的自我意识，而强烈的自我意识能在一定条件下促进、推动角色意识，这就是自我意识与角色意识的对立统一。在这种对立统一的意识发展过程中，自我意识与角色意识始终是互相渗透、互为因果的。秘书要实现自我就必须冲出自我，在"无我"中实现自我并达到"超我"。首先，秘书人员要增强职业角色意识，这是推进秘书职业化进程的前提。学校培养秘书人员要先从培养其职业化意识开始，学生只有树立起职业化意识，才能够更好地学习职业能力、锤炼职业精神。其次，秘书从业人员的职业能力和职业精神是提高秘书职业化水平的基础。秘书从业者在掌握专门的秘书知识和技能的同时，更应该具备职业精神，致力于社会福祉，用自己掌握的专业知识和技能为大众服务。

职业秘书必须具有强烈的职业角色意识和职业自律意识。提倡秘书职业认同，有助于广大秘书人员形成一种整体的职业气质和共同的价值追求、职业理想、职业道德，形成秘书职业优秀的传统和良好的职业素养。秘书角色的职业认同是一个不断领悟的过程，也是一个长期实践的过程。由于秘书人员对角色的职业认同、个人经历及价值观等不同，对职业角色模式的领悟和实践很难都达到理想的境界。这就需要广大秘书工作人员认真进行职业角色的塑造，把职业角色的义务、权利、规范、情感、态度等内化为支配自己

行为的角色观念，逐步缩小实际职业角色同期待职业角色的差距，这样才能塑造良好的职业形象，形成整体的职业气质和素养。

秘书职业化进程现仍处在困境中，摆脱困境需要各个职能部门协调配合，需要制度的完善与更新，需要秘书人员增强自我职业意识，当然还涉及秘书学理论体系的进一步建构和完善、秘书职业技能的进一步专业化和精细化、秘书学学科体系的进一步高层次化。这些问题的解决，还需要秘书界所有人员的共同努力。

【导读】

这是一篇针对当前"秘书职业化进程缓慢"问题的工作研究。该研究由标题和正文构成。标题明示研究内容；正文由引论、本论和结论三部分构成。第一自然段是引论，引出所要研究的问题——"导致秘书职业化进程缓慢的复杂因素和相应对策"。中间为本论，针对引言提出的两方面的问题进行深入分析研究。经研究，作者认为"导致我国秘书职业化进程缓慢"的主要原因是：①传统秘书观念的成见与偏见；②职业物质保障的薄弱；③秘书职业社会声望的缺失。从而提出，要加快秘书职业化进程，必须通过"建立健全相应的规章制度，提高秘书人员的职业能力——严格职业准入制度""通过外在制度保障，确立秘书的职业地位和职责范围——完善职业监督""树立秘书从业人员的职业角色意识——强化职业认同"等途径。这一部分实际上包含了问题研究的分析问题和解决问题两个逻辑层次的内容。最后一个自然段是结论，是对所研究问题的现状作一概括小结。

【阅读思考】

1. 本文从工作研究文种要求而言，体现了"提出问题—分析问题—解决问题"的逻辑思路，试从文本中指出与之对应的具体内容；就论文结构而言，本文又体现出"引论—本论—结论"的完整性，试明确它们各自对应的内容。

2. 本文分析问题时，主要运用了哪些分析方法？

【例文 12.1.2】

关于推进泉港新农村建设的若干思考①

郑其明

建设社会主义新农村是新时期赋予泉港建设现代化石化港口城市的一项紧迫任务。认真研究泉港农村建设现状和面临的问题，准确把握建设社会主义新农村的总体要求和发展思路，有利于稳步推进泉港社会主义新农村建设。

一、泉港新农村建设现状回眸

2003 年以来，泉港区委认真贯彻《中共中央关于完善社会主义市场经济体制若干问题的决定》，以科学发展观为指导，对深化农村改革和完善农村经济体制进行全面部署，并把解决"三农"问题作为党委工作的重中之重。2004 年中央 1 号文件《关于促进农民增加收入若干政策的意见》提出重点深化 4 项农村改革：加快土地征用制度改革，深化粮食流通体制改革，继续推进农村税费改革，改革和创新农村金融体制。2005 年的中央 1 号文件提出"进一步扩大农业税免征范围，加大农业税减征力度"，以及"继续对种植农民实行直接补贴"等政策。2006 年中央 1 号文件《关于推进社会主义新农村建设的若干意见》明确指出"十一五"时期是社会主义新农村建设的关键时期，同时提出建设社会主义新农村的"二十字"总体要求。三年来，区委坚持以中央文件精神为指导，加大农业和农村工作力度，着眼于解决"三农"问题，统筹城乡协调发展，促进了泉港新农村的改革与发展。全区农村改革涉及促进农民增加收入、农村税费改革、土

---

① 应用写作，2007（8）：53.

地征用制度改革、落实减轻农民税赋政策，以及区财政加大扶农支农力度、加强农村综合能力、改善农民生产和生活条件、建立健全最低生活保障制度等方面。今年，泉港区根据2006年中央1号文件提出的"生产发展、生活宽裕、乡风文明、村容整洁、管理民主"的要求，将建设社会主义新农村列入泉港"十一五"规划重要内容，并作为泉港现代化建设进程中的重大历史任务，制定《关于加快推进社会主义新农村建设的实施意见》，计划至2010年，全区完成第一阶段社会主义新农村建设任务，并力争走在全市前列。

回眸泉港新农村改革与发展的历程，既有成功的实践经验，又有值得思考的问题。从"农业学大寨"、实施项目带动战略到今天掀起新农村建设，历史事实告诫我们，建设社会主义新农村，不是一句口号，也不是一阵风，而是一种实践、一项民心工程。社会主义新农村是一个有机的整体，它既包括农民生产生活条件的改善，也包括农民思想观念、生活方式、文明程度的提高；既包括农村经济建设与繁荣，也包括农村文化、教育、卫生等社会事业的进步；既包括农村生产力的发展，也包括农村生产关系和上层建筑的完善。总之，新农村建设是农村社会主义经济、政治、文化、社会以及党建的全面推进。充分认识这一点，有利于我们科学规划、分类指导、量力而行、稳步推进。

二、新农村建设面临的问题和制约因素

改革开放以来，泉港的农村经济得到了迅速发展，全区经济综合实力不断增强。"十五"时期国内生产总值和人均生产总值增长近一倍，地方财政收入增长1.5倍；5年固定资产投资超百亿元，石化产业、港口物流、城市要素集聚进入跃升阶段，城区配套设施逐步完善，各项社会事业协调发展；农业总产值年均增长2.6%，工业总产值年均增长17.5%，农民人均纯收入5年平均增长7.96%。但当前泉港建设社会主义新农村所面临的问题和制约因素也不容忽视。

1. 经济总量小，镇村财政脆弱。泉港起步晚，经济基础差。近几年来全区经济增长幅度较快，但在全市11个县（市、区）排序中，GDP和地方财政收入分别位居第9位和第8位，在全市排名靠后；工业总产值居全市第6位，主要依赖于福炼等一批石化工业项目。镇村工业企业少，经济发展没有后劲，自身造血功能低。

2. 农村现状与建设新农村的总体要求差距甚远。（略）

3. 人均耕地减少，农村富余劳动力增加。（略）

4. 土地资源有限，供需矛盾凸显。（略）

5. 社会事业相对滞后。（略）

6. 农村社会保障体系不健全。（略）

三、推进泉港建设社会主义新农村的若干思考

泉港建设社会主义新农村，要贯彻落实2006年中央1号文件和温家宝总理在中央研讨班上《关于建设社会主义新农村的几个问题》的重要讲话精神，结合泉港农村实际和现状以及不同地区的差异性，制定对策措施，稳步推进新农村建设。

（一）把握新农村建设总体要求，走出"四个误区"

要按照"生产发展、生活宽裕、乡风文明、村容整洁、管理民主"的"二十字"总体要求，走出"四个误区"。

1. 拆旧建新的思想认识误区。不能简单地把社会主义新农村建设理解为就是村庄建设，那种认为新农村建设就是造房子、建新村、修大路、排店面的认识是片面的。建设社会主义新农村是项系统工程，涵盖农村各个领域和诸多方面，规划新村建设必须建立在经济社会发展的基础上。

2. 招商引资急功近利的误区。建设社会主义新农村的主体是农民，而不是外商或企业家。要坚持基层组织民主决策、农民群众自愿的原则，保障农民的民主权利。不能采取招商引资或小团体组织以盈利为目的的拆旧建新，切勿搞企业发财、干部收益、百姓埋单的做法。

3. 无资金搞建设慢慢来的误区。财政短缺使新农村建设面临难题，村干部压力加大，存在着"等观望"和"慢慢来"的思想。建设新农村需"破冰"前行，因地制宜，先抓筹划，先易后难，量力而行，稳步推进。目前，要着眼于解决农业和农村经济发展的突出问题、农民群众急需且最盼望解决的热点问题，

一件件地抓好落实。

4. 一哄而上搞运动的误区。建设新农村要顺应经济发展规律，尊重农民意愿，不断满足农民群众对物质文化生活的需求。从这个意义上讲，建设新农村是与时俱进的，没有具体标准。因此，应避免一哄而上，搞不切实际的大拆大建运动。各村要在城市总体规划指导下搞好村建规划，适宜旧村改造的就重点抓旧村改造，适宜新村建设的就抓新村建设，需要环境整治的就从"脏、乱、差"入手。因地制宜，量力而行，稳步推进新农村建设。

（二）稳步推进泉港新农村建设，做到"四个坚持"

泉港社会主义新农村建设是一项长期而艰巨的历史任务，在新的发展阶段，应做到"四个坚持"，从而扎实推进。

1. 坚持长期奋斗，科学发展。新农村建设是一个长期的历史过程和系统过程。泉港人多地少，且农业人口比例大，农村基础设施薄弱，农民生活并不富裕，社会事业滞后。泉港贫困落后是历史形成的，彻底改变面貌是一个长期的目标，并非朝夕之功，一蹴而就。新农村建设的过程是一个与泉港现代化、工业化、城镇化建设同步的过程，需要经过几十年乃至上百年的艰苦奋斗。新农村建设又必须以经济为基础，首要的着力点是发展生产力。只有把经济搞上去，才具有统筹城乡发展的实力，推进新农村建设。为此，我们必须按照党中央提出的建设社会主义新农村的总体要求，充分认识到新农村建设的长期性、艰巨性和复杂性，既要积极应对，又不能急于求成；既要增强紧迫感，又要把经济搞上去。树立长期奋斗的思想，坚持加快科学发展，稳步扎实推进新农村建设。

2. 坚持规划先行，分类指导。建设社会主义新农村，一要以泉港城市总体规划为指导，与泉港"十一五"经济发展规划紧密衔接，制定新农村建设规划，包括农村文化、教育、卫生、基础设施等。二要严格按照规划和群众的经济实力，立足当前，着眼长远，坚持规划先行。因地制宜，量力而行，有序推进。三要按"三个层面"推进全区百村新农村建设。即以城中村改造为第一层面，推进城市化建设；以拆迁安置为第二层面，推进城镇化建设；以拆旧建新为第三个层面，推进新农村建设。同时，抓好一批省、市、区级新农村建设示范村、整治村。建立健全环境卫生整治的长效机制，致力改变泉港的市容市貌和农村面貌。

3. 坚持城乡统筹，加大投入。建设社会主义新农村，要实行城乡统筹发展的方略，坚持"多予、少取、放活"，尤其在"多予"上下工夫，贯彻落实中央提出的"工业反哺农业"的方针，加大政府对农村基础设施及公共服务的投入，扩大公共财政覆盖农村的范围。一要以建设新农村为主线，加大投入，着力提高农业的综合生产能力，改善农业生产和农民生活条件，着力解决边远贫困地区亟须解决的社会事业发展滞后和基础设施缺乏问题。二要统筹城市与农村的同步发展，促进泉港城市起步区向中心区转移，实施"东进、南拓、靠海"战略，逐步解决"断头路"问题，推进城区道路连接沿海大通道向农村和边远地区延伸，促进城区公共服务供水、供电、基础设施和环境生态与农村衔接，增强城区对农村的辐射带动作用。三要解决引导社会资金投向农村建设，支持龙头企业带动农户发展产业化经营，鼓励企业和社会团体兴办农村公共设施和社会事业，努力营造全社会关心、支持、参与新农村建设的浓厚氛围。

4. 坚持量力而行，形成合力。泉港建区几年来，经济有了较快的发展，但经济总量小，地方财政难以支撑整个新农村建设。新农村建设又是一个宏大的系统工程，需要资金多，单靠政府投资是有限的。一要坚持尊重农民意愿的原则。农民群众是社会主义新农村建设的主体，要通过规划引导、政府扶持、群众参与、典型示范等方式，动员和组织农民群众建设新农村。二要激发广大农民自主创业的潜能，引导广大农民认识到新农村建设是一项功在当代、利在后代的千秋功业。要发扬自力更生、艰苦奋斗的精神，立足眼前，着眼长远，明确主体，形成合力，该办的事立即办，可行的事力争办，远期的事筹划办。三要建立由党委引导、政府牵头、镇村组织、群众实施、民主管理的工作机制，以群众投入为主体，发动社会各界参与的多渠道、多层次、多元化的投资机制。同时，要进一步加强基层党组织和基层干部队伍建设，完善村民自治民主管理制度，为新农村建设提供坚强的政治和组织保障。

【导读】

本工作研究针对泉港新农村建设问题，站在落实中央关于解决"三农"问题和推进社会主义新农村建设等一系列方针、政策的高度，结合泉港的现实情况进行分析思考，认为推进泉港新农村建设需要走出"四个误区"和做到"四个坚持"，为泉港新农村建设理清了工作思路。

从行文看，本文由标题、署名和正文三个部分构成。标题用仿公文式标题，简洁明了。正文由前言和主体两大部分构成。前言提纲挈领，概述了泉港新农村建设研究的重要意义；主体分三个小标题行文，分别从泉港新农村建设的现状、面临的问题和制约因素、推进泉港新农村建设的思考三个方面，以党和国家政策为依据，紧密结合泉港实际进行分析研究，得出推进泉港新农村建设的明晰思路。三部分成纵向深入发展关系："现状回眸"，概括展示泉港近三年来落实中央新农村建设改革方针所取得的成效，使读者对现状有较全面了解，也为下文分析问题及提出措施、建议作了铺垫；"问题和制约因素"，采用"总—分"方式，首先用事实（数据）说明泉港经济发展现状，肯定成绩，然后转为阐述存在问题和差距，自然过渡到分述问题和制约因素；"若干思考"，在因果分析的基础上，用"四个误区"和"四个坚持"，从正反两面概括出研究者的认识和建议，明确该怎样、不该怎样，切合实际，思路明晰，既具有指导性又具有参考性。

【阅读思考】

1. 工作研究是为解决现实问题寻找出路，它以党和国家的方针政策作依据、作指导，请阅读本文，试指出本研究依据了党和国家的哪些方针政策？

2. 工作研究必须结合实际，你认为"实际"在本文中具体指的是什么？为什么一定要结合实际呢？请谈谈在工作研究中，应该怎样处理落实政策和结合实际的问题？

第二节　基础知识认知

一、特点

1. 论题的现实针对性

工作研究的论题应是工作实践中出现的迫切需要从政策上加以解决的新问题。这些问题如不及时加以解决就会影响到方针、政策的正确贯彻实施，就会影响到工作的顺利开展。研究的目的就是要贯彻新政策或拿出新政策，以解决存在的现实问题或为解决现实问题、制定新政策提供可靠依据。

2. 研究的双向性

工作研究是一种上对方针、政策，下对实际工作的双向研究活动。这是它区别于其他研究的显著特点。面对一个研究论题，它要从两方面进行考量：一方面要根据方针、政策来看问题之所以出现的合理性；另一方面要从工作实际效果来看方针、政策的可行性。因此，写作工作研究，既要熟悉政策，又要了解实际。当方针、政策正确，而实际问题的出现或存在不合理时，工作研究应推动方针、政策贯彻实施，促使问题尽快解决；当现实问题的存在合理，而现行政策已不适应变化了的新情况时，工作研究则应为政策的修订、调整或重新制定提供参考依据。

3. 见解的独到性

开展工作研究的根本目的是为决策机构提供处理新情况、解决新问题的对策，以期解决工作中的实际问题。因此，工作研究中虽然也不排除对具体方针、政策的实证性研究，用以总结方针、政策实施过程中的利弊得失，但更主要的任务是要从存在的问题中探索新途径，以新的视角和新的思路对政策与现实的结合提出研究者认为切实可行的对策性意见。若图解政策，人云亦云，没有独到见解的工作研究，很难说具有实际意义。

二、分类

凡从解决现实工作问题出发，以有关方针、政策为研究依据，以提出对策性意见促进政策完善为目的的研究，都是工作研究。因此，工作研究的范围很广，种类也很多，按照不同的标准，可以分为不同种类。

（1）按适用范围划分，有思想政治工作研究、经济工作研究、法制工作研究、体制改革研究、人事与劳资工作研究、文化教育工作研究、科技工作研究、军事工作研究等。

（2）按性质划分，有总结性研究、可行性研究、预测性研究等。

（3）按研究的方式方法划分，有对比性研究和典型分析研究、专题研究（包括专题系列研究）和单项工作研究等。

（4）按使用划分，有机关内部参考的工作研究和报刊公开发表的工作研究。

三、工作研究与相关文种的区别

1. 工作研究与调查报告的区别

工作研究与调查报告的区别主要在于：①调查报告着重于弄清问题或事件真相，通过调查结果揭示事物的本质和规律，引导人们正确认识这些问题和事物，其出发点是揭示，而非探讨；工作研究本身就是为了探讨解决问题的对策，是作者对实际工作中存在的问题，从政策理论出发进行分析阐述，旨在说明按现行方针、政策应当如何对待存在的问题，或者如何通过修改、调整方针、政策来妥善加以解决。②调查报告的主旨需在调查研究的基础上形成，即所谓"先调查后报告"，"没有调查就没有发言权"；工作研究则是一旦作者对某一问题、某类现象有了基本看法，主旨就已基本确定，作者在其后所做的查找政策和理论依据，进一步了解情况，收集资料，一般属于加深认识和强化主旨的工作。③调查报告写作的材料以调查活动所获得的材料为主要依据；而工作研究所用材料主要是靠平时积累，写前收集材料只是一种补充和核实，写作不需像写调查报告那样开展专项调查活动。④调查报告的写作是通过对调查的情况进行分析、综合后，引出客观事物本身固有的规律，透过现象说明本质；工作研究则重在运用政策理论来分析事物矛盾，通过分析，阐明自己的思考与见解，其表述方法近似议论文体。调查报告宜用叙议结合、夹叙夹议等表述方法，而不宜使用这种以分析、判断为主的表述方法。

2. 工作研究与学术论文的区别

工作研究与学术论文的主要区别在于：①学术论文是探讨学术领域的理论问题，尽管这些问题也是在社会实践中提出来的，但作者研究的着眼点是从学术的角度上给予理论回答，其见解表现为深层理论的表述和学术价值，与现实有一定距离；工作研究则主要是为了解决工作中的现实问题，更多涉及方针、政策的贯彻执行，是对务实问题的处理提出的思考、见解，具有很强的现实性。②学术论文是在学术领域已有的研究基础上，通过对该领域大量数据和文献资料的分析、考证，或者有所发现，或者纠正通说，其中，系统的考证、考察、对比是其研究的主要方法；工作研究则是依据政策理论，以自己来自工作实践经验的判断力和政策水平，分析工作问题，探求比较符合实际的解决办法，一般不需上到理论层次进行系统考证辨析。③工作研究多用以分析、判断为主的表述方法；而学术论文则主要运用以概念、判断、推理进行论证的方法。

3. 工作研究与工作总结的区别

工作研究与工作总结的区别主要在于：①工作总结有一定的阶段性，往往在某一工作或某一段工作完成后进行；而工作研究的写作则在工作过程中进行。②工作总结着重反映计划完成情况，揭示工作的做法和结果，着重于对实效性和经验性进行思考；而工作研究则以工作过程中遇到的问题为主要研究对象，而且是从政策的角度去审视问题，用政策理论去分析研究解决问题的途径，着重于可行性与趋向性的研究。

实践中，我们常常见到某些名为工作研究的文章，其实是调查报告或工作总结；而有些工作研究又多是从工作实际问题引发论题，归纳成理论问题展开专题探讨，其学术味很浓，实际上也不是我们所说的工作研究，而是实在的学术论文。这些现象说明，辨析和区别上述几种与工作研究近似的文种，对准确把握工作研究这一文体是十分必要的。

第三节　文本写作

一、文本写作

工作研究文本一般由标题、署名和正文三个要素构成。

1. 标题

工作研究属于科研论文的一种，其标题方法跟科研论文相同，具有多样性。从内容角度看，主要又以论题和论点为题：

（1）以论题作题。标题明示研究的对象（内容、问题等），如《价格改革如何继续进行》《企业改革是否可以搞得更活些》《关于改进成人教育的内容和方法的探讨》。

（2）以论点作题。标题揭示研究者对问题解决的基本看法（观点），如《教育优先发展关键在于投入》《成天下之才在教化　行教化之业在教师——一些教育界专家提出 6 点建议稳定中小学教师队伍》。

从形式角度看，标题可分为单标题和双标题两种：

（1）单标题。单标题即只有一个标题。这类标题有直接用论题或论点为题的，也有仿公文式标题的。前者如《价格改革如何继续进行》《教育优先发展关键在于投入》；后者如《关于推进泉港新农村建设的若干思考》《关于改进成人教育的内容和方法的探讨》。

（2）双标题。双标题由一个正题和一个副题构成，正题揭示研究者看法，副题从某些方面作些补充，使研究的问题更具体明确。如《成天下之才在教化　行教化之业在教师———一些教育界专家提出 6 点建议稳定中小学教师队伍》。

2. 署名

在标题下署明作者的工作单位和姓名；或在标题下署作者姓名，而在文末用括号注明作者的工作单位。

3. 正文

工作研究正文的行文基本遵循"提出问题—研究问题—解决问题"的三段式思路。从结构形式看，这三部分可自然构成正文的开头、主体和结尾三个层次。

（1）开头（引言）。开头提出问题，明确研究对象。常用方式是从现实工作所表现出来的情况或现象中引出某一问题。这些问题可以是刚露苗头亟待解决的；也可以是已多次提出，但仍障碍重重的；还可以是为多数人所关注的。写法上，问题要提得明确、具体；情况要真实、准确，对情况可以稍加说明，但不宜过多。如《秘书职业化进程的障碍及对策分析》一文开篇便提出："在我国，教师、公务员、律师等行业都已实现了相当程度的职业化，但是，秘书职业化问题尚未提上日程，导致……"开门见山、简明扼要地从现实现象中引出问题、明确研究目标。

（2）主体。主体的任务是研究问题，分析问题存在的原因。工作研究重在"研究"，因此，这部分是正文的核心部分。即要用辩证唯物主义的立场、观点、方法，以现行有关方针、政策为依据，结合实际情况对提出的问题进行分析、综合、比较研究，从而探求问题的真伪、主次、现象与本质，找出事物的发展规律——产生问题的主要和本质的原因。行文上要力求明确、集中，要从真实的材料中引出观点，做到观点与材料统一。如《秘书职业化进程的障碍及对策分析》一文在提出问题后，紧接着进入主体分析影响秘书职业化进程的三个主要原因。这部分既是提出问题部分的深入，也为下一步解决问题提出具体办法、措施、对策、方案等奠定了理性基础。

（3）结尾。结尾的任务是解决问题，针对问题症结（原因）所在，开出研究者解决问题的"药方"，即提出具体办法、措施、对策、方案等。它以主体部分作基础，提出的解决问题的措施、对策等不仅要有针对性、有科学依据，还要切实可行。这样，研究者的研究成果才有被采纳的可能，才能实现工作研究的写作目的。在行文上，这部分写作要力求简洁明快，条分缕析，如有多项解决措施，要尽量分项分点写出，并注意措施之间的内在逻辑联系。如上文在分析了秘书职业化进程缓慢的三点原因后，便顺理成章地提出了解决问题的三条途径。

以上仅为正文的常规形态，当然也有其他形态，如《秘书职业化进程的障碍及对策分析》的正文虽体现了"引论—本论—结论"形式，却把"研究问题"和"解决问题"包含在本论之中，最后另写结论。而《关于推进泉港新农村建设的若干思考》则只有前言和主体，前言概述研究推进泉港新农村建设的重要意义，主体却将"提出问题—研究问题—解决问题"全部体现在其中。总之，不管采用何种行文形态，都应切实反映问题实质，提出切实可行的建议。

二、写作注意事项

1. 要准确选题

工作研究的选题要着眼于当前现实，选择实际工作中亟待解决的问题，找准突破口，题目范围不宜过大。拟题要集中而具体。在外延上开的口子要窄，论述的范围要尽量控制得小一些；而在内涵上阐述的对象要集中具体，发掘要有深度，要透过现象看本质。切忌远离现实、不着边际，泛泛而谈，主题宽散。

2. 要熟悉政策

工作研究是政策性很强的研究活动，对某一项具体工作进行调查研究的时候，要以党和国家的现行方针、政策为根据。这样才能体现其现实正确性，才会有独到的真知灼见，才会有被采纳从而产生良好社会效益的可能。

3. 要做好调研

工作研究重在"研究"，要做好研究工作，就必须深入实际，搜集、掌握第一手材料。因为只有通过调查，才能了解事物的真相，抓住问题的要害，准确地提出问题；只有细致、深入地分析研究，才能找到问题的症结所在；也只有通过深入调查、通晓事理，才能悟出正确的主张，提出科学的方法，卓有成效地解决问题。

【写作思考与实训】

1. 何谓工作研究？
2. 工作研究有哪些主要特点？
3. 工作研究的正文一般包括哪三方面的内容？
4. 工作研究与调查报告、学术论文有何区别？
5. 针对如何提高大学生素质或高等教育中素质教育存在的问题，写一篇工作研究。

第十三章
会议公文读写

　　会议公文是一个集合概念，它是指在会议活动过程中产生的一系列书面材料，包括会议方案、会议通知、会议邀请函、会务指南、会议主持词、开幕词、闭幕词、会议领导讲话、会议工作报告、会议记录、会议纪要、会议简报等。有些在本书其他章节已经涉及，如会议纪要、会议简报等。本章只着重介绍会议主持词、开幕词、闭幕词、会议领导讲话、会议工作报告、会务指南及会议记录，其他在此暂不涉及。

第一节　会议主持词、开幕词、闭幕词读写

一、会议主持词

　　会议主持词是专指会议主持人用来主持和组织整个会议按步进行，带有介绍性和引导性的会议连续性讲话。此处所指的会议主持词应与活动仪式主持词相区别，它是专指为商议具体的主题内容而召开的会议的主持词，而非广义的一切有组织有领导的主题集会主持词。

　　（一）文本导读

【例文 13. 1. 1】
全市安全工作会议主持词①

同志们：
　　现在开会。
　　这次会议主要是总结去年全市安全生产工作，表彰先进，查找不足，明确任务，落实措施，进一步做好我市的安全生产工作。
　　参加今天会议的有：各县市区长、分管县市区长，安监局、公安局、经贸局、建设局、海洋与渔业局、国土资源局主要负责人；市政府各部门、有关单位负责人，分管负责人、分管科室负责人；市属各大企业主要负责人、分管负责人和安全科长；中央、省属驻烟有关单位主要负责人、分管负责人和安全科负责人；受表彰的安全生产先进单位负责人。会议邀请了市委有关部门、市人民代表大会常务委员会办公室、市政协办公室、市法院、市检察院、有关群众团体负责人和驻烟有关部队机关负责人参加。
　　会议日程有6项：一是请市政府秘书长×××同志宣读《市人民政府关于表彰全市安全生产先进单位

---

　　①　转引自岳海翔主编的《行政公文写作——要领与范文》，原题为"在全市安全工作会议上的主持词"，收入本书时改为现题。

的通报》和《市人事局、安监局关于表彰全市安全生产先进单位、先进个人的通报》；二是向获奖单位颁奖；三是请市委副书记、市长××同志与各县市区政府签订《2005年度安全生产工作责任书》；四是请公安局、交通局、招远市、蓬莱市政府的负责同志作会议发言；五是请副市长×××同志作重要讲话；六是请市委副书记、市长××同志作重要讲话。

首先，请市政府秘书长×××同志宣读《市人民政府关于表彰全市安全生产先进单位的通报》和《市人事局、安监局关于表彰全市安全生产先进单位、先进个人的通报》。

下面，请工作人员宣读获得市政府表彰的2004年度安全生产工作先进单位名单。

下面，请获得市政府表彰的2004年度安全生产工作先进单位上台领奖。其他获奖的单位和个人，请会后到市政府礼堂第五会议室领奖。

下面，请市委副书记、市长××同志与各县市区政府签订《2005年度安全生产工作责任书》。

下面，进行会议发言。

首先，请公安局副局长×××同志发言。

下面，请交通局副局长×××同志发言。

下面，请招远市市长×××同志发言。

下面，请蓬莱市市长×××同志发言。

下面，请副市长×××同志作重要讲话。

下面，请市长××同志作重要讲话，大家欢迎。

同志们，刚才我们表彰了安全生产工作先进单位和先进个人，××市长代表市政府与各县市区政府签订了《2005年度安全生产工作责任书》，并作了重要讲话；×××副市长全面部署了今年全市安全生产工作；市公安局、交通局、招远市和蓬莱市政府领导作了发言。××市长的讲话站在全局的高度，认真分析了当前安全生产工作的严峻形势，对加强安全生产工作领导、抓好安全监管和强化责任追究三个方面提出了明确要求；××市长认真总结了去年安全生产工作，对今年安全生产工作作了全面部署，希望各级各部门认真学习领会，抓好贯彻落实。下面，我就贯彻好这次会议精神谈几点意见：

一、从实践"三个代表"重要思想的高度，把思想统一到会议精神上来。牢牢树立"安全第一"、"安全生产责任重于泰山"的思想，加强安全生产工作，切实维护人民群众的生命财产安全，是全面实践"三个代表"重要思想的重要体现。各级政府、有关部门以及各企业要把对安全生产工作的认识统一到这次会议的精神上来，高度重视和切实抓好安全生产工作，把安全生产摆在重中之重的位置，纳入经济和社会发展的总体规划，以实现经济建设和安全生产的同步发展。各级各部门要立即把会议精神传达到基层、传达到企业，并采取得力措施，抓好贯彻落实。

二、正确认识安全生产面临的形势，把思想统一到抓好安全生产工作的任务和要求上来。目前，我市安全生产形势总体稳定，趋于好转，事故总数下降，但重特大事故时有发生的状况并没有得到遏制，形势依然严峻。刚才，××市长已经作了全面分析，各级各部门各单位要认真学习，深刻领会，进一步认清形势，理清思路，明确任务，充分认识做好安全生产工作的长期性和艰巨性，做到警钟长鸣，常抓不懈。

三、把握安全生产工作特点和要求，把思想统一到贯彻落实安全生产各项措施的行动上来。安全生产涉及方方面面，搞好安全生产工作，既要加强政府的监督管理，又要落实企业的主体责任，既要高度重视，又要采取切实有效的措施，要从完善体制、机制、法制和增加投入等方面，综合采取措施，做好安全生产的各项工作。××市长的讲话提出了今年安全生产工作的目标、要求和工作措施，各级各部门各单位要按照这些目标要求，结合实际，采取有力措施，真抓实干，坚决杜绝特大事故，遏制重大事故，减少一般事故，保持全市安全生产形势稳定，为全市经济跨越发展创造良好环境。

散会。

【导读】

这是一份专题会议主持词。该主持词围绕"全市安全生产"问题，以"总结去年全市安全生产工作，表彰先进，查找不足，明确任务，落实措施，进一步做好我市的安全生产工作"为主旨主持会议。从文本结构看，该主持词由标题、称谓和正文三部分构成。正文从宣布会议开始到宣布散会结束，体现出整个会议的完整过程。

【阅读思考】

1. 以上文为例，谈谈主持词须体现哪些方面的内容？

2. 以上文为例，谈谈主持词撰写应遵循怎样的行文线索？

（二）基础知识认知

1. 特点

会议主持词表现在内容方面的特点，首先是程序性。体现会议全程是会议主持词行文的基本思路。会议主持词的正文行文，从主持人宣布会议开始到简介会议概况，再到会议议程的逐一进行，最后到主持人总结性发言以及宣布散会，必须清晰而完整地体现出会议进程。这个进程就是会议主持词的行文思路。

其次是引介性。主持词的作用主要是对会议内容和程序进行引导和介绍，使会议既能按照预定的程序安排和要求进行，又能使参会者了解会议的基本内容和准确领会会议精神。在主持人（实际是主持词）的引介下，随着议程逐一完成会议任务，参会者对会议内容的了解和对会议精神的领会也会不断全面、准确和深入。

最后是总结性。与会议主持词在开头须对会议基本情况作简要介绍一样，在结尾也须对会议情况作全面而简要的回顾归结，使参会者对会议有一个整体认识，留下比较完整的印象。这就体现出了会议主持词的总结性特点。而且，也常在总结之后顺理成章地提出贯彻落实会议精神的意见与要求。

会议主持词表现在形式方面的特点，一是外在结构的特异性。从公文的外形结构看，一般都是两头小、中间大的"枣核型"（亦即所谓"凤头—猪肚—豹尾"）结构，中间主体部分是整篇文章的重中之重，而会议主持词的外部形态则与之正好相反，属于两头大、中间小的"哑铃型"结构，其主要行文重点在开头和结尾，中间分量较轻，只单一地引介会议议程，发挥连接过渡作用。因此，会议主持词的撰写，重点应放在开头和结尾两部分。

二是内在结构的相对独立性。内在结构的相对独立性是指会议主持词的开头、中间和结尾三个部分均可独立成篇，自成体系，每一部分都无须借助别的部分而独立存在；而其他公文的三个部分之间是相互依存的，任何一部分都不能独立成篇。因此，会议主持词的每部分，特别是首、尾两部分，要力求写得有头有尾，自成篇章。

2. 会议主持词和仪式主持词的区别

从"会议"（集会）的广义讲，会议主持词和活动仪式主持词都可属会议主持词，但从狭义（为商议主题内容而召开的会议）考虑，两者就有所区别了。因适用的场合不同，其存在的区别也较明显，主要表现在：

首先，会议主持词重开头引介和结尾归结，活动仪式主持词则不一定非重视两端不可，而是更重视程序，故仪式主持词也称作"仪式程序"。虽然有的仪式主持词因实际需要也会写成与会议主持词一样，但更多的只有"引介"和"程序"，或单有"程序"而无须"作结"。

其次，活动仪式主持词比会议主持词相对简明。这一方面是因上述内容的区别而决定的；另一方面则是因活动仪式往往是在一个较短的时段内完成，时间不宜过长，这种客观限制也要求仪式主持词更简短、简明。

再次，仪式主持词比会议主持词灵活性强。会议通常由一人主持，主持词比较模式化；活动仪式可由一人主持，也可由多人主持，主持词可以灵活、生动，甚至艺术化。

（三）文本写作

会议主持词的文本结构由标题、称谓和正文等构成。

1. 标题

会议主持词常以"会议名称＋文种"的形式为题，如《××乡2006年工作会议主持词》；也有用"主持场所（会上）＋文种"的，如《在全市安全工作会议上的主持词》。比较而言，前一种更为合理。

2. 称谓

会议主持词是会议讲话之一，具有特定的交流受体，因此，首先要用称谓，提醒对方集中思想、开始注意。会议主持词常用概称"同志们"作为称谓，当然，也可根据实际采用有针对性的称谓。

3. 正文

会议主持词的正文基本上体现三个层次的内容。

开头：宣布开会并简介会议基本情况，包括会议召开的目的、参加人员、会议时间和地点、主要议题和议程等。

主体：引介会议各项议程，它是会议的主要内容，但在主持词中只体现对议程的引介，并不反映议程的具体内容。

结尾：总结会议内容与精神，提出贯彻落实意见与要求并宣布散会。

正文既要体现会议过程的完整性，又要展现主持词写作内容的层次性。

（四）写作注意事项

1. 写作会议主持词要注意各环节的连贯性

会议主持词是在整个会议程序中穿插进行的，起着穿针引线的作用。它通过各议程的间隙来完成，中间会产生多次间断，因而需特别注意各环节的连续贯通。正因如此，它往往通过使用"现在""首先""下面""第一项议程""第二项议程"等这些表时间、表时序、表程序的词语来实现其连贯性。

2. 使用会议主持词要注意灵活性

会议议程是事先研究拟定好了的，主持词也往往是按照事先研究好的程序在会前写好了的。如果遇上特殊情况对会议程序进行了调整，主持词也要作相应的变动，做到有变无痕。此外，会议主持词在实施过程中，文字表达需与现场情形切合，必要时，在不改变原意的情况下，也不一定要照本宣科，而应以自然、切实为要。

二、会议开幕词

会议开幕词是举行隆重会议时，领导人在会议开幕时所作的带有引介性、指导性和祝贺性的讲话。它是会议的第一发言，具有为会议明确议题、奠定基调的作用。

（一）文本导读

【例文 13.1.2】
2006 年中国经济年度论坛暨亚洲企业领袖年会开幕词①
亚洲资本论坛主席 李俊

尊敬的各位来宾、女士们、先生们：

晚上好！

今天晚上，我们在这个宁静而温馨的度假村举行这个盛大宴会，标志着 2006 年中国经济年度论坛暨亚洲企业领袖（揭阳）年会开幕了！我代表主办单位，向来自美国、日本、韩国、法国、泰国、新加坡、加拿大、印度、比利时、荷兰、澳大利亚、摩洛哥，以及中国台湾、香港、澳门地区和中国内地的 300 多名企业领袖、政府官员、专家学者及新闻记者表示亲切的问候！

5 个月前，我以考察者的身份来到揭阳，来到京明度假村。记得那天傍晚下着大雨，在度假村高高的茶楼上，我与揭阳市领导一起品茶，透过雨幕，远望群山，我想象着有一天来自世界各地的企业家将齐聚在中国粤东地区这个略显偏僻的度假村，探讨中国与亚洲、中国与世界共同关注的话题，是一件非常惬意的事情。5 个多月过去了，我当时想象的那番情景，今天终于变成了现实。我的内心无比激动。我想，这是中国经济快速发展的魅力之所在，这是揭阳这个潮汕历史文化发祥地的魅力之所在。

如果说亚洲资本论坛在其中起了一定作用的话，那么，首先应当归功于数百位企业家、专家学者和新闻记者的积极参与，归功于中共揭阳市委、揭阳市人民政府的大力支持。我要向远道而来的各位嘉宾，向中共揭阳市委、揭阳市人民政府，向深圳市安远投资集团有限公司，向京明度假村，以及所有的协办单位表示衷心的感谢！

本届论坛与年会的主题是"中国与亚洲：知识致富与知识产权致富"。这是一个极富挑战性的话题。我相信，通过明天一天紧张的交流与探讨，一定会获得突破性的认识。这将是本届论坛与年会对中国经济与亚洲经济的共同发展作出的一个贡献。与此同时，明天我们还将聆听到权威专家有关中国投资、中国环境与中国房地产的三个年会报告。这也是本届论坛与年会献给每位嘉宾的一道智慧与思想的盛宴。揭阳的历史、潮汕的历史乃至中国的历史，将会铭记这次盛会。

最后，我预祝本次论坛与年会圆满成功！

祝各位嘉宾在揭阳、在揭西、在京明度假村过得愉快！

谢谢大家！

【导读】

开幕词是会议的序曲，具有指南、导向作用，其使命是要使与会者明白：①是什么会议；②开会时间与地点；③与会单位和人员；④会议主旨、议题和议程；⑤会议的作用或意义。本文在一声称呼和问候之后，第一段便深情地宣布会议名称、开幕时间，从亲切问候中通报来自众多国家和地区的各类与会人员；第二段则从赞美声中介绍会议地点，即魅力城市、潮汕历史文化发祥地——揭阳；第三段用感谢的口吻肯定亚洲论坛、亚洲企业领袖们对中国经济快速发展所作的巨大贡献，暗示会议召开的必要性；第四段明示会议的主题、议程和议题；最后以良好的祝愿结束讲话。本文行文自然，热情礼貌，亲切友好，生动感人，尤其是语言表达很有特色。

【阅读思考】

1. 该开幕词开头段的直接作用是什么？其间接作用又是什么？

2. 请具体谈谈该开幕词的语言特色。

---

① 应用写作，2007（7）：36.

【例文 13.1.3】

开幕词

各位领导、各位来宾、各位老师：

全国高师地球概论教学研究会第十届（第十三次）会议今天开幕了，我们向参加今天会议的各位领导、各位来宾表示热烈的欢迎，向主办这次会议的河北师大校领导李××校长、蒋××校长、于××处长，资源环境学院的院领导董××书记、王×院长、胡×副院长表示感谢；向参加这次会议的来宾河北省科技馆杨××馆长、陈主任，河北省科学院地理研究所副所长张×，河北省青少年宫天文馆殷××、白×同志表示感谢；向参加会务工作的同志表示感谢。

给这次会议致贺信、贺电的有我们的名誉理事长应××教授、刘××教授、方××教授，顾问周××教授，还有我们的同行因无法到会，也发函、致电预祝大会圆满成功。

全国高师地球概论教学研究会活动开始于 1978 年 8 月的长江之滨，当时在南京师院地理系讨论这门课程的创始人、华东师大地理系金××教授编写了《地球概论》教材，从那时以来，26 个春秋过去了，今天，我们在这里举行第十届研究会。在这 26 年中，我们平均每两年举行一次教学与科研研讨会，一直持续不断地坚持下来。虽然金××教授和一些曾经活跃在地概教学与科研工作中的老前辈已经先后逝去，另一些已经退休或者即将退休，但是，由金老师开创的教研活动的一些光荣传统，被我们几代地球概论教师继承下来，一直延续到今天。我认为，这些传统归纳起来有以下 3 点：

1. 坚持以教学和科研为中心的传统

1978 年 8 月第一次研讨会讨论的金老编著的《地球概论》教材是"文革"以后高师地理学科的第一本统编教材。该教材已经在中国台湾地区出版（书名《地球科学概论》），这是唯一在大陆以外地区出版的地理学科高校教材。以后又陆续出版了应老和徐老合编的教材、刘南编著的教材。同时，配套的参考书、实习指导和习题集也陆续出版。我们地球概论课在地理系首次完成配套建设，近来又有许多计算机和多媒体软件问世。

从 1980 年广州会议开始，每次会议都有许多教学科研论文进行交流，参加交流的有来自全国各地的老中青几代地概教师，交流的内容涉及教材、教法和教具等方面，总数达 300 多篇。这些教研活动推动了全国地概教学的改革，促进了教学质量的提高，培养了地概教学的人才。

2. 关心和照顾中青年教师的传统

从金老开始，老一辈的地球概论教师一直关怀、照顾和培养中青年教师，为年青一代教师的成长提供各种条件。金老曾经编写过十多期油印的地概教参资料，后来汇总成铅印的地概教学参考，供我们全国的地概教师参考，又亲自主办过两期地概教师进修班，培养中青年教师。从 1984 年昆明会议正式成立全国高师地球概论教研会开始，历届理事会都非常重视教学与科研论文的交流和出版，不但有计划地组织论文的编写，而且组织出版的工作。2001 年由余明主编、同行合作撰写的《简明天文学教程》，由科学出版社出版发行。这些教材、教参资料不仅是教师们教学活动的丰富而生动的信息源，而且为大家的提职提供了依据。

3. 勤俭节约办会的传统

我们地球概论教研会依靠着自力更生、勤俭节约的精神，像一棵独立支撑的大树，生长于天地之间，已经成长了二十几年，其中，我们也多次得到高教社黎××副编审的资助，南京（御夫）北极天文仪器有限公司的吴××高级工程师等人的赞助。同时，每次主办会议的东道主院校领导也给我们提供了会议的场地、方便的交通、食宿和一部分经费。这些赞助，使我们这个没有固定财源的研究会得以维持二十几年之久。在此，我们向所有帮助过我们教研会的同志们、朋友们表示衷心的感谢。

我们希望地球概论的教师们，尤其是中青年同志要发扬教研会以教学和科研为中心、关心青年人成长以及节约办会的光荣传统，面对新的形势和挑战——学科的重组、课程的调整、课时的压缩等，努力开创"地球概论研究会"的新局面，争取有更多更好的适应教改新形势的新教材和配套教材出版，适应学科的整合和发展，为培养更多更好的地球概论教师，普及天文科普知识作出贡献。

【导读】

这是一篇学术研讨会开幕词。该开幕词由标题、称谓和正文构成。标题以文种为题；正文首先宣布会议开幕，并向参会领导、来宾表示欢迎和感谢，介绍向会议发来的贺电、贺函，然后着重从发展视角总结研究会所取得的成就和具有的"光荣传统"，最后向会员——地球概论教师们提出殷切希望。这是一篇比较典型的侧重性会议开幕词，它着重以总结过去为主。

【阅读思考】

1. 试为该开幕词划分层次，并概述层意。

2. 本文概述的三个光荣传统，实际上是研究会工作开展的三个什么要点？也是研究会发展壮大的三个什么要点？

（二）基础知识认知

1. 特点

首先是宣告性。致开幕词是会议召开的第一道程序，致词者首先就要揭开会议序幕，宣告会议正式开始，自此会议将按照程序进行。

其次是友善性。开幕词在宣告会议开始后，紧接着就应对出席会议的有关领导、来宾以及对会议给予支持的人员表示问候、欢迎和感谢，并以此创造祥和友善的会议氛围。而且开幕词的结尾，通常也要对会议致以美好的祝愿。这些都体现着开幕词的友善性。

再次是介绍性。开幕词与主持词一样，应在祥和友善的氛围中简介会议的基本情况和内容，以使与会者对会议有初步的印象与了解，从而有利于会议的纵深开展。

最后是动员性。开幕词既是揭幕词也是动员词，因此，在开幕词中，致词者通常会对参会者提出开会要求和希望，起到会议的动员作用。

2. 种类

会议开幕词按内容可以分为侧重性开幕词和一般性开幕词两种。侧重性开幕词往往对会议召开的背景、意义、中心议题等作重点阐述，其他问题则一带而过；一般性开幕词则只对会议的目的、议程、基本精神、来宾等作简要概述。

（三）文本写作

开幕词一般由标题、称呼和正文三部分组成。

1. 标题

开幕词常见的标题由"会议名称＋文种"组成，如《××学院建校100周年庆祝大会开幕词》《第29届北京奥运会开幕词》。

2. 称谓

开幕词常用"同志们""各位代表""各位领导""各位来宾"等作称谓。开幕词称谓一定要切实，同时还要体现亲切感。

3. 正文

开幕词正文包括开头、主体和结尾三部分。开头介绍会议召开背景、宣布会议开幕、介绍出席领导和来宾，并向其表示问候、欢迎、感谢等；主体阐明会议指导思想、交代会议主要任务、提出对会议的具体要求以及今后的任务等；结尾往往是对与会者发出号召、提出希望和要求，并预祝会议圆满成功。

（四）写作注意事项

（1）全面了解会议情况，把握会议的主题与精神。这是写好开幕词的基础。因为只有全面、深入地了解会议情况和精神，才能进行中肯的介绍与引导。

（2）篇幅短小，内容紧扣中心议题，语言简洁明快。开幕词主要是对会议召开的基本情况和主要内容作概要说明，所起作用是宣告、引入和动员，因此，内容上必须紧扣中心议题，不蔓不枝，并用简洁明快的语言表达，以达到篇幅短小的要求。

（3）生动活泼，热情洋溢。开幕词要友善热情，特别是各种邀请会、招商会、协作会、论坛会、联席会的开幕词，面对的不是下级，而是有关方面的客人，作为会议东道主或承办者发表讲话，对与会者要表示热烈欢迎，对本地、本部门情况作推介时更要令人倍感诚意、热情与实在，有宾至如归之感。

三、会议闭幕词

闭幕词是在隆重会议行将结束时，由有关领导或德高望重的人所作的总结性会议讲话，具有收结会议的作用。

（一）文本导读

【例文 13.1.4】

第 29 届北京奥运会闭幕词①

（2008 年 8 月 24 日）

雅克·罗格

女士们、先生们：

第 29 届北京奥运会，历时 14 天，通过奥运会各国与会代表的共同努力，顺利地完成了既定的各项议程，即将圆满结束。

本届奥运会，规模较大、范围较广、层次较高，在世界奥运会体育学术的交流中是空前的，也是少有的。它反映了世界有识之士的共同愿望——和平，符合世界各国人民的共同利益。

在本届奥运会上，各国奥运会的与会代表对体育的理论和学术问题进行了广泛而有益的交流和探讨，发展和扩大了世界各国体育的友好合作关系。审议通过并确定了第 30 届奥运会的主办城市——伦敦，签署了盛会协议，达成了更多体育项目的合作意向。奥委会认为，会议开得紧凑而热烈，是促进世界各民族团结的盛会、鼓劲的盛会。通过本届奥运会，必将进一步推动世界各国在体育教育方面的交流与合作，激起人们一个学习体育理论的热潮、深入生活的热潮、繁荣体育的热潮，以饱满的激情投身火热的人民健康生活，使世界各国体育教育共同造福于人类的健康事业。

这届奥运会，得到了世界各国和各级领导部门的关心和帮助，得到了广大作家和文艺工作者的合作和支持。我谨代表奥运会的领导集体，对世界各国和主办城市奥运会的热爱者的光临指导表示深深的感谢和崇高的敬意；向出席本届奥运会并为盛会竭尽心智的全体代表，向新闻界以及所有为盛会召开付出辛勤劳动的工作人员表示衷心感谢！

我们这次盛会，围绕着奥运精神，展现了各项科学技术等，创造了很多新的纪录，为振兴体育、创奥

---

① 引自 http://qbar.qq.com；由罗俊撰稿。

运辉煌的宏伟目标奠定了基础。

女士们、先生们，昨天已经过去，让我们携起手来，在奥委会的领导下，高举和平理论的伟大旗帜，紧紧团结互助，坚持为人民健身服务，弘扬体育的主旋律，提倡多样化，注重思想性与艺术性和谐统一。努力学习，勇于开拓，勤奋创新，锐意进取，满怀信心地迎接2012年第30届奥运会新纪元的到来！

最后，祝愿世界体育教育事业共同发展，祝与会代表身体健康、万事如意！

谢谢大家！

【导读】

这是国际奥委会主席雅克·罗格先生在第29届中国北京国际奥运盛会上所致的闭幕词。该闭幕词由标题、称谓和正文三部分构成。标题由会议名称和文种构成。称谓采用国际惯用的尊称。正文八个自然段，可分为三个层次。首段为开头，宣告第29届奥运会"顺利地完成既定的各项议程，即将圆满结束"；第二至五段为主体，对本届奥运会作全面而概括的总结与评价；最后三段为结尾，分别为发号召、致祝愿、表谢意。该闭幕词行文规范，语言热情洋溢，值得学习。

【阅读思考】

1. 具体指出主体部分各自然段所写的内容是什么？

2. 谈谈开幕词与闭幕词在内容上有哪些不同？

【例文13.1.5】

局职代会暨工作会议闭幕词①

各位代表、同志们：

武都县电力局七届一次职工代表大会暨工作会议，在全体与会代表和同志们的共同努力下，圆满完成了会议预定的各项任务和议程，现在就要闭幕了。

这次会议是在新春佳节刚过、全国上下认真贯彻落实党的"十六大"会议精神、认真学习胡锦涛总书记"两个务必"、全面建设小康社会之际召开的。会议期间，与会代表认真听取并审议了全局工作报告、财务报告、招待费使用情况报告、审计报告以及全局思想政治工作报告，审议通过了《武都县电力局职工内退内养和职工子女就业的有关规定》等制度。这次会上，全体代表以高度的主人翁责任感，充分行使自己的民主权利，畅所欲言，献计献策，为全局今后各项工作的开展提出了很多好的意见和建议；这次会议，全面部署了今年的重点工作，进一步统一了思想，明确了方向，振奋了精神，为全局各项工作在新的一年里再上新台阶奠定了坚实的思想基础和群众基础。这是一次民主、团结、奋进和胜利的大会，对我局今年乃至今后几年的工作开展有着非常重要的意义。

在过去的一年中，我们克服了种种困难，在生产经营、农网改建等方面取得了很好的成绩，但也发生了"12·26"这样的重大事故，这说明我们的安全工作还做得很不好、很不到位，还需要进一步改进。今年，我们所面临的形势更加不容乐观。首先是随着农电企业的继续深化改革，城乡用电"同网同价"政策已经开始实施，给我局的生产经营等各项工作带来种种困难；其次是农网改建、抄表到户、城网改造等工作任务，都需要我们加倍努力去完成。因此，在新的一年里，我们要正确认识所面临的形势，要充分认识到现在我们的责任更大，任务更艰巨。面对新的挑战，要适应形势，抓住机遇，直面困难，继续发扬老一辈电力工人艰苦创业的光荣传统，以高度的主人翁责任感和历史使命感，肩负起建设电力事业、发展电力事业的光荣任务，立足本职，努力奉献，树立起强烈的学习意识、安全意识、市场意识、服务意识和竞争意识，不断钻研业务知识，挖掘电力市场新的增长点，以优质的服务、创造性的工作，不断提高经济效益，

---

① 引自http://www.a5d.com。

为电力事业的健康发展建功立业!

大会之后,全体与会代表要立即行动起来,组织本单位职工,认真传达学习、贯彻落实会议精神。以本次会议精神为指导,精心部署各项工作,落实各项任务,正确引导、发挥广大职工的工作积极性和主人翁责任感,为争取新的胜利奠定基础。

同志们,回顾过去,我们有收获、有辉煌,也有失误。展望未来,我们信心百倍,我们的使命无比光荣,我们的责任无比重大,我们的前景无比壮丽。让我们同心同德,艰苦奋斗,与时俱进,扎实工作,以更加辉煌的成绩、更加雄健的步伐,在新的一年里再攀新的高峰!

现在,我宣布:武都县电力局七届一次职工代表大会暨工作会议胜利闭幕!

谢谢大家!

【导读】

这是一份单位职代会暨工作会议闭幕词。该闭幕词由标题、称谓和正文三个部分构成。正文七个自然段,分三层:第一段为开头,明确"圆满完成了会议预定的各项任务和议程,现在就要闭幕";第二、三段为主体,概述会议召开背景、议题和意义,明确新一年即将面临的形势、任务以及所应持的态度;第四至七段为结尾,为传达学习、贯彻落实会议精神和完成会议提出的任务提要求、发号召;最后宣布会议闭幕,并表示谢意。本文首尾照应,结构圆合。

【阅读思考】

1. 本文是怎样体现首尾照应、结构圆合的?

2. 试为第二、三段文字划分层次,并概述层意。

(二) 基础知识认知

1. 特点

首先是宣告性。凡重要会议,其闭幕词与开幕词相对应是一道必不可少的程序,标志着整个会议的结束。它与开幕词须宣布会议开始一样,同样须宣布会议结束,这样才能体现会议的有始有终、圆满完整。

其次是总结性。闭幕词要对会议主要内容和基本精神进行简要总结,使与会者全面、准确把握会议内容;要对会议作出总的评价,肯定会议重大成果,正确评估会议的基本精神和深远影响,以利于贯彻执行。

再次是鼓动性。会议的实际成效最终决定于会后与会者对会议精神和任务的贯彻落实,因此,闭幕词通常要在结尾部分向与会者发号召,以鼓舞士气、激励斗志,增强其贯彻会议精神的信心和决心。

2. 种类

闭幕词与开幕词的种类相同。按内容亦可分为侧重性和一般性两种。

(三) 文本写作

闭幕词的结构也与开幕词一样,仍由标题、称呼和正文三部分组成。

1. 标题

闭幕词的标题由"会议名称 + 文种"组成,如《第29届北京奥运会闭幕词》;也有仅以文种为题的。

2. 称谓

闭幕词的称谓与开幕词称谓相同。要根据参会者,有针对性和概括性地切实称呼。

3. 正文

正文包括开头、主体和结尾。开头首先说明会议已完成预定任务，即将胜利闭幕；接着简述大会议程进行情况，并恰当地概括评价会议成绩、意义和影响。主体是正文的重点所在，主要总结会议的主要成果或收获，向出席者提出贯彻落实会议精神的具体要求。要从理论高度进行概括归纳，做到层次清楚，重点突出，言简意赅，具有逻辑性和深刻性。结尾，展望未来，发出号召，提出希望，表示祝愿，使与会者在激励、振奋中离会；有时还以热情的话语，对为会议辛勤服务的工作人员表示诚挚的感谢。最后，郑重宣布会议胜利闭幕或表示谢意。

（四）写作注意事项

撰写闭幕词，应注意以下三点：

（1）要针对会议中心内容，作简明扼要的概括综述。评价要中肯恰当，并与开幕词前后呼应。

（2）对会议没有展开但已认识到的重要问题，可在闭幕词中适当予以强调，并作出必要的补充。

（3）语言要富有感召力，起到促人奋进的作用，切忌空洞单调地说教，篇幅宜短不宜长。

【写作思考与实训】

1. 主持词在外在结构和内在结构上各有何特点？

2. 阅读下面两篇活动仪式主持词，试比较其与会议主持词的区别。

（一）"全国海洋宣传日"浙江启动仪式主持词

尊敬的茅××副省长、各位来宾、新闻界的朋友们：

大家早上好！今天是我国第一个"全国海洋宣传日"，从国家到沿海各省（市）都同时开展了声势浩大的海洋宣传活动，"全国海洋宣传日"启动仪式主会场设在奥运会帆船赛主场青岛。按照国家海洋局的统一部署，我省也将开展一系列的宣传活动。

出席今天启动仪式的领导有省政府副省长、省海洋经济工作领导小组副组长茅××同志，省政府办公厅副主任陈×同志，国家海洋二所党委书记郑××同志等。首先，请允许我代表浙江省海洋与渔业局，对各位领导和同志们在百忙之中抽出时间，冒着酷暑来参加"全国海洋宣传日"浙江启动仪式，表示衷心的感谢！

下面，进行第一项议程：让我们用热烈的掌声，欢迎茅××副省长给我们讲话。

（茅××副省长讲话）

刚才茅××副省长凭着对海洋的深入了解，就海洋和海洋意识的重要性，结合国际国内形势和我省省情，进行了深入的分析，对我们提出了希望和要求。茅副省长指出，海洋是浙江未来的潜力和希望所在，海洋事业大有可为，树立海洋意识十分重要，宣传海洋更有必要。我们大家都要深刻领会茅副省长的讲话精神，在工作中切实贯彻好！

下面，进行第二项议程，请青少年代表赵××同学上台发言。

（青少年代表发言）

青少年是祖国的未来，希望你们利用这次机会，好好学习和了解海洋知识，从小树立海洋意识，将来为我省海洋经济强省建设作出自己的贡献。

今天我们除了在杭州的主会场举行启动仪式外，宁波、温州、嘉兴、舟山和台州的分会场也同时在进行一系列的"海洋宣传日"活动。会后，由《钱江晚报》组织的夏日清洁海滩行动分队将奔赴南麂国家级海洋保护区开展行动，浙江省"海洋宣传日"活动序幕已经拉开。

再次感谢省政府领导、新闻界的朋友和各位来宾对我们工作的关心和支持！本次"海洋宣传日"活动启动仪式到此结束！

最后，请各位领导和来宾为"海洋宣传日"活动签名。

先请茅副省长签名。（工作人员引导，茅副省长签名）

再请主席台的各位领导签名。（工作人员引导，主席台各位领导签名）

其他同志请依次上台签名。（工作人员引导，依次签名）

（二）签约仪式主持词

福安市领导

（2008 年 4 月 2 日）

各位领导、各位来宾：

现在举行签约仪式，福安市政府与清华大学……将要签约的项目共 19 项。这些项目对提升福安电机产业科技含量，促进该行业快速发展都具有重要的意义。

现在请福安市政府与清华大学……19 个项目单位分 4 组上台签约。先请见证领导上主席台。

第一组签约的是：

福建安波电机集团有限公司与北京科技大学时光科技有限公司对接的三相异步电机高精度伺服控制技术及特种电机项目；

福建泰格动力机械集团有限公司与中国科学院电工研究所对接的变频式发电机及变频器的开发及永磁同步发电机组的开发项目；

福建远东电机集团有限公司与中国农业大学水利与土木工程学院对接的 100GJP 系列屏蔽电泵项目；

福建福安闽东亚南电机有限公司与中国运载火箭技术研究院、天津航天鑫茂稀土机电科技有限公司对接的风能发电机（500～10kW）项目；

福建银嘉机电有限公司与清华大学电力电子与电机系统研究所对接的自动化控制系统技术项目。

请以上单位双方代表上台签约。

第二组签约的是：

（略）

请以上单位双方代表上台签约。

第三组签约的是：

（略）

第四组签约的是：

（略）

签约仪式结束。

3. 试为学院第×届团代会或学代会写一份开幕词或闭幕词。

第二节 会议报告、领导讲话读写

会议报告和领导讲话是所有会议公文中的两种核心公文。它们都是主要或者上级领导在会议上的重要讲话，具有很高的权威性，是会议实质性内容和精神所在。但在使用上，会议报告通常是政府或单位主要行政领导在全局性工作会议上的重要讲话，而领导讲话则是上级领导或者单位领导在会议上除工作报告以外的其他重要讲话。

一、会议报告

会议报告也叫会议工作报告，是各级机关的主要领导代表各级党的组织、政府机关、企事业单位、人民团体在全局性大型会议上为一定时期的工作所作的总结性和部署性重要报告。这种报告有别于法定公文中的上行文报告。它是在大型会议上为总结和部署工作所作的报告，最典型的如政府工作报告、企事业单位职代会工作报告以及各种主题会议上主要负责人所作的工作报告。

此外，还有一种与会议相关的会议筹备工作报告，它是会议筹备负责人向大会所作的关于会议组织和准备工作情况的报告。在此提供一篇例文供读写参考，而重点介绍会议工作报告。

（一）文本导读

【例文 13.2.1】

××市×××区人民代表大会筹备工作报告①

区人民代表大会常务委员会副主任　王××

2007 年 12 月 24 日

各位代表：

根据宪法和《中华人民共和国地方各级人民代表大会和地方各级人民政府组织法》的有关规定，经区委同意，区第十五届人民代表大会常务委员会第三十七次会议作出决定，×××区第十六届人民代表大会第一次会议于 2007 年 12 月 24 日至 12 月 27 日在××中学学术报告厅举行，会期 4 天。为了开好这次大会，区第十五届人民代表大会常务委员会成立了大会筹备机构，内设秘书、组织、宣传、议案、会务和保卫 6 个职能组。在区委的重视、支持下，大会筹备工作得到了各有关方面的大力支持和配合，至此，大会的一切准备工作已安排就绪。现在，我受区第十五届人民代表大会常务委员会委托，将大会的筹备工作情况报告如下：

一、关于区十六届人大代表的构成和代表资格审查情况

根据选举法、地方组织法的规定和省、市人民代表大会常务委员会的决定，166 名×××区第十六届人大代表现已经按时依法选出。新当选的 166 名代表既有广泛性，又有代表性，其中，工农代表 59 名，占35.5%；干部代表 52 名，占 31.3%；少数民族代表 2 名，占 1.2%；非中共党员代表 36 名，占 21.7%；妇女代表 49 名，占 29.5%，妇女代表所占比例比上届提高了 4.2 个百分点。代表中具有本科及以上文化程度的 100 名，占 60.2%，比上届提高了 25.3 个百分点，代表的知识结构有了较大的改善和提高；35 岁以下的代表 19 名，占 11.4%；36～55 岁的中青年代表 143 名，占 86.1%；56 岁以上的 4 名，仅占 2.4%，代表的年龄结构更趋合理。连任代表 46 名，占 27.7%，保持了代表工作的连续性。

区第十五届人民代表大会常务委员会代表资格审查委员会通过审查，未发现有违反选举法律的问题。经区第十五届人民代表大会常务委员会三十八次会议审议通过，确认××市×××区第十六届人民代表大会 166 名代表的选举符合选举法规定，代表资格全部有效。

二、关于会议的主要任务和议程安排

这次大会的主要任务是：以邓小平理论和"三个代表"重要思想为指导，深入贯彻落实党的十七大和

---

① 引自 http：//www.yhrd.cn.

区委九届二十一次全体（扩大）会议精神，坚持科学发展观，认真总结回顾过去5年的工作，规划未来5年和2008年国民经济和社会发展计划，围绕建设生态××、科学××、和谐××的目标，按照实现全区更好更快发展的要求，全面履行宪法和法律赋予的职权，充分发挥人大代表管理国家事务的作用，依法搞好选举，为加强社会主义政治文明建设、推进依法治区进程、全面建设更高水平的小康社会、率先基本实现现代化而努力奋斗。

根据区第十五届人民代表大会常务委员会第三十八次会议审议确定，建议本次会议的议程为8项：①听取和审议×××区人民政府工作报告；②审查和批准×××区2007年国民经济和社会发展计划执行情况和2008年国民经济和社会发展计划的报告；③审查×××区2007年财政预算执行情况和2008年财政预算草案的报告；批准×××区2007年区级财政预算执行情况和2008年区级财政预算；④听取和审议×××区人民代表大会常务委员会工作报告；⑤听取和审议×××区人民法院工作报告；⑥听取和审议×××区人民检察院工作报告；⑦选举×××区人民代表大会常务委员会主任、副主任、委员，区人民政府区长、副区长，区人民法院院长，区人民检察院检察长；⑧选举出席××市第十六届人民代表大会的代表。

三、关于会议文件的起草情况

对会议议程所确定的文件，区人民代表大会常务委员会、区政府、区法院和区检察院领导都很重视，及时组织专人认真起草，采取多种形式广泛征求意见，几经研究修订，并分别经区委常委会、区人民代表大会常务委员会会议、区长常务会议等审议修改后定稿，并送印刷厂统一印刷。会议的其他材料也都经相关领导把关审定。

四、关于会议的有关组织情况

1. 大会设主席团和秘书长。建议本次会议主席团成员由区第十五届人民代表大会常务委员会部分组成人员和区委常委、区政府、区政协、法、检两院领导中的区人大代表，以及各代表团团长和各有关方面人大代表组成。建议大会秘书长由区人民代表大会常务委员会副主任王××同志兼任，副秘书长由潘××、缪××、朱×同志担任。

2. 大会成立临时党委、党支部，以便加强领导、精心组织、周密安排，确保会议各项议程顺利完成。

3. 大会设立计划和财政预算审查委员会。建议计划和财政预算审查委员会主任委员由刘×同志担任，副主任委员由卢××和陈××两位同志担任。大会不设议案审查委员会，代表们在会议期间提出的议案与建议、批评和意见，由大会秘书处研究并向大会主席团报告处理意见。

4. 列席会议人员。除按地方组织法第十七条规定进行安排外，另建议邀请区委、区人民代表大会常务委员会和区政府离退休领导（列席第一次全体会议），拟提名为市第十四届人民代表大会代表候选人（列席第三次全体会议），不是新一届区人大代表的区第十五届人民代表大会常务委员会组成人员、街道人大工委主任以及驻区单位有关方面负责人列席会议。

5. 主席台就座人员的安排。建议大会主席团成员全部上主席台就座，同时邀请不是主席团成员的区领导上主席台就座。

五、关于会务和后勤服务的安排

这次会议坚持既确保开好会议，又厉行节约的原则。主会场设在××中学学术报告厅，主席团会议设在机关10楼会议厅。大会各办事机构和各代表团讨论地点分别设在区级机关的各会议室。所有参会代表、列席人员和大会工作人员统一在机关食堂凭就餐券就餐。医疗保健室设在区级机关北楼716室，代表可凭出席证就诊。各会场、讨论地点也都明确了专人负责服务。

至此，会议筹备工作已全部结束，×××区第十六届人民代表大会第一次会议可以如期举行。

最后，预祝大会取得圆满成功。

【导读】

这是一份会议筹备工作报告，其主要职能是向与会者汇报会议组织、准备情况，但与会议工作报告有质的区别，它是就会议本身而言，而会议工作报告是就政府或单位一段时期的全局性工作而言。因此，一般不把这种报告看作会议核心公文。本文由标题、题下署名和时间、称谓、正文四部分构成。标题由"会议名称＋性质＋文种"构成。称谓用"各位代表"，确切而有针对性。正文可分开头、主体和结尾三个部分。开头是首段，说明会议名称、召开的依据、时间、地点和概述筹备组织情况，并引出主体内容；主体分五个小标题，从五个方面汇报会议的具体组织、准备工作；最后两段是结尾，表明会议筹备工作已经就绪，可以如期举行，并预祝会议圆满成功。就会议筹备工作报告而言，该报告具有典范性，可资借鉴。

【阅读思考】

1. 会议筹备工作报告属于什么性质的报告？这种报告的特点是什么？

2. 你认为会议筹备工作报告要汇报哪些内容？

【例文 13.2.2】

深化基础建设　强化管理平台
坚定不移地推进企业管理科学化进程①
——在公司首届三次职代会上的工作报告

各位代表、同志们：

新春过后，集团公司隆重召开了首届三次职代会、2003 年工作会。会议结束后，我们紧跟着召开这次职代会，目的就是传达贯彻集团公司两会精神，深入分析我公司生产经营管理面临的形势和任务，周密部署今年的工作，促进企业沿着持续快速健康的发展轨道继续前进，不断夺取新胜利！

党的十六大指出，在新的历史时期，我们的发展要有新思路，改革要有新突破，工作要有新举措。这也是我们企业经营管理工作所必须坚持的指导思想。希望大家开动脑筋，解放思想，发扬开拓创新的工作作风，把我们这次会议开好，开出新意，开出实效！

下面，我代表公司向大会作工作报告，报告的主题是：深化基础建设，强化管理平台，坚定不移地推进企业管理科学化进程。

一、2002 年公司经营实现超常规跨越式发展

1. 规模扩张战略顺利实施，各项经济技术指标较大幅度刷新公司历史最高水平

——投标揽活成绩显著。全年参与投标 61 项，中标 14 项，中标价值达 8.618 亿元（含业主指定分包 1.92 亿元），超额 160% 完成集团公司下达指标，在集团公司名列前茅。其中，路外市场达 7.4 亿元，路外市场开拓取得大的突破。主标中标广州地铁盾构工程，为集团公司开拓新领域作出了重要贡献。实现了西藏、贵州、湖北市场的突破，进一步巩固了江西、辽宁、重庆、浙江及福建市场。

——施工生产实现大的跨越。（略）

——安全质量继续保持稳定受控状态。（略）

——成本总体受控，在平均利润率降低的情况下保持了近年来较好的效益水平。（略）

——职工总体生活质量稳步提高。（略）

2. 企业改革取得新突破，项目管理体制得到巩固和确立

——工程队钢性建制被打破。公司明确了工程队"作业层"的改革方向，并结合新项目的成立逐步打

---

① 引自 http：//www.gw9080.com/Article2/qtbg/200705/9382.html。

破了工程队的钢性建制，开始普遍组建小型化、专业化的作业队；将长期放假职工收归劳动力市场集中管理，由公司统一管理"三金"、发放放假生活费，使工程队改革基本到位，消除了工程队改革问题长期以来对推行项目管理的消极影响，保证了改革沿着健康的方向发展。

——队伍建设取得新进展。（略）

——企业管理层对项目管理层的控制得到改进。（略）

3. 寻找企业效益与市场要求结合，工程项目管理开创崭新局面

——组织机构因地制宜，呈现出精干化、多样化的发展趋势。目前，项目经理部的组成基本表现为以下两种模式：一是大中型项目采取一级半或一级管理模式，即经理部根据工程状况组建若干个施工队或由经理部直接组织施工，一般拥有一定规模的自有设备和骨干队伍。另一种是小型项目组建精干的管理队伍，纯粹引进社会队伍组织施工，部分拥有或有极少量自有设备和施工人员。由于今年上半年中标项目多，单项价值小，基本都采用这种模式，使纯管理型项目经理部得到较快的发展。尽管项目经理部的组织形式不同，但都是依据项目法施工的要求，从工程的具体情况确定规模，使组织机构不断向精干、高效方向发展，适应竞争不断加剧、产值利润率不断降低的市场环境。

——成本控制形式多样，形成市场条件下增加企业效益的新机制。（略）

——全面强化管理，提升企业信誉，工程项目捷报频传。（略）

2002 年，公司经营取得的显著成绩，确实来之不易。这是集团公司正确领导的结果，是公司广大职工锐意进取团结奋斗的结果。我谨代表公司向上级领导的帮助支持表示诚挚的感谢！向辛勤工作在各个岗位的管理人员、技术人员、生产人员表示亲切的慰问！

二、强化基础建设，是企业做大做强的根本要求

2002 年，我们通过深入开展"基础建设年"活动，消除了一些制约企业进一步发展的体制性障碍，使项目管理在公司得到巩固和确立，企业经营管理各方面都呈现出欣欣向荣、突飞猛进的大好局面。但不能忽视的是，在总体管理水平和能力较大幅度提高的同时，企业管理能力不足的问题也充分暴露出来，特别是潭邵 32 标问题的出现，更为我们敲响了警钟。当前制约企业进一步发展的因素，可以归结为以下三点：

一是优秀管理人才、技术人才、技术工人，特别是项目经理、技术带头人不能满足企业经营规模扩张的需要；人才储备不够，锻炼、积累过程过短，部分人员素质跟不上要求，个别员工工作疲沓，责任心不强、进取精神差；选人用人机制不够完善，一定程度的用人不当和优秀人才不能及时发现的问题同时存在；个别班子不能同心协力形成合力，主要领导独断专行，听不得不同意见，个别班子成员明哲保身、协作配合差，安于无作为；技术机制软化，分配机制仍有不合理不配套的地方；干部考核制度不够严密，不能够有效调动工作积极性和有效激发各层次人员的上进心。

二是基本队伍建设模式仍不够明确，用职工还是用民工的问题仍然存在争论。一方面，职工存在较大面积的放假现象（内部劳动市场人员占在册人数的比例达13%），协作队伍已经成为施工生产的主体；另一方面，对协作队伍的管理不够严密，协作队伍的素质有待提高，互利互惠、优势互补、长期协作、友好往来的机制尚未形成，各种不确定因素和风险普遍存在。

三是工程项目管理仍处于各自摸索、各有高招的状态，经验管理仍处于主导地位，尚未形成科学严明的内部管理秩序，项目经营的好坏在很大程度上依赖于经理的个人素质；一些项目经理管理思想落后，作风欠佳，管理松懈，粗放经营的现象仍普遍存在，过程控制中仍存在较大成本节余空间。如何发挥公司职能部门的作用，改善和加强对工程项目管理的监控、帮助、指导，保证工程项目管理的健康发展，促进项目管理水平的提高，还有很多工作要做。

另外，和同行业先进企业，比如北京住总、浙江广厦相比，我们在企业的发展战略管理、技术开发与推广力度、优势施工领域的开发与巩固、项目经理部的市场突破能力、企业文化建设等方面也都还存在着较大差距。

这些问题的存在，说明尽管这些年公司内部改革不断深化，企业管理不断加强，并取得了一定程度的领先地位，但从企业的进一步发展来看，仍然存在诸多制约因素。这些问题不解决，企业将难以有更新、

更大的发展，甚至可能由于经营风险的暴发，导致企业出现倒退。

近年来，我们的上级单位中铁工程总公司根据中央发展具有国际竞争力的大公司、大企业集团的要求，确定了"做大做强"的发展战略，制定了到 2005 年超越中建总公司成为国内行业龙头、到 2010 年进入全球企业 500 强的雄心勃勃的战略目标。十六大的召开，无疑将推进这一战略向纵深发展，可以预见，今后几年，加快企业发展仍是我们面临的艰巨任务。

从公司 2002 年的经营情况看，我们的劳动生产率达到了 26 万元/人年，如果按在岗职工算，实际已达到了 37 万元/人年，这在国内同行业已是领先水平。可以说，我们不管在管理水平上，还是在劳动生产率、产值利润率、人均创利率等方面，不仅在集团公司内是领先的，而且在国内同行业也是居于前列的。但在激烈的市场竞争中，各个企业都在努力，不进则退。因此，加快企业发展是我们面对市场竞争、保持优势地位的必由之路。

综上所述，不管是企业发展的内在要求还是市场竞争的外在要求，都决定了我们必须把保持企业长期快速增长作为奋斗的目标。而企业管理中存在的问题和差距则要求我们必须眼睛向内，把"强化管理"作为打造企业进一步发展的一项必须长期坚持的艰巨任务来抓。

基于此，公司决定把"基础建设"继续作为今年乃至今后两到三年内长期坚持的基本方针，坚定不移地推进企业的科学化管理，逐步消除企业管理中的薄弱环节，从整体上提升企业的管理层次。主要任务是：

1. 推进用工的市场化进程，逐步实现人员能进能出、报酬随行就市、考核科学严密、使用优胜劣汰的机制，建立先进、稳定、向心力强的管理团队和战斗力强、机动灵活、市场纽带完善的生产作业群体。

2. 建立科学、规范、标准化的基础管理工作体系，提升企业管理的层次。

3. 改进技术开发与推广工作，促进施工生产经营开发工作上台阶，努力打造低成本、高技术的竞争优势。

4. 完善企业管理层与项目管理层的关系，改进公司对项目的控制，形成利益驱动与行政驱动并重的项目管理模式。防止项目经理部离心倾向，保证项目管理健康向上发展。

5. 提升企业的设备装备水平，不断提高全员劳动生产率、人均创利率，保持领先的产值利润率水平，以做大做强为目标，以做强为重点，促进企业持续快速健康发展。

三、继续加强企业基础建设，全面搞好 2003 年工作

党的十六大提出了全面建设小康社会的奋斗目标，描绘了振奋人心的发展蓝图。可以预见，十六大的召开，将极大地激发各行各业的发展热情，国民经济将迎来新一轮高速增长。作为受惠于国家积极经济政策最多的建筑施工行业，今后几年无疑也将继续保持较好的发展环境。这为我们在保持较快发展的同时，腾出手来加强企业基础建设、谋求企业管理层次的提升和市场竞争能力的增强，提供了良好的外部环境和历史机遇。

为此，公司决定继续将"基础建设"作为今年乃至今后较长一段时间的工作主题，在保持企业经营健康发展的同时，促进企业综合管理素质的提高。

2003 年工作的指导思想是：深入领会党的十六大精神，积极贯彻"做大做强"发展战略，脚踏实地、开拓创新，继续加强企业"基础建设"，坚定不移地推进企业管理科学化进程，为打造坚强的管理平台，提升企业的管理层次，促进企业获得新的更大的发展而奋斗！

2003 年的生产经营指标有待集团有限公司下达，在此，先确定公司内部目标，并按上级下达指标以就高不就低的原则调整：

1. 完成产值和新签合同额分别达 6 亿元以上。

2. 实现利润总额 500 万元以上；净资产收益率达 11%。

3. 合同兑现率 100%，竣工工程一次验收合格率 100%，优良率 95% 以上（房建 45% 以上）。

4. 实现"五无两控一消灭"的安全目标。

5. 职工收入与企业效益同步增长。

为保证以上目标的实现，今年重点抓好以下几项工作：

（一）深入学习领会党的十六大精神，以十六大精神指引我们企业的各项工作。（略）

（二）进一步深化人事制度改革，努力建设一支具有创新精神、能担负企业发展重任的干部队伍。（略）

（三）努力推进企业基础管理标准化、规范化建设。（略）

（四）更新成本控制观念，全面加强成本的过程控制。（略）

（五）加强探索和研究，努力建设强有力的基本队伍。

建筑施工行业是一个管理和劳动密集型行业，特别是在当前施工管理水平下，建设一支特别能战斗的基本队伍，对于保证施工企业经营管理的正常进行具有十分重要的意义。长期以来，我们已经形成了大量引进劳务队伍、精干自有职工队伍的现状，从国家的劳动政策取向和同行业其他单位的经验看，我们基本队伍建设必须坚持"职工"与"民工"两手抓、两手都要硬的原则。

第一，消除职工队伍的"体制"劣势，引导职工队伍按照市场规律发展壮大。职工队伍的体制劣势实际已经只是思想劣势，即体制上早已是合同制职工，但是思想上还有"正式职工"身份的认识在作怪。应该看到，这些年来，大部分职工的思想观念已经发生了根本性的转变，关键是如何用市场手段使职工就业，发挥其体制和素质上的优势。首先要落实"双向选择、择优聘任"的原则，让职工凭本事找到饭碗；其次要探索有效的组织形式，发挥职工队伍整体优势，比如引导或组织职工成立专业化施工队，参与承包或自带队伍承包；最后仍要继续加强职工思想教育，改变劳动就业观念，逐步淡化"体制人"观念，树立"经济人"观念。尽管如此，现有职工队伍毕竟与企业有着密切的血肉联系，大部分职工还工作在生产的第一线，是一支值得信赖的依靠和力量，一定要扬其长、避其短，发挥其积极作用。同时要想办法，必要时采取行政措施，让那些愿意干、干得了活的长期放假职工重新就业，这不仅是企业发展的需要，而且是社会主义国有企业应尽的责任。

第二，继续探索符合市场法制的基本队伍建设途径。去年，我们与34名骨干劳务工签订了具有市场意义的劳务合同，在建立新的劳动用工机制方面进行了有益的尝试。这一用工机制有利于建立相对稳定的骨干劳务队伍，有利于提高这部分人的素质，有利于扼制大量引进整建制外协队伍的弊端，保证企业的长期稳定发展。这一机制，也是符合国家用工政策和发展方向的，有必要继续解放思想，加大工作的力度，发展壮大骨干劳务工队伍。目前，有关部门要继续对国家有关法律和上级精神进行研究，规范骨干劳务工管理；要分析骨干劳务工管理的规律，制定相关制度，使选拔、引进、使用、管理有章可循，步入正轨；要预见其中可能存在的问题，提前采取措施加以预防；特别要注意严格把握政策，严格按市场法则进行管理，绝对不能再走"体制内"职工的老路，使这一新生事物得到健康发展。

【导读】

这是一份企业年度工作报告。相对于其他报告，工作报告在内容上更全面，因而篇幅一般较长。本报告长达13 000字，收入本书时因受篇幅限制，删节成5 000字左右，但保持了原文轮廓，仍可资学习参照。本报告文本由标题、称谓和正文构成。标题正题显示报告主旨，副题补充说明报告的会议与文种。称谓用"各位代表、同志们"，切合职代会实际，具有针对性。正文由两大部分构成，前三个自然段为报告的前言，明确会议召开的背景、目的、指导思想和报告主题，并引出报告内容；后三个小标题的内容是报告的主体，分别从"总结成绩""克服问题"和"部署工作"三个视角行文。这种思路基本上是工作报告的常规行文思路。

【阅读思考】

1. 本文正文的三个小标题体现了怎样的行文思路？

2. 试给正文部分的第三部分内容划分层次，并概括层意。

（二）基础知识认知

1. 特点

首先是报告的权威性。工作报告是会议的支柱性公文，是政府、单位或组织领导集体对前段工作的总结和对后段工作的部署和设想，一经审议通过就得到充分认可，成为政府、单位或组织今后工作的纲领性文件。所以，工作报告的写作需经过充分的准备和反复的多方讨论才能定稿。

其次是报告的全面性。工作报告是一种综合报告，它既要对过去工作进行回顾总结，又要对今后工作进行部署和设计；既要总结过去工作的成绩，又要分析和指出存在的问题；既要涉及整体工作，又要涉及各个领域、方方面面的工作。必须充分考虑，全面兼顾，缺少任一方面都会使工作出现漏洞，造成工作失误。

最后是报告的汇报性。报告的基本属性是汇报性，工作报告也不例外。不过这种报告汇报的对象不是上级机关而是与会者，是对与会者作汇报。不仅如此，有时还需提请与会者审议。

2. 类型

会议工作报告根据性质与内容可分为"大会筹备工作报告"和"大会工作报告"等，但"大会筹备工作报告"多是报告大型会议的组织和准备情况，不能与"对辖内一定时期内全局工作进行总结与部署"的"工作报告"相提并论。会议工作报告与法定公文中的工作报告也要相区别。其区别在于：首先是报告的对象不同，前者报告的对象是会议参会者，后者报告的对象是上级领导机关；其次是涉及内容有别，前者要求全面，常是总结过去一定时期内的工作，部署今后一定时期内的工作任务，后者则不一定，而且多为上级部署的工作或专项工作；再次是处理方式不同，前者不仅要由主要行政领导在会议上宣读，如果必要还需印发给与会者讨论审议，后者则是制作成"红头文件"送达上级机关。

（三）文本写作

会议工作报告的文本结构通常由标题、题下署名、称谓和正文四个部分构成。

1. 标题

会议工作报告的标题通常采用正副标题配合形式。或正题明示内容和文种，副题补充说明报告的时间、地点，如《政府工作报告——2008年1月7日在上饶市第二届人民代表大会第三次会议上》；或正题明示报告主题，副题补充报告的会议和文种，如《深化基础建设　强化管理平台　坚定不移地推进企业管理科学化进程——在公司首届三次职代会上的工作报告》等。

2. 题下署名

会议工作报告通常在标题下署明报告人职务和姓名，但这只代表报告的法定作者。有时还注明报告的时间，这项内容可视作"文尾"内容的前移。通过前移，突显了报告人与时间。

3. 称谓

会议报告直接面对与会者，是拥有特定交流受体的文本，因此，在开讲之前要称呼接受者，以提醒对方注意。会议工作报告要根据参会者的身份给予符合其身份的称呼，通常用"各位代表""同志们"等。

4. 正文

工作报告的正文一般由开头、主体和结尾三部分构成。

开头一般交代会议召开的背景、意义，报告的原因、目的等。

主体陈述报告的具体内容。这部分一般用小标题行文，小标题下再分项列目。行文思路总是先回顾总结前一阶段的工作，包括各方面取得的成绩和主要存在的问题，且重点总结成绩，适当指出问题，成绩问题有一起谈的，也有分开作两个小标题谈的；接着是部署后一阶段的工作任务，包括工作形势、指导思想、具体指标和各项工作任务，以及完成任务的措施、办法等；最后如有必要还可根据实际谈谈其他与工作有关的问题，但这不是工作报告必不可少的。

结尾一般是强调意义、表明决心、发出号召等；如属需要提请会议审议的报告，也有将请求语作为结语的，如"以上报告，请各位代表（或委员）审议"。

通常正文结束，报告也就结束，不再在正文后署名和标明日期。因为这个内容已作前置处理，再署名和标注日期就属多余。其实很多文稿都是这样处理的，它起到了突出讲话者（或作者）和时间的作用。

（四）写作注意事项

1. 吃透两头，充分准备

在撰写工作报告之前，一方面要学习文件，理解和掌握党和国家当前的方针、政策和上级主管部门的指示精神；另一方面要深入实际，认真调查研究，全面回顾过去一段时间实际工作中的正反经验，发现新问题、新情况，掌握新动向，这就是所谓"吃透两头"。

2. 客观实在，实事求是

工作报告是对一定时期的工作情况进行回顾总结，写作时要尊重客观事实，实事求是地汇报，是成绩就是成绩，是错误就是错误，不拔高虚夸，也不文过饰非。所提出的今后的工作任务和要求也要切实可行。

3. 抓住重点，考虑全面

工作报告既要围绕主题，突出中心工作，又要全面考虑，方方面面的成绩都要总结到，以便充分调动各方面的积极性，存在的问题也要及时指出，以便在今后的工作中扬长避短。部署工作任务，提出要求，要从各方面考虑，充分调动积极性，以做好各项工作。

4. 讲究条理，语言通俗

工作报告一般较长，行文讲究条理很重要，它能给听众一条清晰的文脉（思路），便于掌握；同时，语言的表达要浅显通俗，尽量口语化，让听众易于接受。

二、领导讲话

领导讲话是上级领导或者单位领导在会议上除工作报告、开幕词、闭幕词以外的其他正式的重要讲话。这种讲话常常对会上布置的工作具有重要的指导作用。因此，它也常被看作会议的核心公文。

（一）文本导读

【例文 13.2.3】
在市政府安全生产委员会第二次全体扩大会议上的讲话①
潍坊市副市长　辛玉宏

同志们：

这次市政府安委会第二次全体扩大会议，主要是贯彻落实全省安全生产工作电视会议精神，总结今年以来特别是"隐患治理年"活动第一阶段工作，研究部署当前和今后一个时期的安全生产工作。刚才，永福同志通报了全市安全生产隐患排查治理工作情况，我完全赞同。下面，我讲四点意见：

一、认清形势，坚定信心，切实增强做好安全生产工作的责任感和紧迫感

今年以来，我市各级各部门各生产经营单位认真贯彻落实党的十七大精神和市委、市政府"一六三三"的工作部署，牢固树立安全第一思想和安全发展理念，以隐患排查治理为主线，以控制事故总量、防范较大以上事故为目标，进一步加强组织领导，完善体制机制建设，深化安全整治，强化执法监察，弘扬安全文化，促进了安全生产形势持续稳定。主要考核指标全面下降，全市未发生一次死亡 3 人以上的较大事故。

一是安全生产责任全面落实。1 月 8 日，新一届市政府领导班子召开第一次全体扩大会议，许立全市长与各县市区、市属各开发区以及市直有关部门签订了安全生产责任书，各县市区、各镇街和各生产经营单位都把安全生产责任目标进行分解，逐级落实到基层工作岗位和员工；结合市县乡三级领导班子调整，全部落实安全生产"一岗双责"。通过量化主要指标，在全市实行安全生产目标控制，制定了《安全生产责任考核办法》，把安全生产工作纳入对各级领导班子政绩考核的重要内容，并实行"一票否决"。

二是隐患排查治理扎实推进。按照国务院、省政府的要求，在全市组织开展了"隐患治理年"活动。从我市实际出发，确立了围绕 5 大范围、突出 14 项重点、分 5 个阶段推进的工作思路；提出了坚持 3 项原则、突出 4 个重点、搞好 6 个结合的基本要求。市县两级政府都制定了具体的指导意见，成立了以政府分管领导负责的隐患排查治理工作领导小组，建立了调度协调、情况统计、信息报送、隐患排查监控等工作机制。通过企业自行排查、监管部门检查、政府及有关部门督查和社会舆论监督等形式，认真扎实地排查整改事故隐患。省、市重点监控的 10 处重大事故隐患整改进展顺利。据不完全统计，全市累计整改或者监控各类事故隐患 3 488 处，锁定重大危险源 716 处，并落实了监控责任和措施。

三是重大节会期间安全稳定。进入 2008 年以来，重大节会比较集中。元旦过后，全市、全省、全国"两会"先后召开；春节刚过，省外院校艺术测试接踵而来，人流、物流、车流明显增大，各级各部门高度重视，严阵以待，以高度的政治责任感和强有力的工作措施，加大了检查督查力度。市县两级共组织各类安全检查组 200 余个，检查各类企业 5 000 余家，有效预防了各类事故的发生，确保了重大节会的安全。

四是安全生产运行良好。今年以来，全市累计发生各类安全生产事故 679 起，死亡 118 人，同比分别下降 26.5% 和 12.6%，杜绝了较大以上事故。重点领域安全生产事故状况明显改善，全市共发生道路交通事故 555 起，死亡 117 人，同比分别下降 22.6% 和 10.7%；发生火灾事故 123 起，同比下降 39.7%，未发生亡人事故；安全生产运行良好，形势稳定。

同时，我们还应当清醒地认识到，我市安全生产还存在着不少矛盾和问题，形势依然严峻。尽管我们层层逐级落实安全生产责任，但仍然存在着基层个别地方、个别单位安全生产抓得不够紧、不够细的现象；虽然在全市上下深入开展隐患排查治理活动，查改了一大批事故隐患，但仍有个别地方、个别单位重视程度不高，措施力度不大，整治效果不明显，甚至边整改隐患边发生事故；法律法规明确规定、政府强力推动，要求以推进安全标准化工作为抓手，强化企业基层基础工作，落实经济政策，加大安全生产投入，

---

① 引自 http://ajj.weifang.gov.cn/news/ldjh/2008/7/08724166525504_3.html.

但仍然有相当一部分生产经营单位视而不见、无动于衷，安全生产管理跟不上；多年来一直强调严格执行建设项目安全"三同时"制度，但仍有个别地方、个别单位视法律法规而不顾，违法违规建设，导致工程建立之时就是隐患形成之时，就是事故发生之时。对这些问题，务必引起各方面的高度重视，采取切实有效的措施认真加以解决。

党中央国务院高度重视安全生产，党的十七大报告和2008年《政府工作报告》都对安全生产提出了新要求。我们要坚持"安全发展"的指导原则，把保障安全作为改善民生的首要问题，以人为本，关爱生命，怀着对群众的深厚感情做好安全生产工作，坚决杜绝较大以上事故的发生。

二、突出整治重点，加大措施力度，确保春季和节会期间安全生产

目前，"隐患治理年"活动即将进入第二阶段，这一时段主要是抓好春季特别是重大节会期间的安全生产。4月中旬，我市将举办山东省春季糖酒商品交易会，第25届潍坊国际风筝会和第9届寿光蔬菜博览会，加之春季大风、降温和霜冻等自然灾害频发，安全生产进入了关键时期。因此，第二阶段的隐患排查治理工作任务艰巨、责任重大。各级各部门各单位一定要克服盲目乐观、松懈麻痹的思想和厌战的情绪，未雨绸缪，及早作出工作安排，坚持不懈地排查事故隐患，坚持不懈地查找不安全因素，坚持不懈地推进隐患整改，确保春季和节会期间的安全生产。

（一）深化危险化学品领域安全整治。各级安监、公安、交通、质监等部门和危险化学品生产经营企业要认真吸取以往事故教训，严格进行各项检查。深入开展以查"三违"、查隐患、查制度、查培训、查应急预案为主要内容的安全检查，并在企业内部认真开展"反习惯性违章"活动。切实加强对危险化学品生产储存装置、场所防火、防爆、防静电的监督检查，继续把防范危险化学品泄漏事故和运输事故作为工作重点，严厉打击非法建设、非法生产、非法经营行为。

（二）深化人员密集场所安全整治。（略）

（三）深化矿山安全整治。（略）

（四）深化道路交通安全整治。（略）

（五）深化油气管道、电力通讯设施安全整治。（略）

同时，要加强特种设备、城镇燃气、中小学校、旅游和社区等领域的安全检查督查，预防各类事故的发生。

要加强春季防灾工作。春季气候多变，易发生大风降温、霜冻等自然灾害。各级各部门都要加强与当地气象部门的联系，及时发布预警信息。特别是对一些受大风降温影响较大或抵御自然灾害能力较差的重点单位、环节、部位，要作为工作重点，落实责任，并采取严密的防护措施，确保万无一失。一旦遇有恶劣天气，海事、交通部门要及时通知各航运单位和港口做好防风避风工作。沿海各市区的海洋与渔业等部门要及时通知海上生产渔船实施紧急避风，严禁违规违章出海作业。建设部门要加强建筑施工企业现场工地的安全防范工作，认真检查高空作业和塔吊、提升机等垂直运输设施的安全稳固及防风措施。电力、电信部门要落实防风措施，确保电网、通信设施的安全运行。

除上述重点领域外，各级各部门都要针对影响本地区、本部门、本行业安全生产形势稳定的突出问题和薄弱环节，确定检查重点，采取过硬措施，有效防止各类事故的发生。举办大型文体活动，要落实谁主办、谁负责的原则，制订切实可行的应急预案，并加强预案演练，增强预见性、针对性和操作性，提高处置重特大事故的能力。风筝会、菜博会和山东省春季糖酒商品交易会期间，各级各部门各单位要加强领导带班和工作人员24小时值班制度，做到上情下达，下情上报，及时准确，出现重大情况能够及时处理，确保节会期间的安全生产形势稳定。

三、明确责任，强化措施，建立安全生产长效机制

各级各部门各生产经营单位要坚持科学发展、安全发展的指导思想，坚持"安全第一、预防为主、综合治理"的方针，切实履行安全生产管理的职责。

（一）严格执行安全生产"三同时"制度，防止新的隐患形成。一是严把"三同时"关。企业特别是高危企业在新建、改建、扩建项目时，必须委托具有专业设计资质的单位进行设计，必须委托具有专业施

工资质的单位进行施工安装。对于企业的安全设施，必须"三同时"，即与主体工程同时设计、同时施工、同时投入生产和使用，所有新建项目绝不允许出现新的安全欠账和新的重大事故隐患。二是严把技术装备关。要保证新项目技术上安全可靠，购置的设备特别是压力容器、压力管道，其产品质量必须符合设计要求。关键装置和压力容器、压力管道必须经过检验合格后，才能用到生产装置中。三是严把试生产关。项目试生产前，必须制订详细的试生产方案和应急措施，对装置和设备进行严格的安全检查，坚决做到"隐患不消除不开车，条件不具备不开车，应急处理措施不落实不开车"。凡是未按规定制订安全试产方案，未履行安全审查批准手续的，一律不得进行试生产。同时，要抓住安全生产许可证换证这一有利时机，督促企业依法对其生产、储存装置进行安全评价，全面排查企业安全隐患，限期整改。对不能按期整改的企业，一律不得发放新的《安全生产许可证》，当地政府要依法予以关闭，退出市场。

（二）抓好企业安全标准化建设，加强重大危险源的安全监控。（略）

（三）搞好安全培训教育，加强应急救援预案演练。（略）

（四）加大安全投入，提高安全保障水平。（略）

四、强化领导，完善机制，为安全生产工作提供组织保障

一是加强组织领导。各级政府要始终把安全生产工作放在首位上抓。安全生产是企业的生命线。只有企业安全生产、正常生产，企业才能有效益，地方才能有税收。没有安全生产就没有一切。造成较大、重大事故的，一些企业负责人和政府领导同志还要受到党纪、政纪处分，有的甚至被判刑入狱。因此，任何时候都要保持头脑清醒，对安全生产工作不能有丝毫的放松，要年年讲、月月讲、天天讲、时时讲，警钟长鸣，常抓不懈。各级政府、各个部门在部署工作、检查工作、考核工作时，都要把安全生产作为一项重要内容，把领导抓安全的自觉性变成职工群众的安全自觉行为。

二是认真贯彻落实省政府《落实政府及其有关部门安全生产监督管理责任的暂行规定》。省政府即将出台的《暂行规定》，是落实政府及其部门安全生产监督管理责任、加强安全生产监督管理的重要法律依据，是有效遏制重特大生产安全事故发生、保障人民群众生命财产安全的法律保障。《暂行规定》正式出台后，各地要认真贯彻落实，对照《暂行规定》的要求，把政府及其有关部门的安全监管职责落到实处，在全市形成无缝隙、全覆盖的安全监管体系，使每一个行业、每一个领域、每一个企业都有明确的监管部门。

三是发挥部门联席会议作用。各级政府要建立完善"安全生产监管联席会议"制度，及时研究解决企业在建设项目安全"三同时"、隐患排查治理、安全生产经济政策等方面的问题，加强各个部门之间的衔接、配合，对符合条件的，抓紧为企业服务，快办、办好；对不符合的，坚持原则，依法办理。要建立起各部门密切协作、相互沟通、相互支持、配合联动的工作机制，共同做好安全生产监管工作。

同志们，我市当前正处在经济平稳较快增长时期，抓好安全生产的任务越来越繁重，工作压力越来越大。我们一定要全面落实科学发展观，坚持安全发展理念，坚持"安全第一、预防为主、综合治理"的方针，开拓创新，求真务实，干事创业，努力做好当前的安全生产工作，有效防范各类安全生产事故，为全市经济又好又快发展和构建和谐社会作出更大的贡献。

谢谢大家！

【导读】

这是一份上级领导的专题会议讲话。讲话围绕"贯彻落实全省安全生产工作电视会议精神……研究部署当前和今后一个时期的安全生产工作"的主题，阐述自己的四点意见。其实这四点意见，就是上级对做好"当前和今后一段时期的安全生产工作"的四点指示。

【阅读思考】

1. 分析该讲话的文本结构，比较它与工作报告在结构上和内容上有何区别？

2. 从表达上看，本讲话主体内容四个小标题的提炼具有什么规律？

【例文 13.2.4】

在××职代会上的总结讲话①

各位代表、同志们：

为期一天的××渔场五届二次职工代表大会，顺利完成了各项预定议程，就要结束了。这是我场认真贯彻农垦工作会议精神、分析形势、总结经验、理清思路、明确目标、制定措施的一次重要会议；也是我场经济和社会发展在面临新形势、新挑战的情况下，统一思想、鼓舞士气的一次重要会议。会上，场长×××代表场管委会作了题为"打造亿元场，全面达小康"的工作报告，并就关系职工切身利益的代表提案进行了解答，工会主席×××作了《五届二次职代会工会工作报告》，计财科长××作了《××年度财务决算及×年财务预算报告》，另外就《××厂转制重组方案》、《关于待业青年就业问题的意见》等专题议案作了说明，农垦局的×部长、×主席应邀到会指导并作了重要讲话。

这次会议开得很成功，是一次大总结、大动员、大宣传的会议，也是一次求实创新的会议。在会议即将结束之际，我再强调两点意见：

一、关于大会的收获

这次会议的收获归纳起来，主要有以下几方面：

一是切实解放了思想，更新了观念。从我们渔场来看，广大干部职工具有许多优良传统，他们艰苦创业，热爱渔场，在过去的岁月里为渔场的发展作出了应有的贡献。这是无可置疑的，是主流，是必须肯定的。但是越是在这种时候，越容易不知不觉地产生自满、自足、自我陶醉、故步自封、不思进取的思想观念，成为阻碍渔场发展的最大障碍。盟委书记×××在全盟经济工作会议上讲的两句话对我们很有启发。一句是：观念的落后是最大的落后，因为观念决定行动，思路决定出路；另一句是：更可怕的落后是我们根本不知道自己的观念落后。因为，没有创新的思想观念，就不可能有创新的工作措施，更不可能打开创新的工作局面。而我们的一些同志恰恰是这样的，因循守旧，满足现状，故步自封，思想懒惰，"等、靠、要"的思想严重。谋发展、想问题"怕"字当头，领导干部怕丢了乌纱帽，职工群众怕砸了铁饭碗。不敢想、不敢干、不敢引进、不敢争取，也不去引进、不去争取，闭关自守，只会守着旧摊子，个别的甚至旧摊子也守不好；习惯于封闭在渔场的小圈子里，容易满足于"比上不足，比下有余"的自我陶醉。不要说和区内外发达地区相互交流了，内部交流都很少，和世界接轨更是句空话；一些人抱着老理不放，尤其是一些环节干部，不善于甚至不会也不去开动脑筋创造性地开展工作，老是抬头看上面，埋头加苦干，没有自己的想法。×××场长的报告对这一问题的分析是客观的、实事求是的，切中了问题的要害。当前，渔场与全局兄弟农牧场一样，经济社会正处在加速发展的重要时期，解放思想、更新观念是我们做好一切工作的思想前提，要把它当作我们当前深入学习、实践"三个代表"重要思想的一件头等大事来抓。

二是进一步明确了发展思路和奋斗目标。×××场长在报告中提出的×××年及今后七年渔场工作的指导思想和奋斗目标，符合农垦工作会议精神，突出了主题，切合渔场的实际情况。有人说我们是属鸡的，刨一爪吃一口。过去我们没有长远规划，也没有长远奋斗目标，所以，长期以来广大干部职工抱住"吃芦苇资源饭"的观念不放，企业运转、职工生活、子女就业都靠芦苇，产业结构单一，抵御风险能力极差。×××场长工作报告中提出的以"引黄入海"和"产业创新"为突破口，"强化苇业、振兴渔业、开发旅游、兴工活商、多种经营"的工作方针，切合市场经济发展规律，贯穿了农垦工作会议精神，符合渔场实际。因此，大家一定要遵循这次工作会议的指导思想和总体发展思路，紧紧围绕奋斗目标，立足当前，着眼长远，奋发进取，创造性地开展工作。当然，我们也要在实施规划的过程中，逐步完善规划，不断修订、修正规划，使其更切合我们发展的实际。

三是制定了具体工作措施。×××场长报告中提出渔场经济和社会发展工作措施，是渔场全面建设小康社会和加快发展的需要，是站在战略高度，把改革、发展和稳定紧密结合起来，为促进渔场增效、职工

---

① 应用写作，2007（4）.

增收的协调发展考虑的，具有很强的针对性和可操作性。

四是增强了紧迫感和责任感。渔场正处在发展的关键时期，最近国务院又颁布了《关于进一步推进西部大开发的若干意见》，对我们来说是面临发展的大好机遇，也面临着更加严峻的挑战，能不能解决好发展问题，将直接关系到人心向背、事业兴衰。中共中央、国务院提出西部大开发战略已经四年了，我们再不能坐失良机。我们要承担起再创渔场辉煌的历史责任，就必须一如既往地把发展这个第一要务摆在更加突出的战略位置，号召全场各级干部职工敢做勇者，善做智者，争做强者，以抢机遇而不盲目冒进、开拓进取而不因循守旧的精神，更好地肩负起时代赋予我们的历史责任。要始终坚持"能快就不要慢"和"不进则亡、慢进也是退"的思想，紧紧围绕此次会议的奋斗目标，励精图治，扎实工作，全面实现渔场小康目标。

五是在切实加强党的领导方面达成了共识。深入贯彻党的十六大精神，全面建设渔场小康社会，确保改革发展稳定各项目标任务的完成，关键在于加强党的领导。因此，全场各级党组织要按照上级的总体要求，进一步推进党的思想、组织和作风建设，全面加强党的领导。并切实加强党的执政能力建设，坚持以人为本，执政为民，不断提高党的各级组织执政水平和领导水平；加强党的基层组织建设，充分发挥基层组织战斗堡垒作用，要坚持党要管党、从严治党的方针，加大党风廉政建设和反腐败斗争力度；努力把各级党组织建设成为思想解放、政治坚定、组织巩固、廉洁务实、与时俱进、开拓创新、团结有力、能够带领广大干部职工全面建设小康社会的坚强领导核心。

二、认真贯彻会议精神，把会议提出的各项任务和措施迅速落到实处

这次职代会对全面建设渔场小康社会的总体思路、××××年奋斗目标和主要措施都提出了具体的要求，会后的关键工作是落实。概括起来，我认为要从以下五个方面去抓好落实。

一是认真学习"三个代表"重要思想和党的十六届三中全会精神，用党的理论武装我们的头脑。

二是认真做好此次会议精神的学习、宣传和贯彻工作。

三是围绕发展目标，把解决发展中遇到的一些主要矛盾和问题放在重要位置来考虑。

四是加强领导，精心组织，全面贯彻落实好会议精神。

五是切实加强和改善党的作风建设。

同志们，过去的一年，我场在垦局的正确领导下，取得了显著成绩。在这里，我代表渔场党委再次向多年来关心渔场事业、支持和重视渔场改革和发展的各级领导、各部门、各单位的兄弟农场表示最衷心的感谢。

××××年是我们贯彻落实农垦局工作会议精神、全面建设渔场小康社会的开局之年，机遇与挑战并存，希望与困难同在，压力和动力俱有，认真做好今年的各项工作，任务艰巨，意义重大，可以说任重而道远。希望各单位、各部门要认清形势，把握重点，不断加强和改进作风建设，以与时俱进、开拓创新、奋发有为的精神创造性地开展工作，为把渔场的各项事业进一步推向前进作出更新、更大的贡献。

【导读】

这是一份单位领导在职代会上所作的总结讲话。这种讲话是单位主要领导在会议快要结束之际对会议的总结性发言，总结会议所取得的成效和阐述贯彻会议精神的意见便是其主旨。因其兼有闭幕词的功能，因而也常代替闭幕词，但它与闭幕词还是有所区别：闭幕词一般更概括，更简明扼要；而总结讲话则更具体详细。本讲话正文第一、二段为开头，点明会议即将结束、阐明会议召开背景、全面回顾会议议程，并对会议作出总的评价，同时自然地引出主体内容；中间两个小标题的内容则为主体，首先具体概括了大会的五点收获，然后对贯彻落实会议精神提出五点意见；最后两段为结尾，是表感谢、发号召。全文结构完整、层次清晰，内容得体，语言通俗浅显，符合讲话的语体风格。

【阅读思考】

1. 讲话要用何种语体写作？这种语体有何特点？请结合上文具体谈谈。

2. 对于该讲话主体部分的两个小标题，你认为可否在形式上再完善一些呢？

（二）基础知识认知

1. 特点

首先是权威性。这种权威性与工作报告一样，来自讲话者（或报告者）代表领导集体（或领导集团）的权威性。这种权威性是法定的，因此，对于领导的讲话意见，下级是必须认真贯彻执行的。

其次是指示性。领导讲话总是针对具体的工作或事项的。领导在会上针对具体工作或事项发表自己的看法、意见，由于其身份和立场决定了他必须站在更高的层面认识问题、分析问题和处理问题，因此，领导讲话也就产生了指示性。

2. 分类

会议领导讲话，按讲话主体分，有上级领导讲话和本机关或本单位领导讲话两种；按讲话意图和所起作用分，有指示性讲话、部署性讲话、通报性讲话和总结性讲话等。

（三）文本写作

会议领导讲话文本由标题、题下署名、称谓和正文构成。

1. 标题

会议领导讲话的标题，常用"讲话场所＋文种"为题，如《在市政府安全生产委员会第二次全体扩大会议上的讲话》；或用"讲话场所＋讲话性质＋文种"为题，如《在××职代会上的总结讲话》。

2. 题下署名

标题下标明讲话者职务、姓名，有时也标明讲话时间。这与工作报告相同。

3. 称谓

会议称谓要根据与会者的实际情况，有针对地切实称呼，如在代表会议上称"各位代表、同志们"，在单位全体会上称"同志们"，等等。

4. 正文

讲话正文一般写成三个部分：开头、主体和结尾。

开头也叫引言或导语。讲话开头要求开门见山、开篇点题，常是围绕会议主题，简明扼要地阐明会议召开的背景、目的、意义、认识等。开头要能制造氛围，抓住听众，产生吸引力。

主体是讲话主题内容的展开部分。要围绕讲话主题，从多方面阐明或证明主题。结构安排上，常常围绕主题，分几个小题或者分点立项进行层次清晰的阐述。例如，《在××职代会上的总结讲话》的主体围绕"总结会议"主题，分两个小题，每小题又分设五个方面行文。这样主题突出，层次明晰，便于听众把握。

结尾是讲话最精彩的部分，起缩结全文的作用。写法上常是表谢意，发号召，提希望和要求。结尾要简短而有力，富有鼓动性和感召力。

（四）写作注意事项

（1）切题入境。切题是指讲话要紧扣主题，围绕主题，或横向拓展或纵向掘进，不能弃主题而去说题外话、讲题外事，也不能节外生枝或放风筝。讲话要切题且不蔓不枝，主题才会集中突出，才能使听众产生鲜明而深刻的印象。入境，即讲话要看对象，要适合听众。讲话是一种双向交流活动，其效果最终取决于受众的接受程度，如果不看对象，所讲的内容令人难以听懂或难以接受，那么也就难以收到应有的实效。

（2）体现个性特色。一是要写出讲话者的个性特点。首先要符合讲话者身份。身份不同，讲话的口吻、格调、分量不同。例如，党委领导与政府领导、正职与副职、上级领导与本单位领导、地方领导与部门负责人的讲话都会有区别。其次要考虑讲话的分寸。级别不同，对问题的看法与处理问题的方法都会受到自己身份的制约，要有分寸，不能说不符合身份的话。二是要体现讲话意图特征。指示性（一般为上级领导）讲话要以具体指示工作为主，部署性讲话要以部署工作任务为主，通报讲话要以通报情况为主，总结性讲话要以总结成绩与分析问题、解决问题为主。

（3）符合口头表达。一是行文结构不要过于死板，要有一定的灵活性。要有张有弛，有起有伏，给听众以生动、新鲜的感觉，不能只是平铺直叙。因为这样容易使听众感觉单调乏味，失去兴趣，从而难以取得好效果。二是语言要口语化、通俗化、浅显化，要尽量做到深入浅出，让人一听就懂。

【写作思考与实训】

1. 会议工作报告具有哪些特点？
2. 会议工作报告的正文常以怎样的思路行文？
3. 会议工作报告与法定公文的工作报告有哪些方面的区别？
4. 会议领导讲话有何特点？
5. 上级领导的讲话与本单位领导的讲话会有哪些方面的不同？

第三节　会务指南、会议记录读写

一、会务指南

会务指南是会议承办者告知参会人员有关会议服务事项的文书。它是会议承办者与参会者进行交流的第一道程序，参会者通过会务指南可以事先获得对会议各种事项和服务的初步了解，以便做好相应的准备工作。会务指南可在一定程度上反映会议承办者的办会质量与水平，展示其服务形象，因此，对于举办或者召开较大型的会议，写好会务指南的意义不可小觑。

（一）文本导读

【例文 13.3.1】

中国第三届制冷年会会务指南①

一、会议时间和地点

会议时间：2006 年 12 月 15 日—16 日

会议地点：上海市龙东大道 3000 号张江高科技园区张江集电港

主会场：上海浦东张江集电港会议中心二楼报告厅

分会场：上海浦东张江集电港会议中心二楼各分会议室

二、报名时间、手续和程序

1. 报名时间：参会代表 2006 年 7 月 10 日—11 月 15 日

项目申报 2006 年 7 月 10 日—11 月 20 日

2. 报名手续：欲参会者可凭参会和项目申报回执表传真或面交组委会及指定承办单位。参会及各相关费用可通过银行结算或现金支付。

3. 报名程序：参会的单位或个人需填写完《参会申请及奖项申报回执表》，并以传真或电子邮件的方式发至组委会。如需在会刊中刊登公司简介和参评项目论文，请在 11 月 20 日前将文字内容发至指定邮箱，由有关专家审定后予以刊登。

公司简介和参评项目论文电邮至：lh@ dmxtech. com

三、报到日期、地点及交通

1. 报到日期：12 月 14 日 8：00—18：00。

2. 报到地点：上海龙东商务酒店大堂（上海浦东新区龙东大道 3000 号，电话：58969966）；18：00 以后：张江高科技园区集电港 1 号科研大楼 806 室（上海鼎茂兴控制技术有限公司内，24 小时会务组电话：13386298639 转联系人何××）。

3. 乘车线路：（略）

四、会议费用

本次年会提供两种参会方式，全程参会与分时程参会。具体标准如下：

1. 全程费用（包含全部主会场和分会场）1 800 元（含 2 天会议用餐及招待晚宴、参观洋山深水港、会刊、论文集、合影、VCD 光盘、纪念品等）。

2. 单一专题分会场费用 600 元/场（含当日午餐、会刊、论文集、纪念品等）。

五、食宿安排

张江高科技园区张江集电港附近的宾馆酒店，会务组统一安排晚餐及住宿，费用自理（备注：价格正在确定中，一旦确定会另行通报）。

上海龙东商务酒店 准四星标准 250 元/天/人，如需单独住宿标准间 500 元/间；

上海药谷商务酒店 准三星标准 134 元/天/人，如需单独住宿标准间 268 元/间；

所有参加全程会议的代表，组委会负责 2 天会议期间的用餐；

12 月 15 日开幕式当晚安排"欢迎晚宴"；

12 月 14 日为报到日，当日根据报到时间，组委会安排临时用餐。

六、联系地点、联系电话、联系人

组委会东区办公室（略）

---

① 引自 http：//www. zhilengcn. com/message1. htm.

组委会西区办公室及会务组办公室

联系地址：上海市徐汇区宛平南路 255 弄徐家汇花园 16 号 2 层

联系电话：021 - 64261039　13386298639 转联系人

传　　真：021 - 54594616

邮政编码：200032

联系人：　何××　　王×

E-mail：　lh@ dmxtech. com

中国第三届制冷年会组委会
2006 年 6 月 15 日

【导读】

这是一份参会会务指南。它往往与会议邀请函或会议通知一并寄发，旨在为被邀者前往参加会议作出指南，故内容重在参会前的各种信息，而对会议进行的具体情况不予过多涉及，会议进行的具体情况则以另一种会务指南——会议会务指南予以提供。

【阅读思考】

1. 本指南为被邀者参会提供了哪些方面的信息？

2. 本指南是以什么作为线索行文的？

【例文 13.3.2】

南充优势产业项目推介会会务指南①

一、会议须知

1. 各县（市、区）及市级有关部门邀请参会客商和合作项目签约双方，必须确定专人提前 15 分钟组织入场。

2. 请参会人员遵守会场纪律，维护会场秩序，并将个人通信工具设置为振动或静音状态。

3. 花园假日酒店总机号：0817 - 7217777；金松园酒店总机号：0817 - 7896999；朝阳大酒店总机号：0817 - 7898888。

4. 会议结束离开酒店时，请将房卡退还总台或交后勤工作人员。

二、日程安排

11 月 15 日（星期三）

1. 联络员报到

时　间：9：30—11：00

地　点：仪陇县新政镇花园假日大酒店大厅

联系人：（略）

2. 召开预备会

时　间：11：10—12：00

地　点：仪陇县新政镇花园假日大酒店会展中心一楼小会议室

参会人员：（略）

联系人：（略）

3. 客人报到

时　间：14：00—18：00

---

① 引自 http：//www.chinapcn.com.

地　　点：仪陇县新政镇花园假日大酒店大厅

联系人：（略）

4. 仪陇县委、县政府招待宴会

时　　间：18：00—19：30

地　　点：花园假日大酒店二楼宴会厅

参加人员：（略）

联系人：（略）

5. "南充优势产业项目推介会"文艺晚会

时　　间：20：00—21：00

地　　点：仪陇会堂

参加人员：（凭票入场）

联系人：（略）

乘车地点：花园假日大酒店门口（乘坐车次见附表）

11 月 16 日（星期四）

1. 南充优势产业项目推介会暨合作项目签约仪式

时　　间：10：00—11：00

地　　点：仪陇县新政镇花园假日大酒店会议厅

参会人员：（略）

主持人：胡××

会议议程：

（1）中共南充市委副书记胡××介绍参会嘉宾。

（2）中共南充市委副书记、市长高××致辞并介绍市情。

（3）中共仪陇县委副书记、县长陈×介绍仪陇县县情。

（4）省领导讲话。

（5）南充市人民政府副市长××推介优势产业项目并宣读签约项目。

（6）举行合作项目签约仪式。

（7）大会结束，参观图片展。

联系人：（略）

2. 参观图片展（请各县市区及市级相关部门安排工作人员现场解说）

时　　间：11：00—12：00

地　　点：仪陇县新政镇花园假日大酒店

责任领导：市政府副秘书长谢×（139××××××××）

联系人：（略）

3. 南充市委、市政府招待宴会

时　　间：12：00—13：30

地　　点：花园假日酒店二楼宴会厅

参加人员：（略）

联系人：（略）

4. 参观仪陇工业集中区和朱德故居琳琅山风景区

时　　间：14：00—17：30

乘车地点：仪陇县新政镇花园假日大酒店门口（乘坐车次见食宿及乘车安排表）

联系人：（略）

5. 晚餐

时　间：18：00—19：30

地　点：仪陇县新政镇花园假日大酒店

联系人：（略）

11 月 17 日（星期五）

组织客商考察或送客商返程

各县（市、区）分别组织客商考察或送客商返程，市上邀请的客人没有车的，由市接待办安排两台接待车送至南充。

三、参会人员食宿及乘车安排（略）

四、服务指南

总联络人（姓名、职务、联系电话略）

会务联络人（姓名、职务、联系电话略）

后勤联络人（姓名、职务、联系电话略）

经贸活动会务组

2006 年 11 月

【导读】

这是一份大型经贸会会务指南。这种会务指南是在报到时发给参会者，旨在为参会者提供会议进行的具体情况，让其心中有数，并据此做好各项准备工作。该指南按会议日程，对每天的各项活动及活动时间、地点、内容、责任人、联络人等相关事宜安排得十分细致周密、井然有序，令参会者不仅对会议的各项活动心中有数，而且对各项活动的服务也一目了然，同时令服务者职责明确，各司其职、各负其责，从而提高会务的整体质量。从文本结构看，全文由标题、正文和文尾组成。标题由会议名称和文种组成。正文由"会议须知""会议安排""会议生活指南"和"会务联系指南"四部分构成。文尾署明制定者和制定时间。会务指南实际上是一个会务说明书，这种文书主要采用说明表达，本文对这些都把握得比较准确。

【阅读思考】

1. 本文主要以什么作为行文主线？为什么要以它作为主线？

2. 本文所用表达方式是什么？是不是所有这类文体都应采用这种表达方式？

（二）基础知识认知

1. 特点

（1）程序性强。撰写会务指南须以会议为中心，以整个会议安排程序为线索，体现会议的全过程，使参会者事先对会议有全方位的了解。程序又可以体现会前、会中和会后。

（2）时间性强。会务指南对时间的要求非常强，精确度非常高，不仅要求告知与会人员某日要做什么，而且要精确到某时某分。如参观考察，8：10 出发，8：50 到达，9：50 离开。若不如此明确，会议活动的步伐就无法统一，也无法进行下一步的工作与活动。

（3）语言简洁。撰写会务指南的目的是向参会者传递会议内容和会议服务信息，使参会者对会议内容和服务事项心中有数，并在其指导下准确无误地参与会议活动和接受服务。因此，写作上应力求实在、简明，让人一看就懂，不需华饰。

（4）表达方式以说明为主。会务指南其实就是参会说明书或者会议说明书，故只以说明方式表达，其他方式都不宜使用。

2. 分类

根据会议性质，有商务洽谈会会务指南、产品展销会会务指南、学术研讨会会务指南、各式博览会会务指南，等等。

根据指南目的，有参会指南和会议指南。前者如例文 13.3.1，这种会务指南随邀请函或通知发出，主要为被邀者作入会指南；后者如例文 13.3.2，这种会务指南通常在报到时发给每个参会者，主要为参会者在会议期间参与会议的各种活动作指南。

（三）文本写作

会务指南由标题、正文和文尾构成。

1. 标题

会务指南标题由会议名称和文种构成，如《南充优势产业项目推介会会务指南》、《中国第三届制冷年会会务指南》。

2. 正文

会务指南的正文要以指南为目的行文。参会指南主要以如何参会为核心，写明参会前的各项（包括需要准备和不需准备的）事项。一般按照会议内在联系分项行文，内容要写明会议时间和地点、报名时间和手续及程序、报到日期和地点及交通、会议费用、食宿安排以及有关联系情况等。

会议指南主要以会议如何进行为核心，重点写明会议的各项具体事项，一般分"会议须知""会议安排""会议生活指南"和"会务联系指南"等部分行文。"会议须知"是从总体原则作出指南；"会议安排"则是按照日程对每天会议的各项有关事项进行指南，要写得非常详细、具体、明了，内容包括事项、时间、地点、参加人员、联系人及电话等；"会议生活指南"包括食宿、乘车、购物甚至参观等；"会务联系指南"是为参会者有事需服务时提供联系方便，内容包括联系地址、联系电话、联系人等。

正文行文既要从目的出发，重点明确；又要体现逻辑，条理清晰；还要明确具体，简明扼要。

3. 文尾

会务指南的文尾同样要署名和写明成文日期。这是公文以及应用文体不可缺少的内容。

（四）写作注意事项

1. 明确目的，抓住重点

参会指南与会议指南目的不同，内容侧重点也不同，写作时要注意区分，不能没有区别。

2. 尊重逻辑，讲究条理

会务指南正文一般采用分项行文，对各项立项不仅要项目明确，而且要表述严谨；项目的排序也要体现各项相互之间的联系，讲究逻辑性。

3. 表达简明、具体、准确

会务指南实际上是会议行动指南，很多地方是需要参会者执行的，如果不简明、不具体、不准确，不能给参会者以具体而明确的指导，就很可能会给参会者带来不便甚至造成失误，这就不能真正起到指南的作用。

总之，会务指南虽不是需长久保留的公文，但也不能随便为之。一份高质量的会务指南不仅能为参会者提供方便，而且也在一定程度上反映了承办者的办会质量与水平，展现其服务形象。

二、会议记录

会议记录是开会时，由专门的记录人员将会议的组织情况和具体内容如实地记录下来所形成的书面材料，它是会议的重要资料和文书之一。

（一）文本导读

【例文 13.3.3】

××区政府办公会议记录

时　间：12月6日下午

地　点：第一会议室

主持人：区长阎×

出席者：副区长李×、赵×、于××、钱××

列席者：农办主任吴××、研究室主任常××、商务主任王××、畜牧局长孙××、粮食局长张××、教育局长金××

记　录：邹××（办公室秘书）

阎区长：今天研究三个问题：①请李×同志传达市商业工作会议精神，研究决定我们明年的商业工作重点；②请于××同志谈谈当前奶牛养殖中存在的主要问题，研究解决办法；③请钱××同志传达市人大代表视察我区教育工作时提出的意见，商定我们的解决办法。

发言（按发言顺序记录）：

李×：市里的商业工作会议是上月15日召开的。会议纪要和市领导同志的讲话已印发给大家了，这里就不重复讲了。这次会议主要解决两个问题：一是商业改革问题。会上介绍了一些商业、服务业的门店实行租赁制的经验。二是增加商业网点、方便群众生活问题。全市新建小区不少，那里群众反映商业网点太少，生活很不方便。会议要求各区、县要设法解决这些问题。

咱们区今年商业工作进步很大，特别是在一些中小门店搞租赁试点以后，出现了一些新气象。过去的亏损门店扭亏为盈，服务态度也有了较大的改进。我们区的"城门前综合商店"这次还在市商业工作会议上介绍了经验，得到与会者的重视。

赵×：这个店的经验很值得重视。它的地理位置不错，经营品种也不少，可过去半年亏损，群众反应很大。实行租赁以后就大大改观了。我找一些商店经理谈过此事，他们认为"城门前综合商店"的办法可以推广。

钱××：租赁这种事可以搞，但时间太短，应当看一看。

于××：中小型门店可以实行，大型的可不可以搞，恐怕还得再调查研究一下。

李×：我也认为可以在中小型门店推广这个办法。

阎区长：搞租赁制是个好办法，明年我们先在中小型门店实行，总结经验，研究存在的问题，不断加以完善。大家是否同意这个意见？（大家表示同意）这件事就这么定下来了。

李×：会上提出商业网点问题。咱们区问题较大，这几年在咱们这儿盖了许多楼房，形成了两个楼区。几十栋高层建筑，几万人口。一下子增加这么多人，商业压力很大，群众也很有意见。电台、晚报等新闻单位转来了不少群众来信，我也收到一些提意见的信，看来必须尽快解决。我同商委的同志研究一下，明

275

年商业工作的重点应是：加快小区商业网点建设，在楼群中开三四个综合商店，再搞一批代销点；在中小型商业门店中，当然也包括服务、饮食、修理业——我们应把这些也都包含在商业中，推行租赁制，以这种改革促进服务质量的提高，改进服务态度。具体工作计划在这次会议后订出，明年年初召开一次全区的商业工作会议，在会上进行部署。

于××：市里召开发展奶牛、改善牛奶供应会议以后，区里决定在山坡乡由区办三个奶牛场，各乡也要发展集体或户养奶牛。经过近两年的努力，咱们区奶牛产业发展很快，给市里提供了新的奶源，受到市领导的表扬和群众的称赞。当前，饲料成了问题，特别是精饲料，供应不足。各乡还可以自己想点办法，区办的三个场困难更大。这三个场的牛奶产量占全区的1/2以上，因此，亟须解决它们的问题。当然，乡办的集体牛场和一些养牛专业户也有这个问题，但目前还能维持，从现在抓起，不会产生大的影响。解决的办法我看还要粮食局设法调拨。张局长、吴主任，你们看怎么办好？（张、吴表示可以帮助解决）

钱××：本月1日和2日市人大代表一行8人来我区视察教育工作。他们视察、走访了16所小学，对各校工作的成绩给予了充分的肯定，对学校领导、老师、学生提出的一些问题作了解答。有的代表还接受了学校的邀请，答应抽时间给师生作报告。视察结束后，代表们提了一些很重要的意见：要求区里立即解决前山、子母堡、洼地三个小学的危险教室翻新问题。这三所小学各有两三间教室是危房，有倒塌的危险。

阎区长：金××同志，你立即给三个小学打电话，这些教室马上停止使用，并在周围设立屏障和危房标志，必须确保安全。

钱××：解决这三个学校的危险教室问题已迫在眉睫。现在最主要的问题是经费不足。我的意见是无论怎么困难也得先翻修。修教室期间，学生可以分二部制上课。

阎区长：对三件事，我讲以下意见：

第一，商业会议明年年初开。同意商委意见，明年工作的重点是：推行租赁制，先在中小型门店搞，加快网点建设。除了依靠我们自己的力量，还要发动群众，多办些代销点，货源我们保证，形成一个网。

第二，奶牛场饲料问题，要保证区办的三个场。请粮食、畜牧局同志协商解决，一定要尽力优先区办的三个场，保证一定量的牛奶供应。各乡也要因地制宜，早作规划，尽快解决饲料供应问题，不要等到不能维持时再办。这件事情请张局长、孙局长协助各乡办好。

孙××：饲料问题，我们一定尽力解决，饲料公司已有准备。

阎区长：饲料公司还是有远见的，请优先解决区办的三个奶牛场的问题。

第三，三个小学危险教室问题，我应该检讨。这么严重的问题，若不及时解决是会出乱子的。危险教室先停止使用，教育局立即筹款请城建部门协助，找最好的施工队，在短期内翻新好。修房期间可以实行二部制，不要影响学生上课。过两天，请金×同志跟我到这三个学校看看。

大家对这三件事这么办还有什么意见，请发表。（大家表示没什么意见）没有不同意见就这么决定了。

散会。

主持人：（签名）

记录人：（签名）

200×年12月7日

【导读】

这是一篇行政办公会议记录，其文本由标题、正文和文尾构成。标题由会议名称加文种构成。正文开头分项记录会议的时间、地点、主持人、出席人、列席人和记录人。主体以主持人提供的三个议题为核心，按发言人发言先后记录，记录详细而具体，体现了会议情形。结尾写明"散会"，表明会议结束，记录完毕。文尾主持人和记录人分别签名，以示负责。最后写明记录时间。本文是一篇写得较好的详细会议记录。其优点在于：①行文格式规范；②体现了会议的原貌，不仅记录了会议发言情况，一些细节情形也作了记录，如"大家表示同意""张、吴表示可以帮助解决""大家表示没什么意见"等，它们对体现会议的真实性具有极大的帮助；③语言流畅，体现了记录者的语言功底与职业能力。

【阅读思考】

1. 会议对讨论的问题（议题），经过讨论后必须有一个比较一致的结果（即会议决定），请试概述本文讨论的三个问题的会议决定。

2. 会议记录要求体现会议原貌，你认为要从哪些方面着手才能体现会议原貌呢？

【例文 13.3.4】

××学院第××次办公会议记录

时　　间：200×年×月×日

地　　点：行政楼 306 会议室

出席人：罗××（院长）、吴××（财务处长）、陈××（基建办主任）、黄××（院办主任）、谢××（院办秘书）及各系各部门主要负责人。

缺席人：朱××、王××（到省开会）

主持人：罗××（院长）

记　　录：谢××（院办秘书）

（一）议题

1. 陈××报告院基本建设进展情况。（略）

2. 主持人传达省政府《关于压缩行政经费的通知》。（略）

（二）讨论

我院如何按照省政府的《通知》精神，抓好行政经费的合理开支，切实做到既勤俭节约，又不致影响正常教学、科研等活动的开展。

（三）决议

1. 利用两个半天时间（具体时间由各系各部门自己安排，但必须安排在本周内），组织有关人员集中学习《通知》，领会精神，提高认识，统一思想。

2. 各系各部门负责人在认真学习、领会《通知》精神的基础上，利用下周二下午学习活动时间向教职员工传达、宣讲。

3. 各系各部门责成有关人员根据《通知》的压缩指标，重新审查和修订本年度行政经费开支预算，并于两周内报院长办公室。

4. 各系各部门必须严格控制派出参加校外会议及外出学习的人数，财务部门更要严格把关。

5. 利用学习和贯彻《通知》的机会，对全院师生员工普遍开展一次勤俭节约、艰苦朴素的传统教育。

散会。

主持人：罗××

记录人：谢××

200×年×月×日

【导读】

这是一份摘要式行政会议记录。记录行文的格式与详细记录没两样，但主体部分只反映了会议基本内容的要点，却没有会议的讨论情形，讨论者个人的发言意见基本没有体现。因此，这种记录一般不宜用于重要会议。

【阅读思考】

1. 分析该文本的构成。

2. 本记录的会议议题有两项，但后面讨论和决议的内容则仅涉及"贯彻省政府《通知》精神、压缩行政经费"一项内容，完全未涉及另一内容，你认为这种做法妥当吗？

（二）基础知识认知

1. 特点

（1）真实性。会议记录的执笔者与其他文章的写作者有一个重要的区别，那就是他只有记录权，没有发挥、改造权。会议是什么样就记成什么样，与会者发言时说什么就记什么，记录者不能进行加工、提炼，不能增添、删减，不能移花接木，不能张冠李戴。

（2）原态性。会议记录是会议情况和内容的原始化记录。所谓原始，就是未经整理，未经综合。在这一点上，它跟会议简报、纪要有着很大不同。会议简报和纪要也是真实的，但不是原始的。虽然在内容上可能没有太大差别，但在存在形态上，会议记录跟会议简报和纪要的差异甚大。

（3）完整性。会议记录对会议的时间、地点、出席人员、主持人、议程等基本情况，对领导讲话、与会者的发言、讨论和争议、形成的决议和决定等内容，都要记录下来，一般没有太多的选择性。

2. 种类

按照会议性质来分，会议记录大致有办公会议记录和专题会议记录两种。办公会议记录又可分为例行办公会议记录和现场办公会议记录。专题会议记录包括研讨会议记录、座谈会议记录、联席会议记录等。

按记录方式分，有摘要记录和详细记录。一般性会议多用摘要记录，它只记录会议要点和中心内容，所记一般都是领导发言、会议决定和决议；重要的办公会议与专题会议多采用详细记录，它记录详细而具体，并且尽量记录原话。

3. 会议记录与纪要的区别

会议记录与纪要都属会议公文，有密切联系，但也有明显区别。

（1）反映会议情形不同。会议记录是会议全程的如实记录，它反映会议的原始面貌；纪要的写作虽以会议记录等作为基础和依据，但它是以概述的手法反映会议主要内容（如议项、决定等）、体现会议概貌和重点，是会议的精神所在。

（2）行文人称不同。会议记录参会者的讨论发言在未形成会议决定或决议之前都只是个人的意见，因此，记录时要写明发言者的姓名、职务等，是以发言者个人名义行文；而纪要则是会议的主要内容和基本精神的概括，不再存在个人因素，因此，不能用个人名义行文，而要以会议名义行文。

（3）语体风格不同。会议记录体现会议原貌，记录下来的基本是个性化的口头语；纪要则是写作者对会议记录等会议公文、材料的加工、整理和概括，使用的是庄重、简明的书面语。

（4）公文处理有别。会议记录只作为机关单位内部存查使用的文书，不对外发送；纪要则根据实际情况在一定范围内发送传达，作为法定行政公文使用。纪要报送上级时，会议主办单位还需另拟一份递送报告与之一并报上；下发时，也应另拟一份印发通知与之一并下发。单位的行政办公会议纪要有法定的格式，即纪要格式，要按法定格式规范。

（三）文本写作

会议记录的文本结构包括标题、正文和文尾三部分。

1. 标题

标题由会议名称加文种名称组成，就如《××××会议记录》。如果使用的是专用的会议记录本，连"记录"二字也可省略，只写会议名称即可。

2. 正文

正文可分记录头、记录体和记录尾，并以三位一体的线索进行记录。

记录头写明会议的组织概况。内容包括会议名称、时间、地点、出席人数、列席人数、缺席人数、主持人、记录人等。上述内容常按惯用格式分项列记。

记录体记录会议内容。内容包括会议议题、议程、主持人开场发言、主题报告、讨论发言、表决情况、会议决定和决议，以及会议的遗留问题等，要求如实、准确记录。

记录尾即结尾，表明会议结束，记录完毕。另起一行写"散会"二字，如中途休会，则写明"休会"字样。

3. 文尾

文尾包括两个内容：一是签名，即由主持人和记录人对记录进行认真校核后，分别签上姓名，以示负责；二是标注记录时间，一般年、月、日都要标全。

（四）写作注意事项

（1）体现会议过程，反映会议原貌。会议记录的主体内容，从主持人开场讲话开始到最后宣布散会结束，中间是一个个议程的有序进行，对每一议题的讨论发言，通常按发言者发言先后顺序记录。会议记录体现全程。不仅如此，会议记录还要求如实记录，反映会议的具体情形。如发言者的姓名、职务，发言内容以及引起的反应等，都应在记录中得到体现，反映出会议的原始面貌。

（2）记录内容真实。纪实性是会议记录的重要特征，因此，必须确保记录内容的真实。首先要准确，要完全理解发言者的实际原义，做到记录完整；其次要清楚，尤其是书写要清楚，采用速记技巧记录的，要及时还原成规范汉字。

（3）记录既要全面，又要突出重点。会议中心议题及围绕中心议题展开的有关活动，会议讨论、争论的焦点及各方的主要见解，权威人士或代表人物的言论，会议开始时的定调性言论和结束前的总结性言论，会议议决或议而未决的事项，对会议产生较大影响的其他言论或活动等，都是需要重点记录的。

【写作思考与实训】

1. 何谓会务指南？参会指南与会议指南的根本区别何在？

2. 会务指南有哪些特点？

3. 会议记录有哪些特点？

4. 会议记录与纪要有哪些区别？

5. 参加单位或学校的一次会议，用详记法写一份会议记录。

第十四章
礼仪公文读写

礼仪是在人类历史发展中逐渐形成并积淀下来的一种文明文化，它以某种精神约束、支配着每个社会成员。我国历史悠久，素有"文明古国""礼仪之邦"之美誉。在古代，"礼"被人们作为个人生存和立身社会、成就事业、治国安邦之本。孔子说："不学礼，无以立。"（《论语·季氏》）荀子说："人无礼则不生，事无礼则不成，家无礼则不兴，国无礼则不宁。"（《荀子·修身》）这些先哲们的思想深入人心，教诲后人要以礼修身，以礼行事，以礼治国。在当代社会，礼仪不仅对个人品德修养、立身社会和安邦治国非常重要，对各种组织之间加强协作、增进情谊同样不可忽视。

本书所谓的"礼仪公文"，就是指以组织名义发出的以促进交往、增强情谊为目的的公务文书。这种文书用途很广，文种繁多，因限于篇幅，在此仅介绍请柬、邀请书（函），祝词、贺词、贺信（电），欢迎词、欢送词，答谢词、感谢信，慰问信、表扬信，讣告、唁电、悼词等常用文种。

第一节　请柬、邀请书（函）

请柬、邀请书（函）是单位、团体在邀请客人参加庆祝会、纪念会、联欢会、招待会、订货会、宴会等喜庆活动时发出的礼仪公文。它们属于邀请类礼仪公文。

请柬，也叫请帖，是邀请公文中最庄重、最简易的一种礼仪公文；邀请书（函）则是一种比较复杂的请柬，它除了能起到类似请柬向客人发出邀请的作用外，还有向被邀者交代所需办理的相关事项的作用。

邀请书与邀请函都是一种文书，但在习惯和用法上又有所区别。一般能直接送达的用邀请书，而需要通过邮寄才能送达的则用邀请函。

一、文本导读

【例文 14.1.1】

纪念××大学建校 100 周年

（1908—2008 年）

请　柬

×××先生：

为庆祝我校建校 100 周年，特定于 10 月 20 日上午 9 时在我校礼堂举行隆重的庆祝大会，届时敬请光临。

　　此致
敬礼！

××大学校庆筹备委员会

2008 年 10 月 12 日

【导读】

这是一份邀请有关人士出席百年校庆的请柬，既庄重严肃，又显出喜庆和对被邀者的尊重。时间、地点和具体内容在简短的一句话中全部概述出来，简洁明了。

【阅读思考】

1. 该请柬的正文仅一句话，却表达了哪几层意思？

2. 邀请他人需讲究礼貌、礼节，你认为应在哪些方面去体现？

【例文 14.1.2】

邀请函

尊敬的冯小刚导演：

近来网上对您在《天下无贼》一片中所表现的偷窃技巧对社会有无负面影响这一问题议论颇多。说有说无，莫衷一是。我们也曾为此组织了几次讨论，但两种意见针锋相对，难见分晓。您是该片导演，想必最有说法。

近日，欣闻您将赴穗参加"2004 年喜剧片金像奖"开幕式，借此良机，我们诚邀您于 3 月 11 日下午 4 时莅临我校参加学生会组织的该片影评会。恭请届时拨冗与会，并企聆您的高见。

切盼大驾光临！

××大学学生会

2005 年 3 月 9 日

【导读】

这是一份邀请著名导演冯小刚参加其所导影片《天下无贼》影评会的邀请函。标题以文种为题；称谓用尊称；正文首先阐明邀请缘由，接着阐明获得邀请机会并郑重发出邀请，最后提出希望；文尾署明邀请单位和邀请时间。

【阅读思考】

1. 比较例文 14.1.1 和例文 14.1.2 在写法上的区别。

2. 分析本文的语言特色，说说这种特色是如何形成的？

二、基础知识认知

1. 特点

请柬与邀请书（函）是同一性质的礼仪文书，用途相同，写法也基本相同；不同之处在于写作繁简有别、制作有别。其主要特点表现在：

（1）知照性。发请柬或邀请书（函）的主要目的是要告知被邀请者有关情况，让被邀请者能按请柬或邀请书（函）所述情况准确赴邀。因此，请柬或邀请书（函）务必将事情、时间、地点、要求等写得准确无误，切勿出错或遗漏。

（2）庄雅性。请柬、邀请书（函）是最典型的礼仪文书，也是颇庄重的礼仪文书，内容所涉均为庄重、严肃、喜庆之事，在语言上则追求"雅"与"达"。"雅"是语言优雅；"达"是文通意明。要做到庄雅，除使用惯用语外，还可恰当运用礼仪性文言词语。

（3）及时性。这是对请柬、邀请书（函）发送时间的要求。如果发送过早，可能易被受邀者遗忘；过迟又可能使受邀者措手不及，难以准备。所以，一定要根据实际情况，在适当的时候及时发送给受邀者。

此外，对请柬而言，还应在制作上讲究精美和艺术性。发送时也要讲究郑重性，即使受邀者近在咫尺，也要提前亲临登门郑重送达；如是邮寄，最好再用电话郑重相邀，以示对被邀请者的极度尊重和友善。

2. 分类

邀请公文从不同的视角划分可得出不同的类别。

（1）按用途可分为会议邀请公文和活动邀请公文。

（2）按内容性质可分为喜庆邀请公文和日常应酬邀请公文（如社团聚会、学术交流等）。

（3）按文种可分为请柬和邀请书（函）。

三、文本写作

请柬和邀请书（函）的写法基本相同，其文本一般由标题、称谓、正文和文尾构成。

1. 标题

请柬和邀请书（函）的标题有两种写法：一是直接以文种为题；二是以"事由 + 文种"为题，如《纪念××大学建校 100 周年（1908—2008 年）请柬》《招标邀请书》《关于出席亚太经济发展会议的邀请书》等。

2. 称谓

请柬与邀请书（函）是有明确而特定邀请对象的，不能没有称谓一项。称谓要在标题下空一行顶格写明单位或个人的称呼。单位写名称；个人写尊称或敬称，如"尊敬的××教授""×××先生/女士"等。

3. 正文

请柬与邀请书（函）的正文一般分成开头、主体和结尾三部分。

开头写邀请缘由，主体提出邀请，结尾提出要求或希望。内容上要求将邀请的事情、时间、地点、要求说得既明确又具体。

4. 文尾

写明邀请单位和邀请发（寄）出日期。

四、写作注意事项

（1）应以尊重友好的态度邀请对方。

（2）语言应庄重典雅、简明扼要。

（3）内容要具体明确。

【写作思考与实训】

1. 概述请柬与邀请书的异同。

2. 邀请书与邀请函在使用上有何不同？

3. 指出如下邀请书有哪些不妥之处，并作正确修改。

邀请书

尊敬的×××教授：

为了纪念辛弃疾仕闽810周年，我会定于2004年×月×日至×日在风景秀丽的武夷山举行辛弃疾学术研讨会。您对辛弃疾素有研究，造诣颇深。我们恳请您莅临指导。现将有关事项通知于后。

一、研讨会内容：

1. 宣读学术论文

2. 交流研究经验

二、出席会议的代表原则上应向大会提交学术论文。

三、会议的住宿费、伙食费由大会负担，往返交通费由代表所在单位负担。

四、接到邀请通知后，请立即向大会筹备组寄回代表登记表（在会前三天不见寄回登记表，即视为不出席会议，不再安排食宿）。

五、报到时间：2004年×月×日。

六、报到地点：武夷山市××宾馆（××路××号）。

七、代表登记表请寄武夷山市××大学辛弃疾研究所××同志。邮编×××××。

辛弃疾学术研讨会筹备组（公章）
2004年×月×日

第二节 祝词、贺词、贺信（电）

祝词、贺词、贺信（电）属祝贺类礼仪公文。祝词，也写作"祝辞"，是机关、团体、单位在各种喜庆活动中对单位或个人表达美好祝愿的礼仪性演说词，如开业祝词。贺词，也写作"贺辞"，是机关、团体、单位在他人或单位取得成就、获得成功的庆典活动中表示庆贺、道喜的礼仪性演说词。

283

祝词与贺词的区别是：祝词是表达对他人或单位的一种美好愿望及期待，但这种愿望与期待尚未成为现实，需被祝者去努力实现；贺词是被贺者已经取得了某种成就或成功，这种成就或成功已是既成事实，祝贺者被对方的成就或成功所鼓舞、所感动，从而为其庆贺、道喜。因此，严格地说，祝词与贺词有事前与事后之分。

贺信（电）其实就是贺词，所不同的是，祝词与贺词都是在活动现场当众演说，贺信（电）的祝贺者无须亲临现场当众演说，而是使用书信或电报形式寄出或发出表达祝贺。贺电与贺信相比较，贺电比贺信要更简洁、更快速。

一、文本导读

【例文 14.2.1】

在平湖市青少年生态环保活动启动仪式上的祝词①

团市委书记　顾秋莉

尊敬的各位领导、各位来宾、老师们、同学们：

在 6 月 5 日世界环境日即将来临之际，今天，团市委、市环保局、市教育局、市少工委在这里联合举行"平湖市青少年生态环保系列活动启动仪式暨绿之韵少儿环保时装秀大赛"。在此，我首先代表团市委、市少工委向出席我们今天活动的各位领导表示热烈的欢迎和衷心的感谢！向给予我们这次活动大力支持的各有关单位，以及积极承办本次活动的新埭中心小学表示诚挚的谢意！

近年来，团市委、市教育局、市环保局、市少工委充分认识到青少年环保宣传教育的重要性，相继开展了"青少年绿色环保夏令营""环保小卫士统一行动""青少年环保漫画大赛""亲子环保一日评选"等系列活动，建立了青少年生态监护站，成立了环保志愿者服务队，为在全社会倡导热爱自然、保护生态、改善环境的良好氛围发挥了积极作用。为进一步动员广大青少年参与生态环境保护行动，深入推进我市"国家级生态市"的创建，今年我们将继续开展青少年生态环保行动。今年我市青少年生态环保系列活动的主题是"保护生态环境，构建和谐家园"。这个系列活动除今天的启动仪式暨少儿环保时装秀大赛外，还包括了生态城市创建宣传语的征集、生态环保采风摄影大赛、"变废为宝"巧思巧手工艺品爱心义卖、环保志愿者（环保小卫士）统一大行动，等等。在整个系列活动结束之后，我们还将在 7 月底召开系列活动的总结表彰会议。

青少年朋友们，保护生态环境，就是保护我们自己。

我们的行动只有起点，没有终点。我们将以此次系列活动的启动为契机，进一步教育引导青少年增加生态环保意识和可持续发展意识，以实际行动推动青少年生态环保工作，为我市创建"国家级生态市"贡献一份力量。

最后，预祝今年的青少年生态环保系列活动取得圆满成功！祝同学们健康快乐！祝各位来宾和教师们工作顺利，身体健康！

【导读】

这是一份在活动启动仪式上祝愿活动取得成功的祝词。人们习惯上也将这类祝词归属为祝事业类。该祝词的文本由标题、致词者说明、称谓和正文构成。标题由"讲话场所＋文种"构成，这是祝词标题的一种常用表示形式。致词者说明，是说明致词者的身份和姓名，这亦可看作是公文结构模式里文尾中署名的前移。称谓用"尊敬的各位领导、各位来宾、老师们、同学们"，切实而得当。正文分为三层。首段为开头，交代活动背景、活动开展和

---

① 转引自刘美凤. 秘书常用文书写作大全. 北京：蓝天出版社，2007.412.

具体内容；再明确致词者的身份，并表达对各有关方面的谢意。第二、三、四段为主体，先回顾前段活动的成绩，再明确此次活动的目的、具体内容和要求（即应取得的成效）。最后一段是结尾，表达美好祝愿。

【阅读思考】

1. 可不可以将本文的"祝词"改为"贺词"？为什么？

2. 祝词一定要切合致词者的身份，联系本文谈谈致词者是以怎样的身份致词的？哪些地方表明和体现了致词者的身份？

【例文 14.2.2】

2006 年元宵节祝词①

郑州越达自动化焊接设备有限公司董事长 张玉良

（2006 年 2 月 11 日）

当我们满怀激情送走普天同庆的春节后，接着又迎来了中华民族的又一个传统节日——元宵节。在这美好的时刻，我们举办烟火晚会，共庆元宵佳节。在此，我代表郑州越达自动化焊接设备有限公司向全体员工致以节日的祝贺，向各位来宾表示热烈的欢迎，向一直关心和支持越达公司发展的各界人士表示衷心的感谢！

越达过去的成绩，得益于各界人士的共同努力和大力支持。越达未来的发展，更有赖于全体员工的团结奋斗和各界人士的关心和厚爱。新的一年，孕育着新的希望，昭示着美好的未来，我坚信，有大家的支持，越达的明天会更加美好。

流光溢彩迎盛世，火树银花不夜天。这是越达公司春潮涌动、生机勃勃的生动写照，是越达公司继往开来、谋求发展的壮志豪情，是越达公司喜迎嘉宾、缔结友情的华彩礼赞！

最后，祝愿大家工作顺利！阖家欢乐！万事如意！

【导读】

这是一篇节日祝词。祝词充满激情，致词者向全体职员和来宾送上了喜庆元宵的美好祝愿，同时也借此表达了对企业美好未来的憧憬，体现出节日盛会的喜庆气氛。写法上基本与例文 14.2.1 相同，可见，祝词的行文基本上是一致的。

【阅读思考】

1. 试为本文划分层次，并概括各层内容。

2. 祝词不仅要表意，而且要表情，情意结合才能体现喜庆的特色，试谈谈本文是怎样将情意结合起来表达的。

【例文 14.2.3】

寿诞祝词

尊敬的各位来宾、各位亲朋好友：

春秋迭易，岁月轮回，当甲申新春迈着轻盈的脚步向我们款款走来的时候，我们欢聚在此，为×××先生的母亲——我们尊敬的××妈妈共祝八十大寿。

在这里，请允许我，首先代表所有老同学、所有亲朋好友向××妈妈送上最真诚、最温馨的祝福，祝××妈妈福如东海，寿比南山！

---

① 转引自刘美凤. 秘书常用文书写作大全. 北京：蓝天出版社，2007.406.

风风雨雨八十年，××妈妈阅尽人间沧桑，一生勤劳节俭、善良淳朴、宽厚待人、慈爱有加。这一切，陪伴着她老人家度过了以往的艰辛岁月，也为她老人家赢来了晚年的幸福生活。

而最让××妈妈欣慰的是，这些美好品德都被她的爱子××先生所承继。多年来，他叱咤商海，以过人的胆识和诚信的商德获得了巨大的成功。然而，他没有忘记父母的养育之恩，没有忘记父老乡亲的提携之情，没有忘记同学朋友的相助之谊，为需要帮助的亲友慷慨解囊，为家乡建设贡献力量。可以说，他把孝心献给了父母，把爱心献给了家乡，把关心献给了亲人，把诚心献给了朋友。在此，我提议，让我们以最热烈的掌声，为×××先生再送去无穷无量的信心！

嘉宾饮酒，笑指青山来献寿；百岁平安，人共梅花老岁寒。今天，这里高朋满座，让初春有了盛春般的温暖。

君颂南山是因南山春不老，我倾北海是冀北海量尤深。最后，让我们再次为××妈妈献上最衷心的祝愿，祝福老人家生活之树常绿，生命之水长流，春晖永驻，寿诞快乐！

祝福在座的所有来宾身体健康、工作顺利、阖家欢乐、万事如意！

谢谢大家！

×××

××××年×月×日

【导读】

这是一份祝寿词。祝寿词的写法一般是首先以饱满的热情向寿者表示热烈的祝贺，然后礼赞寿者的人生成就和高尚品格，最后再次对寿者表达美好祝福，并给参加庆寿的人们送去美好的祝愿。本文正是按照这种思路行文的。

【阅读思考】

1. 祝寿词免不了要对寿者进行评价，你认为作这种评价应怎样进行？

2. 在祝词中，常常在开头和结尾都会使用祝语，你认为这是不是重复？为什么？

【例文 14. 2. 4】

徐匡迪致刘先林的贺信①

刘先林院士：

您好！日前看到《新闻联播——时代先锋》栏目介绍您的先进事迹，感受良深。

关键精密测量仪器是我国振兴装备制造业的重要组成部分，党中央、国务院将此列入关键技术重点突破领域之一。以您为首的科研小组在航空测量仪器研制上取得突破，为我国测绘行业由传统技术体系向数字技术体系转变、航空摄影测量大型仪器设备国产率达到95%，作出了卓越贡献。

细梳您的科研生涯，集中体现了胡锦涛总书记在去年两院院士大会上倡导的"心系祖国、自觉奉献的爱国精神；求真务实、勇于创新的科学精神；不畏艰险、勇攀高峰的探索精神；团结协作、淡泊名利的团队精神"。尤为称道的是，您作为首席工程院院士，没有躺在功劳簿上，虽已耆老，依然奋斗在科研第一线，不断创新，硕果累累。

在我国工程科技界，还有许多像您这样的院士，在各自的领域，潜心科研、忘我奉献，无愧于时代先锋、人民楷模，中国工程院以你们为骄傲！

衷心祝愿您描绘出更加美丽的蓝图并祈保重身体。

全国政协副主席、中国工程院院长　徐匡迪

2007 年 8 月 8 日

---

① 引自 http://news.sohu.com/20070816/n251611896.shtml.

【导读】

这是一份以领导个人名义发出的贺信，但仍具公文性质。该贺信写得不仅规范，也很有特色。首先是结构严谨，行文规范。贺信通常由标题、称谓、正文和文尾四要素构成，本文四要素齐备。正文先述写作贺信缘起，再赞颂被贺者所取得的成就及其意义、价值，最后以祝愿语作结。行文脉络清晰、规范，给人以眉清目秀之感。其次是针对性强，重点突出。贺者以从《新闻联播——时代先锋》栏目获知刘院士先进事迹而有感而发，旨在宣扬其成就和精神，有的放矢，针对性强。写信的缘由和最后的祝愿均一笔带过，而对刘院士取得的成就以及精神意义则用笔较多。在刘院士取得的诸多成就中，又突出以其为首的科研小组"在航空测量仪器研制上取得突破……作出了卓越贡献"。更难得的是巧妙地引用胡锦涛总书记对两院院士倡导的精神来高度评价刘院士的精神，给予其极高评价和极大鼓舞。再次是质朴简练，短小精悍。全文不足500字，可谓言简意赅，言约意丰，短小精悍。贺信的语言质朴亲切，措词得体，真诚自然。

【阅读思考】

1. 具体谈谈本文在用语上的特色，并说明这种特色可反映出祝贺者怎样的人文品质。

2. 本文中作者既颂扬了刘院士，也颂扬了"我国工程科技界"同仁，这是一种怎样的写法？这样写有何好处？

【例文14.2.5】

中共中央　国务院　中央军委
对神舟七号载人航天飞行成功的贺电①

总装备部、工业和信息化部、中国科学院、国家国防科技工业局、中国航天科技集团公司、中国电子科技集团公司并参加神舟七号载人航天飞行任务的全体同志：

在中华人民共和国成立59周年到来之际，神舟七号载人航天飞行获得圆满成功，中共中央、国务院和中央军委向圆满完成这次飞行任务的英雄航天员，向所有参加这次任务的广大科技工作者、干部职工和部队官兵，表示热烈的祝贺和亲切的慰问！

神舟七号载人航天飞行圆满成功，实现了我国空间技术发展具有里程碑意义的重大跨越，标志着我国成为世界上第三个独立掌握空间出舱关键技术的国家。这是我国航天科技领域的又一次重大胜利，是中国人民在建设中国特色社会主义伟大进程中取得的重大成果，对于增强我国经济实力、科技实力、国防实力和民族凝聚力，鼓舞全党全国各族人民夺取全面建设小康社会新胜利、开创中国特色社会主义事业新局面具有重大而深远的意义。祖国和人民将永远铭记你们的历史功勋！

发展载人航天技术，和平开发利用太空，始终是中国人民的不懈追求。希望你们在以胡锦涛同志为总书记的党中央领导下，高举中国特色社会主义伟大旗帜，坚持以邓小平理论和"三个代表"重要思想为指导，深入贯彻落实科学发展观，大力弘扬"两弹一星"精神和载人航天精神，自力更生、艰苦奋斗，团结协作、拼搏进取，为继续推动我国航天事业发展、为实现中华民族伟大复兴不断作出新的更大贡献。

中共中央
国务院
中央军委
2008年9月28日

① 引自新华网 http://news. xinhuanet. com/newscenter/2008-09/28/content_10129673. htm.

【导读】

这是中共中央、国务院和中央军委庆贺我国神舟七号载人航天飞行取得圆满成功的贺电。贺电由标题、称谓、正文和文尾构成。标题由"发电机关＋发电事由＋文种"构成，这与法定公文的标题相似。称谓是给致贺对象，即这次飞行成功的各有关单位和个人的。正文写成三个自然段，第一段是就神舟七号载人航天飞行取得圆满成功，向有关人员表示祝贺；第二段是阐述神舟七号载人航天飞行取得圆满成功的重大意义；第三段是向有关人员提出希望，期待作出新贡献。最后文尾落款和明示致贺日期。

【阅读思考】

1. 试从本节所给例文概括祝贺公文标题表示的几种形式。

2. 试从本节所给例文概括正文行文的一般结构层次。

【例文 14.2.6】

贺　电

南京天邦生物科技有限公司：

欣闻贵公司弱毒活疫苗车间、灭活疫苗车间、强毒组织灭活疫苗车间通过农业部检查验收，被推荐为兽药 CMP 静态验收合格车间。谨向贵公司表示热烈祝贺！

公司顺利通过验收，将为优化产品研发、市场拓展能力提供有力保障，进一步提升天邦在行业的领先地位。

祝贵公司事业蒸蒸日上，再创佳绩！

上海邦尼国际贸易有限公司

2005 年 6 月 2 日

【导读】

这是一份道贺事业成功的贺电。贺电与贺词、贺信写法相同，但因电报是以字数计费的，因此，在行文上更应讲求语言的简洁、精练。

【阅读思考】

1. 分析各段内容，概括段意。

2. 文本中称对方为"贵"，具有怎样的表达作用？

二、基础知识认知

1. 特点

（1）友善性。祝贺公文是对对方的喜庆之事表示祝贺，总是一种善意的表达，目的是增进情谊。因此，祝贺公文一定要是真情实感的流露，要写得情真意切。

（2）喜庆性。祝贺公文是在喜庆的场合对祝贺对象真诚的祝颂祈福和良好心愿的表达，因此，在措辞用语上务必体现出一种喜悦、庆幸之情。

（3）严肃性。祝贺公文虽然在某种程度上可以调节气氛，制造喜庆氛围，但毕竟是代表组织、团体或单位，不可太随意，特别是在一些正规场合，一定要事先做好准备，使表达准确无误、自然得体。

2. 分类

祝贺礼仪公文按性质大体可分为三类：一是祝贺事业有成、兴旺发达的；二是祝福健康长寿、生活幸福美满的；三是喜庆祝酒，表达美好愿望、增进友情的。

三、文本写作

祝贺公文一般都由标题、称谓、正文和文尾构成。

1. 标题

祝贺公文的标题大体有五种形式。一是以文种为题，如"祝词""贺词""贺电"等；二是以"场所/时节 + 文种"为题，如《在平湖市青少年生态环保活动启动仪式上的祝词》《2006 年元宵节祝词》；三是以"祝贺者给受贺者 + 文种"为题，如《中华全国总工会、中国共产主义青年团、中华全国妇女联合会、中国科学技术协会、中华全国归国华侨联合会、中华全国台湾同胞联谊会、中华全国新闻工作者协会给中国文学艺术界联合会第八次全国代表大会、中国作家协会第七次全国代表大会的贺词》；四是正副标题，正题表明贺词主旨，副题则补充说明祝贺的场所/时节与文种，这种贺词一般发表在媒体上，如胡锦涛主席的《共同谱写和平、发展、合作的新篇章——2007 年新年贺词》；五是以"致贺机关 + 致贺事由 + 文种"为题，如《中共中央　国务院　中央军委对神舟七号载人航天飞行成功的贺电》。由此可见，祝贺公文的标题灵活性较大。

2. 称谓

祝贺公文的称谓是明确受贺者，应根据实际写出。也有不写称谓，而将祝贺受体在正文开头明确的，如"胡锦涛主席 2007 年新年贺词"。

3. 正文

正文包括开头、主体和结尾三个层次。开头大都是说明祝贺的缘由，表明致词者的身份，并表示敬意、祝贺或谢意；主体则根据不同祝贺公文类别，阐述成就或成功及其重要意义，或予以礼赞歌颂；结尾为美好祝愿，或表示衷心的祝福，或表达诚挚的期望。

4. 文尾

写明致词者的姓名或单位以及致贺时间。

四、写作注意事项

祝贺公文写作，首先要有针对性。这包括祝贺事由、对象、场合和致贺形式等。事由是指祝贺什么事情，是祝事业的开始还是贺事业已获得成功，是庆典庆贺还是节日祝福？要切合事理。对象是指向谁祝贺，他与你是什么关系，是上下级关系还是平级关系？要切合身份。场合是指祝贺的场地，是亲临现场讲话还是在他地寄信发电？要切合语境。致贺形式是指用什么文种，是用祝词贺词还是用贺信贺电？要写得得体。总之，要有的放矢，不能不伦不类。

其次是要写出真情实感，既要实实在在，平实得体；又要热情洋溢，充满喜悦、鼓励、希望、褒扬之情，富于感染性、鼓动性和启发性，使对方感到温暖、愉快，受到激励和鼓舞。切忌使用辩驳、指责、批评的词语和语气。颂扬、道贺要恰如其分，过分华丽的溢美之词会使对方不安，也会使感情的真实性大打折扣。

再次是祝贺公文不宜过长，尤其是贺电，语言要简洁精练，行文不仅要层次清晰，而且要高度简明扼要。

【写作思考与实训】

1. 祝词和贺词在用法上有何区别？
2. 贺信和贺电在写作上有何异同？
3. 试根据下面这封贺信，以沈阳体育学院名义给韩晓鹏同学发一封贺电。

贺　信

沈阳体育学院：

　　欣闻 2 月 24 日凌晨我国运动员、贵院学生韩晓鹏在第 20 届冬奥会自由式滑雪男子空中技巧决赛中，以 250.77 分的优异成绩为中国体育代表团再添一枚宝贵的金牌，取得了中国雪上项目的历史性突破，为祖国和人民争得了巨大的荣誉，也为贵院及兄弟体院争了光，谨向贵院和韩晓鹏表示热烈的祝贺和崇高的敬意！

　　这枚宝贵金牌是贵院秉承"厚德博学、弘毅致强"精神，并长期坚持"亦读亦训，科学训练"办学方针的硕果，将有力地鼓舞兄弟院校士气，振奋体育教育工作者的精神。

　　衷心祝愿贵院各项事业蒸蒸日上，再创辉煌！

北京体育大学
2006 年 2 月 24 日

第三节　欢迎词、欢送词

　　自古以来，我国素倡"礼尚往来"，并认为"来而不往非礼也"，于是在这种迎来送往的礼仪活动中便产生了欢迎词与欢送词。

　　欢迎词、欢送词属迎送类礼仪公文。欢迎词是在迎接宾客的仪式、集会、宴会上主人对宾客的光临表示欢迎的致词；欢送词是指在送别宾客的仪式上或会议结束时，主人或会议主办方对宾客或与会代表的离去表示盛情欢送的致词。

一、文本导读

【例文 14.3.1】

欢迎词①

各位领导、各位同仁：

　　在这生机盎然、欣欣向荣的金色季节，全省大中型客运企业运务暨结算会议在泰州召开。今天，我们很荣幸地迎来省运管局彭科长和李科长、省内专业运输单位的尊贵客人，在此，我代表泰州市长运公司全体员工向远道而来的各位领导、各位同人、朋友们表示欢迎，并对会议的召开表示祝贺！

　　随着交通部"十一五"规划的实施，高等级公路不断增加，新泰州与其他兄弟城市一样迎来了新一轮的发展机遇。泰州的交通事业随着泰州经济的飞速发展也日新月异。便捷的水陆交通给我们创造了更多的发展空间，直接促进了公司经济的发展，也为公司插上了腾飞的翅膀。作为"新泰州的城市窗口"，近几

---

　　① 引自 http://www.rrrwm.com，有改动。

年来，在市局领导、市运管处的关心支持下，我们团结拼搏，开拓进取，将公司驶入了崭新的"快车道"，公司化经营份额不断扩大，营业站点不断增多，公司线路辐射全国 14 个省市。

但是，市场充满机遇的同时同样也充满变幻。2007 年，对我们来说，又是不平凡的一年，公司面临着高位油价、火车增开班次以及提速、公司化经营班次不对等诸多困难。公铁竞争愈发激烈，客运市场变化多端，不确定因素显现出来，经营成本加大，企业经济效益进入了微利时代，安全风险压力增大。这一切给我们的经营与发展带来了严重的负面影响。我们正经受着一场严峻的冲击和挑战。作为专业运输单位，大家有着与我们相同的困境和难题，也有着共同的希望和要求，因此，趁这次难得的行业开会机会，我们拟定了火车提速、城乡公交一体化、全省联网售票等议题，以倾听大家释疑解惑的金玉良言。交通发展没有现成的道路可走，只能摸着石头过河，在探索中前行。各位领导、各位同仁都有明亮的慧眼，在交通发展的诸多问题上也一定有独到的见解、心得，在此恳请慷慨解囊，不吝多多指教，把好的做法、好的经验传授给我们，多点灯，指好路，共同破解运输发展中的难题。

市场总是机遇与挑战并存，我们相信只要大家齐心合力，共同携手，就没有走不过的坎，就一定能到达胜利的彼岸，"雄关漫道真如铁，而今迈步从头越"，让我们携起手来，以朝气蓬勃的精神状态，踏实稳健的前进步伐，在市场经济大道上披荆斩棘，搏战风云，昂首阔步奔向新世纪的美好明天！相信，我们在金猪年相约，我们也将在金猪年创造新佳绩！

明天我们将安排大家去溱潼风景区观光，由于泰州城市小、景点少，观光的地方不多，但泰州人非常好客。祝各位领导、各位同仁、朋友们在泰州过得愉快、过得舒心！

如在安排招待上有不周之处，请大家多多包涵。谢谢大家！

【导读】

这是一篇会议欢迎词。它首先对与会代表表示欢迎、对会议召开表示祝贺；接着阐述公司和行业所面临的机遇与挑战，以及此次会议围绕挑战（难题）所要进行的议题与所要达到的目的；最后先发号召鼓舞士气，后交代有关安排，并表达祝愿和客气之情，体现出主人的深情厚谊。

【阅读思考】

1. 欢迎词要体现出主人对客人的喜迎与客气，试以本文为例，说说哪些地方体现了这种情感？

2. 本文在语言上有何特色？

【例文 14.3.2】

欢送词

尊敬的女士们、先生们：

首先，我代表×××，对大家访问的圆满成功表示热烈的祝贺。

明天，你们就要离开××了，在即将分别的时刻，我们的心情依依不舍。大家相处的时间虽然短暂，但我们之间的友好情谊却是长久的。我国有句古语："来日方长，后会有期。"我们欢迎各位女士、先生在方便的时候再次来××做客，相信我们的友好合作会日益加强。

祝大家一路顺风，万事如意！

×××

××××年×月×日

【导读】

这篇欢送词写得短小精悍，简明扼要，情真意切。

【阅读思考】

1. 欢送词要体现依依惜别之情，试以本文为例，说说哪些地方体现了这种情感？

2. 具体分析本文的写作特色。

【例文 14.3.3】

胡锦涛致首飞航天员出征欢送词①

杨利伟同志、翟志刚同志、聂海胜同志：

你们好！见到你们很高兴！我代表党中央、国务院、中央军委，也代表江泽民主席，来为你们壮行！

党和国家高度重视我国载人航天工程，各有关方面为确保这一次飞行成功，做了精心的准备，现在"神舟五号"很快就要发射了。你们三位同志都是我国第一批航天员，都具有良好的素质、坚强的意志和过硬的本领。一会儿，杨利伟同志就将作为我国第一位探索太空的勇士出征，就要带着祖国和人民的重托去实现中华民族遨游太空的梦想，这是一个十分光荣的使命，也是一个十分伟大的壮举！此时此刻，全国各族人民，包括你的家人、你的战友都在关注着你、期待着你。我们相信，你一定会沉着冷静、坚毅果敢，圆满地完成这一光荣而又崇高的使命！

我们预祝这一次飞行取得圆满成功！我们等待着你胜利归来！

【导读】

这是胡锦涛同志代表党中央、国务院、中央军委和江泽民主席为"神舟五号"首航出征航天员所致的欢送词。

欢送词首先向航天员们问好，并表明此时的心情和代表党中央、国务院、中央军委和江泽民主席来送行的目的；紧接着围绕"壮行"二字，阐明这次飞行的准备工作，充分肯定航天员各方面的素质，阐明杨利伟同志作为我国第一位探索太空的勇士出征所肩负的使命与意义，以及全国各族人民、家人、战友的期待，并满怀信心地相信其一定能够圆满完成这一崇高的使命，给即将出征的航天员以极大的鼓舞，起到了很好的"壮行"作用；最后表达美好的祝愿。

这份欢送词表达了胡主席、党中央、国务院和中央军委等对我国航天事业的高度重视，以及对即将出征的航天员的深切关怀。它既是出征前的欢送词，更是动员令。

【阅读思考】

1. 例文 14.3.2 所表达的是惜别之情，而例文 14.3.3 表达的是怎样的感情？

2. 本文第二段中的五句话，各叙述了什么内容？同时又包含了怎样的深意？

二、基础知识认知

1. 特点

（1）喜迎与惜别。致欢迎词与欢送词都是一种对宾客表示礼貌的礼节。迎客时要体现主人愉快的心情，故欢迎词的用语一定要真诚而富有热情，以营造友好愉悦的氛围，给客人以"宾至如归"的感受，从而为往后各种活动的圆满举行打下良好的基础。同样，送客人时也要盛情相送，不过因是离别、出征，故表现出的是难舍难分的惜别之情，但又因送别者

---

① 2003 年 10 月 15 日，中国载人飞船发射成功。15 日凌晨 5 时 20 分，航天员出征仪式在酒泉卫星发射中心、航天员公寓问天阁举行。胡锦涛等中央领导同志来到这里，亲切会见首飞梯队 3 名航天员，并为其致欢送词。

与被送别者的关系不同，这种惜别之情也显出区别，有盼早归的、有盼再访的、有叮咛嘱咐的、有鼓励壮行的，等等。

（2）口语化。欢迎词与欢送词都属现场当面口头表达的文书，所以，口语化是其在表达上的必然要求，遣词用语要运用生活化的语言，即既简洁又不乏生活情趣。口语化会拉近主人同宾客的亲切关系。

（3）简短精悍。简短精悍是迎送礼仪公文在文稿篇幅上的特点。致欢迎词与欢送词是一种礼节性的客气，旨在客人到来或离开时表达主人的情意，创设盛情、友善与礼待的氛围，拉近主客之间的情感距离和友好关系，因此，它不需长篇大论，只需在短时间内将场面推向热烈氛围便可。

2. 分类

迎送类礼仪公文，按用途可分为欢迎词和欢送词。欢迎词又可分为会议欢迎词和庆典欢迎词；欢送词则可分为会议欢送词、庆典欢送词和出征欢送词。出征欢送词是欢送去执行某种特殊任务，如航天飞行、抗震救灾、出国援助等。

三、文本写作

迎送类礼仪公文一般由标题、称谓、正文和文尾四部分组成。

1. 标题

迎送类礼仪公文最常用的标题是以文种为题，如《欢迎词》《欢送词》；其次是以"致词场所/事由 + 文种"为题，如《第 22 次 APEC 中小企业工作组会议欢迎词》《欢迎香港驻军文艺演出队慰问演出活动的讲话》[①]；再次是由"致词者 + 致词场合/事由 + 文种"构成，如《温家宝总理在世界旅游组织第 15 届全体大会上的欢迎词》和《胡锦涛致首飞航天员出征欢送词》》。

2. 称谓

称谓要求顶格写，对宾客的称呼要用敬词并写全称，以示尊重，如"尊敬的×××总统阁下""尊敬的各位来宾、朋友们"等。称谓要符合实际情况，且后加冒号。

3. 正文

迎送类礼仪公文的正文一般都可用开头、主体和结尾三个层次行文，但欢迎词与欢送词各层的具体内容有所区别。

欢迎词开头总是先对来宾表示欢迎、感谢或问候；主体接着从具体场合出发，写宾客来访的目的、意义、作用；继而概括已取得的成就以及变化和发展，表示继续加强合作的意愿、希望，或回顾双方交往的历史与友情，放眼全局，展望未来；结尾用简短的语句，向宾客表示感谢或良好祝愿，如祝宾客愉快、祝宾客成功或祝宾客健康等。

欢送词开头总是首先对客人表示热烈祝贺和欢送；主体接着回顾宾客来访期间双方的愉快相处、达成的协议共识，对客人提出的意见建议、双方建立的友谊与共同愿望给予高度评价和赞颂，或者对出征（或出访）者出征（或出访）的目的、使命（任务）给予高度评

---

① 此处文种用"讲话"，是将"欢迎词""欢送词"等的种类归属为它们的上位类，一切当场致词都可归为"讲话"。

价、赞扬和鼓励；结尾一般是提出倡议，表达祝愿和希望。

4. 文尾

写明致词者职务、姓名和日期。若在标题之下已写明了这些内容，则文尾不再重复。

四、写作注意事项

（1）称呼要用尊称，感情要真挚，要能得体地表达自己的原则立场。

（2）注意场合和礼仪，措辞要慎重而贴切，同时要注意尊重对方的风俗习惯，应避开对方的忌讳，以免发生误会。

（3）语言要精确、热情、友好、礼貌。

（4）篇幅力求短小精悍，言简意赅，切忌长篇大论。

【写作思考与实训】

1. 欢迎词和欢送词各有哪些种类？

2. 礼仪文书的写作必须把握好文种的情感基调，请分别指出欢迎词、欢送词和致谢词的感情基调是什么？

3. 下面这份欢迎词存在哪些不足？

欢迎词

尊敬的各位领导、各位同仁、女士们、先生们：

金秋十月，秋风送爽，我们迎来了一个令人欢欣鼓舞的日子，这就是我们广州市××科技有限公司成立20周年的纪念日。大家跋山涉水来到这里参加我们的庆典，辛苦了。

正如大家所知，我们公司在社会上有着良好的声誉和一定的影响。但是，我们依旧不断进取，毫不懈怠，所以，才能有20年的屹立不倒。今天，见到朋友不顾旅途遥远专程前来贺喜并洽谈双方有关贸易合作事宜，使我颇感欣慰。

朋友们，为增进双方的友好关系作出努力的行动，定然有助于使本公司更上一层楼。

最后，对各位朋友们的光临表示热烈欢迎。

祝大家万事如意，心想事成。为我们的合作，为我们的生意兴隆，干杯。

广州市××科技有限公司董事长　××
2005 年 10 月 18 日

4. 请以在校学生代表的名义，在本届毕业典礼上为毕业生致欢送词。

第四节　答谢词、感谢信

答谢词、感谢信是致谢类礼仪公文。我国素有"知恩图报"的传统美德。受人恩惠和帮助后，应对人表示感谢，这是起码的道德，也是起码的礼节。

答谢词是指在特定的礼仪场合，主人致欢迎词或欢送词后，客人对主人热情周到的接待和关照表示谢意的致词。感谢信是对他人或单位的支援帮助、关怀爱护、祝贺鼓励等表示感谢的信件。

一、文本导读

【例文 14.4.1】

在接受救灾粮仪式上的答谢词①

亲爱的××领导、远道而来的客人们：

今天，我们怀着无比激动、无比振奋的心情，在这里迎接××红十字会给我们县师生捐赠救灾粮的亲人。

今年 7 月以来，我国遭受了百年未遇的大旱灾。7、8、9 三个月，炎阳连天，滴雨不下，池塘干涸，溪河断流，田地龟裂，禾苗枯死，真是赤地千里！虽经我们奋力抗灾，但自然灾害的肆虐，仍使 10 多万人饮水困难，30 多万亩农田颗粒无收。我们县的中小学生，就有 1 万多名因受灾辍学，还有几万名靠同学、教师、亲属的接济度日。然而，党和政府没有忘记我们，兄弟市县的乡亲没有忘记我们。省市领导多次亲临视察灾情，组织救援；市县干部职工争相解囊，捐粮捐钱。今天，我们又接到了你们无私捐助的大批救灾粮食。"一方有难，八方支援"，团结互助，无私奉献，只有在今天优越的社会主义制度下，只有在我们伟大的社会主义中国才能办到！

谢谢你们，远方的亲人！我们全县中小学生、全县人民，一定会从你们的援助中获取力量，奋发图强，重建家园；努力学习，奋勇登攀，以崭新的面貌、优异的成绩来报答党和人民的关怀，报答你们的深情厚谊！

×××

××××年×月×日

【导读】

这是一篇感谢给予帮助的答谢词。该文由标题、称谓、正文和文尾构成。文章结构完备、规范。正文首先表明心情，欢迎给予帮助的亲人；然后阐述获得帮助的原因和盛赞给予帮助的精神及其意义；最后表示感谢并表明感恩的决心。

【阅读思考】

1. 试析本文标题的构成。
2. 致谢类礼仪公文应表达怎样的情感？试以本文为例具体谈谈。

【例文 14.4.2】

感谢信②

中国刑事警察学院：

从今年 9 月下旬至 11 月 14 日，我局侦破了我市建国以来最大的一宗新疆籍人在我市种植、收购、加工和贩卖毒品大麻案件。抓获以阿卜都热合曼吉力（男，29 岁，维吾尔族，无业，新疆维吾尔自治区库尔勒市人）为首的涉毒犯罪团伙成员 20 人，缴获精制毒品大麻粉 80 千克、粗制毒品大麻粉 500 余千克、大麻原植物 5 650 千克、海洛因 10 克、管制刀具 12 把、手机 8 部及加工大麻工具、吸食毒品工具等。

在这起案件的侦破过程中，由于涉毒犯罪团伙成员中新疆籍人居多，给我们的跟踪、监控和审讯工作带来了很大困难。为了保证案件顺利进行，我局禁毒支队商请贵院成教处和禁毒学专业教研室，提供 2 名新疆籍在校学员到我局帮助专案组做好监控和审讯的翻译工作。贵院两单位积极支持，很快选派院成人教

---

① 引自 http：//www.yxxwb.com/view.asp？id=1097。
② 引自学生无忧网 http：//www.stu51.com/changyongshuxin/ganxiexin，稍有改动。

育全国法医进修班学员玉素甫·阿卜都热合曼、阿卜都瓦克·沙比尔，于11月2日凌晨1时50分到我局报到，并立即投入工作。两位学员在参与该案的侦破工作中夜以继日地战斗在监控点，为破案指挥部及时提供监控信息，为我们摸清整个案情，区分每名新疆籍涉案人员，确定侦察方向，获取涉案证据，作出了重要贡献，为全案的侦破起了关键作用。两名学员在哈半个多月的工作中，始终勤勤恳恳、尽心尽力，克服寒冷的工作条件，工作积极主动，不分分内分外，既完成了监控的翻译工作，又在抓捕犯罪嫌疑人行动中冲锋在前，随后还帮助我局侦察人员进行审讯工作，充分体现了我国当代人民警察热爱公安工作的赤诚，同时，也是贵校培养教育的结果。

在此，我们特向贵院，向玉素甫·阿卜都热合曼、阿卜都瓦克·沙比尔两位学员表示衷心的感谢！希望今后继续通力合作，增进友谊，为我国禁毒事业、社会安定、建设和谐社会共同作出更大的贡献。

哈尔滨市公安局

2005年11月18日

【导读】

这是一封感谢支持的感谢信。该信正文首先述说破案获得成功，这是间接交代写信缘由；随后追述在破案过程中得到学院以及两位学员的大力支援，并盛赞其表现，使案件得以迅速成功告破，这是交代向其感谢的缘由；最后顺理成章地表示感谢和希望。文章文理通畅，逻辑性强。

【阅读思考】

1. 答谢词与感谢信在使用上有何不同？

2. 以上答谢词与感谢信各自行文的重点是什么？为何会出现这样的区别？

【例文14.4.3】

感谢信

尊敬的中国政法大学师生：

我们吉林市商业银行是一家坐落在北国江城——吉林市内的地方性股份制银行。几年来，我们的经营规模迅速扩展，各项经营指标取得了突破性发展。为建设一支高素质的干部队伍，进一步把企业做大做强，今年我们派员在全国一些重点大学招聘了一批优秀应届毕业生来充实我们的管理层。在贵校招聘期间，我们得到了贵校领导及就业指导中心的老师和同学在工作上的大力支持和生活上的悉心关照，使我们深受感动。

在此，我们特向贵校领导及就业指导中心的老师和同学表示深切的谢意，向加盟我们企业的同学表示热烈的欢迎，同时也对广大同学的大力支持表示感谢！

最后，祝中国政法大学领导、老师、同学身体健康！工作学习进步！

吉林市商业银行董事长、行长　×××

2012年12月15日

【导读】

这是一封感谢对工作给予支持、对生活给予关照的感谢信。该感谢信结构完整，文理清晰，简明扼要，语言通畅。

【阅读思考】

1. 正文第一段写了哪些内容？该段在全文中起何作用？

2. 你认为感谢类文书应将什么内容作为行文的重点？

二、基础知识认知

1. 特点

（1）感激性。致谢公文是受人（或单位、组织）礼遇、帮助、关怀、祝贺，表示内心感激的表达形式。它是情感催发的产物，因此，其字里行间必然饱含真情、洋溢感激。而这种情感的表达又是凭借叙述、议论、抒情相结合的手法来实现的。

（2）短小精悍。这是所有礼仪文书在篇幅上的特点，致谢公文也不例外。它要求内容具体概括，语言准确简明，情感真挚热烈。

2. 分类

致谢类礼仪公文，按使用功能划分有答谢词和感谢信两类。答谢词是现场演说的文稿，感谢信是事后的致信，可寄达也可送至对方公众场所张贴；答谢词又分迎、送两种，感谢信都是事后的。

按内容性质分有谢遇与谢恩两种。谢遇是用以答谢他人礼待的答谢词；谢恩则是用以答谢他人帮助的答谢词。

三、文本写作

1. 标题

致谢类礼仪公文的标题形式大体有两种：一是以文种为题，如《答谢词（辞）》《感谢信》；二是"致词场合/事由＋文种"形式，如《在接受救灾粮仪式上的答谢词》《致××的感谢信》。

2. 称谓

称谓用敬称或尊称。根据实际情况，既可以是泛指对象，也可以是具体对象。

3. 正文

无论是答谢词还是感谢信，其正文都可写作开头、主体和结尾三个层次。开头写致谢缘由，往往是回顾主人的盛情接待、周到关照，或他人无私的帮助与鼓励，并加以高度评价和赞许；主体明确表达感谢之意；结尾或揭示帮助的意义，表明自己的决心，或提出新的请求与希望，或表达美好的祝愿。正文可根据实际情形灵活行文。

4. 文尾

写明致词者或写信者职务、姓名和日期。致词若在标题之下已写明了这些内容，文尾则不再重复；感谢信不可将文尾的落款和日期移至标题之下，而是要严格遵循书信的惯用格式。

四、写作注意事项

1. 符合惯用格式

答谢词是一种现场演说词，按理应遵循公文"四大块模式"（标题、称谓/主送、正文和文尾），但因致词的即时性比较强，因而文尾可能会作某种处理，如移至标题下或省写等。但是，感谢信却不能作灵活处理，更不能缺项，否则，将会给对方以轻率、无礼的感觉。

2. 感情真挚、坦诚而热烈

"致谢"本就是一种"言情"方式。既然要"致谢"，就应真挚、坦诚，吐真言，动真情；虚情假意、言不由衷或矫揉造作，只能引起对方的反感；热情洋溢却会给人带来如坐春风之感。

3. 评价适度，恰如其分

一般说来，"谢遇"致谢，对对方的行为不宜评论；而谢恩致谢则应对其精神或品格作出评价，给予礼赞，但也要适度、恰如其分，不可任意拔高、无限升华，造成虚情假意之嫌。

4. 篇幅简短，语言精练

这是所有礼仪文书的共同特点和要求。要想篇幅简短，内容必须高度概括，语言必须精练，应使用概述并尽可能将可有可无的字、句、段删掉，努力做到"文约旨丰"，言简意赅。

【写作思考与实训】

1. 答谢词和感谢信在使用上有何区别？

2. 答谢词和感谢信应把握怎样的情感基调？

3. 在你毕业离校之际，给恩师写一封感谢信。

第五节　慰问信、表扬信

慰问信和表扬信是激励类礼仪公文。慰问信是用以向对方表示关怀、慰问的信函；表扬信是用以表彰、赞扬某个机关、单位、团体或个人先进思想、先进事迹、高尚风格，以弘扬正气、激励更大进步的信函。

一、文本导读

【例文 14.5.1】

给地震灾区人民的慰问信

亲爱的地震灾区人民：

5月12日突发的8级强烈地震，使你们遭受了莫大的灾难，承受了无法想象的痛苦，对此，我们倍感心痛！对你们所遭受的不幸深表关切和同情，在此谨向你们致以深切的祝福！

地震发生后，我们虽不能亲临你们身边救助，但我们的心却无时不在眷念着你们！

在这场突如其来的灾难中，你们有的失去了亲人，有的家园遭受了极大的破坏，但你们的坚强使我们深受感动，你们的信心使我们看到了你们的希望！这一切，都使我们感到莫大欣慰！

作为这场灾难的受害者，你们是不幸的，全国乃至世界无数善良的人们都为你们流满了无数悲伤的泪水。但灾难降临后，党和政府反应积极迅速，仅在短短的几天时间里，就将全国各地的各种救助力量聚集到了你们身边，使伤者得到及时救治、灾情得到有效控制，避免了更大的不幸。从这一点讲，你们又是幸运的，因为你们有强大而和谐的祖国，有党和政府，有全国各族人民做你们的坚强后盾，党和政府、全国人民时时刻刻都在关怀和关心着你们、帮助着你们。相信在党和政府、全国各方力量的关心和帮助下，你们一定能战胜目前的艰难，重新站立起来，重建美好的家园。

为了逝去的亲人，为了活着的人们，你们一定要站立起来。因为你们需要面对未来，需要从痛苦的深渊走出来开始新的生活。你们一定会在痛苦中磨炼坚强！

愿你们早日医治好心灵的创伤，祝你们早日重建自己美好的新家园！

××学院学生会

2008 年 5 月 20 日

【导读】

这是一封慰问于 2008 年 5 月 12 日遭受 8 级强烈地震的四川汶川地区灾民的慰问信。该信语言亲切，感情真挚，无限深情地表达了对遭受了巨大创痛的灾区人民的痛惜、关切、同情、安慰、鼓励与祝福之情。

【阅读思考】

1. 简述本文的行文线索。

2. 试析本文的写作特色。

【例文 14.5.2】

致企业离退休人员的春节慰问信①

尊敬的企业离退休老同志：

新春伊始，万象更新。值此 2008 年新春佳节即将到来之际，县劳动和社会保障局谨向你们致以节日的祝福和亲切的慰问！

过去的一年，是我县全面实施"十一五"规划、经济社会加快发展的一年。在县委县政府的正确领导下，我局坚持以党的十七大精神为指导，深入贯彻落实科学发展观，大力推进社会保障和劳动就业工作，着力打造"公开、公正、高效、规范"的服务体系，各项工作都有了突飞猛进的发展。在养老保险工作中，我们始终把确保参保企业退休人员养老金、未参保集体企业退休人员基本生活保障费的发放，作为工作的中心环节，并为此作出了不懈努力，实现了预期目标。这些成绩的取得，是县委县政府高度重视的结果，也是与广大离退休干部热情关心、大力支持、积极参与分不开的。在此，向你们表示衷心的感谢和崇高的敬意！

在新的一年里，我县的劳动和社会保障工作将面临新的、更加艰巨的任务。机遇与挑战同在，困难与希望同在，我们决心在十七大精神的指引下，高举中国特色社会主义伟大旗帜，以新的信心和勇气、新的风貌和气概、新的思路和举措，攻坚克难，团结奋斗，取得新的更大成就。也殷切希望你们在自觉自愿、量力而行的前提下，在全面建设小康社会和构建社会主义和谐社会的历史进程中，进一步发挥好促进国民经济又好又快发展的推动作用、构建社会主义和谐社会的参谋作用、大力弘扬党的优良传统的示范作用和加强党的建设的促进作用；同时，加强政治学习，积极参加有益于身心健康的活动，真正做到老有所为、老有所学、老有所乐，安度晚年。

祝全县企业离退休老同志节日愉快，身体健康，阖家欢乐！

颖上县劳动和社会保障局

2008 年 1 月 16 日

【导读】

这是一封春节慰问信。慰问的对象是企业离退休老职工，表达了主管部门对老同志的尊

---

① 引自 http：//www.4oa.com/bggw/sort02908/sort03068/200135.html.

重、关切、勉励和祝福之情。该慰问信由标题、称谓、正文和文尾四部分构成。标题由"慰问对象＋慰问时节＋文种"构成。称谓用尊称，体现出对老同志的尊敬。正文首先阐明慰问的原因，并表示慰问；接着汇报过去一年所取得的成绩和新一年的打算并对老同志提出殷切希望，既体现了对老同志的尊重、安慰，也体现了对老同志的关切；最后表示美好的祝愿。文尾署明慰问单位和日期。本文结构规范，内容针对性强，用语得体，是一封值得借鉴的节日慰问信范例。

【阅读思考】

1. 本文与上文慰问的具体对象不同，涉及的具体事件不同，表达的情感也不同，从而使得这两封慰问信所发挥的作用不尽相同，试具体谈谈它们的区别。

2. 节日慰问信年年都需要，但每年都必须写出新意，你认为要做到每年都出新，需从哪些方面着手？

【例文 14.5.3】

表扬信

××乡人民政府：

在 200×年绿化工作中，你乡出色地完成了宜林荒山绿化的指标，既严格控制了乱砍滥伐现象，又杜绝了森林火灾的发生。这与你乡领导对环保工作的重视、各部门积极配合、工作方法对路、措施得力是分不开的。你们在贯彻环境保护这项基本国策中取得了可喜的成绩，为我县各乡镇树立了榜样。特来信予以表扬。希望你们继续努力、发扬光大，在环境保护工作上取得更大的成绩。

××县人民政府绿化工作委员会

200×年 12 月 25 日

【导读】

这是一封主管部门表扬有关单位工作出色的表扬信。该信首先叙述被表扬者在 200×年绿化工作中的可喜成绩并予以充分肯定，这是来信表扬的缘由；然后明确来信表扬，这是具体的事项；结尾提出希望。

【阅读思考】

1. 试为该表扬信的正文划分层次。

2. 以该表扬信为例，说说公务信函与个人书信在格式和写法上的区别。

二、基础知识认知

1. 特点

（1）激励性。无论是慰问信还是表扬信，都会对对方产生激励作用。慰问信或用以对有突出贡献者表示颂扬慰勉，或用以对遭遇困难者表示同情安慰，或用以对某一群体表示节日问候，都可给对方以鼓舞和力量。表扬信多用于对为社会作出贡献的单位或个人作直接表扬、赞颂、谢意并予以激励。

（2）公开性。慰问信和表扬信虽都可直接寄给单位或本人，但更多时候是以张贴、登报和在电台、电视上播放的形式出现。

2. 分类

慰问信按使用的情形，大体可分为三种：一是对作出贡献的集体或个人的慰勉。这类慰问主要针对那些承担艰巨任务、作出巨大贡献甚至牺牲、取得突出成绩的先进集体或个人；二是对由于某种原因遭到暂时困难和严重损害的集体或个人表示同情、安慰；三是在节日之际对有贡献的群体或个人表示慰问。

表扬信按行文情况，主要有两种。一种是以领导机关或群众团体名义表彰其所属单位、集体、个人。这种表扬信可在授奖大会上由负责人宣读，也可登报、广播；另一种是群众之间的互相表扬，这种表扬信不仅赞颂对方的美好品德、高尚风格，而且往往带有感谢之意。

三、文本写作

慰问信和表扬信都属专用书信，它们的结构相同，一般都由标题、称谓、正文和文尾组成。

1. 标题

慰问信和表扬信都可采用两种写法：一种是都只写文种，如《慰问信》《表扬信》；另一种是在文种前加定语，说明是写给什么人的，如《致企业离退休人员的春节慰问信》《致××工厂负责人的表扬信》。

2. 称谓

写收信单位名称或个人姓名。个人姓名之前可加"尊敬的""亲爱的"等字样，之后可加"同志""女士/先生"等，以示尊重或亲切。

3. 正文

慰问信和表扬信的正文稍有区别。慰问信首先写慰问的原因并直接表达慰问之意；接着陈述被慰问者所取得的成绩，或所遭遇的困难，或所欢度的节日等，并具体表明对被慰问对象的希望、问候、鼓励以及关切等情意；最后以鼓励或祝愿作结。

表扬信首先概述被表扬者的先进事迹、高尚品德，给予正确评价和高度赞颂；接着表明来信事由——表扬或感谢；最后提希望、作鼓励，或表达向其学习的决心等。

4. 文尾

文尾为落款和日期两项内容。一是署明单位名称；另一是写明具体发信日期。

四、写作注意事项

（1）慰问信要根据不同对象和事件，把握好感情色调，表达无比亲切、关怀、慰藉的感情，使对方产生温暖如春的感觉；要较全面地概括对方的可贵精神，勉励其继续努力，艰苦奋斗，取得胜利。

（2）表扬信叙事、评价、颂扬要准确。叙事要准确，既不夸大，也不缩小；写事迹要见人、见事、见精神，充分反映其可贵品质；作评价、作颂扬要实事求是，恰如其分。

（3）慰问信和表扬信要用事实说理，情感要热情而真切，语气要热情、诚恳，文字要朴素、精练，篇幅要短小精悍。

（4）格式都要严守公务信函体。

【写作思考与实训】

1. 谈谈慰问信、表扬信的使用情形。
2. 谈谈怎样写慰问信和表扬信。
3. 试根据时令给相关人群写一封节日慰问信。

第六节　讣告、悼词、唁电（函）

讣告、悼词和唁电（函）是丧葬类礼仪文书。它们分别作报丧、治丧与吊丧之用。这类文书有由单位、组织出面的，也有由家庭直系亲属出面的，前者可谓之公文，后者则谓之私文，故本书主要介绍前者。

一、讣告

讣告是报丧文书，又称"讣文"或"讣闻"，是机关、单位（或个人）向逝者亲友或有关单位报丧时使用的知照文书。

讣告常以逝者生前单位，或者是临时组成的治丧委员会，或亲属、逝者生前好友的名义发出。讣告发布一般用白纸黑字写成张贴于逝者生前工作单位公布栏中或住宅区显眼之处，也可通过媒体发布。党和国家领导人逝世，一般不用讣告而用公告，以示隆重、庄严。

（一）文本导读

【例文 14. 6. 1】

讣　告①

中国共产党的优秀党员、北京大学校务委员会名誉副主任、北京大学资深教授，国际著名东方学家、印度学家、梵语言学家、文学翻译家、教育家季羡林先生，因病医治无效，于 2009 年 7 月 11 日上午 9 时在北京逝世，享年 98 岁。

季羡林先生是第二至第五届全国政协委员、第六届全国人大常委，曾任中国科学院哲学社会科学部委员、北京大学副校长、北京大学东方语言文学系主任、中国社会科学院/北京大学南亚研究所所长、中国民主同盟中央文化委员会副主任。他先后担任中国外国文学学会会长、中国南亚学会会长、中国民族古文字学会会长、中国语言学会会长、中国外语教学研究会会长、中国高等教育学会副会长和中国敦煌吐鲁番学会会长等多种学术职务。

季羡林先生早年留学欧洲，20 世纪 40 年代回国后，一直在北京大学任教，在语言学、文化学、历史学、佛教学、印度学和比较文学等方面建树卓著。他精通梵语、巴利语、吐火罗语、英语、德语、法语、俄语等多种语言，是世界上仅有的几位从事吐火罗语研究的学者之一。他驰骋于多种学术领域，翻译了大量梵语著作和德、英等国经典，尤其是印度古典文学经典《沙恭达罗》以及印度两大史诗之一《罗摩衍那》等，并撰写了大量的研究著作。20 世纪 90 年代出版的《季羡林文集》，共有 24 卷，不仅体现了他学贯中西、汇通古今的才能，也是近百年来中国知识分子心路历程和精神追求的反映。

季羡林先生为世人所敬仰，不仅因为他的学识魅力，还因为他的人格魅力。他曾这样自许："平生爱

---

① 引自"北大通知"，http：//www. pku. edu. cn/homepage/notice/bdtz. html？id = 47367.

国，不甘后人，即使把我烧成灰，我也是爱国的！"无论在多么艰难的情况下，他都不忘祖国，不忘良知，不忘学术。先生一生致力于文化的传承、交流和创新，毕生为了弘扬中国优秀传统文化不懈努力，展现了一位中国学者对东方文明乃至人类文明发展的深切关怀和远见卓识。先生是中国学术界一代宗师，他出身贫寒，生活俭朴，一生刻苦，把自己的毕生精力都奉献给了学术和高等教育事业，留给后人的是他的精神、品格和学识。

季羡林先生的去世，是北京大学的一大损失，也是中国教育界和学术界的一大损失，我们沉痛悼念季羡林先生，深切怀念季羡林先生。

季羡林先生的遗体告别仪式定于 2009 年 7 月 19 日（星期日）10 时在北京八宝山革命公墓东礼堂举行。有送花圈的单位和同志请与治丧办公室联系（电话：010 – 62751201、010 – 62751301；传真：010 – 62751207）。校内参加遗体告别仪式的同志请于 7 月 19 日 8：50 在英杰交流中心门前广场上车。

北京大学季羡林先生治丧办公室
2009 年 7 月 11 日

【导读】

这是一篇一般式讣告。以逝者生前所在工作单位为逝者临时成立的治丧机构名义发出。季羡林先生是我国当代学术、高教界泰斗（誉称"北季南饶"①），成就卓著，享誉海内外，所以，这份讣告内容全面、篇幅较长。新华网也同时发布了新闻式讣告，相对而言就比较简明：

国学大师季羡林逝世

新华网北京 7 月 11 日电（记者李江涛）我国著名学者、国学大师、北京大学资深教授季羡林先生 7 月 11 日上午 9 时在北京 301 医院辞世，享年 98 岁。

这当然是因为先生影响之大，非同一般学者文人所致。另也因季老追悼会只采用了向遗体告别仪式，而没有致悼词，故北大讣告亦基本上囊括了悼词的内容。

这份讣告整体上由标题、正文和文尾构成。标题单以文种为题。正文可分三层：首段为第一层，首先告知逝者身份、姓名、逝世原因、时间、地点和享年；中间四个自然段为第二层，主要概介逝者生前身份、成就和人品，表达赞誉、哀悼、怀念之情；末段为第三层，交代悼念事宜，包括方式、时间、地点及要求等。文尾署明单位名称和日期。

【阅读思考】

1. 本文主体各段集中写了哪些方面的内容？
2. 本文体现了怎样的情感基调？

【例文 14.6.2】

关定华先生治丧委员会讣告②

中国科学院声学研究所原所长、研究员、著名声学专家、中国声学学会常务理事、中国声学学会国际交流工作委员会主任、中国共产党党员、离休干部关定华先生因病医治无效，于 2003 年 3 月 19 日 10 时 10 分在北京逝世，享年 76 岁。兹定于 2003 年 3 月 24 日上午 10 时在北京八宝山殡仪馆第一告别厅举行遗体告别仪式。

特此讣告

关定华先生治丧委员会
2003 年 3 月 19 日

---

① 即香港中文大学中文系饶宗颐教授。

② 引自 http://www.ioa.cas.cn/qtgn/tzgg/200906/t20090624_1785040.html.

【导读】

这也是一篇一般式讣告。它以治丧委员会名义发出。讣告标题明示发告者和文种。正文首先告知逝者姓名、身份以及逝世时间、地点、原因和享年；然后知照治丧活动——告别仪式的时间、地点；最后以"特此讣告"作结尾。文尾落款并写明发告日期。

【阅读思考】

1. 讣告应写明哪些内容？

2. 该讣告的语言有何特点？

【例文 14.6.3】

中国共产党中央委员会

中华人民共和国全国人民代表大会常务委员会

中华人民共和国国务院

中国人民政治协商会议全国委员会

中国共产党和中华人民共和国中央军事委员会

告全党全军全国各族人民书

中国共产党中央委员会、中华人民共和国全国人民代表大会常务委员会、中华人民共和国国务院、中国人民政治协商会议全国委员会、中国共产党和中华人民共和国中央军事委员会，极其悲痛地向全党全军全国各族人民通告：我们敬爱的邓小平同志患帕金森病晚期，并发肺部感染，因呼吸循环功能衰竭，抢救无效，于一九九七年二月十九日二十一时零八分在北京逝世，享年九十三岁。

1997 年 2 月 19 日

【导读】

这是一篇公告式讣告，是中国共产党中央委员会、中华人民共和国全国人民代表大会常务委员会、中华人民共和国国务院、中国人民政治协商会议全国委员会、中国共产党和中华人民共和国中央军事委员会，向全党全军全国各族人民公告"敬爱的邓小平同志逝世"的消息。这种讣告一般用于发布党和国家重要领导人逝世的消息。写法上，一般包括标题、正文和文尾三部分。标题由发告者名称和文种组成；正文首先明确是谁以怎样的心情向谁发告，然后告知谁因何于何时何地逝世，享年多少；文尾注明发告日期。

【阅读思考】

1. 这种以公告形式发布的讣告，在文体色彩上有何特点？

2. 公告式讣告通常用于发布什么人的逝世消息？

【例文 14.6.4】

华国锋同志逝世①

新华网北京 8 月 20 日电 中国共产党的优秀党员，久经考验的忠诚的共产主义战士，无产阶级革命家，曾担任党和国家重要领导职务的华国锋同志，因病医治无效，于 2008 年 8 月 20 日 12 时 50 分在北京逝世，享年 87 岁。

---

① http://news.xinhuanet.com/newscenter/2008 – 08/20/content_9545861.htm.

【导读】

这是一份新闻式讣告。新闻式讣告一般用于发布具有一定社会影响的名人逝世的消息。实际上它就是一则报道逝者死讯的消息。常由标题、电头和正文构成。标题常用"××同志逝世";电头明示消息来源;正文则是消息内容,一般要写明逝者姓名、身份,死于何因、何时、何地,享年多少等内容。

【阅读思考】

1. 新闻式讣告的写法与什么相同?

2. 什么人逝世可发布新闻式讣告?

（二）基础知识认知

1. 特点

讣告是一种特殊的文告,其特点为:①文字要庄重、简练;②要严格按讣告格式行文;③情感、意境要体现庄重、悲沉色彩,形式上一般采用白纸黑字书写以加重这种氛围。

2. 分类

讣告据其用法大体有一般式、公告式和新闻式三种。①一般式讣告。一般式讣告就是民间广泛使用的"讣告"形式,如例文14.6.1。②公告式讣告。公告式讣告是一种一般用于党和国家领导人逝世的庄严、隆重的讣告。通常由党和国家机关作决定发出,如例文14.6.3。③新闻式讣告。新闻式讣告是一种通常用于具有一定社会影响的名人逝世的讣告,它是将死讯写成消息,通过媒体发布,晓谕社会,如例文14.6.4。

（三）文本写作

一般式和公告式讣告文本大体相同,一般由标题、正文和文尾构成。新闻式讣告则按简明新闻写作。

1. 标题

讣告标题大体有两种写法:一是直接以文种"讣告"为题;二是以发告者名称加文种为题,发告者可是组织、单位,也可是临时设立的治丧委员会,如《关定华先生治丧委员会讣告》《中国共产党中央委员会、中华人民共和国全国人民代表大会常务委员会、中华人民共和国国务院、中国人民政治协商会议全国委员会、中国共产党和中华人民共和国中央军事委员会告全党全军全国各族人民书》。

2. 正文

讣告正文也可分三个层次来写:开头交代死者的姓名、身份、逝世时间、地点、原因、终年寿命。主体可写两方面的内容:①死者生平（也可不写）;②治丧事宜。治丧事宜包括遗体告别仪式、追悼会、葬礼等举办的时间、地点,或告知根据死者生前遗愿和家属要求,丧事从简,举行其他的悼念形式;唁电、唁函寄达地址及收取人;联系方式,等等。结尾,讣告使用"特（谨）此讣告",公告使用"特此公告"等惯用语结束。有的还附上治丧委员会的构成及其成员名单。

3. 文尾

文尾要写明两个内容:发告者名称和发告时间。标题上如果明示了发告者名称,文尾则可省略,而只写明发告日期即可。

（四）写作注意事项

（1）语言要求准确、简练、严肃、郑重。

（2）凡讣告根据我国传统忌用红色，要用白纸黑字书写。

（3）一般式讣告要在向遗体告别仪式一周之前发出，以便逝者亲属及时作出必要安排和准备花圈、花篮、挽联等。

（4）不同讣告有不同的使用对象，切记不可乱用。

二、悼词

悼词是指为悼念死者而发表的追述死者生前事迹、人品，表达哀悼之情，激励悼念者的讲话或文章。悼词有广、狭两义，广义悼词是指一切悼念逝者的诗文等；狭义悼词是专指在追悼会上的追悼词，俗称"祭文"。此处主要介绍后者。

（一）文本导读

【例文 14.6.5】

×××同志追悼会悼词

各位亲友、各位来宾：

今天，我们怀着十分沉痛的心情深切悼念离休干部×××同志。

×××同志因患肺心病医治无效，于 2008 年 10 月 29 日晚 7 时 30 分在市人民医院与世长辞，享年 76 岁。×××同志 1932 年 1 月生于湘阴县城南区，1949 年 6 月参加革命工作。新中国成立前夕在江南地下十一师、乡农协会参加全国解放运动。新中国成立后，参加清匪反霸、土改、镇反三大革命运动和整风整社等工作，后在湘阴粮食局、人委会等单位工作，1979 年 3 月在汨罗矿石公司工作，1984 年 6 月调汨罗市财政局房管所工作，1986 年 3 月离休。

少年时代的×××和许许多多同龄人一样，饱经了旧社会苦难生活的煎熬和考验。他十来岁时，受生存和生活所迫，弃书投工，在长沙等地的工厂当童工，受尽了工厂资本家的剥削和欺凌，亲眼目睹和亲身体会了旧社会的黑暗，这使他幼小的心灵开始产生鲜明的爱憎分明的阶级立场，充满了对旧世界的无比痛恨和对新生活的无限向往。在此期间，他受进步思想影响，参加了长沙工人罢工等革命活动；新中国成立前夕，他投身全国解放运动；新中国成立后，参加乡农协会，积极投身土地改革。由于他表现出色，被组织上选派到粮食干校学习，安排到粮食部门工作，在党的培养教育下迅速成长起来。在以后的革命工作生涯中，他热爱共产党，热爱新中国，热爱社会主义。在错误路线干扰下，受到极不公正待遇，蒙冤 21 年仍坚贞无悔坚持革命信念，其高尚品格堪为后人楷模。

×××同志一生勤勤恳恳，任劳任怨。他无论是在财会岗位，还是在管理岗位，总是一心扑在工作和事业上，干一行，爱一行，精一行，敬业爱岗，默默奉献。他对财会工作认真负责，一丝不苟，所经管的财务账目日清月结，清清白白。他认真执行政策，敢于坚持原则。

×××同志为人忠厚、襟怀坦白，谦虚谨慎、平易近人，生活节俭、艰苦朴素，家庭和睦、邻里关系融洽。他对子女从严管教，严格要求，子女个个遵纪守法，好学上进。

×××同志的逝世，使我们失去了一位好同志。他虽离我们而去，但他那种勤勤恳恳、忘我工作的奉献精神，那种艰苦朴素、勤俭节约的优良作风，那种为人正派、忠厚老实的高尚品德，却值得我们学习和记取。我们要化悲痛为力量，努力学习和工作，再创佳绩。以慰藉×××同志在天之灵。

×××同志安息吧！

【导读】

这是一篇叙事性悼词。全文由标题、称谓和正文三部分构成。标题由致词场合加文种构成。称谓根据实际情况，采用统称。正文开头首先交代心情、追悼对象及其死于何因、何时、何地、享年等。然后进入主体写作，主体分成四层：①简介亡者逝世原因；②追述亡者生平事迹；昭示其人生高尚品德与积极态度，给人以鼓舞；③集中评赞其人生态度、工作作风和高尚品行；④抒发对其逝世的痛惋、哀悼、学习之情，并号召人们化悲痛为力量。最后结尾，对死者予以安慰。

【阅读思考】

1. 谈谈悼词需以何种情感行文？悼词诉说的对象应该是亡者还是悼念者？

2. 悼词通常应叙写哪些内容？

（二）基础知识认知

1. 特点

（1）追述死者生平业绩并充分肯定其社会价值与意义是悼词的基本内容。悼词要从哀悼的角度总结死者生平事迹、主要成就，揭示其人生价值和社会意义，以激励生者。

（2）怀念、哀悼、化悲痛为力量是悼词的情感基调。现代悼词已经排除了感伤、悲观、虚无的消极色彩。它回首死者往事，是为了面向现在，展望未来。因此，现代悼词除了感情深沉、哀痛之外，还应充满力量，激奋人心。

（3）多样的表现手法。悼词常采用叙述、议论和抒情相结合的表现手法。这与一般公文，尤其是法定公文只用叙述、说明为主的手法有较大区别。

2. 种类

悼词可依据不同的角度和标准分类。按用途可分为口头体悼词和书面体悼词两大类。①口头体悼词。口头体悼词专用于在追悼会上当众宣读。这种悼词以记叙和议论死者生平功绩为主，以表达全体在场者对死者的敬意与哀思，同时，勉励大家化悲痛为力量，而作者的个人抒情则不明显。另外，口头体悼词受追悼会的时间、地点、条件等的限制，在形式上也较为稳定。②书面体悼词。书面体悼词内容广泛，包括所有向死者表示哀悼、缅怀与敬意的情文并茂的文章，它们大都发表在媒体上。这类文章常以回忆死者往事、展现其品质和精神为主，旨在借助怀念，以死者的精神鼓舞和激励生者。

按照表现的手段，可分为记叙类悼词、议论类悼词和抒情类悼词。①记叙类悼词。记叙类悼词是以记叙死者的生平业绩为主，并适当地结合抒情或议论的悼词。这是现代悼词最常见的类型。朴实的记叙文体，字里行间却充满对死者的哀悼和怀念之情。口头体悼词和书面体悼词均可用这种形式，如例文 14.6.5。②议论类悼词。议论类悼词是以议论为主，抒情、叙事为辅的悼词。这类悼词重在评价死者对社会的贡献，议论类悼词能够和现实生活紧密结合，是社会意义较强的一种哀悼文体，如恩格斯的《在马克思墓前的讲话》。③抒情类悼词。抒情类悼词以抒发对死者的悼念之情为主，并适当地结合叙事和议论。它经常以抒情散文的形式出现，文学色彩浓厚，能在感情上打动人，如郭沫若的《罗曼·罗兰悼词》、宗璞的《哭小弟》等。

（三）文本写作

悼词一般由标题、称谓和正文三部分组成。

307

1. 标题

标题可以写为《悼词》，也可以写为《沉痛悼念×××同志》，还可以写成《在×××同志追悼会的悼词（讲话）》。

2. 称谓

悼词一般用"各位来宾、同志们、乡亲们""各位亲友、各位来宾"等作称谓。

3. 正文

悼词的正文有两种写法：一是以叙述为主，兼有议论；二是以抒情笔调为主，叙述和抒情相结合。内容包括交代追悼对象及其死于何因、何时、何地，享年多少；简介死者生平经历，追述死者生平事迹；评赞其人生态度、高尚品行；抒发对其逝世的痛惋、哀悼、学习、化悲痛为力量之情；并用"××同志永垂不朽""×××同志安息吧"等语对死者予以安慰。不过，"永垂不朽"通常用于党和国家重要领导人以及对社会作出巨大贡献之人，"安息"则用于一般民众。

（四）写作注意事项

（1）内容应体现追忆死者、寄托哀思、激励生者的目的。为此，在追述死者生平事迹的基础上，应尽量发掘死者生平闪光点，歌颂其生前在社会变革和建设中的贡献，让人们从中学习逝者好的思想、好的作风，寄托哀思，并从逝者的事迹与精神中得到激励。

（2）情感要悲中含壮，体现化悲痛为力量的感染力。这可通过叙述、议论、抒情相结合的手法来实现。

（3）语言要简朴、严肃、概括性强。这是由其语境所决定的。

三、唁电、唁函

唁电、唁函是向死者家属表示吊问的电报或信函。它既可以对死者表示凭吊，又可以向死者家属表示慰问。

（一）文本导读

【例文 14.6.6】

唁　电①

台塑集团并王永庆亲属：

惊悉台塑集团创办人王永庆先生仙逝噩耗，我办全体同仁深感震惊和悲痛。在此，我们谨对王永庆先生的逝世表示沉重哀悼，并向你们及王永庆先生的家人表示深切的慰问。

广东省人民政府台湾事务办公室
2008 年 10 月 17 日

【导读】

王永庆先生是我国台湾著名企业台塑集团的创办人和董事长，也是在大陆尤其是广东投资较大且具有影响力的著名台商。他的逝世在中国台湾和中国大陆都引起了震惊。对他的逝世，广东省人民政府台湾事务办公室及时发出唁电表示沉重哀悼并对其家人表示深切慰问，

---

① 引自 www. huaxia. com/gdtb/twhd/2008/10/1193291. html 12K 2009－02－06.

体现了对王永庆先生的尊重和对其家属的关切。唁电由标题、称谓、正文和文尾构成。行文简明扼要、干净利索。

【阅读思考】

1. 试给正文划分层次，并指明各层表达了什么意思？

2. 本文行文简明扼要、干净利索，体现了怎样的风格？

【例文14.6.7】

教育部唁函①

北京大学中文系：

惊悉我国著名语言学家、北京大学中文系教授林焘先生不幸逝世的消息，十分悲痛！林焘先生的不幸逝世是语言学界的一大损失。谨表达我们的哀悼之情及向林焘先生家属转达我们的慰问之意，并望节哀。

特致

慰问！

教育部语言司

2006年10月30日

【例文14.6.8】

中国声学学会语言听觉音乐声学分会唁函②

北京大学林焘先生治丧委员会：

惊悉林焘先生溘然长逝，不胜哀痛。

先生一生淡泊名利、专注学术、治学谨严、诲人不倦，学术研究硕果累累，职业生涯桃李芬芳。先生受命筹建主持北大中文系语音实验室，更是开辟了融人文科学、自然科学于汉语实验语音学研究一体之先河。先生驾鹤西去，从此中国语言学界痛失一位令人敬仰的导师，学界同仁莫不悲痛万分。

谨以学会全体同仁及学会顾问吕士楠先生个人名义，向先生致哀！望先生亲属节哀保重为盼！

中国声学学会语言听觉音乐声学分会

2006年10月30日

【导读】

例文14.6.7和例文14.6.8都是有关部门或组织对学术界著名人士逝世的唁函。从形式看，两文都严格地遵守信函体由标题、称谓、正文和文尾等要素行文的格式；从内容看，都表达了致函者对逝者及其亲人的哀痛之情、悼念之情和慰问之情，但在具体内容的叙写上却有所不同。

【阅读思考】

1. 试具体谈谈以上两封唁函内容上的不同之处。

2. 试比较以上两函与例文14.6.6在行文风格上的不同，为何会存在这种不同？

（二）基础知识认知

1. 特点

（1）书信体格式。唁电、唁函都是一种书信体文书，不过，唁电比唁函要更精简。因

---

① 引自 www.pkucn.com/viewthread.php? tid = 185363 67K 2009 - 02 - 11.

② 引自 www.pkucn.com/viewthread.php? tid = 185363 67K 2009 - 02 - 11.

为电报是以字数计费，为节约起见，唁电文字一定要体现宁少毋多原则。

（2）内容简洁、语意简明。内容表达一定要高度集中，行文要高度概括；切忌主题不单一、叙事过散和行文拖沓。

（3）表达哀痛、悼念与慰问之情。这是吊丧类文书的基本情感基调，写作时一定要准确把握好，否则就会出现与事件、环境不协调的状况。

2. 分类

唁电、唁函的类型依据发布唁电、唁函一方的情形大致可以分为三种。

（1）单位团体之间拍发的唁电、唁函。这类唁电唁函所悼念的死者多是原机关单位或群众团体的主要领导人或在某一方面具有建树、为社会作出了巨大贡献的杰出人物、英雄、模范、艺术家、科技工作者或其他方面的知名人士等。这类情况往往因为发电发函方与逝世者不在一地，来不及前往悼念，故以唁电或唁函形式表示哀悼和慰问。

（2）以个人名义向丧家发的唁电、唁函。这类唁电或唁函的发出者同逝者生前往往是志同道合的朋友，有过密的交往或深受其教诲、关怀、帮助。在惊闻噩耗后，以唁电或唁函表示悼念、痛惜之情。

（3）国与国之间拍发的唁电。这类唁电一般发给对方的国家政府机关或其他相应的国家政府机关。逝世者一般为重要的国家领导人或为两国之间的和睦关系、经济发展作出巨大贡献的重要人物。这种情况下，一方发去唁电以表示对逝者方的哀悼。

（三）文本写作

唁电、唁函都由标题、称谓、正文和文尾四个部分构成。

1. 标题

唁电、唁函标题的构成有两种形式。一是直接由文种名称"唁电""唁函"构成；二是由致函或致电对象加文种构成，如《致许广平女士的唁电》；三是发电、发函单位名称加文种构成，如《中国声学学会语言听觉音乐声学分会唁函》。

2. 称谓

写收唁电或唁函方的单位或逝者家属的称呼。若是给家属，一般应在姓名后加"同志""先生""女士""夫人"等相应称呼。

3. 正文

正文通常首先直接抒写噩耗传来之后的悲恸心情与表现，这是间接交代致电、致函的缘由；接着以沉痛的心情，简述逝者生前表现和优秀品德及功绩，表达对逝者遗志的继承，或者表达在逝者优秀品德或精神的感召下奋勇前进的决心等；向逝者家属表示亲切的问候和安慰。结尾以"肃此电（函）达""特电（函）慰问"等惯用语结束。

4. 文尾

文尾写明两项内容：一是发电或函的单位名称或个人姓名；二是署上发电或函的时间。

（四）写作注意事项

（1）篇幅短小精悍，用语简洁明了。唁电尤应尽量避免使用修饰语，使篇幅精短。

（2）表达悲恸之情，要写得深沉、纯朴、自然、催人泪下，万不可油腔滑调。

（3）叙述死者生前品德、情操、功绩时，要突出本质内容，不可拖沓赘述或本末倒置。

【写作思考与实训】

1. 谈谈一般式、新闻式和公告式三种讣告的用法和写法。

2. 怎样写悼词？

3. 唁电与唁函在用法与写法上有何异同？

第十五章
竞、述职报告读写

竞职报告和述职报告是伴随我国政治、经济体制改革逐步深入，我国人事管理体制引入民主、竞争机制的产物。领导干部职务、专业技术人员岗位实行公开竞聘和定期述职制，体现了我国人事干部管理工作上的民主、公平、竞争、监督等新理念，因而，这两种承担特殊职能与使命的公务文书便随着我国现行人事管理制度的改革应运而生，并广泛、频繁地被应用。

第一节　竞职报告

竞职报告，也称竞聘报告或竞聘演讲词，是竞职者竞聘某一职务或岗位，在特定的会议上，面对特定的听众，阐述竞聘优势及被聘后工作设想、打算的演说汇报。

"公开、平等、竞争、择优"是我国干部制度改革的重要原则。在公开招聘过程中，竞聘报告是竞聘者展示自身素质和承担某一职位能力的重要依据，也是组织人事部门和人民群众借以了解竞聘者情况和素质，从而判断其优劣的重要依据。因此，学习写作竞聘报告对当代大学生和现任干部而言都是很有必要的。

一、文本导读

【例文 15.1.1】

市委宣传部宣传科科长职位竞聘报告①

尊敬的各位领导、同事们：

你们好！我很高兴参加宣传科科长职位的竞聘，感谢领导和同事们又给了我一次学习提高的机会。

一、本人情况

1964 年，我出生在一个农民家庭。1986 年 7 月参加工作，1995 年入党，高等教育自学考试汉语言文学专业本科毕业，现为甘肃省委党校经济管理专业在读研究生。1998 年至 2000 年，连续三年被评为优秀公务员；2000 年被第三届中国敦煌酒泉经贸洽谈会组委会评为先进工作者；去年，被党代会组委会评为先进个人，被宣传部党支部评为优秀共产党员。当然，这些成绩的取得，既是我个人辛勤工作的结果，同时又得益于在座的各位领导和同事们的帮助与支持。在此，我表示衷心的感谢！

---

① 引自应用写作，2005（7）：62.

二、竞聘优势

我之所以选择竞聘宣传科科长职位，是因为在这些年中，我积累了丰富的工作经验，提高了综合素质，已具备了作为一名宣传科科长的能力。具体说，我有以下5个方面的优势。

第一，我熟悉和热爱宣传工作。自进入宣传部以来，我就在宣传科工作，在这个岗上一干就是9个年头。9年中，我先后积极组织参与了党的十五大、十六大重要会议精神的学习宣传教育活动；组织参与了三届中国敦煌酒泉经贸洽谈会、北京科博会、酒泉市第一次党代会及人民代表大会等十多次大型节会的宣传活动。先后五次参加市委安排的冬季集中教育工作，主抓思想政治教育、国防教育、爱国主义教育等具体工作。特别是在市国防教育办公室两年多没有专职负责人的情况下，我勇挑重担，认真安排工作，积极开展活动，使全市国防教育工作一直走在全省的前头。通过组织和参与宣传教育的全过程，我不断了解和把握了宣传工作的规律和特点、内容和形式，我敢自信地说，宣传工作是我最熟悉和热爱的工作，宣传科的各项工作我样样担得起、拿得下。

第二，我有较高的理论政策水平。多年来，我一直把抓好理论政策的学习看作是做好一切工作的先导，利用业余时间，先后通读了《邓小平文选》三卷，认真研读和学习了江泽民"5·31"重要讲话、"三个代表"重要思想、十六大报告等，力求做到把握体系，吃透精神。同时，认真学习省市委制定的政策法规，认真学习宣传业务知识以及省内外的经验材料，每年读书笔记2万多字，写心得体会文章3篇以上，经常向周围的理论专家请教，使自己在安排指导工作中始终做到理论清、政策明、思路活。

第三，我了解基层干部群众的思想状况。我从小生长在农村，在宣传科这些年中，我跑遍了市直机关企事业各单位，全市81个乡镇我去过75个，我十分了解基层情况和干部群众的思想特点，这为实现思想政治工作的"三贴近"打下了坚实的基础。我们起草完成的调查报告《农村思想政治工作怎么做？》被市委转发。

第四，我有较强的组织协调能力。这些年来，我们围绕着庆祝建国五十周年和纪念建党80周年，精心组织开展了一系列的知识竞赛等教育活动。其中，爱国主义、国防教育竞赛活动5次，机关干部参与面达90%以上；组织印发征订的各类教材达15种，共8万多册；组织省外干部培训班4期，共120多人；连续5年组织了"五个一工程"的评选活动，有103件作品在市里获奖，15件作品在省里获奖。

第五，我有较好的语言文字功底。我连续9年订阅《演讲与口才》和《应用写作》杂志，系统阅读了演讲教程，能在各种场合表达思想，开展工作。这些年，我参与了宣传科各种材料的起草工作，每年起草各类材料9万字以上，其中，代市委起草庆祝建党80周年系列活动安排、思想政治工作成员单位责任制、考核评估办法，以及国防教育等方面的意见、决定达二十多件。完成各类调查报告18篇，尤其是在今年5月，我按照部领导的安排，仅用3天时间，就完成了到敦煌调查核实××同志事迹，代市委提出表彰决定、学习意见、事迹材料的主要工作，受到部领导的好评。

三、任职打算

宣传科是宣传部的一个职能科室，担负着宣传党的方针政策、开展形式和任务教育、指导全市思想政治工作、协调和指导有关部门搞好社会宣传工作和教科文卫工作，以及负责市国防教育办公室的日常工作等重要职责。作为宣传科的科长，既要对自己科室担负的工作始终能做到清清楚楚，全盘于心，并有一定的预见性，还要根据阶段性任务的要求，分清主次，提出切实可行的安排意见，更要事事带头，调动科室人员的积极性，推动各项工作任务的落实。

如果我当选为宣传科科长，我将会使宣传工作发生根本的变化。总的目标是：争一流科室，干一流工作，创一流业绩。总的打算是：围绕一个中心，实现三个突破，做到六个到位。

一个中心：就是紧紧围绕市委的中心工作，精心组织好各项宣传教育活动。

三个突破：一是广泛开展调查研究，切实找准基层干部群众的思想脉搏，使思想政治工作真正从空中回到人间，在"三贴近"上实现突破；二是要从过去习惯的说教、灌输等方式方法中跳出来，充分发挥现代传媒的作用，在提高思想政治工作的针对性和实效性上实现突破；三是通过政策引导、情况反映、协调沟通等多种形式，把解决思想问题和解决实际问题结合起来，在思想政治工作的虚功实做上实现突破。

六个到位：一是通过以点带面的方式，使市委制定下发的思想政治和国防教育的各项工作制度落实到位。二是围绕中央、省市阶段性要求，充分发挥各教育基地的作用，使思想政治教育的各项任务落实到位。三是围绕重大节会，精心组织，使营造氛围的各种社会宣传和文化活动开展到位。四是通过表彰奖励、经验交流等形式，使思想政治工作的各类典型宣传到位。五是通过高效率、高质量的工作，使部领导交办的各项工作完成到位。六是通过编印征订书刊、组织竞赛、办班培训等方式，使宣传科每年创收万元的任务落实到位。结合到具体工作中，例如，在今年庆祝国庆54周年和撤地设市一周年的活动中，宣传科事先就要精心策划，扎实安排。通过举办大型文艺晚会，开展书法、摄影、图片展览，大型体育比赛，表彰"非典"防治工作典型等多种形式，把国庆活动、撤地设市活动和教育活动融为一体，烘托团结奋进、昂扬向上的社会氛围，为全面建设小康社会鼓劲助威。

以上就是我的决心、我的打算。在我的演讲快要结束的时候，我还有几句心里话要对大家说。

能参加今天的竞争演讲，我既感到高兴，又感到不安。高兴的是领导和同事们给了我一个展示自己才华的机会，不安的是要同多年的同事和朋友竞争，内心感到很过意不去。当然，要竞争总会面对两种情况，要么竞争上，要么竞争不上。不管出现哪一种情况，我都会感激你们，因为在过去的日子里，你们已经给了我很多的帮助和支持，今天仍然会帮助支持我。我将在宣传科科长的岗位上，用我的诚心、我的热心、我的责任心和我在事业上取得的优异成绩回报你们。

最后，祝领导和同事们幸福安康。谢谢大家！

刘玉军
200×年×月×日

【导读】

这是一篇写得比较规范的竞聘报告。首先是格式规范。全文由标题、称呼、正文（开头、主体和结语）和文尾组成，要素齐全，格式规范。其次是结构严谨。正文按照"基本情况—竞聘优势—任职打算"的思路展开，层次井然，脉络分明。再次是语言质朴、亲切谦和。全文无论是介绍本人情况，还是阐述竞聘优势，都注意用事实说话，很少大而空的话，说服力强。开场白和结束语态度真诚，显示出相当的亲和力。这是竞聘报告赢得听众（选民、评委）认可的重要砝码。

【阅读思考】

1. 竞聘报告首先要介绍竞聘者基本情况，这对竞聘有何作用？

2. 阐明竞聘优势对竞聘具有何作用？"优势"主要是针对什么而言的？因此，阐述"优势"必须注意什么？

【例文 15.1.2】

承载梦想　放飞希望①
——竞选××副科长的演讲
邓　辉

尊敬的各位领导、评委，亲爱的同事们：

大家好！当我步入这神圣的礼堂，看到一个大写的"人"字行徽；当我走上这熟悉的讲台，聆听到一声声真诚的祝福。此刻，我的内心深处只有两个字：谢谢。感谢党委，给我展示才华的机会；感谢大家，给我信心、力量和勇气。

承载梦想，放飞希望。今天我参加副科长竞选，明天，我将为实现诺言不断前行。

---

① 应用写作，2006（6）：60.

眼前平凡的我，激进而不张扬，温和而不懦弱，正直而不固执。十年前，我在支行参加工作，通过竞选，先后担任副股长、人秘股长、办公室主任，进入后备干部队伍。2005年初党委选拔人才，我成为人事科一名年轻的组织干部。十年艰苦创业，青春写就无悔，事业小有成就是对我最好的回报。我先后被授予"总行级优秀团员""分行级青年岗位能手""市级优秀共产党员"。2005年，我的绩效进入全行五强，在一般干部中排列第一位。

参加竞选的每一位同志都有自己的优势，那么，我的特点又在哪呢？

第一，我有一定的综合能力。我把专业写作当成一份责任、一个奋斗目标。不管工作多忙，学习多累，任务多重，我都挤时间，勤动笔，潜心调研，提炼经验，传播信息，撰写稿件，先后在《人民日报》《金融参考》《金融会计》《金融时报》等刊物发表文章500多篇，其中，省级以上200多篇。2000年以来，每年都在总行内参有所收获，有10多篇文章在征文比赛中获奖或被推介，6次获得市以上信息员的称号。2004年在全省信息工作会议上作《我用心血写人生》的发言，文稿被我国权威杂志《应用写作》选为精品。2005年因人事调研上小有作为受到上级重视。今年以来，先后获总行征文比赛二等奖，《金融参考》前两期都见笔墨，《实现"五个一"确保"五落实"认真做好人事信息工作》还在分行人事工作会议上交流。在苦乐中写作，在写作中奋进，实现自我。

第二，我有一定的管理经验。实践出真知，经验靠积累。我先后在发行、会计、国库、财务等部门工作过，独当一面办业务，优质高效服好务，妥善周到处关系。我是支行创特级库房、会计三级、国库省优的重要成员，是国库1.0版的推广者，是18家乡镇金库的筹建者之一。现在，我还时常了解业务动态，探讨业务发展。前年，省里几位领导来衡阳检查，还以为我一直在业务上呢。我有在工会工作、担任团支书的经历，有争"模"创"号"的实践，为履行管理职责打下了较好的基础。27岁，我主持人秘股，熟悉内情的人都知道，这个股长不好当，既是党组秘书，办公、人事、纪检、内审、后勤样样都得干，还有5位年长的下属。许多人为我捏了一把汗，但行动证明一切，工作稳步发展。苦过累过，这一段经历让我受用终生，使我完成了从业务型到管理型干部的转变。人秘分家后，我任办公室主任，人员少，任务重，要求高，又是一次机遇与挑战！严管理，强素质，建队伍，当年办公室综合考核、调研信息列全市第一，档案升省特级。……长期的基层锻炼，使我的宏观思维、综合协调能力、组织领导能力逐步得以提高。

第三，我有一定的知识水平。知识是智慧的源泉、工作的动力。五年中，我拿到全国高教自考金融大专、本科文凭；挑灯夜读间，抚案凝思中，也曾烦闷，也曾想放弃，是信念给了我力量、让我坚持。七年里，考取助理、中级职称，去年以分行全辖最高业绩被聘为经济师。我拥有国家珠算一级证书，曾获全省计算机技能比赛二等奖，被分行授予微机操作能手称号，能熟练运用Windows、Word、Excel、Notes等办公软件和网络传媒，多次将全市发行、会计比赛金牌收入囊中，多次摘下支行"五项能手"桂冠。我爱好文艺，擅长交谊舞、流行乐、主持、演讲，多次在各类文艺比赛中摘金夺银，曾获全市青年辩论赛桂冠和"最佳辩手"奖。一定的文化底蕴、操作技能和文艺特长，彰显了个人魅力，有助于培养创新管理理念，提高管理艺术。

第四，我有一定的品德修养。我生长在一个普通的教师家庭，从小受父母耳濡目染，养成了谦逊好学、真诚善良的品德。十年的工作磨砺，培养了我宠辱不惊、百折不挠的意志，练就了我坚韧不拔、力争上游的作风。我视事业为生命，始终坚持自己的事再大也是小事，单位的事再小也是大事，在平凡的岗位上寄托人生理想，追求生命价值。做业务，恪守制度，耐得住寂寞；做管理，勤政廉洁，公道正派；做朋友，热心肠，当好人；做抉择，识大体，顾大局。

荣誉属于大家，成绩属于过去，但奋斗永无止境。假如这次竞选成功，我将按照"有为争位，以位促为"的工作思路，努力做到以下四点：

1. 围绕中心，和谐兴行。紧密团结在党委周围，准确体现党委的思维和工作意图，贯彻精细化管理理念，提高工作质量和效率，努力把我中支行A类行的构想变成现实。

2. 摆正位置，甘当配角。当好科长参谋，协助科长强化内部管理，抓好队伍建设，做到思想到位不争位，工作到位不越位，实现全科心齐、气顺、劲足，共创事业辉煌。

3. 发挥特长，创造亮点。抓好文字综合工作，毫不保留地传道授业，带头调研，示范引导，坚持每年撰写2~3篇高质量、有影响的调研报告，为领导提供决策的依据。

4. 加强修养，提高能力。立足人力资源开发，力求学多一点、学深一些，做到有所学、有所获、有所成，朝"五型"干部的目标近一点、再近一点。

年轻的心，永恒的使命。亲爱的朋友们，在我的演讲即将结束的时候，借用一名句表明心志："心有多大，人生的舞台就有多大。"无论这次竞选成功与否，我将一如既往地坚守信念，永不放弃，努力，努力，再努力。请相信，我一定会做得更好！

谢谢大家！

200×年×月×日

【导读】

本文也是一篇写得较为成功的竞聘报告。它的成功得益于：一是竞聘者阅历丰富、竞聘材料充实，充分显示出其竞聘优势和说服力；二是竞聘者具有较高的写作水平和表达能力，充分显示出报告的感染力、吸引力。有材料而不能很好地表达，或能表达而无事实，都是不可能写出如此效果的。从行文看，"启、承、转、合"过渡无痕、自然和谐，有如行云流水；从表现手法看，据实而不拘实，处处用翔实的事实说话，又注意议论升华，虚实结合，使文章既实在又不乏生动，既有说服力又有感染力。

【阅读思考】

1. 谈谈本文入题、过渡和收结的特色。

2. 举例说说本文"虚实结合"的表现手法，并体会其表达效果。

二、基础知识认知

（一）特点

1. 针对性

针对性是指锁定某一职务或岗位，以此为竞争目标。这体现在竞职者演讲伊始就旗帜鲜明地亮出自己的竞聘目标，并使其所选材料和运用手段都指向和服从于该目标——"我是该职位的最佳人选"——使自己竞聘成功。

2. 竞争性

竞职演讲的全过程实际上是听众在候选人之间，就其竞职条件，施政目标、构想、方案中进行比较、筛选的过程。因此，竞职者必须"八仙过海，各显其能"，最大可能地显示出"人无我有，人有我强，人强我新"的胜人一筹的"优势"来，有时甚至还需将自己本为"劣势"的东西换角度转化为"优势"，充分展示自身所长。

3. 自述性

竞职就是个人竞聘某一职位或岗位，其竞职主体与写作主体是完全一致的，因此，竞职报告要用第一人称自述，并述出富有自身个性的特色。

（二）分类

竞聘报告是竞聘者用于竞聘演讲的脚本。从目前使用状况看，主要用于两种情形。

1. 行政领导职务竞聘

适用于机关及企事业中、高层领导干部的选任。这是我国人事制度一个较大的改革。采用公开的竞聘方式，可以避免干部任用过程中的"暗箱操作"，增加透明度。实施竞聘就把岗位要求、竞聘者的德才、选聘的程序等都公开化了，竞聘者可以最充分地展示自己，领导可以最充分地了解竞聘者，群众也可以对竞聘者充分地发表自己的意见。

2. 重要业务、技术管理岗位竞聘

适用于机关、企事业单位重要的高级管理和技术岗位人员选任。如总会计师、总工程师、总编辑、部门经理、部门主管、高级企划人员等。这些岗位往往都直接关系到单位整体的管理效能，所以，常采用竞聘形式广泛向社会招募人才，以此来寻求单位更好的发展。

三、文本写作

竞聘报告的文本结构一般包括标题、称谓、正文和文尾。

1. 标题

竞聘报告一般直接用《竞聘报告》或《我的竞聘报告》作标题；为突出所竞聘的职务，也可写成《关于××××一职的竞聘报告》；此外，还有用正副题形式的，正题说明目的、设想、打算等，副题标明竞聘职务，如《承载梦想　放飞希望——竞选××副科长的演讲》。

2. 称谓

竞聘报告是面对特定受众的报告，因此，要根据报告的特定对象确定合适的称谓。通常用"各位领导、同志们"这样的统称和泛称。

3. 正文

正文一般写成开头、主体和结尾三部分。

（1）开头。竞聘报告的开头多种多样，没有固定的写法，但应新颖引人，简洁明了。例如，"拿破仑曾说，不想当将军的士兵不是好士兵。本人也愿谨遵巨人教诲，当个好将军，故此登台亮相，毛遂自荐"。借将军豪言，引出竞聘者的自信，开头自然、有感染力，令听众耳目一新，增强了吸引力。

又如，"首先说明，此次登台竞聘，并非有当官的奢望，只是想响应人事制度改革的号召，并借此结识新朋友，使大家认识我、了解我、喜欢我"。这种坦率、质朴的开头容易加强竞聘者与听众之间的心灵交流，也能使竞聘者赢得更多的理解与支持。

（2）主体。主体要重点写四个方面的内容：①简介竞聘者的基本情况和亮明所竞职位。内容包括姓名、出生年月、政治面貌、文化程度、工作经历、曾任职务、曾获荣誉和奖励、所竞职位等。②阐明所竞职位的自身优势。这包括政治思想品德、主要特长和工作业绩，以彰显自己参与竞聘的理由、资格和超出他人之处。③陈述对所竞岗位职责的认识。只有对岗位职责有正确清醒的认识，才能有的放矢地明确提出该岗位的工作目标、施政设想和打算。最好采用先总后分的写法。④表明竞聘成功后的工作目标、主要设想和打算。它是重中之重。因为听众最关注的不只是竞聘者过去和现在的情况，更主要的是想了解其担任这一职务之后的所作所为，因此，对就任后的工作目标、主要设想、打算，包括拟采取的办法、措施以及要达到的效果等要集中作出具体表述。要写得项目明确，层次分明，条理清晰。

（3）结尾。一般是表明态度和表示谢意。要写得简明扼要、自然贴切、意尽言止。

4. 文尾

文尾内容包括署名、日期，但在报告时不必说出。

四、写作注意事项

（1）从实际出发，内容真实可信。从实际出发，是指竞聘者应确实具有胜任某一职位的水平与能力才参与竞争；内容真实可信，是指竞聘者的自我介绍必须是真实的，对工作实绩、竞聘岗位认识和未来目标设计的阐述，都必须做到有根有据，实事求是，内容可信，而不是虚假的、令人怀疑的。

（2）强调优势，把握好"度"。强调优势可从个人素质、工作经历、工作经验、工作作风和工作实绩等方面考虑，但都要紧扣岗位特征、注意自身特色、突出重点，用事实说话并谦虚诚恳，切忌夸夸其谈或华而不实。

（3）工作设想，切实可行。竞聘报告中展示竞聘成功后的工作设想是与展示优势同样重要的内容。提出工作设想除要围绕岗位职责有的放矢外，更要符合实际，切实可行，具有可操作性，这就要求竞聘者深入调查了解，熟悉职责与业务，切不可凭空想象。此外，还要体现前瞻性与创新精神，这样才能给听众留下具有开拓创新精神的良好印象。

（4）根据时间确定篇幅。一般竞聘演讲是 10～15 分钟，竞聘者应事先有所了解，根据时间要求，精心设计演讲内容，确定行文篇幅；超短或超长都可能使听众产生不好印象，从而影响竞聘效果。

第二节　述职报告

述职报告是领导干部或者专业技术人员为接受考核，就自己履行岗位职责情况，从德、才、能、勤、绩、廉等方面，实事求是地向上级机关、领导和群众陈述汇报的文书。它是上级机关、领导全面了解、考察和群众评议干部或专业技术人员的重要依据。

写好述职报告，不仅有利于促进领导干部的管理工作，而且有利于被考核者进一步明确职责、总结经验、吸取教训、提高素质、改进工作，还有利于树立民主监督的良好风尚。

一、文本导读

【例文 15.2.1】

述职报告[①]

主任、各位副主任、秘书长、各位委员：

省人民代表大会常务委员会对我进行述职评议，这是对我履行职责依法监督的有效途径，也是对我本人的爱护和支持，必将促进我依法行政、强化公仆意识和服务意识，从而进一步推动我省的人事人才工作的开展。在此，我表示衷心的感谢！下面，我就 2000 年 2 月接任省人事厅厅长以来履行职责的情况作述职报告。

---

① 引自 http://www.sirt.edu.cn/content/jingpinke/xiezuo/fanwen/13.swf.

一、履行职责的情况

两年多来，我按照省政府赋予省人事厅的职责，在省委、省政府的领导下，在省人大的关心指导下，团结、带领厅领导班子成员和全体干部职工，坚持以邓小平理论和"三个代表"重要思想为指导，认真贯彻党的十五大和省八次党代会精神，以"改革、创新、发展"为主题，以人为本，解放思想，更新观念，扎实工作，努力推进我省的人事人才工作。

（一）加强学习和调查研究、明确人事人才工作思路

面对新的工作环境和新的职责，我首先抓了两点：一是学习，二是调研。

（1）认真学习。我注重把学习马列主义、毛泽东思想、邓小平理论特别是人事人才理论、"三个代表"重要思想，以及党的路线、方针、政策作为一项重要任务，当作自己履行职责的前提和根本保证。坚持党组中心组学习制度，我带头学习理论，做读书笔记，作辅导报告。学习中努力发扬理论联系实际的马克思主义学风，把学习理论与解决实际问题紧密结合起来，收效较好。2000年厅党组学习中心组被评为省直机关先进党组学习中心组，我本人被评为优秀个人。

（2）深入调研。在到任后的较短时间内，我通过各种形式，首先对厅机关及直属事业单位，然后后对全省各地级市及部分县（市）作了广泛的调查研究，逐步熟悉人事工作的规律，从而充实和丰富了我对全省的人事人才事业发展状况的认识。

我在学习调研中提出了"人才资源开发是人事人才工作永恒的主题""营造人才生态环境"等观点，受到了人事部的好评，两次被人事部张学忠部长邀请参加国际人力资源开发论坛和APEC人力资源能力建设高峰会。

新世纪××人事人才工作既面临着机遇，又面临着挑战。一方面，党中央、国务院和省委、省政府对人事人才工作非常重视，首次把人才问题提升为国家发展战略，专列一章写入国民经济和社会发展"十五"规划。人事制度改革和人才资源开发进入了重要的发展时期；另一方面，我省人才的数量和质量仍满足不了经济社会发展的需要，任务很艰巨。新世纪人事人才工作定位在哪里？目标是什么？发展思路是什么？针对这些亟待解决的问题，我多次组织专项调研，并带专门小组到兄弟省市学习，把调研成果转化为我省人事人才工作的开展思路。这就是：坚持以邓小平理论特别是邓小平人事人才理论和"三个代表"重要思想为指导，以人才战略为统揽，以发展为主题，以队伍建设为主体，以改革创新为动力，以人才结构调整为主线，以高层次和急需人才培养引进为重点，以为经济社会发展和为人民服务为目的，深化人事制度改革，加大人才资源开发力度，提高人才资源配置的市场化程度，改变地区、产业间人才布局状况，努力建设一支宏大的、高素质的人才队伍，把××建成人才强省，为××经济持续稳定健康发展和社会全面进步提供强有力的人才智力支撑。

通过加强学习和调研，我较快地实现了从市委书记到厅长的岗位角色转换和思维方式的转变，以敬业爱岗的刻苦精神，较快地熟悉人事工作的基本业务知识。

（二）实施人才战略，人才资源开发工作迈上新台阶

××率先基本实现社会主义现代化，关键在人才。我接任省人事厅厅长后，努力贯彻落实《中共××省委××省人民政府关于依靠科技进步推动产业结构优化升级的决定》（×发〔1998〕16号），把有关精神落实到新时期人事人才工作中。我明确以实施人才战略总揽工作全局，把它作为实现人才强省的核心任务和履行岗位职责的重点，积极营造优良的人才成长与创业综合环境，认真做好人才的选拔、培养、引进和使用工作，使人才资源开发工作迈上了一个新台阶。

（1）主持编制人才发展规划蓝图。组织国内专家学者认真开展××省人才资源和人才队伍的分析研究，对"十五"时期至2015年的人才需求作科学预测，制定了《××省"十五"人事人才发展规划》（以下简称《规划》），提出我省实施人才战略的8大类25项目标举措和人才强省的指标体系。在内容上，突出人才结构调整和提高素质；在安排布局上，做到当前与长远相结合，把握好全局与局部的关系。这个《规划》受到人事部领导和兄弟省同行及有关专家的好评。

（2）高层次急需人才的培养、引进力度进一步加大，专业技术人才队伍建设摆上了突出位置。我主持

制定了我省实施人才工程的具体措施，按照多元化发展的工作思路加强博士后工作，完善专家管理制度，对急需的高层次人才实行滚动式培养。2000年、2001年全省新设立5家博士后流动站和17家企业博士后工作站，使全省博士后流动站和企业博士后工作站分别由原来的21家、13家增加到现在的26家、30家，年招收规模从原来不足100名增加到现在的180名。改革了留学人员科研项目择优资助办法，为海外留学人员以各种形式回国服务、来×工作进一步敞开了方便之门，提供更加有利的条件。发挥职称在构筑人才"高地"中的独特作用，启动了我省教授级高级工程师申报评审工作，评出了首批185名教授级高级工程师。按照×××书记的批示要求，通过调查研究，提出了关于加强我省专业技术人才队伍建设的"更具吸引力"的政策意见，已经省政府常务会议审定，报省委拟以"决定"的形式颁布实施。实行人才引进刚性、柔性并举，两年多全省共引进各类人才60 163名，60%以上具有中级以上职称，其中新增两院院士8名（调进2名，新当选1名，聘任5名）。

（3）公务员培训和专业技术人员继续教育工作进一步加强。（略）

（4）人才结构调整有了较好的进展，区域间人才交流有了新的改善。（略）

（5）人才评价体系进一步健全。（略）

（三）以体制创新为动力，人事管理制度和用人机制改革取得新进展

我力主通过思维创新、观念更新带动制度创新、工作创新，深化人事制度改革。

（1）公务员制度建设进一步深化。从过去主要抓制度的推行，转向制度建设与公务员能力建设并举，明确加强公务员能力建设和制度建设的思路。结合新一轮机构改革，大力推行竞争上岗和岗位交流制度，按政策规定稳妥地组织实施机构改革人员的分流，在干部能上能下、能进能出的管理体制上取得新突破。切实贯彻1997年省政府第26号令发布的《××省国家公务员录用实施办法》，改革了公务员录用考试的内容、方法和组织形式，严把"入口"关，新录用公务员1.3万人。进一步改革了考核、奖惩等相关制度的实施。

（2）事业单位人事制度稳妥推进。（略）

（3）工资分配制度改革有了新进展。（略）

（4）军转安置制度改革迈出实质性步伐。（略）

（5）人才资源市场化配置的机制逐步建立。（略）

（6）加强宏观计划管理，严格控制机关事业单位人员增长。（略）

（四）按中央和省委、省政府部署，稳妥有序地推进机构改革

两年多来，在省委、省政府的正确领导下，我以积极负责的态度，克服困难，扎实工作，组织实施了这次省、市、县、乡镇机构改革。

（1）精心组织实施。制定周密的工作计划，明确各阶段工作重点、实施步骤和时间安排等，使改革稳步地推进。坚决按照中央和省的政策规定，严格审核各部门"三定"规定和各市改革方案，坚持原则，严格把关，不搞变通，从源头上保证了机构改革不走样、不变调。突出政府职能转变为机构改革的重中之重，推进政企分开、政事分开、政社分开。结合干部人事制度改革，做过细致的思想政治工作，积极稳妥地做好人员分流工作。

（2）加强协调工作。（略）

（3）加强检查指导。（略）

（五）加强人事法制建设，坚持依法行政

两年多来，我作为厅执法责任制第一责任人，把贯彻依法治省方略、落实执法责任制、坚持依法行政作为履行职责的重要标尺，严格要求自己。我主要做了如下工作：

（1）积极推进人事法制建设。一是深入开展人事法制宣传教育，提高人事干部队伍的法制意识和法制水平；二是认真做好人事法规的制定工作，加快人事立法步伐（略）；三是大力加强人事执法工作（略）。

（2）做好人事政策法规清理工作。根据省政府的部署，今年3月，我厅成立了由我任组长的"人事系统政府规章和规范性文件清理领导小组"，制订了工作实施方案，对不利于转变政府职能的规章和不符合WTO规则的文件作出修订。目前已清理政府规章13件，其中已废止1件，拟废止3件，拟修订4件，拟保

留5件；已清理政府规范性文件11件，其中拟废止5件，拟修订2件，拟保留4件；我厅成立以来印发的298件规范性文件的清理仍在进行之中。整个清理工作将于7月底全部完成。

（3）规范行政审批事项。（略）

（4）认真办好人大代表议案、建议和政协委员提案，做好群众来访来信的工作。（略）

（六）注重加强队伍自身建设（略）

（七）切实加强党风廉政建设

我切实担负起我厅廉政建设第一责任人的职责，把廉政建设放在重要位置加以落实。（略）

二、今后的努力方向

我要把这一次省人民代表大会常务委员会对我的述职评议作为更好履行职责的鼓舞和鞭策，继续团结厅领导班子成员，在省委、省人大、省政府的正确领导下，忠于职守，认真从以下四个方面抓好整改：

（一）加强学习，进一步提高自身素质（略）

（二）加强调查研究，深入了解真情实况（略）

（三）加强法治观念，不断提高依法行政的能力和水平（略）

（四）抓住机遇，加快实施人才战略的步伐（略）

主任、各位副主任、秘书长、各位委员，我虽然对这次述职报告做了认真准备，但仍会有不足之处，恳请各位领导和同志们提出评议意见，我一定虚心接受，坚决整改，在省委、省人大和省政府的领导、支持、监督下，尽职尽责，努力工作，增创人才新优势，为××率先基本实现社会主义现代化作出新的贡献！

以上报告，请予评议。

省人事厅厅长 ××

2002年7月22日

【导读】

这份述职报告是一篇按规范写作的行政述职报告。述职者就自己担任××省人事厅厅长两年多的履职情况向省人大常委会主任、副主任、秘书长及各位委员述职。报告正文三部分完整齐全。引言首先简述自己对述职评议的认识和态度，然后过渡到述职主题——"下面，我就2000年2月接任省人事厅厅长以来履行职责的情况作述职报告"。主体分别以"一、履行职责的情况"、"二、今后的努力方向"两个小标题行文，各题之下再分若干小题或小点。紧扣主题，重点突出，线索清楚，层次分明。结尾回应开头，表明态度，并请求评议。文尾署明职务和名字及述职时间。本文按述职报告的规范形式写作，写得较规范，可作借鉴。

【阅读思考】

1. 你认为述职报告的重点内容应该是什么？

2. 试对"履行职责的情况"中"（四）按中央和省委、省政府部署，稳妥有序地推进机构改革"的表述作进一步的概括归纳，使之与前后各点的表述基本一致。

【例文15.2.2】

述职报告①

吉林省永吉县副县长 孙良彦

一、伸手要官

担任副县长三年以来，我的主要工作是分管全县的招商引资。1997年年初，为了加大招商引资的工作力度，经县委、县政府批准，决定成立永吉县招商局。当时局长人选成了难题，我便向县委、县政府提出，

---

① 党的生活，2000（2）.

由我担任招商局局长。县委、县政府同意了我的请求，决定由我作为副县长兼招商局局长，只管一项工作——招商引资。

担任招商局局长后，我立即全身心地投入到工作中去。由于县财政紧张，拿不出招商经费，我就四处奔走，甚至以个人的名义向银行贷款，在没要财政一分钱的情况下，靠自己的努力兴建了招商局大厦，购置了车辆，配备了计算机网络。为了少花钱、多办事，1997年，我亲自带领精干人员组成"招商团"，历时40天，行程3万里，到了18个省、市、自治区和183个县级以上城市，与76家企业、私营大户进行了接触，洽谈了60个项目，有36个项目达成了初步意向。一路上我们昼夜兼程，省吃俭用，住几元钱一晚的小旅店，有时4个人住两个人房间，把床垫子拽出来睡，整个费用只花了3万元。在全县上下的努力下，当年实现招商引资5亿元。1998年，又如法炮制，走出去招商，实现引资6亿元。两年来，我们永吉县招商引资已达11亿元，共有422户企业到永吉落户……

二、甘当"傻瓜"

为了实现从单纯管理向综合服务的转变，我在工作中进行了大胆尝试，把21个部门集中起来，实行一条龙服务，让投资者到永吉只进一扇门，一次性办手续。我要求招商局的同志像"傻瓜"照相机一样，只要投资者按一下"快门"，剩下的事由我们来做。我还要求每个同志至少为一户投资企业办理落户的全部手续，亲身体验一下在永吉遇到的困难和问题，并及时帮助解决。长春一汽集团到永吉建锻造厂，在二期工程时，需要运一个83吨的大型设备，路上有许多困难。我和另一位县领导协调指挥，轮流在车队前引路，60多公里的路足足走了14个小时，使设备安全运达。投资方深受感动，后来又加大了对企业的投资。许多落户的企业都遇到过资金紧张的困难，我们多方努力帮助解决贷款。有一次，我带人到北京跑贷款，连夜去有关同志家联系，他家住在21层楼，正赶上电梯出了故障，我们硬是一个台阶一个台阶地走了上去，累得半天说不出话来。对方被我们的精神感动了，给予我们很大帮助。几年来，我不怕跑断腿、磨破嘴，从国家和省有关部门为永吉争取到了几百万元的资金。为落户企业提供了最直接的服务。

三、处理问题方法简单

经济工作必须讲究效率，搞"公文旅行""踢皮球"，只会贻误事业。招商引资是一项新的工作，没有现成的经验，我在工作中积极探索，用简单的方式解决复杂的问题。下属汇报工作，我要求简明扼要，别拖泥带水。我打过这样一个比方，你想把玻璃杯子放到一个合适的地方，搞了一个很复杂的计划，说把杯子放在窗台上不稳当，放到地上易碰碎，放到桌子上最合适。我说你的计划太啰唆，你就直接说放到桌子上就得了，我没有不同意见你就干吧。这种方法使我们受益匪浅，招商局的工作一直是高速运转。

领导干部要以身作则，还要做下属的思想工作。当副县长这几年，我一直没有配备手机，所以，在我分管的范围内，解决滥配手机的问题就简单多了，我自己没有手机，下边也没人敢向我提出配手机的问题。有一个干部想超标准换房，我听后既没有批评，也没有说什么，只是领他到我家去了一趟，结果他再也不提了，因为我的住房比他现在住的还小。招商局刚组建时没有交通工具，我把县政府配给我的车让给招商局用，自己经常坐人力三轮车。坐汽车的下级和坐三轮车的上级碰到一起，他换车的问题自然就用不着讨论了。现在出国考察固然是为了工作，但从某种意义上说，也是一种待遇。我以前几次出国，但当上副县长以后，就表示在永吉工作期间不出国，并把每次出国的机会都让给别人。"公生明，廉生威"，我在实践中更深切地体会到了其中的道理，做一个称职的领导干部，就应给下级作出榜样，敢于说"跟我学"！

四、把难题推给法院

在招商引资工作上，我注意严格按照国家的政策、法律办事，同时运用法律手段，解决工作中遇到的疑难问题。我们引进的一家房地产公司在永吉开发建设中，碰到了一些动迁户的"钉子"难题，开发商感到很为难，准备撤走。我主动让招商局把难题揽了过来，对动迁户提出的一些要求作了区分，通过批评教育和适当补偿基本都解决了，但只有一户认为补偿少，天天找政府领导。在这种情况下，靠行政命令很难解决问题，还有可能激化矛盾。我找到他，告诉他可以到法院起诉，让法律裁决。他说拿不出诉讼费，我自己掏钱为他垫上了两千元诉讼费，法院已正式立案。有人说这真是新鲜事儿，副县长自己花钱当被告。但我想，法律面前，人人平等，是非自有公断。我把难题推给了法院，可以摆脱纠缠，腾出精力干工作，这么做值得。

五、异想天开——我的几个观点及体会

我在实践中切身体会到，敢想是敢做的前提，敢想才能敢做，敢做才有收获。敢于异想天开，才会有大的发展。我们是应该向别人学习，但是总跟在别人屁股后面，不会有大出息。我们也要树立这样的信念：我们也可以创造出先进的经验，让别人也向我们学习。

——把穷变成资源。组织上让我在兴光村扶贫时，我曾问村干部村里有什么资源，村干部说哪有什么资源，只有一个穷！我突发奇想：为什么不能把穷变成一种资源呢？正是因为穷，这个朝鲜族村保留下来的原始的草房、生活习惯和古朴的民俗风情，这正是开发旅游项目的良好条件。于是我找到一个赴东南亚的考察团，托他们带去我们的想法和村里的资料，并打出了这样的一个口号："请到中国最穷的朝鲜族村参观旅游！"结果，好奇的东南亚人纷纷来到村里，并被这里的民俗所吸引。如今，仅是每个春节期间，兴光村就要接待中外旅客几千人，这里已成为吉林市固定的一个旅游景点。旅游服务成为村民收入的主要来源，并因此致富。应该说，兴光村的巨变来自旅游业，而旅游业的兴起纯粹是异想天开的结果，把穷变成了一种资源。

——品德也是招牌。招商引资，我们没有别的本钱，除了政策和服务优势，还要靠人格的力量，把品德当招牌。永吉县果树场曾与苏联联建过一个罐头厂，刚建一半，就因苏联解体下马了。我在兴光村时看中了这个厂，就到日本寻找合作伙伴。在日本半个月，我没有去过一次商店，没逛过一个旅游点，马不停蹄地考察食品加工厂，并对其工艺和管理提出了意见和建议。日方很钦佩，主动提出要到永吉合资建厂。当日商回访时，我个人掏腰包请他们吃饭，地点是一家小饭店，菜只点了4道，还没喝酒。最后菜没吃完，我还打包拎走了。日商很满意，说有这样的合作伙伴让人放心，回去后就打过来500万元人民币，与我们联建了吉林稻田食品有限公司，加工生产山野菜。

——先上车后买票。这不是我的发明，我是学着做的。我们永吉经济开发区是自费兴办的，没有人批准。我们本着务实高效、优化服务、科学管理的原则，吸引了众多的投资者，现已招商引资2亿多元，区内有32个企业。初具规模后，我们主动请省领导和有关部门前来视察，多次到省里汇报，得到了认可和支持，永吉经济开发区被列为省级开发区，实行了全封闭管理，为今后的发展打下了基础。如果当初一味地等、靠、要，恐怕开发区到今天还只能是一张图纸。

【导读】

这是一份写得很有特色的述职报告。报告不仅内容令人深思、耐人寻味、生动感人，而且形式不落俗套，很有特色。

首先，行文不落俗套。全文用四个表意诙谐的小标题来结构文章，而不是采用"引言—主体—结尾"的通常模式，但四个部分的内容又巧妙地体现了"引言""主体"和"结尾"。报告开头交代了自己的岗位职责——作为副县长主动兼任招商局局长，只管"招商引资"。这是明确述职目标；接下来紧扣述职目标，从履职角度，分三个小题汇报自己的做法、工作情况以及绩效；最后一部分谈体会，将实践上升为理论。

其次，述职目标明确，内容重点突出，评价客观。报告充分体现了述职者勇挑重担、艰苦创业、探索创新、敢作敢为的品质和作风。同时注意以我为主，主从分明。述职报告虽是领导者写自己的政绩，但任何领导的政绩的取得都离不开上级的指导、下级的支持、同事的共同努力与合作。因此，述职报告在陈述自己的政绩时，必须同时实事求是地提到其他相关人员的作用与贡献。

再次，陈述方法上注意虚实结合，理论联系实际。在阐述每项工作时都有明确的指导思想，体现对方针政策的贯彻；陈述工作实绩时用事实和数据说话，体现事实的说服力和量化方法的科学性；总结工作体会时上升到理性认识，体现理论素质的不断提升。虚实结合的写法，增强了文章的说服力，也体现了理论联系实际的好作风和好文风。

最后，语言生动有文采，可读性强。

本文的生动感人，来源于述职者事迹的生动感人，本文的新颖与述职者勇于探索、创新的人格品质相符。文如其人，在本文中得到了很好的体现。

【阅读思考】

1. 俗话说，"文如其人"，你从这篇述职报告中可以看出述职者是一个具有怎样品格和性格的人？

2. 试具体谈谈本文的语言特色。

二、基础知识认知

（一）特点

1. 述职主体的唯一性

所谓述职，即指担任一定职务者向特定的对象陈述自己履行岗位职责的情况；不任职者，无所谓述职；任何人都不能代替述职者述职。述职主体总是以第一人称的口吻，对自己的任职情况进行自我述评，而不是从第三者的角度检查、总结和评价他人的工作情况，因此，述职报告在写作对象上具有明确的唯一性。

2. 报告内容的限定性

述职报告的内容不能随意，而是具有很强的现实针对性。它只能以述职者现任职务的履职情况，作为"述"的基本点和主要内容，即必须以自己对一定时段所在岗位的职责、目标的履行情况作为报告内容。岗位职责和目标是由国家、部门或单位统一制订的，它规定了每一岗位的职权范围和工作责任，因而述职报告的内容是既定的、明确的、可循的。绕"职"而"述"，才是内容上的得体。述职报告是述职者实践活动的产物，它不仅需要定性分析，而且需要定量证明，要求从德、才、能、勤、绩、廉诸方面进行报告。

3. 拟写时效的特定性

述职报告是述职主体在特定的时限，为接受一定的考核而拟写的。无论是任职期满、试聘期满、年度结束的述职报告，还是上级领导不定期、临时布置的一些述职活动所需的书面材料，都必须在规定时间内拟写完毕，否则就会影响对述职者的考核，甚至影响全局工作，迟到的述职报告也就失去了它应有的时效。

4. 实用价值的鉴定性

述职报告既是上级领导或机关考核鉴定的依据，又是群众民主评议的基础，最后的材料将作为述职者升迁、留任或降职、调任等的重要凭据而纳入干部或技术人员管理档案。因此，述职报告的程序与最终目的表明其并非可有可无，而是具有相当的行政约束力，具有鉴定审核的实际价值。

5. 语言表达的严谨性

述职报告的语言风格讲究庄重、朴实和严谨，撰写述职报告必须注意锤炼语言。在坚持严肃质朴基调的前提下，必须认真推敲锤炼语言，力求观点鲜明、遣词准确、文字洗练、语言通俗、叙述活泼。

（二）分类

述职报告按照不同的划分标准可以有不同的分类。

（1）从作用上分，有晋职述职报告、例行述职报告和试聘期述职报告。

（2）从时效上分，有任期述职报告、年度述职报告、应急和不定期述职报告。

（3）从内容上分，有综合性述职报告和专题性述职报告。

（4）从述职主体上分，有管理干部述职报告和专业技术人员述职报告。

（5）从表达形式上分，有书面述职报告和口头述职报告。

（三）述职报告与相应文体的区别

1. 与工作总结的区别

首先，工作总结不受个人职责范围的限制，有一定的弹性和某种程度的全面性；述职报告则要严格按职责范围阐述工作完成情况，有较强的限定性。其次，工作总结的目的在于指导今后的工作，因此，回顾成绩与不足要求上升到理论的高度，内容侧重理论的升华；述职报告的目的在于考察干部，因此，内容侧重客观的阐述，用工作实绩表明工作成效及履职情况。

2. 与竞聘演讲的区别

首先，竞聘演讲是竞争未来的职位，是"未来时"；述职报告是展示履职政绩，是"过去时"。其次，竞聘演讲的内容侧重于显示与竞聘岗位相适应的、"人无我有，人有我强，人强我新"的、超越同一岗位竞争对手的优势，以增加竞争力；述职报告内容侧重在工作实绩上，要求用事实说话，既要有定性的分析，又要有定量的证明，以充分体现出述职者所具备的较强的履职能力与素质。

三、文本写作

领导干部个人的述职报告主要是围绕自己的工作职责，对自己任职期间或一段时期内的德、才、能、勤、绩、廉诸方面加以综合概括，并进行总结和评估。从内容看，主要阐述以下六个方面：①主要职责——自己应该干什么；②主要实绩——干了些什么；③主要做法——怎么干的；④主要效果——社会的、经济的效益及群众的反应如何；⑤主要存在的问题——有什么缺点和教训；⑥努力方向——如果继续干，有何新的举措办法。

其写作结构通常由标题、称谓、正文和文尾四部分构成。

1. 标题

述职报告的标题有三种常见写法：①直接用文种标题，如《述职报告》或《我的述职报告》；②以"任职时限＋职务＋文种"为标题，如《200×年至200×年任职厂长的述职报告》；③用正副双标题，正题点明述职报告的主题——基本评价、经验、教训等，副题补充说明述职对象、文种等，如《以创新为基础开创××工作新局面——我的述职报告》、《做经济工作也要讲政治——××公司经理兼党总支书记×××的述职报告》。

2. 称谓

称谓是对陈述对象的称呼。向什么人述职，该怎么称呼就怎么称呼。称谓后用全角冒号，提示对方"我有话要说"。

3. 正文

正文一般由"引言＋主体＋结尾"三个层次构成。

（1）引言。引言是为整个正文"立标定调"，一般是概述基本情况，包括任职时间、主要职责（职务—目标—个人认识）、履职情况等基本内容。下面举三例以供参考：

我是××石油公司主管经营工作的经理。2004年经营工作的责任目标共7项：……除安全外，其他各项不仅圆满，而且超额完成了目标任务。这些成绩的取得，是经营单位领导和全体职工共同努力的结果，也是有关单位直接或间接支持配合的结果……我作为经营方面的主管领导，主要是做了一些组织协调工作，即创造一个好的内外环境，以保证经营目标的实现。

这个开头概述了自己的任职职位、任职期限的责任目标、目标完成情况和原因以及自己所起的主要作用等基本情况，写得简洁明了。

我是厂长的一名副手。担任副厂长兼厂办主任，分工抓生产和厂长办公室的工作，聘任期为4年，从2000年1月1日至2004年12月31日。现在我作任职一年的述职报告，请审议。

这个引言只交代了自己的职务、职责、任职期限以及述职的期限，它把职责目标等内容都放到主体中阐述，显得更简洁。

我的岗位责任情况，分3个不同岗位汇报。

这例更加简单，把一切内容都留给了主体。

选择哪种引言，应根据具体目的、内容、时限、场合等而定。

（2）主体。主体可概括为"工作实绩＋主要问题＋努力方向"模式。首先，具体、详细地写自己在任职期间做了哪些大事，取得了哪些成果，收获了哪些经验。这一部分要用事实说话，尽量作定性定量分析，并注意以叙述本人履行工作职责为主，以评价本人作用为辅，以突出履行本职工作的要义。然后，概述存在的问题、应吸取的教训。最后针对问题教训提出改进的措施和今后努力的方向。主体部分的行文思路，可以时间为序，分点写作；也可按工作性质拟出小标题，分块写作。由于主体部分的内容是考核、评议的要据，也是决定述职成败的关键，所以，一定要尽力写好。

（3）结尾。结尾表明本人的愿望和态度，对自己作出恰当的评价，请求领导与述职对象审查评议、批评帮助并表示谢意。最后用"以上报告，请审查"等惯用语结束。

4. 文尾

文尾应包括两个内容：一是落款，署明述职者的职务与姓名；二是署明述职时间，即注明述职日期。也有将它们移置于标题之下的。

另外，述职报告如有附件，要写明名称、件数；若要抄报其他有关领导和部门，应在文尾注明。

四、写作注意事项

1. 明晰文种，严格区别

述职报告在写作中容易与个人工作总结相混淆，两种文书既相互联系又相互区别。它们的共同点表现为：①写作形式相同，都需要归纳做法和成果，找出问题，分析成功的经验与失败的教训；②表达方式相同，都是运用叙述的语言概括主要的工作过程和工作结果，运用夹叙夹议的语言谈体会，揭示工作规律。它们的区别主要表现在：①回答的问题不同。个人工作总结回答的是做了哪些工作、取得了哪些成绩、有什么经验、存在哪些问题、要吸取什么教训等问题；述职报告要回答的是自己有什么职责、自己是怎样履行职责的、称职与否等问题。②侧重点不同。个人工作总结一般用以归纳工作方法、汇总工作成绩，重点在于体现个人的主要工作实绩；述职报告则限于报告履行职责的思路、过程和履行职责的能力。③反映成绩的范围不同。个人工作总结不受职责范围的限制，凡是自己做过的事情、取得的成果，都可以纳入其中；而述职报告则只许限于职责范围之内，围绕职责这个基点提炼观点、精选材料、安排结构。

2. 围绕职责，客观真实

述职报告写作以职责为基点，用事实说话。在反思自己任职期间的岗位职责、预定目标、工作情况、实际成绩、所得经验、存在问题和努力方向等情况时一定要符合客观实际，实事求是。尤其应注意讲成绩不夸张，对问题不回避，以求真务实的精神作为写作的出发点，恰如其分地把成绩说够，把问题说透，把措施讲清，把方向点明。述职要讲真话、实话，切忌"假、大、空"。因为"假、大、空"在面对熟悉述职者的上级领导和群众时，最容易被他们识穿，从而使述职者失去信任基础。在自我评价上，要以自己的岗位职责、目标为标准，围绕职责的重点内容来写。一般只选任职期间或任职一段时间内的几项主要工作，细致地将其工作过程、效果或失误及其认识表述出来，不需要按照职责逐条予以表达，面面俱到。

3. 分析理性，表达多样

述职报告的内容重点在于述职，但它不能像大事记那样只是简要、客观地记叙大事、要事，更不能事无巨细都罗列出来，写成流水账，而必须突出重点，兼顾全面，高度概括。在陈述成绩、问题的同时，注重定性、定量分析，把自己的工作实践上升到一定的理论高度，找出规律，以总结经验、吸取教训、发现问题、寻找方法、明确方向。因此，述职报告质量的高低取决于述职者本身的思想水平、政策水平、理论水平、文化素养和分析能力等。述职报告的表达以概述为主，简明扼要；分析问题、评价成绩的议论须在叙述事实的基础上画龙点睛式地评说；需要交代情况时也可用说明，这种说明应言简意赅，常以数字说明、比较方法等来增强效果。但数字运用要少而精，采用比较时要注意其目的性以及比较的角度和效度等。

4. 写出个性，写出新意

领导干部和专业技术人员的职务、职责范围多种多样，每一个人对职责履行的具体情况也各不相同。述职报告是特定的述职者根据自身具体的实际情况而写的，所以，一定要写出自己特有的工作、特有的做法、特有的个性，力求"文如其人"。这体现着一份述职报告独到的价值。特别是个人的工作与集体、与他人融为一体时，更要能作出合理的分解，恰如其分地写出自己的角色作用。再则，事物总是发展的，述职就是总结，总结过去是为了未来。所以，述职报告应总结一些新经验，写出新意，做到有所突破，其实，这也是从侧面来衡量述职人是否具有创新意识、进取精神和开拓能力的一个重要标尺。

【写作思考与实训】

1. 竞聘报告的正文主要写哪些内容？

2. 述职报告与竞聘报告有何区别？

3. 述职报告写作与个人工作总结写作有何异同？

4. 简述述职报告的内容要素与结构。

5. 下面是一篇竞聘办公室秘书岗位的竞聘报告片段，请指出该竞聘者是用何种方法展示自己的优势的。

　　我竞聘秘书，有一个最不利的条件，就是我的学历。这次提出的条件之一是要具有本科以上文凭，而我仅有一张自考大专文凭。好在任何事情都不是绝对的，事实也不总是证明文凭就等于水平，学历就等于能力。请允许我幸运地回顾一下往事：（出示杂志）这篇打开我写作之门的论文是我大专三年级时发表的，（出示证书）这些获奖证书是我近三年连续获得的优秀撰稿人证书，（出示目录）这是我近八年发表在杂志上的文章目录，（出示文集）这是我今年来公开发表的多篇论文汇集，（出示文章）这是我撰写的文秘调查报告。因此，我坚持要参加这次竞聘。因为我明白，我竞聘文秘还有几个算得上条件的条件……

6. 为参加学院或系某一学生社团领导职务竞聘写一份竞聘报告。

7. 根据述职报告的写作要求，以你所任的某一职务或从事的某项工作写一份述职报告。

附　录

附录一

党政机关公文格式
Layout key for official document of Party and government organs
（GB/T 9704 – 2012 代替 GB/T 9704 – 1999）

前　言

本标准按照 GB/T 1.1 – 2009 给出的规则起草。

本标准根据中共中央办公厅、国务院办公厅印发的《党政机关公文处理工作条例》的有关规定对 GB/T 9704 – 1999《国家行政机关公文格式》进行修订。本标准相对 GB/T 9704 – 1999 主要作如下修订：

a）标准名称改为《党政机关公文格式》，标准英文名称也作相应修改；

b）适用范围扩展到各级党政机关制发的公文；

c）对标准结构进行适当调整；

d）对公文装订要求进行适当调整；

e）增加发文机关署名和页码两个公文格式要素，删除主题词格式要素，并对公文格式各要素的编排进行较大调整；

f）进一步细化特定格式公文的编排要求；

g）新增联合行文公文首页版式、信函格式首页版式、命令（令）格式首页版式等式样。

本标准中公文用语与《党政机关公文处理工作条例》中的用语一致。

本标准为第二次修订。

本标准由中共中央办公厅和国务院办公厅提出。

本标准由中国标准化研究院归口。

本标准起草单位：中国标准化研究院、中共中央办公厅秘书局、国务院办公厅秘书局、中国标准出版社。

本标准主要起草人：房庆、杨雯、郭道锋、孙维、马慧、张书杰、徐成华、范一乔、李玲。

本标准代替了 GB/T 9704 – 1999。

GB/T 9704 – 1999 的历次版本发布情况为：

——GB/T 9704 – 1988。

1　范围

本标准规定了党政机关公文通用的纸张要求、排版和印制装订要求、公文格式各要素的编排规则，并给出了公文的式样。

本标准适用于各级党政机关制发的公文。其他机关和单位的公文可以参照执行。

使用少数民族文字印制的公文，其用纸、幅面尺寸及版面、印制等要求按照本标准执行，其余可以参照本标准并按照有关规定执行。

2 规范性引用文件

下列文件对于本标准的应用是必不可少的。凡是注日期的引用文件，仅所注日期的版本适用于本标准。凡是不注日期的引用文件，其最新版本（包括所有的修改单）适用于本标准。

GB/T 148 印刷、书写和绘图纸幅面尺寸

GB 3100 国际单位制及其应用

GB 3101 有关量、单位和符号的一般原则

GB 3102（所有部分）量和单位

GB/T 15834 标点符号用法

GB/T 15835 出版物上数字用法

3 术语和定义

下列术语和定义适用于本标准。

3.1 字 word

标示公文中横向距离的长度单位。在本标准中，一字指一个汉字宽度的距离。

3.2 行 line

标示公文中纵向距离的长度单位。在本标准中，一行指一个汉字的高度加 3 号汉字高度的 7/8 的距离。

4 公文用纸主要技术指标

公文用纸一般使用纸张定量为 $60 \, g/m^2 \sim 80 \, g/m^2$ 的胶版印刷纸或复印纸。纸张白度 $80\% \sim 90\%$，横向耐折度≥15 次，不透明度≥85%，pH 值为 $7.5 \sim 9.5$。

5 公文用纸幅面尺寸及版面要求

5.1 幅面尺寸

公文用纸采用 GB/T 148 中规定的 A4 型纸，其成品幅面尺寸为：210 mm × 297 mm。

5.2 版面

5.2.1 页边与版心尺寸

公文用纸天头（上白边）为 37 mm ± 1 mm，公文用纸订口（左白边）为 28mm ± 1mm，版心尺寸为 156 mm × 225 mm。

5.2.2 字体和字号

如无特殊说明，公文格式各要素一般用 3 号仿宋体字。特定情况可以作适当调整。

5.2.3 行数和字数

一般每面排 22 行，每行排 28 个字，并撑满版心。特定情况可以作适当调整。

5.2.4 文字的颜色

如无特殊说明，公文中文字的颜色均为黑色。

6 印制装订要求

6.1 制版要求

版面干净无底灰，字迹清楚无断划，尺寸标准，版心不斜，误差不超过 1 mm。

6.2 印刷要求

双面印刷；页码套正，两面误差不超过 2 mm。黑色油墨应当达到色谱所标 BL100%，红色油墨应当达到色谱所标 Y80%、M80%。印品着墨实、均匀；字面不花、不白、无断划。

6.3 装订要求

公文应当左侧装订，不掉页，两页页码之间误差不超过 4 mm，裁切后的成品尺寸允许误差 ±2mm，四角成 90°，无毛茬或缺损。

骑马订或平订的公文应当：

a) 订位为两钉外订眼距版面上下边缘各 70 mm 处，允许误差 ±4mm；

b）无坏钉、漏钉、重钉，钉脚平伏牢固；

c）骑马订钉锯均订在折缝线上，平订钉锯与书脊间的距离为3mm～5mm。

包本装订公文的封皮（封面、书脊、封底）与书芯应吻合、包紧、包平、不脱落。

7　公文格式各要素编排规则

7.1　公文格式各要素的划分

本标准将版心内的公文格式各要素划分为版头、主体、版记三部分。公文首页红色分隔线以上的部分称为版头；公文首页红色分隔线（不含）以下、公文末页首条分隔线（不含）以上的部分称为主体；公文末页首条分隔线以下、末条分隔线以上的部分称为版记。

页码位于版心外。

7.2　版头

7.2.1　份号

如需标注份号，一般用6位3号阿拉伯数字，顶格编排在版心左上角第一行。

7.2.2　密级和保密期限

如需标注密级和保密期限，一般用3号黑体字，顶格编排在版心左上角第二行；保密期限中的数字用阿拉伯数字标注。

7.2.3　紧急程度

如需标注紧急程度，一般用3号黑体字，顶格编排在版心左上角；如需同时标注份号、密级和保密期限、紧急程度，按照份号、密级和保密期限、紧急程度的顺序自上而下分行排列。

7.2.4　发文机关标志

由发文机关全称或者规范化简称加"文件"二字组成，也可以使用发文机关全称或者规范化简称。

发文机关标志居中排布，上边缘至版心上边缘为35mm，推荐使用小标宋体字，颜色为红色，以醒目、美观、庄重为原则。

联合行文时，如需同时标注联署发文机关名称，一般应当将主办机关名称排列在前；如有"文件"二字，应当置于发文机关名称右侧，以联署发文机关名称为准上下居中排布。

7.2.5　发文字号

编排在发文机关标志下空二行位置，居中排布。年份、发文顺序号用阿拉伯数字标注；年份应标全称，用六角括号"〔〕"括入；发文顺序号不加"第"字，不编虚位（即1不编为01），在阿拉伯数字后加"号"字。

上行文的发文字号居左空一字编排，与最后一个签发人姓名处在同一行。

7.2.6　签发人

由"签发人"三字加全角冒号和签发人姓名组成，居右空一字，编排在发文机关标志下空二行位置。"签发人"三字用3号仿宋体字，签发人姓名用3号楷体字。

如有多个签发人，签发人姓名按照发文机关的排列顺序从左到右、自上而下依次均匀编排，一般每行排两个姓名，回行时与上一行第一个签发人姓名对齐。

7.2.7　版头中的分隔线

发文字号之下4mm处居中印一条与版心等宽的红色分隔线。

7.3　主体

7.3.1　标题

一般用2号小标宋体字，编排于红色分隔线下空二行位置，分一行或多行居中排布；回行时，要做到词意完整，排列对称，长短适宜，间距恰当，标题排列应当使用梯形或菱形。

7.3.2　主送机关

编排于标题下空一行位置，居左顶格，回行时仍顶格，最后一个机关名称后标全角冒号。如主送机关名称过多导致公文首页不能显示正文时，应当将主送机关名称移至版记，标注方法见7.4.2。

7.3.3 正文

公文首页必须显示正文。一般用 3 号仿宋体字，编排于主送机关名称下一行，每个自然段左空二字，回行顶格。文中结构层次序数依次可以用"一、""（一）""1.""（1）"标注；一般第一层用黑体字、第二层用楷体字、第三层和第四层用仿宋体字标注。

7.3.4 附件说明

如有附件，在正文下空一行左空二字编排"附件"二字，后标全角冒号和附件名称。如有多个附件，使用阿拉伯数字标注附件顺序号（如"附件：1.×××××"）；附件名称后不加标点符号。附件名称较长需回行时，应当与上一行附件名称的首字对齐。

7.3.5 发文机关署名、成文日期和印章

7.3.5.1 加盖印章的公文

成文日期一般右空四字编排，印章用红色，不得出现空白印章。

单一机关行文时，一般在成文日期之上、以成文日期为准居中编排发文机关署名，印章端正、居中下压发文机关署名和成文日期，使发文机关署名和成文日期居印章中心偏下位置，印章顶端应当上距正文或附件说明的一行之内。

联合行文时，一般将各发文机关署名按照发文机关顺序整齐排列在相应位置，并将印章一一对应、端正、居中下压发文机关署名，最后一个印章端正、居中下压发文机关署名和成文日期，印章之间排列整齐、互不相交或相切，每排印章两端不得超出版心，首排印章顶端应当上距正文（或附件说明）一行之内。

7.3.5.2 不加盖印章的公文

单一机关行文时，在正文（或附件说明）下空一行右空二字编排发文机关署名，在发文机关署名下一行编排成文日期，首字比发文机关署名首字右移二字，如成文日期长于发文机关署名，应当使成文日期右空二字编排，并相应增加发文机关署名右空字数。

联合行文时，应当先编排主办机关署名，其余发文机关署名依次向下编排。

7.3.5.3 加盖签发人签名章的公文

单一机关制发的公文加盖签发人签名章时，在正文（或附件说明）下空二行右空四字加盖签发人签名章，签名章左空二字标注签发人职务，以签名章为准上下居中排布。在签发人签名章下空一行右空四字编排成文日期。

联合行文时，应当先编排主办机关签发人职务、签名章，其余机关签发人职务、签名章依次向下编排，与主办机关签发人职务、签名章上下对齐；每行只编排一个机关的签发人职务、签名章；签发人职务应当标注全称。

签名章一般用红色。

7.3.5.4 成文日期中的数字

用阿拉伯数字将年、月、日标全，年份应标全称，月、日不编虚位（即 1 不编为 01）。

7.3.5.5 特殊情况说明

当公文排版后所剩空白处不能容下印章或签发人签名章、成文日期时，可以采取调整行距、字距的措施解决。

7.3.6 附注

如有附注，居左空二字加圆括号编排在成文日期下一行。

7.3.7 附件

附件应当另面编排，并在版记之前，与公文正文一起装订。"附件"二字及附件顺序号用 3 号黑体字顶格编排在版心左上角第一行。附件标题居中编排在版心第三行。附件顺序号和附件标题应当与附件说明的表述一致。附件格式要求同正文。

如附件与正文不能一起装订，应当在附件左上角第一行顶格编排公文的发文字号并在其后标注"附件"二字及附件顺序号。

7.4 版记

7.4.1 版记中的分隔线

版记中的分隔线与版心等宽，首条分隔线和末条分隔线用粗线（推荐高度为 0.35 mm），中间的分隔线用细线（推荐高度为 0.25 mm）。首条分隔线位于版记中第一个要素之上，末条分隔线与公文最后一面的版心下边缘重合。

7.4.2 抄送机关

如有抄送机关，一般用 4 号仿宋体字，在印发机关和印发日期之上一行、左右各空一字编排。"抄送"二字后加全角冒号和抄送机关名称，回行时与冒号后的首字对齐，最后一个抄送机关名称后标句号。

如需把主送机关移至版记，除将"抄送"二字改为"主送"外，编排方法同抄送机关。既有主送机关又有抄送机关时，应当将主送机关置于抄送机关之上一行，之间不加分隔线。

7.4.3 印发机关和印发日期

印发机关和印发日期一般用 4 号仿宋体字，编排在末条分隔线之上，印发机关左空一字，印发日期右空一字，用阿拉伯数字将年、月、日标全，年份应标全称，月、日不编虚位（即 1 不编为 01），后加"印发"二字。

版记中如有其他要素，应当将其与印发机关和印发日期用一条细分隔线隔开。

7.5 页码

一般用 4 号半角宋体阿拉伯数字，编排在公文版心下边缘之下，数字左右各放一条一字线；一字线上距版心下边缘 7 mm。单页码居右空一字，双页码居左空一字。公文的版记页前有空白页的，空白页和版记页均不编排页码。公文的附件与正文一起装订时，页码应当连续编排。

8 公文中的横排表格

A4 纸型的表格横排时，页码位置与公文其他页码保持一致，单页码表头在订口一边，双页码表头在切口一边。

9 公文中计量单位、标点符号和数字的用法

公文中计量单位的用法应当符合 GB 3100、GB 3101 和 GB 3102（所有部分），标点符号的用法应当符合 GB/T 15834，数字用法应当符合 GB/T 15835。

10 公文的特定格式

10.1 信函格式

发文机关标志使用发文机关全称或者规范化简称，居中排布，上边缘至上页边为 30mm，推荐使用红色小标宋体字。联合行文时，使用主办机关标志。

发文机关标志下 4 mm 处印一条红色双线（上粗下细），距下页边 20 mm 处印一条红色双线（上细下粗），线长均为 170 mm，居中排布。

如需标注份号、密级和保密期限、紧急程度，应当顶格居版心左边缘编排在第一条红色双线下，按照份号、密级和保密期限、紧急程度的顺序自上而下分行排列，第一个要素与该线的距离为 3 号汉字高度的 7/8。

发文字号顶格居版心右边缘编排在第一条红色双线下，与该线的距离为 3 号汉字高度的 7/8。

标题居中编排，与其上最后一个要素相距二行。

第二条红色双线上一行如有文字，与该线的距离为 3 号汉字高度的 7/8。

首页不显示页码。

版记不加印发机关和印发日期、分隔线，位于公文最后一面版心内最下方。

10.2 命令（令）格式

发文机关标志由发文机关全称加"命令"或"令"字组成，居中排布，上边缘至版心上边缘为 20 mm，推荐使用红色小标宋体字。

发文机关标志下空二行居中编排令号，令号下空二行编排正文。

签发人职务、签名章和成文日期的编排见 7.3.5.3。

10.3 纪要格式

纪要标志由"××××纪要"组成，居中排布，上边缘至版心上边缘为 35 mm，推荐使用红色小标宋体字。

标注出席人员名单，一般用 3 号黑体字，在正文或附件说明下空一行左空二字编排"出席"二字，后标全角冒号，冒号后用 3 号仿宋体字标注出席人单位、姓名，回行时与冒号后的首字对齐。

标注请假和列席人员名单，除依次另起一行并将"出席"二字改为"请假"或"列席"外，编排方法同出席人员名单。

纪要格式可以根据实际制定。

11 式样

A4 型公文用纸页边及版心尺寸见图 1；公文首页版式见图 2；联合行文公文首页版式 1 见图 3；联合行文公文首页版式 2 见图 4；公文末页版式 1 见图 5；公文末页版式 2 见图 6；联合行文公文末页版式 1 见图 7；联合行文公文末页版式 2 见图 8；附件说明页版式见图 9；带附件公文末页版式见图 10；信函格式首页版式见图 11；命令（令）格式首页版式见图 12。

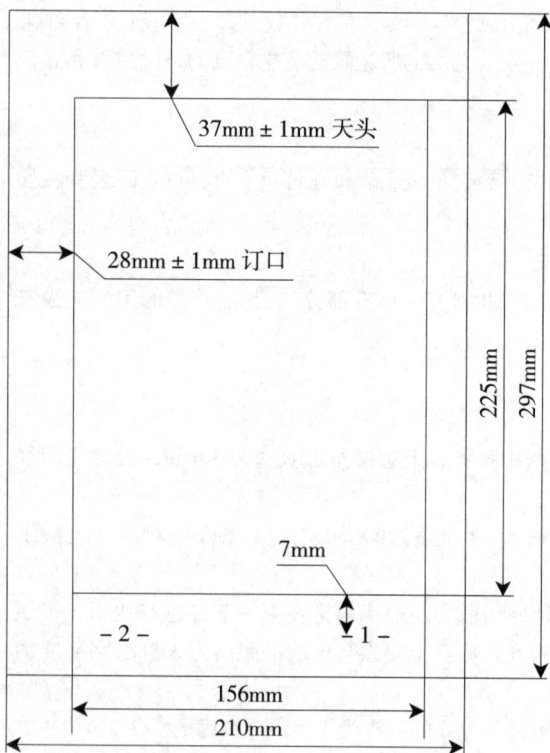

图 1　A4 型公文用纸页边及版心尺寸

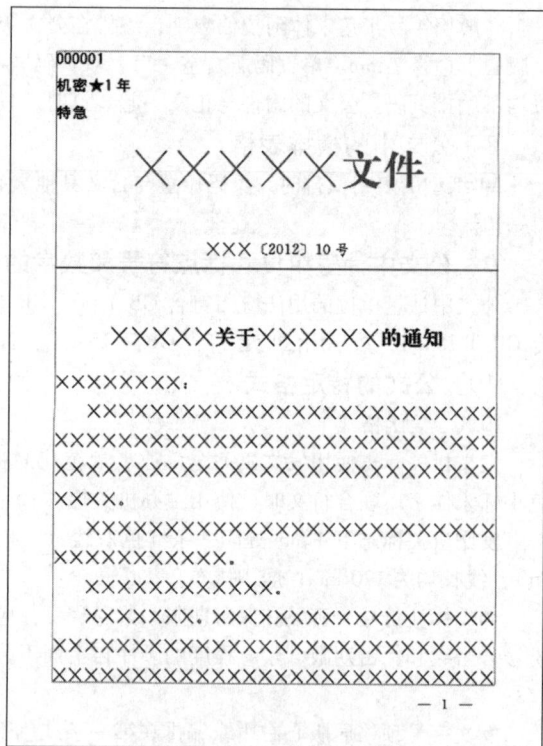

图 2　公文首页版式

图 3 联合行文公文首页版式 1

图 4 联合行文公文首页版式 2

图 5 公文末页版式 1

图 6 公文末页版式 2

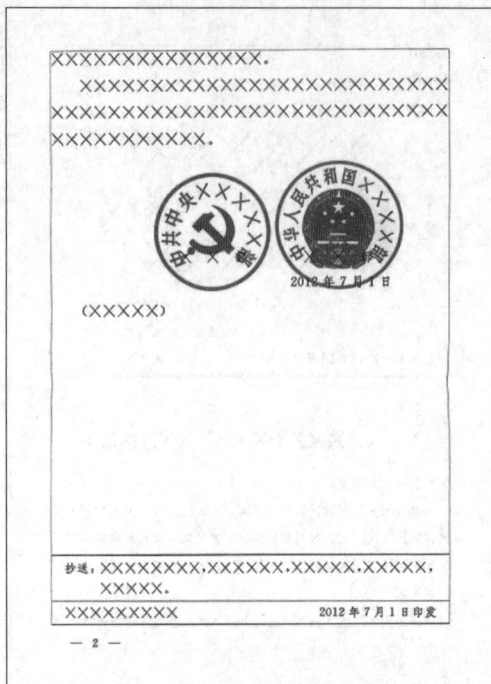

图7　联合行文公文末页版式1

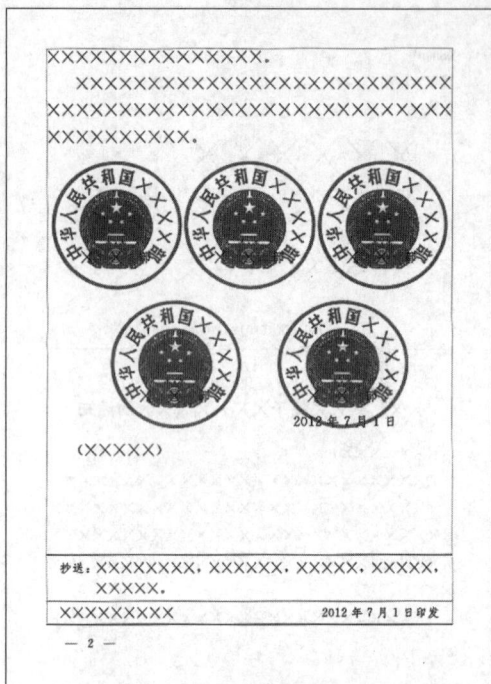

图8　联合行文公文末页版式2

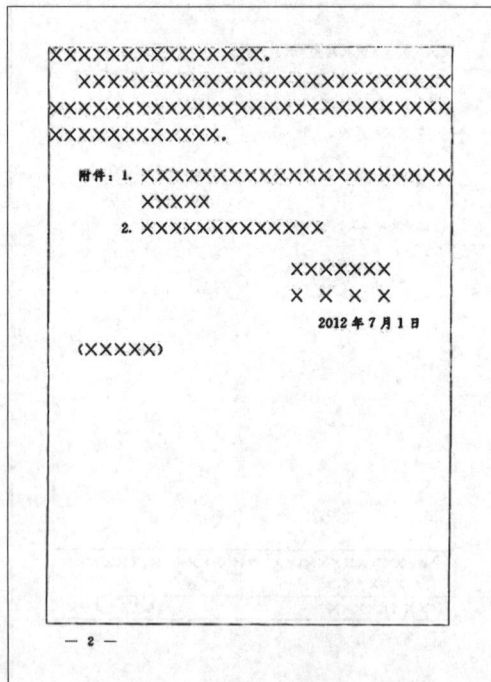

图9　附件说明页版式

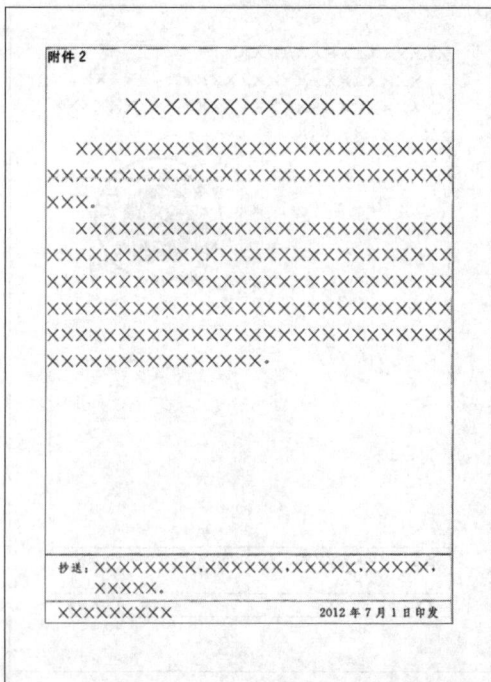

图10　带附件公文末页版式

图 11　信函格式首页版式

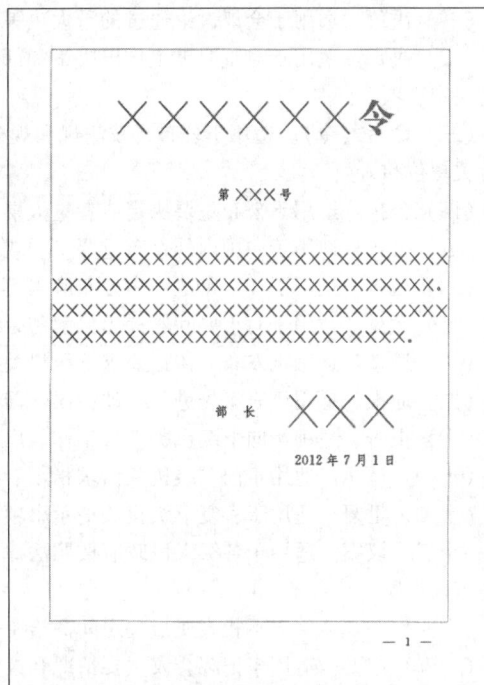

图 12　命令（令）格式首页版式

附录二

党政机关公文处理工作条例

（2012 年 4 月 16 日）

第一章　总　则

第一条　为了适应中国共产党机关和国家行政机关（以下简称党政机关）工作需要，推进党政机关公文处理工作科学化、制度化、规范化，制定本条例。

第二条　本条例适用于各级党政机关公文处理工作。

第三条　党政机关公文是党政机关实施领导、履行职能、处理公务的具有特定效力和规范体式的文书，是传达贯彻党和国家方针政策，公布法规和规章，指导、布置和商洽工作，请示和答复问题，报告、通报和交流情况等的重要工具。

第四条　公文处理工作是指公文拟制、办理、管理等一系列相互关联、衔接有序的工作。

第五条　公文处理工作应当坚持实事求是、准确规范、精简高效、安全保密的原则。

第六条　各级党政机关应当高度重视公文处理工作，加强组织领导，强化队伍建设，设立文秘部门或者由专人负责公文处理工作。

第七条　各级党政机关办公厅（室）主管本机关的公文处理工作，并对下级机关的公文处理工作进行业务指导和督促检查。

第二章　公文种类

第八条　公文种类主要有：

（一）决议。适用于会议讨论通过的重大决策事项。

（二）决定。适用于对重要事项作出决策和部署、奖惩有关单位和人员、变更或者撤销下级机关不适当的决定事项。

（三）命令（令）。适用于公布行政法规和规章、宣布施行重大强制性措施、批准授予和晋升衔级、嘉奖有关单位和人员。

（四）公报。适用于公布重要决定或者重大事项。

（五）公告。适用于向国内外宣布重要事项或者法定事项。

（六）通告。适用于在一定范围内公布应当遵守或者周知的事项。

（七）意见。适用于对重要问题提出见解和处理办法。

（八）通知。适用于发布、传达要求下级机关执行和有关单位周知或者执行的事项，批转、转发公文。

（九）通报。适用于表彰先进、批评错误、传达重要精神和告知重要情况。

（十）报告。适用于向上级机关汇报工作、反映情况，回复上级机关的询问。

（十一）请示。适用于向上级机关请求指示、批准。

（十二）批复。适用于答复下级机关请示事项。

（十三）议案。适用于各级人民政府按照法律程序向同级人民代表大会或者人民代表大会常务委员会提请审议事项。

（十四）函。适用于不相隶属机关之间商洽工作、询问和答复问题、请求批准和答复审批事项。

（十五）纪要。适用于记载会议主要情况和议定事项。

第三章　公文格式

第九条　公文一般由份号、密级和保密期限、紧急程度、发文机关标志、发文字号、签发人、标题、主送机关、正文、附件说明、发文机关署名、成文日期、印章、附注、附件、抄送机关、印发机关和印发日期、页码等组成。

（一）份号。公文印制份数的顺序号。涉密公文应当标注份号。

（二）密级和保密期限。公文的秘密等级和保密的期限。涉密公文应当根据涉密程度分别标注"绝密""机密""秘密"和保密期限。

（三）紧急程度。公文送达和办理的时限要求。根据紧急程度，紧急公文应当分别标注"特急""加急"，电报应当分别标注"特提""特急""加急""平急"。

（四）发文机关标志。由发文机关全称或者规范化简称加"文件"二字组成，也可以使用发文机关全称或者规范化简称。联合行文时，发文机关标志可以并用联合发文机关名称，也可以单独用主办机关名称。

（五）发文字号。由发文机关代字、年份、发文顺序号组成。联合行文时，使用主办机关的发文字号。

（六）签发人。上行文应当标注签发人姓名。

（七）标题。由发文机关名称、事由和文种组成。

（八）主送机关。公文的主要受理机关，应当使用机关全称、规范化简称或者同类型机关统称。

（九）正文。公文的主体，用来表述公文的内容。

（十）附件说明。公文附件的顺序号和名称。

（十一）发文机关署名。署发文机关全称或者规范化简称。

（十二）成文日期。署会议通过或者发文机关负责人签发的日期。联合行文时，署最后签发机关负责人签发的日期。

（十三）印章。公文中有发文机关署名的，应当加盖发文机关印章，并与署名机关相符。有特定发文机关标志的普发性公文和电报可以不加盖印章。

（十四）附注。公文印发传达范围等需要说明的事项。

（十五）附件。公文正文的说明、补充或者参考资料。

（十六）抄送机关。除主送机关外需要执行或者知晓公文内容的其他机关，应当使用机关全称、规范化简称或者同类型机关统称。

（十七）印发机关和印发日期。公文的送印机关和送印日期。

第十条 公文的版式按照《党政机关公文格式》国家标准执行。

第十一条 公文使用的汉字、数字、外文字符、计量单位和标点符号等，按照有关国家标准和规定执行。民族自治地方的公文，可以并用汉字和当地通用的少数民族文字。

第十二条 公文用纸幅面采用国际标准 A4 型。特殊形式的公文用纸幅面，根据实际需要确定。

第四章 行文规则

第十三条 行文应当确有必要，讲求实效，注重针对性和可操作性。

第十四条 行文关系根据隶属关系和职权范围确定。一般不得越级行文，特殊情况需要越级行文的，应当同时抄送被越过的机关。

第十五条 向上级机关行文，应当遵循以下规则：

（一）原则上主送一个上级机关，根据需要同时抄送相关上级机关和同级机关，不抄送下级机关。

（二）党委、政府的部门向上级主管部门请示、报告重大事项，应当经本级党委、政府同意或者授权；属于部门职权范围内的事项应当直接报送上级主管部门。

（三）下级机关的请示事项，如需以本机关名义向上级机关请示，应当提出倾向性意见后上报，不得原文转报上级机关。

（四）请示应当一文一事。不得在报告等非请示性公文中夹带请示事项。

（五）除上级机关负责人直接交办事项外，不得以本机关名义向上级机关负责人报送公文，不得以本机关负责人名义向上级机关报送公文。

（六）受双重领导的机关向一个上级机关行文，必要时抄送另一个上级机关。

第十六条 向下级机关行文，应当遵循以下规则：

（一）主送受理机关，根据需要抄送相关机关。重要行文应当同时抄送发文机关的直接上级机关。

（二）党委、政府的办公厅（室）根据本级党委、政府授权，可以向下级党委、政府行文，其他部门和单位不得向下级党委、政府发布指令性公文或者在公文中向下级党委、政府提出指令性要求。需经政府审批的具体事项，经政府同意后可以由政府职能部门行文，文中须注明已经政府同意。

（三）党委、政府的部门在各自职权范围内可以向下级党委、政府的相关部门行文。

（四）涉及多个部门职权范围内的事务，部门之间未协商一致的，不得向下行文；擅自行文的，上级机关应当责令其纠正或者撤销。

（五）上级机关向受双重领导的下级机关行文，必要时抄送该下级机关的另一个上级机关。

第十七条 同级党政机关、党政机关与其他同级机关必要时可以联合行文。属于党委、政府各自职权范围内的工作，不得联合行文。党委、政府的部门依据职权可以相互行文。部门内设机构除办公厅（室）外不得对外正式行文。

第五章 公文拟制

第十八条 公文拟制包括公文的起草、审核、签发等程序。

第十九条 公文起草应当做到：

（一）符合国家法律法规和党的路线方针政策，完整准确体现发文机关意图，并同现行有关公文相衔接。

（二）一切从实际出发，分析问题实事求是，所提政策措施和办法切实可行。

（三）内容简洁，主题突出，观点鲜明，结构严谨，表述准确，文字精练。

（四）文种正确，格式规范。

（五）深入调查研究，充分进行论证，广泛听取意见。

（六）公文涉及其他地区或者部门职权范围内的事项，起草单位必须征求相关地区或者部门意见，力求达成一致。

（七）机关负责人应当主持、指导重要公文起草工作。

第二十条 公文文稿签发前，应当由发文机关办公厅（室）进行审核。审核的重点是：

（一）行文理由是否充分，行文依据是否准确。

（二）内容是否符合国家法律法规和党的路线方针政策；是否完整准确体现发文机关意图；是否同现行有关公文相衔接；所提政策措施和办法是否切实可行。

（三）涉及有关地区或者部门职权范围内的事项是否经过充分协商并达成一致意见。

（四）文种是否正确，格式是否规范；人名、地名、时间、数字、段落顺序、引文等是否准确；文字、数字、计量单位和标点符号等用法是否规范。

（五）其他内容是否符合公文起草的有关要求。

需要发文机关审议的重要公文文稿，审议前由发文机关办公厅（室）进行初核。

第二十一条 经审核不宜发文的公文文稿，应当退回起草单位并说明理由；符合发文条件但内容需作进一步研究和修改的，由起草单位修改后重新报送。

第二十二条 公文应当经本机关负责人审批签发。重要公文和上行文由机关主要负责人签发。党委、政府的办公厅（室）根据党委、政府授权制发的公文，由受权机关主要负责人签发或者按照有关规定签发。签发人签发公文，应当签署意见、姓名和完整日期；圈阅或者签名的，视为同意。联合发文由所有联署机关的负责人会签。

第六章 公文办理

第二十三条 公文办理包括收文办理、发文办理和整理归档。

第二十四条 收文办理主要程序是：

（一）签收。对收到的公文应当逐件清点，核对无误后签字或者盖章，并注明签收时间。

（二）登记。对公文的主要信息和办理情况应当详细记载。

（三）初审。对收到的公文应当进行初审。初审的重点是：是否应当由本机关办理，是否符合行文规则，文种、格式是否符合要求，涉及其他地区或者部门职权范围内的事项是否已经协商、会签，是否符合公文起草的其他要求。经初审不符合规定的公文，应当及时退回来文单位并说明理由。

（四）承办。阅知性公文应当根据公文内容、要求和工作需要确定范围后分送。批办性公文应当提出拟办意见报本机关负责人批示或者转有关部门办理；需要两个以上部门办理的，应当明确主办部门。紧急公文应当明确办理时限。承办部门对交办的公文应当及时办理，有明确办理时限要求的应当在规定时限内办理完毕。

（五）传阅。根据领导批示和工作需要将公文及时送传阅对象阅知或者批示。办理公文传阅应当随时掌握公文去向，不得漏传、误传、延误。

（六）催办。及时了解掌握公文的办理进展情况，督促承办部门按期办结。紧急公文或者重要公文应当由专人负责催办。

（七）答复。公文的办理结果应当及时答复来文单位，并根据需要告知相关单位。

第二十五条 发文办理主要程序是：

（一）复核。已经发文机关负责人签批的公文，印发前应当对公文的审批手续、内容、文种、格式等进行复核；需作实质性修改的，应当报原签批人复审。

（二）登记。对复核后的公文，应当确定发文字号、分送范围和印制份数并详细记载。

（三）印制。公文印制必须确保质量和时效。涉密公文应当在符合保密要求的场所印制。

（四）核发。公文印制完毕，应当对公文的文字、格式和印刷质量进行检查后分发。

第二十六条 涉密公文应当通过机要交通、邮政机要通信、城市机要文件交换站或者收发件机关机要收发人员进行传递，通过密码电报或者符合国家保密规定的计算机信息系统进行传输。

第二十七条 需要归档的公文及有关材料，应当根据有关档案法律法规以及机关档案管理规定，及时收集齐全、整理归档。两个以上机关联合办理的公文，原件由主办机关归档，相关机关保存复制件。机关负责人兼任其他机关职务的，在履行所兼职务过程中形成的公文，由其兼职机关归档。

第七章　公文管理

第二十八条　各级党政机关应当建立健全本机关公文管理制度，确保管理严格规范，充分发挥公文效用。

第二十九条　党政机关公文由文秘部门或者专人统一管理。设立党委（党组）的县级以上单位应当建立机要保密室和机要阅文室，并按照有关保密规定配备工作人员和必要的安全保密设施设备。

第三十条　公文确定密级前，应当按照拟定的密级先行采取保密措施。确定密级后，应当按照所定密级严格管理。绝密级公文应当由专人管理。公文的密级需要变更或者解除的，由原确定密级的机关或者其上级机关决定。

第三十一条　公文的印发传达范围应当按照发文机关的要求执行；需要变更的，应当经发文机关批准。涉密公文公开发布前应当履行解密程序。公开发布的时间、形式和渠道，由发文机关确定。经批准公开发布的公文，同发文机关正式印发的公文具有同等效力。

第三十二条　复制、汇编机密级、秘密级公文，应当符合有关规定并经本机关负责人批准。绝密级公文一般不得复制、汇编，确有工作需要的，应当经发文机关或者其上级机关批准。复制、汇编的公文视同原件管理。复制件应当加盖复制机关戳记。翻印件应当注明翻印的机关名称、日期。汇编本的密级按照编入公文的最高密级标注。汇编，确有工作需要的，应当经发文机关或者其上级机关批准。复制、汇编的公文视同原件管理。

复制件应当加盖复制机关戳记。翻印件应当注明翻印的机关名称、日期。汇编本的密级按照编入公文的最高密级标注。

第三十三条　公文的撤销和废止，由发文机关、上级机关或者权力机关根据职权范围和有关法律法规决定。公文被撤销的，视为自始无效；公文被废止的，视为自废止之日起失效。

第三十四条　涉密公文应当按照发文机关的要求和有关规定进行清退或者销毁。

第三十五条　不具备归档和保存价值的公文，经批准后可以销毁。销毁涉密公文必须严格按照有关规定履行审批登记手续，确保不丢失、不漏销。个人不得私自销毁、留存涉密公文。

第三十六条　机关合并时，全部公文应当随之合并管理；机关撤销时，需要归档的公文经整理后按照有关规定移交档案管理部门。

工作人员离岗离职时，所在机关应当督促其将暂存、借用的公文按照有关规定移交、清退。

第三十七条　新设立的机关应当向本级党委、政府的办公厅（室）提出发文立户申请。经审查符合条件的，列为发文单位，机关合并或者撤销时，相应进行调整。

第八章　附　则

第三十八条　党政机关公文含电子公文。电子公文处理工作的具体办法另行制定。

第三十九条　法规、规章方面的公文，依照有关规定处理。外事方面的公文，依照外事主管部门的有关规定处理。

第四十条　其他机关和单位的公文处理工作，可以参照本条例执行。

第四十一条　本条例由中共中央办公厅、国务院办公厅负责解释。

第四十二条　本条例自 2012 年 7 月 1 日起施行。1996 年 5 月 3 日中共中央办公厅发布的《中国共产党机关公文处理条例》和 2000 年 8 月 24 日国务院发布的《国家行政机关公文处理办法》停止执行。

附录三

出版物上数字用法的规定
General rules for writing numerals in publications
（GB/T 15835 –2011 代替 GB/T15835 –1995）

前言

本标准按照 GB/T1.1 –2009 给出的规则起草。

本标准代替 GB/T15835 –1995《出版物上数字用法的规定》，与 GB/T15835 –1995《出版物上数字用法的规定》相比，主要变化如下：

——原标准在汉字数字与阿拉伯数字中，明显倾向于使用阿拉伯数字。本标准不再强调这种倾向性。

——在继承原标准中关于数字用法应遵循"得体原则"和"局部体例一致原则"的基础上，通过措辞上的适当调整，以及更为具体的规定和示例，进一步明确了具体操作规范。

——将原标准的平级罗列式行文结构改为层级分类式行文结构。

——删除了原标准的基本术语"物理量"与"非物理量"，增补了"计量""编号""概数"作为基本术语。本标准由教育部语言文字信息管理司提出并归口。

本标准主要起草单位：北京大学

本标准主要起草人：詹卫东、覃士娟、曾石铭

本标准所代替标准的历次版本发布情况为：

——GB/T15835 –1995。

出版物上数字用法

1 范围

本标准规定了出版物上汉字数字和阿拉伯数字的用法。

本标准适用于各类出版物（文艺类出版物和重排古籍除外）。政府和企事业单位公文，以及教育、媒体和公共服务领域的数字用法，也可参照本标准执行。

2 规范性引用文件

下列文件对于本文件的应用是必不可少的，凡是注日期的引用文件，仅注日期的版本适用于本文件。凡是不注日期的引用文件，其最新版本（包括所有的修改单）适用于本文件。

GB/T 7408 –2005 数据元和交换格式　信息交换　日期和时间表示法

3 术语和定义

下列术语和定义适用于本文件。

3.1　计量 measuring

将数字用于加、减、乘、除等数字运算。

3.2　编号 numbering

将数字用于为事务命名或排序，但不用于数字运算。

3.3　概数 approximate number

用于模糊计量的数字。

4 数字形式的选用

4.1　选用阿拉伯数字

4.1.1　用于计量的数字

在使用数字进行计量的场合，为达到醒目、易于辨识的效果，应采用阿拉伯数字。

示例1：－125.03　34.05%　63%～68%　1：500　97/108

当数值伴随有计量单位时，如：长度、容积、面积、体积、质量、温度、经纬度、音量、频率等等，特别是当计量单位以字母表达时，应采用阿拉伯数字。

示例2：523.56km（523.56 千米）　346.87L（346.87 升）　5.34m2（5.34 平方米）

　　　　567mm^3（567 立方毫米）　605g（605 克）　100～150kg（100～150 千克）

　　　　34～39℃（34～39 摄氏度）北纬40°（40 度）　120dB（120 分贝）

4.1.2　用于编号的数字

在使用数字进行标号的场合，为达到醒目、易于辨识的效果，应采用阿拉伯数字。

示例：电话号码：9888

　　　邮政编码：100871

　　　通信地址：北京市海淀区复兴路 11 号

　　　电子邮件地址：x186@ 186. net

　　　网页地址：http：//127.0.0.1

　　　汽车牌号：京 A00001

　　　公交车号：302 路公交车

　　　道路编号：G101（101 国道）

　　　公文编号：国办发〔2012〕9 号

　　　图书编号：ISBN 978－7－80184－224－4

　　　刊物编号：CN11－1399

　　　章节编号：4.1.2

　　　产品型号：PH－3000 型计算机

　　　产品序列号：C84XB－JYVFD－P7HC4－6XKRJ－7M6XH

　　　单位注册号：02050214

　　　行政许可登记编号：0684D10004－828

4.1.3　已定型的含阿拉伯数字的词语

现代社会生活中出现的事物、现象、事件，其名称的书写形式中含阿拉伯数字，已经广泛使用而稳定下来，应采用阿拉伯数字。

示例：3G 手机　MP3 播放器　G8 峰会　维生素 B$_{12}$　97 号汽油　"5·27"事件　"12·5"枪击案

4.2　选用汉字数字

4.2.1　非公历纪年

干支纪年、农历月日、历史朝代纪年及其他传统上采用汉字形式的非公历纪年等等，应采用汉字数字。

示例：丙寅年十月十五日　庚辰年八月五日　腊月二十三　正月初五　八月十五中秋

　　秦文公四十四年　太平天国庚申十年九月二十四日　清咸丰十年九月二十日

　　藏历阳木龙年八月二十六日　日本庆应三年

4.2.2　概数

数字连用表示的概数、含"几"的概数，应采用汉字数字。

示例：三四个月　一二十个　四十五六岁　五六万套　五六十年前

　　　几千　　　二十几　　　一百几十　　　几万分之一

4.2.3　已定型的含汉字数字的词语

汉语中长期使用已经稳定下来的包含汉字数字形式的词语，应采用汉字数字。

示例：万一　一律　一旦　三叶虫　四书五经　星期五　四氧化三铁　八国联军

　　　七上八下　一心一意　不管三七二十一　一方面　二百五　半斤八两

　　　五省一市　五讲四美　相差十万八千里　八九不离十

白发三千丈　不二法门　二八年华　五四运动　"一·二八"事变　"一二·九"运动

4.3　选用阿拉伯数字与汉字数字均可

如果表达计量或编号所需要用到的数字个数不多，选择汉字数字还是阿拉伯数字在书写的简洁性和辨识的清晰性两方面没有明显差异时，两种形式均可使用。

示例1：17号楼（十七号楼）　　3倍（三倍）　　第5个工作日（第五个工作日）
100多件（一百多件）　20余次（二十余次）　约300人（约三百人）
40左右（四十左右）　50上下（五十上下）　50多人（五十多人）
第25页（第二十五页）　第8天（第八天）　第4季度（第四季度）
第45份（第四十五份）　共235位同学（共二百三十五位同学）
0.5（零点五）　76岁（七十六岁）　120周年（一百二十周年）
1/3（三分之一）　公元前8世纪（公元前八世纪）
20世纪80年代（二十世纪八十年代）　公元253年（公元二五三年）
1997年7月1日（一九九七年七月一日）　下午4点40分（下午四点四十分）
4个月（四个月）　12天（十二天）

如果要突出简洁醒目的表达效果，应使用阿拉伯数字；如果要突出庄重典雅的表达效果，应使用汉字数字。

示例2：北京时间2008年5月12日14时28分

十一届全国人大一次会议（不写为"11届全国人大1次会议"）

六方会谈（不写为"6方会谈"）

在同一场合出现的数字，应遵循"同类别同形式"原则来选择数字的书写形式。如果两数字的表达功能类别相同，（比如都是表达年月日时间的数字），或者两数字在上下文中所处的层级相同（比如文章目录中同级标题的编号），应选用相同的形式。反之，如果两数字的表达功能不同，或所处层级不同，可以选用不同的形式。

示例3：2008年8月8日　　二〇〇八年八月八日（不写为"二〇〇八年8月8日"）

第一章 第二章……第十二章（不写为"第一章 第二章……第12章"）

第二章的下一级标题可以用阿拉伯数字编号：2.1，2.2，……

应避免相邻的两个阿拉伯数字造成歧义的情况。

示例4：高三3个班　高三三个班（不写为"高33个班"）

高三2班　　高三（2）班（不写为"高32班"）

有法律效力的文件、公告文件或财务文件中可同时采用汉字数字和阿拉伯数字。

示例5：2008年4月保险账户结算日利率万分之一点五七五零（0.015750%）

35.5元（35元5角　三十五点五元　叁拾伍元伍角）

5　数字形式的使用

5.1　阿拉伯数字的使用

5.1.1　多位数

为便于阅读，四位以上的整数或小数，可采用以下两种方式分节：

——第一种方式：千分撇

整数部分每三位一组，以","分节。小数部分不分节。四位以内的整数可以不分节。

示例1：624,000　　92,300,000　　19,351,235.235767　　1256

——第二种方式：千分空

从小数点起，向左和向右每三位数字一组，组间空四分之一个汉字，即二分之一个阿拉伯数字的位置。四位以内的整数可以不加千分空。

示例2：55 235 367.346 23　　　　98 235 358.238 368

注：各科学技术领域的多位数分节方式参照 GB3101—1993 的规定执行。

5.1.2　纯小数

纯小数：示例：0.46 不写为 .46 或 0·46 必须写出小数点前定位的"0"，小数点是齐阿拉伯数字底线的实心点"."。

5.1.3　数值范围

在表示数值的范围时，可采用波纹式连接号"~"或一字线连接号"—"。前后两个数值的附加符号或计量单位相同时，在不造成歧义的情况下，前一个数值的附加符号或计量单位可以省略。如果省略数值的附加符号或计量单位会造成歧义，则不应省略。

示例：$-36 \sim -8℃$　　400 – 429 页　　100 – 150kg　　12 500 – 20 000 元

　　　　9 亿 ~ 16 亿（不写为"9 ~ 16 亿"）　　　　13 万元 ~ 17 万元（不写为"13 ~ 17 万元"）

　　　　15% ~ 30%（不写为"15 ~ 30%"）　　　　$4.3 \times 10^4 \sim 5.7 \times 10^4$（不写为"$4.3 \sim 5.7 \times 10^4$"）

5.1.4　年月日

年月日的表达应按照口语中年月日的自然顺序书写。

示例 1：2008 年 8 月 8 日　　1997 年 7 月 1 日

"年""月"可按照 GB/T 7408 – 2005 的 5.2.1.1 中的扩展格式，用"–"替代，但年月日不完整时不能替代。

示例 2：2008 – 8 – 8　　1997 – 7 – 1　　8 月 8 日（不写为"8 – 8"）2008 年 8 月（不写为"2008 – 8"）

四位数字表示的年份不应简写成两位数字。

示例 3："1990 年"不写为"90 年"

月和日是一位数时，可在数字前补"0"。

示例 4：2008 – 08 – 08　　1997 – 07 – 01

5.1.5　时分秒

计时方式既可采用 12 小时制，也可以采用 24 小时制。

示例 1：11 时 40 分（上午 11 时 40 分）　　21 时 12 分 36 秒（晚上 9 时 12 分 36 秒）

时分秒的表达顺序应按照口语中时、分、秒的自然顺序书写。

示例 2：15 时 40 分　　14 时 12 分 36 秒

"时""分"也可按照 按照 GB/T 7408 – 2005 的 5.3.1.1 和 5.3.1.2 中的扩展格式，用"："替代。

示例 3：15：40　　14：12：36

5.1.6　含有月日的专名

含有月日的专名采用阿拉伯数字表示时，应采用间隔号"·"将月、日分开，并在数字前后加引号。

示例："3·15"消费者权益日

5.1.7　书写格式

5.1.7.1　字体

出版物中的阿拉伯数字，一般应使用正体二分字身，即占半个汉字位置。

示例：234　　57.236

5.1.7.2　换行

一个用阿拉伯数字书写的数值应在同一行中，避免被断开。

5.1.7.3　竖排文字中的数字方向

竖排文字中的阿拉伯数字按顺时针方向转 90 度，旋转后要保证同一个词语单位的文字方向相同。

示例：

示例二：

海军 J12 号打捞救生船在太平洋上航行了八十三天，于一九九〇年月六日零时三十分返回基地。

示例一：

雪花牌 BCD188 型号家用电冰箱容量是一百八十八升，功率为一百二十五瓦；市场售价两千零五十元，返修率仅为百分之零点一五。

5.2　汉字数字的使用

5.2.1　概数

两个数字连用表示概数时，两数之间不用顿号"、"隔开。

示例：二三米　一两个小时　三五天　一二十个　四十五六岁

5.2.2　年份

年份简写后的数字可以理解为概数时，一般不简写。

示例："一九七八年"不写为"七八年"

5.2.3　含有月日的专名

含有月日的专名采用汉字数字表示时，如果涉及一月、十一月、十二月，应用间隔号"·"将表示月和日的数字隔开，涉及其他月份时，不用间隔号。

示例"一·二八"事变　"一二·九"运动　五一国际劳动节

5.2.4　大写汉字数字

——大写汉字数字的书写形式

零、壹、贰、叁、肆、伍、陆、柒、捌、玖、拾、佰、仟、万、亿

——大写汉字数字的适用场合

法律文书和财务票据上，采用大写汉字数字形式记数。

示例：3，504 元（叁仟伍佰零肆圆）　　39，148 元（叁万玖仟壹佰肆拾捌圆）

5.2.5　"零"和"〇"

阿拉伯数字"0"有"零"和"〇"两种汉字书写形式。一个数字用作计量时，其中"0"的汉字书写形式为"零"，用作编号时，"0"的汉字书写形式为"〇"。

示例："3052（个）"的汉字数字形式为"三千零五十二"（不写为"三千〇五十二"）

　　　"95.06"的汉字数字形式为"九十五点零六"（不写为"九十五点〇六"）

　　　"公元 2012（年）"的汉字数字形式为"二〇一二"（不写为"二零一二"）

5.3　阿拉伯数字与汉字数字同时使用

如果一个数值很大，数值中的"万""亿"单位可以采用汉字数字，其余部分用采用阿拉伯数字。

示例 1：我国 1982 年人口普查人数为 10 亿零 817 万 5 288 人

除上面情况之外的一般数值，不能同时采用阿拉伯数字与汉字数字。

示例 2：108 可以写作"一百零八"，但不应写作"1 百零 8""一百 08"

4 000 可以写作"四千"，但不应写作"4 千"

附录四

标点符号用法

General rules for punctuation

（国家技术监督局 **GB/T** 15834 – 2011）

前言

本标准按照 GB/T1.1 – 2009 给出的规则起草。

本标准代替 GB/T15834 – 1995，与 GB/T15834 – 1995 相比，主要变化如下：

——根据我国国家标准编写规则（GB/T1.1 – 2009），对本标准的编排和表述做了全面修改；

——更换了大部分示例，使之更简短、通俗、规范；

——增加了对术语"标点符号"和"语段"的定义（2.1/2.5）；

——对术语"复句"和"分句"的定义做了修改（2.3/2.4）；

——对句末点号（句号、问号、叹号）的定义做了修改，更强调句末点号与句子语气之间的关系（4.1.1/4.2.1/4.3.1）；

——对逗号的基本用法做了补充（4.4.3）；

——增加了不同形式括号用法的示例（4.9.3）；

——省略号的形式统一为六连点"……"，但在特定情况下允许连用（4.11）；

——取消了连接号中原有的二字线，将连接号形式规范为短横线" – "、一字线"—"和浪纹线"～"，并对三者的功能做了归并与划分（4.13）；

——明确了书名号的使用范围（4.15/A.13）；

——增加了分隔号的用法说明（4.17）；

——"标点符号的位置"一章的标题改为"标点符号的位置和书写形式"，并增加了使用中文输入软件处理标点符号时的相关规范（第5章）；

——增加了"附录"：附录 A 为规范性附录，主要说明标点符号不能怎样使用和对标点符号用法加以补充说明，以解决目前使用混乱或争议较大的问题。附录 B 为资料性附录，对功能有交叉的标点符号的用法做了区分，并对标点符号误用高发环境下的规范用法做了说明。

本标准由教育部语言文字信息管理司提出并归口。

本标准主要起草单位：北京大学。

本标准主要起草人：沈阳、刘妍、于泳波、翁姗姗。

本标准所代替标准的历次版本发布情况为：—— GB/T15834 – 1995。

标点符号用法

1 范围

本标准规定了现代汉语标点符号的用法。

本标准适用于汉语的书面语（包括汉语和外语混合排版时的汉语部分）。

2 术语和定义

下列术语和定义适用于本文件。

2.1 标点符号 punctuation

辅助文字记录语言的符号，是书面语的有机组成部分，用来表示语句的停顿、语气以及标示某些成分（主要是词语）的特定性质和作用。

注：数学符号、货币符号、校勘符号、辞书符号、注音符号等特殊领域的专门符号不属于标点符号。

2.2　句子 sentence

前后都有较大停顿、带有一定的语气和语调、表达相对完整意义的语言单位。

2.3　复句 complex sentence

由两个或多个在意义上有密切关系的分句组成的语言单位，包括简单复句（内部只有一层语义关系）和多重复句（内部包含多层语义关系）。

2.4　分句 clause

复句内两个或多个前后有停顿、表达相对完整意义、不带有句末语气和语调、有的前面可添加关联词语的语言单位。

2.5　语段 expression

指语言片段，是对各种语言单位（如词、短语、句子、复句等）不做特别区分时的统称。

3　标点符号的种类

3.1　点号

点号的作用是点断，主要表示停顿和语气。分为句末点号和句内点号。

3.1.1　句末点号

用于句末的点号，表示句末停顿和句子的语气。包括句号、问号、叹号。

3.1.2　句内点号

用于句内的点号，表示句内各种不同性质的停顿。包括逗号、顿号、分号、冒号。

3.2　标号

标号的作用是标明，主要标示某些成分（主要是词语）的特定性质和作用。包括引号、括号、破折号、省略号、着重号、连接号、间隔号、书名号、专名号、分隔号。

4　标点符号的定义、形式和用法

4.1　句号

4.1.1　定义

句末点号的一种，主要表示句子的陈述语气。

4.1.2　形式

句号的形式是"。"

4.1.3　基本用法

4.1.3.1　用于句子末尾，表示陈述语气。使用句号主要根据语段前后有较大的停顿、带有陈述语气和语调，并不取决于句子的长短。

示例1：北京是中华人民共和国的首都。

示例2：（甲：咱们走着去吧？）乙：好。

4.1.3.2　有时也可表示较缓和的祈使语气和感叹语气。

示例1：请您稍等一下。

示例2：我不由地感到，这些普通劳动者也同样是很值得尊敬的。

4.2　问号

4.2.1　定义

句末点号的一种，主要表示句子的疑问语气。

4.2.2　形式

问号的形式是"？"。

4.2.3　基本用法

4.2.3.1　用于句子末尾，表示疑问语气（包括反问、设问等疑问类型）。使用问号主要根据语段前后有较大停顿、带有疑问语气和语调，并不取决于句子的长短。

示例1：你怎么还不回家去呢？

示例2：难道这些普通的战士不值得歌颂吗？

示例3：（一个外国人，不远万里来到中国，帮助中国的抗日战争。）这是什么精神？这是国际主义的精神。

4.2.3.2　选择问句中，通常只在最后一个选项的末尾用问号，各个选项之间一般用逗号隔开。当选项较短且选项之间几乎没有停顿时，选项之间可不用逗号。当选项较多或较长，或有意突出每个选项的独立性时，也可每个选项之后都用问号。

示例1：诗中记述的这场战争究竟是真实的历史描述，还是诗人的虚构？

示例2：这是巧合还是有意安排？

示例3：要一个什么样的结尾：现实主义的？传统的？大团圆的？荒诞的？民族形式的？有象征意义的？

示例4：（他看着我的作品称赞了我。）但到底是称赞我什么：是有几处画得好？还是什么都敢画？抑或只是一种对于失败者的无可奈何的安慰？我不得而知。

示例5：这一切都是由客观的条件造成的？还是由行为的惯性造成的？

4.2.3.3　在多个问句连用或表达疑问语气加重时，可叠用问号。通常应先单用，再叠用，最多叠用三个问号。在没有异常强烈的情感表达需要时不宜叠用问号。

示例：这就是你的做法吗？你这个总经理是怎么当的？？你怎么竟敢这样欺骗消费者？？？

4.2.3.4　问号也有标号的用法，即用于句内，表示存疑或不详。

示例1：马致远（1250？—1321），大都人，元代戏曲家、散曲家。

示例2：钟嵘（？—518），颍川长社人，南朝梁代文学批评家。

示例3：出现这样的文字错误，说明作者（编者？校者？）很不认真。

4.3　叹号

4.3.1　定义

句末点号的一种，主要表示句子的感叹语气。

4.3.2　形式

叹号的形式是"！"。

4.3.3　基本用法

4.3.3.1　用于句子末尾，主要表示感叹语气，有时也可表示强烈的祈使语气、反问语气等。使用叹号主要根据语段前后有较大停顿、带有感叹语气和语调或带有强烈的祈使、反问语气和语调，并不取决于句子的长短。

示例1：才一年不见，这孩子都长这么高啦！

示例2：你给我住嘴！

示例3：谁知道他今天是怎么搞的！

4.3.3.2　用于拟声词后，表示声音短促或突然。

示例1：咔嚓！一道闪电划破了夜空。

示例2：咚！咚咚！突然传来一阵急促的敲门声。

4.3.3.3　表示声音巨大或声音不断加大时，可叠用叹号；表达强烈语气时，也可叠用叹号，最多叠用三个叹号。在没有异常强烈的情感表达需要时不宜叠用叹号。

示例1：轰！！在这天崩地塌的声音中，女娲猛然醒来。

示例2：我要揭露！我要控诉！！我要以死抗争！！！

4.3.3.4　当句子包含疑问、感叹两种语气且都比较强烈时（如带有强烈感情的反问句和带有惊愕语气的疑问句），可在问号后再加叹号（问号、叹号各一）。

示例1：这么点困难就能把我们吓倒吗？！

示例2：他连这些最起码的常识都不懂，还敢说自己是高科技人才？！

4.4　逗号

4.4.1　定义

句内点号的一种，表示句子或语段内部的一般性停顿。

4.4.2　形式

逗号的形式是"，"。

4.4.3　基本用法

4.4.3.1　复句内各分句之间的停顿，除了有时用分号（见4.6.3.1），一般都用逗号。

示例1：不是人们的意识决定人们的存在，而是人们的社会存在决定人们的意识。

示例2：学历史使人更明智，学文学使人更聪慧，学数学使人更精细，学考古使人更深沉。

示例3：要是不相信我们的理论能反映现实，要是不相信我们的世界有内在和谐，那就不可能有科学。

4.4.3.2　用于下列各种语法位置：

a）较长的主语之后。

示例1：苏州园林建筑各种门窗的精美设计和雕镂功夫，都令人叹为观止。

b）句首的状语之后。

示例2：在苍茫的大海上，狂风卷集着乌云。

c）较长的宾语之前。

示例3：有的考古工作认为，南方古猿生存于上新世至更新世的初期和中期。

d）带句内语气词的主语（或其他成分）之后，或带句内语气词的并列成分之间。

示例4：他呢，倒是很乐意地、全神贯注地干起来了。

示例5：（那是个没有月亮的夜晚。）可是整个村子——白房顶啦，白树木啦，雪堆啦，全看得见。

e）较长的主语中间、谓语中间或宾语中间。

示例6：母亲沉痛的诉说，以及亲眼见到的事实，都启发了我幼年时期追求真理的思想。

示例7：那姑娘头戴一顶草帽，身穿一条绿色的裙子，腰间还系着一根橙色的腰带。

示例8：必须懂得，对于文化传统，既不能不分青红皂地统统抛弃，也不能不管精华糟粕全盘继承。

f）前置的谓语之后或后置的状语、定语之前。

示例9：真美啊，这条蜿蜒的林间小道。

示例10：她吃力地站了起来，慢慢地。

示例11：我只是一个人，孤孤单单的。

4.4.3.3　用于下列各种停顿处：

a）复指成分或插说成分前后。

示例1：老张，就是原来的办公室主任，上星期已经调走了。

示例2：车，不用说，当然是头等。

b）语气缓和的感叹语、称谓语或呼唤语之后。

示例3：哎哟，这儿，快给我揉揉。

示例4：大娘，您到哪儿去啊？

示例5：喂，你是哪个单位的？

c）某些序次语（"第"字头、"其"字头及"首先"类序次语）之后。

示例6：为什么许多人都有长不大的感觉呢？原因有三：第一，父母总认为自己比孩子成熟；第二，父母总要以自己的标准来衡量孩子；第三，父母出于爱心而总不想让孩子在成长的过程中走弯路。

示例7：《玄秘塔碑》所以成为书法的范本，不外乎以下几方面的因素：其一，具有楷书点画、构体的典范性；其二，承上启下，成为唐楷的极致；其三，字如其人，爱人及字，柳公权高尚的书品、人品为后人所崇仰。

示例8：下面从三个方面讲讲语言的污染问题：首先，是特殊语言环境中的语言污染问题；其次，是滥用缩略语引起的语言污染问题；再次，是空话和废话引起的语言污染问题。

4.5　顿号

4.5.1　定义

句内点号的一种，表示语段中并列词语之间或某些序次语之后的停顿。

4.5.2　形式

顿号的形式是"、"。

4.5.3　基本用法

4.5.3.1　用于并列词语之间。

示例1：这里有自由、民主、平等、开放的风气和氛围。

示例2：造型科学、技艺精湛、气韵生动，是盛唐石雕的特色。

4.5.3.2　用于需要停顿的重复词语之间。

示例：他几次三番、几次三番地辩解着。

4.5.3.3　用于某些序次语（不带括号的汉字数字或"天干地支"类序次语）之后。

示例1：我准备讲两个问题：一、逻辑学是什么？二、怎样学好逻辑学？

示例2：风格的具体内容主要有以下四点：甲 、题材；乙、用字；丙、表达；丁、色彩。

4.5.3.4　相邻或相近两数字连用表示概数通常不用顿号。若相邻两数字连用为缩略形式，宜用顿号。

示例1：飞机在6000米高空水平飞行时，只能看到两侧八九公里和前方一二十公里范围内的地面。

示例2：这种凶猛的动物常常三五成群地外出觅食和活动。

示例3：农业是国民经济的基础，也是二、三产业的基础。

4.5.3.5　标有引号的并列成分之间、标有书名号的并列成分之间通常不用顿号。若有其他成分插在并列的引号之间或并列的书名号之间（如引语或书名号之后还有括注），宜用顿号。

示例1："日""月"构成"明"字。

示例2：店里挂着"顾客就是上帝""质量就是生命"等横幅。

示例3：《红楼梦》、《三国演义》、《西游记》、《水浒传》，是我国长篇小说的四大名著。

示例4：李白的"白发三千丈"（《秋浦歌》）、"朝如青丝暮成雪"（《将进酒》）都是脍炙人口的诗句。

示例5：办公室里订有《人民日报》（海外版）、《光明日报》和《时代周刊》等报刊。

4.6　分号

4.6.1　定义

句内点号的一种，表示复句内部并列关系分句之间的停顿，以及非并列关系的多重复句中第一层分句之间的停顿。

4.6.2　形式

分号的形式是"；"。

4.6.3　基本用法

4.6.3.1　表示复句内部并列关系的分句（尤其当分句内部还有逗号时）之间的停顿。

示例1：语言文字的学习，就理解方面说，是得到一种知识；就运用方面说，是养成一种习惯。

示例2：内容有分量，尽管文章短小，也是有分量的；内容没有分量，即使写得再长也没有用。

4.6.3.2　表示非并列关系的多重复句中第一层分句（主要是选择、转折等关系）之间的停顿。

示例1：人还没看见，已经先听见歌声了；或者人已经转过山头望不见了，歌声还余音袅袅。

示例2：尽管人民革命的力量在开始时总是弱小的，所以总是受压的；但是由于革命的力量代表历史发展的方向，因此本质上又是不可战胜的。

示例3：不管一个人如何伟大，也总是生活在一定的环境和条件下；因此，个人的见解总难免带有某种局限性。

示例4：昨天夜里下了一场雨，以为可以凉快些；谁知没有凉快下来，反而更热了。

4.6.3.3　用于分项列举的各项之间。

示例：特聘教授的岗位职责为：一、讲授本学科的主干基础课程；二、主持本学科的重大科研项目；三、领导本学科的学术队伍建设；四、带领本学科赶超或保持世界先进水平。

4.7　冒号

4.7.1　定义

句内点号的一种，表示语段中提示下文或总结上文的停顿。

4.7.2　形式

冒号的形式是"："。

4.7.3　基本用法

4.7.3.1　用于总说性或提示性词语（如"说""例如""证明"等）之后，表示提示下文。

示例1：北京紫禁城有四座城门：午门、神武门、东华门和西华门。

示例2：她高兴地说："咱们去好好庆祝一下吧！"

示例3：小王笑着点了点头："我就是这么想的。"

示例4：这一事实证明：人能创造环境，环境同样也能创造人。

4.7.3.2　表示总结上文。

示例：张华上了大学，李萍进了技校，我当了工人：我们都有美好的前途。

4.7.3.3　用在需要说明的词语之后，表示注释和说明。

示例1：（本市将举办首届大型书市。）主办单位：市文化局；承办单位：市图书进出口公司；时间：8月15日－20日；地点：市体育馆观众休息厅。

示例2：（做阅读理解题有两个办法。）办法之一：先读题干，再读原文，带着问题有针对性地读课文。办法之二：直接读原文，读完再做题，减少先入为主的干扰。

4.7.3.4　用于书信、讲话稿中称谓语或称呼语之后。

示例1：广平先生：……

示例2：同志们、朋友们：……

4.7.3.5　一个句子内部一般不应套用冒号。在列举式或条文式表述中，如不得不套用冒号时，宜另起段落来显示各个层次。

示例：第十条　遗产按照下列顺序继承：

第一顺序：配偶、子女、父母。

第二顺序：兄弟姐妹、祖父母、外祖父母。

4.8　引号

4.8.1　定义

标号的一种，标示语段中直接引用的内容或需要特别指出的成分。

4.8.2　形式

引号的形式有双引号""""和单引号"''"两种。左侧的为前引号，右侧的为后引号。

4.8.3　基本用法

4.8.3.1　标示语段中直接引用的内容。

示例：李白诗中就有"白发三千丈"这样极尽夸张的语句。

4.8.3.2　标示需要着重论述或强调的内容。

示例：这里所谓的"文"，并不是指文字，而是指文采。

4.8.3.3　标示语段中具有特殊含义而需要特别指出的成分，如别称、简称、反语等。

示例1：电视被称作"第九艺术"。

示例2：人类学上常把古人化石统称为尼安德特人，简称"尼人"。

示例3：有几个"慈祥"的老板把捡来的菜叶用盐浸浸就算作工友的菜肴。

4.8.3.4 当引号中还需要使用引号时，外面一层用双引号，里面一层用单引号。

示例：他问："老师，'七月流火'是什么意思?"

4.8.3.5 独立成段的引文如果只有一段，段首和段尾都用引号；不止一段时，每段开头仅用前引号，只在最后一段末尾用后引号。

示例：我曾在报纸上看到有人这样谈幸福：

"幸福是知道自己喜欢什么和不喜欢什么。……

"幸福是知道自己擅长什么和不擅长什么。……

"幸福是在正确的时间做了正确的选择。……"

4.8.3.6 在书写带月、日的事件、节日或其他特定意义的短语（含简称）时，通常只标引其中的月和日；需要突出和强调该事件或节日本身时，也可连同事件或节日一起标引。

示例1："5·12"汶川大地震。

示例2："五四"以来的话剧，是我国戏剧中的新形式。

示例3：纪念"五四运动"90周年。

4.9 括号

4.9.1 定义

标号的一种，标示语段中的注释内容、补充说明或其他特定意义的语句。

4.9.2 形式

括号的主要形式是圆括号"（）"，其他形式还有方括号"[]"、六角括号"〔〕"和方头括号"【】"等。

4.9.3 基本用法

4.9.3.1 标示下列各种情况，均用圆括号：

a）标示注释内容或补充说明。

示例1：我校拥有特级教师（含已退休的）17人。

示例2：我们不但善于破坏一个旧世界，我们还将善于建设一个新世界！（热烈鼓掌）

b）标示订正或补加的文字。

示例3：信纸上用稚嫩的字体写着："阿夷（姨），你好！"。

示例4：该建筑公司负责的建设工程全部达到优良工程（的标准）。

c）标示序次语。

示例5：语言有三个要素：（1）声音；（2）结构；（3）意义。

示例6：思想有三个条件：（一）事理；（二）心理；（三）伦理。

d）标示引语的出处。

示例7：他说得好："未画之前，不立一格；既画之后，不留一格。"（《板桥集·题画》）

e）标示汉语拼音注音。

示例8："的（de）"这个字在现代汉语中最常用。

4.9.3.2 标示作者国籍或所属朝代时，可用方括号或六角括号。

示例1：[英]赫胥黎《进化论与伦理学》

示例2：[唐]杜甫著

4.9.3.3 报刊标示电讯、报道的开头，可用方头括号。

示例：【新华社南京消息】

4.9.3.4 标示公文发文字号中的发文年份时，可用六角括号。

示例：国发〔2011〕3号文件

4.9.3.5 标示被注释的词语时，可用六角括号或方头括号。

示例1：〔奇观〕奇伟的景象。

示例2：【爱因斯坦】物理学家。生于德国，1933年因受纳粹政权迫害，移居美国。

4.9.3.6 除科技书刊中的数学、逻辑公式外，所有括号（特别是同一形式的括号）应尽量避免套用。必须套用括号时，宜采用不同的括号形式配合使用。

示例：〔茸（róng）毛〕很细很细的毛。

4.10 破折号

4.10.1 定义

标号的一种，标示语段中某些成分的注释、补充说明或语音、意义的变化。

4.10.2 形式

破折号的形式是"——"。

4.10.3 基本用法

4.10.3.1 标示注释内容或补充说明（也可用括号，见 4.9.3.1；二者的区别另见 B.1.7）。

示例1：一个矮小而结实的日本中年人——内山老板走了过来。

示例2：我一直坚持读书，想借此唤起弟妹对生活的希望——无论环境多么困难。

4.10.3.2 标示插入语（也可用逗号，见 4.4.3.3）。

示例：这简直就是——说得不客气点——无耻的勾当！

4.10.3.3 标示总结上文或提示下文（也可用冒号，见 4.7.3.1、4.7.3.2）。

示例1：坚强，纯洁，严于律己，客观公正——这一切都难得地集中在一个人身上。

示例2：画家开始娓娓道来——数年前的一个寒冬，……

4.10.3.4 标示话题的转换。

示例："好香的干菜，——听到风声了吗？"赵七爷低声说道。

4.10.3.5 标示声音的延长。

示例："嘎——"传过来一声水禽被惊动的鸣叫。

4.10.3.6 标示话语的中断或间隔。

示例1："班长他牺——"小马话没说完就大哭起来。

示例2："亲爱的妈妈，你不知道我多爱您。——还有你，我的孩子！"

4.10.3.7 标示引出对话。

示例：——你长大后想成为科学家吗？

　　　　——当然想了！

4.10.3.8 标示事项列举分承。

示例：根据研究对象的不同，环境物理学分为以下五个分支学科：

——环境声学；

——环境光学；

——环境热学；

——环境电磁学；

——环境空气动力学。

4.10.3.9 用于副标题之前。

示例：飞向太平洋

　　　　——我国新型号运载火箭发射目击记

4,10.3.10 用于引文、注文后，标示作者、出处或注释者。

示例1：先天下之忧而忧，后天下之乐而乐。

　　　　　　　　　　　　——范仲淹

示例2：乐浪海中有倭人，分为百余国。

　　　　　　　　　　　——《汉书》

示例3：很多人写好信后把信笺折成方胜形，我看大可不必。（方胜，指古代妇女戴的方形首饰，用彩

绸等制作，由两个斜方部分叠合而成。——编者注）

4.11　省略号

4.11.1　定义

标号的一种，标示语段中某些内容的省略及意义的断续等。

4.11.2　形式

省略号的形式是"……"。

4.11.3　基本用法

4.11.3.1　标示引文的省略。

示例：我们齐声朗诵起来："……俱往矣，数风流人物，还看今朝。"

4.11.3.2　标示列举或重复词语的省略。

示例1：对政治的敏感，对生活的敏感，对性格的敏感，……这都是作家必须要有的素质。

示例2：他气得连声说："好，好……算我没说。"

4.11.3.3　标示语意未尽。

示例1：在人迹罕至的深山密林里，假如突然看见一缕炊烟，……

示例2：你这样干，未免太……！

4.11.3.4　标示说话时断断续续。

示例：她磕磕巴巴地说："可是……太太……我不知道……你一定是认错了。"

4.11.3.5　标示对话中的沉默不语。

示例："还没结婚吧?"

　　　　"……"他飞红了脸，更加忸怩起来。

4.11.3.6　标示特定的成分虚缺。

示例：只要……就……

4.11.3.7　在标示诗行、段落的省略时，可连用两个省略号（即相当于十二连点）。

示例1：从隔壁房间传来缓缓而抑扬顿挫的吟咏声——

　　　　床前明月光，疑是地上霜。

　　　　…………

示例2：该刊根据工作质量、上稿数量、参与程度等方面的表现，评选出了高校十佳记者站。还根据发稿数量、提供新闻线索情况以及对刊物的关注度等，评选出了十佳通讯员。

　　　…………

4.12　着重号

4.12.1　定义

标号的一种，标示语段中某些重要的或需要指明的文字。

4.12.2　形式

着重号的形式是"."标注在相应文字的下方。

4.12.3　基本用法

4.12.3.1　标示语段中重要的文字。

示例1：诗人需要表现，而不是证明。

示例2：下面对文本的理解，不正确的一项是：……

4.12.3.2　标示语段中需要指明的文字。

示例：下边加点的字，除了在词中的读法之外，还有哪些读法?

　　　着急　子弹　强调

4.13　连接号

4.13.1　定义

355

标号的一种，表示某些相关联成分之间的连接。

4.13.2　形式

连接号的形式有短横线"－"、一字线"—"和浪纹线"～"三种。

4.13.3　基本用法

4.13.3.1　标示下列各种情况，均用短横线：

a）化合物的名称或表格、插图的编号。

示例1：3－戊酮为无色液体，对眼及皮肤有强烈刺激性。

示例2：参见下页表2－8、表2－9。

b）连接号码，包括门牌号码、电话号码，以及用阿拉伯数字表示年月日等。

示例3：安宁里东路26号院3－2－11室

示例4：联系电话：010－88842603

示例5：2011－02－15

c）在复合名词中起连接作用。

示例6：吐鲁番－哈密盆地

d）某些产品的名称和型号。

示例7：WZ－10直升机具有复杂天气和夜间作战的能力。

e）汉语拼音、外来语内部的分合。

示例8：shuōshuō－xiàoxiào（说说笑笑）

示例9：盎格鲁－撒克逊人

示例10：让－雅克·卢梭（"让－雅克"为双名）

示例11：皮埃尔·孟戴斯－弗朗斯（"孟戴斯－弗朗斯"为复姓）

4.13.3.2　标示下列各种情况，一般用一字线，有时也可用浪纹线：

a）标示相关项目（如时间、地域等）的起止。

示例1：沈括（1031—1095），宋朝人。

示例2：2011年2月3日—10日

示例3：北京—上海特别旅客快车

b）标示数值范围（由阿拉伯数字或汉字数字构成）的起止。

示例4：25～30g

示例5：第五～八课

4.14　间隔号

4.14.1　定义

标号的一种，表示某些相关成分之间的分界。

4.14.2　形式

间隔号的形式是"·"。

4.14.3　基本用法

4.14.3.1　表示外国人名或少数民族人名内部的分界。

示例1：克里丝蒂娜·罗塞蒂

示例2：阿依古丽·买买提

4.14.3.2　表示书名与篇（章、卷）名之间的分界。

示例：《淮南子·本经训》

4.14.3.3　词牌、曲牌、诗体名等和题目之间的分界。

示例1：《沁园春·雪》

示例2：《天净沙·秋思》

示例3：《七律·冬云》

4.10.3.4　用在构成标题或栏目名称的并列词语之间。

示例：《天·地·人》

4.14.3.5　以月、日为标志的事件或节日，用汉字数字表示时，只在一、十一和十二月后用间隔号；当直接用阿拉伯数字表示时，月、日之间均用间隔号（半角字符）。

示例1："一·二八"事变　　"一二·九"运动

示例2："3·15"消费者权益日　　"9·11"恐怖袭击事件

4.15　书名号

4.15.1　定义

标号的一种，标示语段中出现的各种作品的名称。

4.15.2　形式

书名号的形式有双书名号"《》"和单书名号"〈〉"两种。

4.15.3　基本用法

4.15.3.1　标示书名、卷名、篇名、刊物名、报纸名、文件名等。

示例1：《红楼梦》（书名）

示例2：《史记·项羽本纪》（卷名）

示例3：《论雷峰塔的倒掉》（篇名）

示例4：《每周关注》（刊物名）

示例5：《人民日报》（报纸名）

示例6：《全国农村工作会议纪要》（文件名）

4.15.3.2　标示电影、电视、音乐、诗歌、雕塑等各类用文字、声音、图像等表现的作品的名称。

示例1：《渔光曲》（电影名）

示例2：《追梦录》（电视剧名）

示例3：《勿忘我》（歌曲名）

示例4：《沁园春·雪》（诗词名）

示例5：《东方欲晓》（雕塑名）

示例6：《光与影》（电视节目名）

示例7：《社会广角镜》（栏目名）

示例8：《庄子研究文献数据库》（光盘名）

示例9：《植物生理学系列挂图》（图片名）

4.15.3.3　标示全中文或中文在名称中占主导地位的软件名。

示例：科研人员正在研制《电脑卫士》杀毒软件。

4.15.3.4　标示作品名的简称。

示例：我读了《念青唐古拉山脉纪行》一文（以下简称《念》），收获很大。

4.15.3.5　当书名号中还需要书名号时，里面一层用单书名号，外面一层用双书名号。

示例：《教育部关于提请审议〈高等教育自学考试试行办法〉的报告》

4.16　专名号

4.16.1　定义

标号的一种，标示古籍和某些文史类著作中出现的特定类专有名词。

4.16.2　形式

专名号的形式是一条直线，标注在相应文字的下方。

4.16.3　基本用法

4.16.3.1　标示古籍、古籍引文或某些文史类著作中出现的专有名词，主要包括人名、地名、国名、民族名、朝代名、年号、宗教名、官署名、组织名等。

示例1：<u>孙坚</u>人马被<u>刘表</u>率军围得水泄不通。（人名）

示例2：于是聚集<u>冀</u>、<u>青</u>、<u>幽</u>、<u>并</u>四州兵马七十多万准备决一死战。

示例3：当时<u>乌孙</u>及<u>西域</u>各国都向<u>汉</u>派遣了使节。（国名、朝代名）

示例4：从<u>咸宁</u>二年到<u>太康</u>十年，<u>匈奴</u>、<u>鲜卑</u>、<u>乌桓</u>等族人徙居塞内。（年号、民族名）

4.16.3.2　现代汉语文本中的上述专有名词，以及古籍和现代文本中的单位名、官职名、事件名、会议名、书名等不应使用专名号。必须使用标号标示时，宜使用其他相应标号（如引号、书名号等）。

4.17　分隔号

4.17.1　定义

标号的一种，标示诗行、节拍及某些相关文字的分隔。

4.17.2　形式

分隔号的形式是"/"。

4.17.3　基本用法

4.17.3.1　诗歌接排时分隔诗行（也可使用逗号和分号，见4.4.3.1/4.6.3.1）。

示例：春眠不觉晓/处处闻啼鸟/夜来风雨声/花落知多少。

4.17.3.2　标示诗文中的音节节拍。

示例：横眉/冷对/千夫指，俯首/甘为/孺子牛。

4.17.3.3　分隔供选择或可转换的两项，表示"或"。

示例：动词短语中除了作为主体成分的述语动词之外，还包括述语动词所带的宾语和/或补语。

4.17.3.4　分隔组成一对的两项，表示"和"。

示例1：13/14次特别快车

示例2：羽毛球女双决赛中国组合杜婧/于洋两局完胜韩国名将李孝贞/李敬元。

4.17.3，5　分隔层级或类别。

示例：我国的行政区划分为：省（直辖市、自治区）/省辖市（地级市）/县（县级市、区、自治州）/乡（镇）/村（居委会）。

5　标点符号的位置和书写形式

5.1　横排文稿标点符号的位置和书写形式

5.1.1　句号、逗号、顿号、分号、冒号均置于相应文字之后，占一个字位置，居左下，不出现在一行之首。

5.1.2　问号、叹号均置于相应文字之后，占一个字位置，居左，不出现在一行之首。两个问号（或叹号）叠用时，占一个字位置；三个问号（或叹号）叠用时，占两个字位置；问号和叹号连用时，占一个字位置。

5.1.3　引号、括号、书名号中的两部分标在相应项目的两端，各占一个字位置。其中前一半不出现在一行之末，后一半不出现在一行之首。

5.1.4　破折号标在相应项目之间，占两个字位置，上下居中，不能中间断开分处上行之末和下行之首。

5.1.5　省略号占两个字位置，两个省略号连用时占四个字位置并须单独占一行。省略号不能中间断开分处上行之末和下行之首。

5.1.6　连接号中的短横线比汉字"一"略短，占半个字位置；一字线比汉字"一"略长，占一个字位置；浪纹线占一个字位置。连接号上下居中，不出现在一行之首。

5.1.7　间隔号标在需要隔开的项目之间，占半个字位置，上下居中，不出现在一行之首。

5.1.8　着重号和专名号标在相应文字的下边。

5.1.9　分隔号占半个字位置，不出现在一行之首或一行之末。

5.1.10　标点符号排在一行末尾时，若为全角字符则应占半角字符的宽度（即半个字位置），以使视觉效果更美观。

5.1.11　在实际编辑出版工作中，为排版美观、方便阅读等需要，或为避免某一小节最后一个汉字转行或出现在另外一页开头等情况（浪费版面及视觉效果差），可适当压缩标点符号所占用的空间。

5.2　竖排文稿标点符号的位置和书写形式

5.2.1　句号、问号、叹号、逗号、顿号、分号和冒号均置于相应文字之下偏右。

5.2.2　破折号、省略号、连接号、间隔号和分隔号置于相应文字之下居中，上下方向排列。

5.2.3　引号改用双引号"﹁""﹂"和单引号"﹂""﹁"，括号改用"︵""︶"，标在相应项目的上下。

5.2.4　竖排文稿中使用浪线式书名号"﹏﹏"，标在相应文字的左侧。

5.2.5　着重号标在相应文字的右侧，专名号标在相应文字的左侧。

5.2.6　横排文稿中关于某些标点不能居行首或行末的要求，同样适用于竖排文稿。

附录 A
（规范性附录）
标点符号用法的补充规则

A.1　句号用法补充规则

图或表的短语式说明文字，中间可用逗号，但末尾不用句号。即使有时说明文字较长，前面的语段已出现句号，最后结尾处仍不用句号。

示例1：行进中的学生方队

示例2：经过治理，本市市容市貌焕然一新。这是某区街道一景

A.2　问号用法补充规则

使用问号应以句子表示疑问语气为依据，而并不根据句子中包含有疑问词。当含有疑问词的语段充当某种句子成分，而句子并不表示疑问语气时，句末不用问号。

示例1：他们的行为举止、审美趣味，甚至读什么书，坐什么车，都在媒体掌握之中。

示例2：谁也不见，什么也不吃，哪儿也不去。

示例3：我也不知道他究竟躲到什么地方去了。

A.3　逗号用法补充规则

用顿号表示较长、较多或较复杂的并列成分之间的停顿时，最后一个成分前可用"以及（及）"进行连接，"以及（及）"之前应用逗号。

示例：压力过大、工作时间过长、作息不规律，以及忽视营养均衡等，均会导致健康状况的下降。

A.4　顿号用法补充规则

A.4.1　表示含有顺序关系的并列各项间的停顿，用顿号，不用逗号。下例解释"对于"一词用法，"人""事物""行为"之间有顺序关系（即人和人、人和事物、人和行为、事物和事物、事物和行为、行为和行为等六种对待关系），各项之间应用顿号。

示例：〔对于〕表示人，事物，行为之间的相互对待关系。（误）

　　　　〔对于〕表示人、事物、行为之间的相互对待关系。（正）

A.4.2　用阿拉伯数字表示年月日的简写形式时，用短横线连接号，不用顿号。

示例：2010、03、02（误）

　　　2010-03-02（正）

A.5 分号用法补充规则

分项列举的各项有一项或多项已包含句号时，各项的末尾不能再用分号。

示例：本市先后建立起三大农业生产体系：一是建立甘蔗生产服务体系。成立糖业服务公司，主要给农民提供机耕等服务；二是建立蚕桑生产服务体系。……；三是建立热作服务体系。……。（误）

本市先后建立起三大农业生产体系：一是建立甘蔗生产服务体系。成立糖业服务公司，主要给农民提供机耕等服务。二是建立蚕桑生产服务体系。……三是建立热作服务体系。……（正）

A.6 冒号用法补充规则

A.6.1 冒号用在提示性话语之后引起下文。表面上类似但实际不是提示性话语的，其后用逗号。

示例1：郦道元《水经注》记载："沼西际山枕水，有唐叔虞祠。"（提示性话语）

示例2：据《苏州府志》载，苏州城内大小园林约有150多座，可算名副其实的园林之城。（非提示性话语）

A.6.2 冒号提示范围无论大小（一句话、几句话甚至几段话），都应与提示性话语保持一致（即在该范围的末尾要用句号点断）。应避免冒号涵盖范围过窄或过宽。

示例：艾滋病有三个传播途径：血液传播，性传播和母婴传播，日常接触是不会传播艾滋病的。（误）
    艾滋病有三个传播途径：血液传播，性传播和母婴传播。日常接触是不会传播艾滋病的。（正）

A.6.3 冒号应用在有停顿处，无停顿处不应用冒号。

示例1：他头也不抬，冷冷地问："你叫什么名字？"（有停顿）

示例2：这事你得拿主意，光说"不知道"怎么行？（无停顿）

A.7 引号用法补充规则

"丛刊""文库""系列""书系"等作为系列著作的选题名，宜用引号标引。当"丛刊"等为选题名的一部分时，放在引号之内，反之则放在引号之外。

示例1："汉译世界学术名著丛书

示例2："中国哲学典籍文库"

示例3："20世纪心理学通览"丛书

A.8 括号用法补充规则

括号可分为句内括号和句外括号。句内括号用于注释句子里的某些词语，即本身就是句子的一部分，应紧跟在被注释的词语之后。句外括号则用于注释句子、句群或段落，即本身结构独立，不属于前面的句子、句群或段落，应位于所注释语段的句末点号之后。

示例：标点符号是辅助文字记录语言的符号，是书面语的有机组成部分，用来表示语句的停顿、语气以及标示某些成分（主要是词语）的特定性质和作用。（数学符号、货币符号、校勘符号等特殊领域的专门符号不属于标点符号。）

A.9 省略号用法补充规则

A.9.1 不能用多于两个省略号（多于12点）连在一起表示省略。省略号须与多点连续的连珠号相区别（后者主要是用于表示目录中标题和页码对应和连接的专门符号）。

A.9.2 省略号和"等""等等""什么的"等词语不能同时使用。在需要读出来的地方用"等""等等""什么的"等词语，不用省略号。

示例：含有铁质的食物有猪肝、大豆、油菜、菠菜……等。（误）

含有铁质的食物有猪肝、大豆、油菜、菠菜等。（正）

A.10 着重号用法补充规则

不应使用文字下加直线或波浪线等形式表示着重。文字下加直线为专名号形式（4.16）；文字下加浪纹线是特殊书名号（A.13.6）。着重号的形式统一为相应项目下加小圆点。

示例：下面对本文的理解，<u>不正确</u>的一项是（误）
    下面对本文的理解，不正确的一项是（正）

A.11 连接号用法补充规则

浪纹线连接号用于标示数值范围时,在不引起歧义的情况下,前一数值附加符号或计量单位可省略。

示例:5公斤~100公斤(误)

5~100公斤(正)

A.12 间隔号用法补规则

当并列短语构成的标题中已有间隔号隔开时,不要再用"和"类连词。

示例:《水星·火星和金星》(误)

《水星·火星·金星》(正)

A.13 书名号用法补充规定

A.13.1 不能视为作品的课程、课题、奖品奖状、商标、证照、组织机构、会议、活动等名称,不应用书名号。下面均为书名号误用的示例:

示例1:下学期本中心将开设《现代企业财务管理》、《市场营销》两门课程。

示例2:明天下午将召开《关于"两保两挂"的多视觉理论思考》课题立项会。

示例3:本市将向70岁以上(含70岁)老年人颁发《敬老证》。

示例4:本校共获得《最佳印象》、《自我审美》、《卡拉OK》等六个奖杯。

示例5:《闪光》牌电池经久耐用。

示例6:《文史杂志社》编辑力量比较雄厚。

示例7:本市将召开《全国食用天然色素应用研讨会》。

示例8:本报将于今年暑假举行《墨宝杯》书法大赛。

A.13.2 有的名称应根据指称意义的不同确定是否用书名号。如文艺晚会指一项活动时,不用书名号;而特指一种节目名称时,可用书名号。再如展览作为一种文化传播的组织形式时,不用书名号;特定情况下将某项展览作为一种创作的作品时,可用书名号。

示例1:2008年重阳联欢晚会受到观众的称赞和好评。

示例2:本台将重播《2008年重阳联欢晚会》。

示例3:"雪域明珠——中国西藏文化展"今天隆重开幕。

示例4:《大地飞歌艺术展》是一部大型现代艺术作品。

A.13.3 书名后面表示该作品所属类别的普通名词不标在书名号内。

示例:《我们》杂志

A.13.4 书名有时带有括注。如果括注是书名、篇名等的一部分,应放在书名号之内,反之则应放在书名号之外。

示例1:《琵琶行(并序)》

示例2:《中华人民共和国民事诉讼法(试行)》

示例3:《新政治协商会议筹备会组织条例(草案)》

示例4:《百科知识》(彩图本)

示例5:《人民日报》(海外版)

A.13.5 书名、篇名末尾如有叹号或问号,应放在书名号之内。

示例1:《日记何罪!》

示例2:《如何做到同工又同酬?》

A.13.6 在古籍或某些文史类著作中,为与专名号配合,书名号也可改用浪线式"﹏﹏﹏",标注在书名下方。这可以看作是特殊的专名号或特殊的书名号。

A.14 分隔号用法补充规则

分隔号又称正斜线号,须与反斜线号"\"相区别(后者主要是用于编写计算机程序的专门符号)。使用分隔号时,紧贴着分隔号的前后通常不用点号。

附录 B
（资料性附录）
标点符号若干用法的说明

B.1　易混标点符号用法比较

B.1.1　逗号、顿号表示并列词语之间停顿的区别

逗号和顿号都表示停顿，但逗号表示的停顿长，顿号表示的停顿短。并列词语之间的停顿一般用顿号，但当并列词语较长或其后有语气词时，为了表示稍长一点的停顿，也可用逗号。

示例1：我喜欢吃的水果有苹果、桃子、香蕉和菠萝。

示例2：我们需要了解全局和局部的统一，必然和偶然的统一，本质和现象的统一。

示例3：看游记最难弄清位置和方向，前啊，后啊，左啊，右啊，看了半天，还是不明白。

B.1.2　逗号、顿号在表列举省略的"等"、"等等"之类词语前的使用

并列成分之间用顿号，末尾的并列成分之间用"等"、"等等"之类词语时，"等"类词语前不用顿号或其他标点；并列成分之间用逗号，末尾的并列成分之后用"等"类词时，"等"类词前应用逗号。

示例1：现代生物学、物理学、化学、数学等基础科学的发展，带动了医学科学的进步。

示例2：写文章前要想好：文章主题是什么，用哪些材料，哪些详写，哪些略写，等等。

B.1.3　逗号、分号表示分句之间停顿的区别

当复句的表述不复杂、层次不多，相连的分句语气比较紧凑、分句内部也没有使用逗号表示停顿时，分句间的停顿多用逗号。当用逗号不易分清多重复句内部的层次（如分句内部已有逗号），而用句号又可能割裂前后关系的地方，应用分号表示停顿。

示例1：她拿起钥匙，开了箱上的锁，又开了首饰盒上的锁，往老地方放钱。

示例2：纵比，即以一个事物的各个发展阶段作比；横比，则以此事物与彼事物相比。

B.1.4　顿号、逗号、分号在表示层次关系时的区别

句内点号中，顿号表示的停顿最短、层次最低，通常只能表示并列词语之间的停顿；分号表示的停顿最长、层次最高，可以用来表示复句的第一层分句之间停顿；逗号介于两者之间，既可表示并列词语之间的停顿，也可表示复句中分句之间的停顿。若分句内部已用逗号，分句之间就应用分号（见 B.1.3 示例2）。用分号隔开的几个并列分句不能由逗号统领或总结。

示例1：有的学会烤烟，自己做挺讲究的纸烟和雪茄；有的学会蔬菜加工，做的番茄酱能吃到冬天；有的学会蔬菜腌渍、窖藏，使秋菜接上春菜。

示例2：动物吃植物的方式多种多样，有的是把整个植物吃掉，如原生动物；有的是把植物的大部分吃掉，如鼠类；有的是吃掉植物的要害部位，如鸟类吃掉植物的嫩芽。（误）

　　　　动物吃植物的方式多种多样：有的是把整个植物吃掉，如原生动物；有的是把植物的大部分吃掉，如鼠类；有的是吃掉植物的要害部位，如鸟类吃掉植物的嫩芽。（正）

B.1.5　冒号、逗号用于"说"、"道"之类词语后的区别位于引文之前的"说"、"道"后用冒号。位于引文之后的"说"、"道"分两种情况：处于句末时，其后用句号；"说"、"道"后还有其他成分时，其后用逗号。插在话语中间的"说"、"道"类词语后只能用逗号表示停顿。

示例1：他说："晚上就来家里吃饭吧。"

示例2："我真的很期待。"他说。

示例3："我有件事忘了说……"他说，表情有点为难。

示例4："现在请皇上脱下衣服，"两个骗子说，"好让我们为您换上新衣。"

B.1.6　不同点号表示停顿长短的排序

各种点号都表示说话时的停顿。句号、问号、叹号都表示句子完结，停顿最长。分号用于复句的分句之间，停顿长度介于句末点号和逗号之间，而短于冒号。逗号表示一句话中间的停顿，又短于分号。顿号用于并列词语之间，停顿最短。通常情况下，各种点号表示的停顿由长到短为：句号＝问号＝叹号＞冒号（指涵盖范围为一句话的冒号）＞分号＞逗号＞顿号。

B.1.7　破折号与括号表示注释或补充说明时的区别

破折号用于表示比较重要的解释说明，这种补充是正文的一部分，可与前后文连读；而括号表示比较一般的解释说明，只是注释而非正文，可不与前后文连读。

示例1：在今年——农历虎年，必须取得比去年更大的成绩。

示例2：哈雷在牛顿思想的启发下，终于认出了他所关注的彗星（该星后人称为哈雷彗星）。

B.1.8　书名号、引号在"题为……""以……为题"格式中的使用

"题为……""以……为题"中的"题"，如果是诗文、图书、报告或其他作品可作为篇名、书名看待时，可用书名号；如果是写作、科研、辩论、谈话的主题，非特定作品的标题，应用引号。即"题为……""以……为题"中的"题"应根据其类别分别按书名号和引号的用法处理。

示例1：有篇题为《柳宗元的诗》的文章，全文才2000字，引文不实却达11处之多。

示例2：今天一个以"地球·人口·资源·环境"为题的大型宣传活动在此间举行。

示例3：《我的老师》写于1956年9月，是作者应《教师报》之约而写的。

示例4："我的老师"这类题目，同学们也许都写过。

B.2　两个标点符号连用的说明

B.2.1　行文中表示引用的引号内外的标点用法

当引文完整且独立使用，或虽不独立使用但带有问号或叹号时，引号内句末点号应保留。除此之外，引号内不用句末点号。当引文处于句子停顿处（包括句子末尾）且引号内未使用点号时，引号外应使用点号；当引文位于非停顿处或者引号内已使用句末点号时，引号外不用点号。

示例1："沉舟侧畔千帆过，病树前头万木春。"他最喜欢这两句诗。

示例2：书价上涨令许多读者难以接受，有些人甚至发出"还买得起书吗？"的疑问。

示例3：他以"条件还不成熟，准备还不充分"为由，否决了我们的提议。

示例4：你这样"明日复明日"地要拖到什么时候？

示例5：司马迁为了完成《史记》的写作，使之"藏之名山"，忍受了人间最大的侮辱。

示例6：在施工中要始终坚持"把质量当生命"。

示例7："言之无文，行而不远"这句话，说明了文采的重要。

示例8：俗话说："墙头一根草，风吹两边倒。"用这句话来形容此辈再恰当不过。

B.2.2　行文中括号内外的标点用法

括号内行文末尾需要时可用问号、叹号和省略号。除此之外，句内括号行文末尾通常不用标点符号。句外括号行文末尾是否用句号由括号内的语段结构决定：若语段较长、内容复杂，应用句号。句内括号外是否用点号取决于括号所处位置：若句内括号处于句子停顿处，应用点号。句外括号外通常不用点号。

示例1：如果不采取（但应如何采取呢？）十分具体的控制措施，事态将进一步扩大。

示例2：3分钟过去了（仅仅才3分钟！），从眼前穿梭而过的出租车竟达32辆！

示例3：她介绍时用了一连串比喻（有的状如树枝，有的貌似星海……），非常形象。

示例4：科技协作合同（包括科研、试制、成果推广等）根据上级主管部门或有关部门的计划签订。

示例5：应把夏朝看作原始公社向奴隶制国家过渡时期。（龙山文化遗址里，也有俯身葬。俯身者很可能就是奴隶。）

示例6：问：你对你不喜欢的上司是什么态度？

答：感情上疏远，组织上服从。（掌声，笑声）

示例7：古汉语（特别是上古汉语），对于我来说，有着常人无法想象的吸引力。

示例8：由于这种推断尚未经过实践的考验，我们只能把它作为假设（或假说）提出来。

示例9：人际交往过程就是使用语词传达意义的过程。（严格说，这里的"语词"应为语词指号。）

B.2.3　破折号前后的标点用法

破折号之前通常不用点号；但根据句子结构和行文需要，有时也可分别使用句内点号或句末点号。破折号之后通常不会紧跟着使用其他点号；但当破折号表示语音的停顿或延长时，根据语气表达的需要，其后可紧接问号或叹号。

示例1：小妹说："我现在工作得挺好，老板对我不错，工资也挺高。——我能抽支烟吗？"（表示话题的转折）

示例2：我不是自然主义者，我主张文学高于现实，能够稍稍居高临下地去看现实，因为文学的任务不仅在于反映现实。光描写现存的事物还不够，还必须记住我们所希望的和可能产生的事物。必须使现象典型化。应该把微小而有代表性的事物写成重大的和典型的事物。——这就是文学的任务。（表示对前几句话的总结）

示例3："是他——？"石一川简直不敢相信自己的耳朵。

示例4："我终于考上大学啦！我终于考上啦——！"金石开兴奋得快要晕过去了。

B.2.4　省略号前后的标点用法

省略号之前通常不用点号。以下两种情况例外：省略号前的句子表示强烈语气、句末使用问号或叹号时；省略号前不用点号就无法标示停顿或表明结构关系时。省略号之后通常也不用点号，但当句末表达强烈的语气或感情时，可在省略号后用问号或叹号；当省略号后还有别的话、省略的文字和后面的话不连续且有停顿时，应在省略号后用点号；当表示特定格式的成分虚缺时，省略号后可用点号。

示例1：想起这些，我就觉得一辈子都对不起你。你对梁家的好，我感激不尽！……

示例2：他进来了，……一身军装，一张朴实的脸，站在我们面前显得很高大，很年轻。

示例3：这，这是……？

示例4：动物界的规矩比人类还多，野骆驼、野猪、黄羊……，直至塔里木兔、跳鼠，都是各行其路，决不混淆。

示例5：大火被渐渐扑灭，但一片片油污又旋即出现在遇难船旁……。清污船迅速赶来，并施放围栏以控制油污。

示例6：如果……，那么……。

B.3　序次语之后的标点用法

B.3.1　"第""其"字头序次语，或"首先""其次""最后"等做序次语时，后用逗号（见4.4.3.3）。

B.3.2　不带括号的汉字数字或"天干地支"做序次语时，后用顿号（见4.5.3.2）。

B.3.3　不带括号的阿拉伯数字、拉丁字母或罗马数字做序次语时，后面用下脚点（该符号属于外文的标点符号）。

示例1：总之，语言的社会功能有三点：1. 传递信息，交流思想；2. 确定关系，调节关系；3. 组织生活，组织生产。

示例2：本课一共讲解三个要点：A. 生理停顿；B. 逻辑停顿；C. 语法停顿。

B.3.4　加括号的序次语后面不用任何点号。

示例1：受教育者应履行以下义务：（一）遵守法律、法规；（二）努力学习，完成规定的学习任务；（三）遵守所在学校或其他教育机构的制度。

示例2：科学家很重视下面几种才能：（1）想象力；（2）直觉的理解力；（3）数学能力。

B.3.5　阿拉伯数字与下脚点结合表示章节关系的序次语末尾不用任何点号。

示例：3 停顿

        3.1　生理停顿

        3.2　逻辑停顿

B.3.6　用于章节、条款的序次语后宜用空格表示停顿。

示例：第一课　春天来了

B.3.7　序次简单、叙述性较强的序次语后不用标点符号。

示例：语言的社会功能共有三点：一是传递信息。二是确定关系；三是组织生活。

B.3.8　同类数字形式的序次语，带括号的通常位于不带括号的下一层。通常第一层是带有顿号的汉字数字；第二层是带括号的汉字数字；第三层是带下脚点的阿拉伯数字；第四层是带括号的阿拉伯数字；再往下可以是带圈的阿拉伯数字或小写拉丁字母。一般可根据文章特点选择从某一层序次语开始行文，选定之后应顺着序次语的层次向下行文，但使用层次较低的序次语之后不宜反过来再使用层次更高的序次语。

示例：一、……

     （一）……

     1.……

     （1）……

     ①／a.……

B.4　文章标题的标点用法

文章标题的末尾通常不用标点符号，但有时根据需要可用问号、叹号或省略号。

示例1：看看电脑会有多聪明，让它下盘围棋吧

示例2：猛龙过江：本店特色名菜

示例3：严防"电脑黄毒"危害少年

示例4：回家的感觉真好

         ——访大赛归来的本市运动员

示例5：里海是湖，还是海？

示例6：人体也是污染源！

示例7：和平协议签署之后……

参考文献

1. 张创新. 最新公文写作教程. 长春：吉林科学技术出版社，2001.
2. 柳新华. 行政机关公文写作. 北京：经济出版社，2001.
3. 马正平. 高等写作学引论. 北京：中国人民大学出版社，2002.
4. 彭海河. 现行行政公文写作. 武汉：华中科技大学出版社，2005.
5. 周森甲. 中国现代公文写作原理与方法（增订本）. 西安：西安出版社，2008.
6. 杜菁锋. 现代应用写作. 广州：华南理工大学出版社，2006.
7. 刘美凤. 秘书常用文书写作大全. 北京：蓝天出版社，2007.
8. 岳海翔. 行政公文写作——要领与范文. 北京：中国言实出版社，2008.
9. 李世英. 行政管理学新编. 北京：中国人民公安大学出版社，2003.
10. 林烈发，张发奎. 新编行政管理学. 广州：暨南大学出版社，2000.